労働協約と地域的拡張適用
―UIゼンセン同盟の実践と理論的考察―

労働協約と地域的拡張適用

――ＵＩゼンセン同盟の実践と理論的考察――

古川景一・川口美貴 著

信 山 社

はしがき

古川景一・川口美貴

　筆者は、これまでに、労働条件変更法理、労働契約終了法理、懲戒法理、就業規則法理、民法改正問題等についての共同研究を行い、その成果を発表してきた。これに引き続き、集団的労使関係法の中核の一つである労働協約法理について、法制の沿革と現実に存在している労働協約の検討を踏まえて再構成することを目的として共同研究を行うこととし、資料収集と論点の抽出の作業を始めた。

　この準備作業の開始後、筆者は、2010年の初夏に、ある産別組織から、業務終了後次の業務開始までの休息時間について、東日本の複数県にまたがる企業横断的な業種別の最低基準を定める労働協約を締結し、この労働協約を当該地域の同種の未組織労働者とその使用者全体に拡張適用して、企業間競争力の格差が生じないようにしたいとの相談を受けた。筆者は、労働組合の学習会等で労働協約に関する講演をする際に、必ず、労働協約の地域的拡張適用の重要性にふれており、その講演に触発されての相談であった。この相談は、実現可能性の十分にある内容であるが、実際に中央労働委員会に地域的拡張適用の申立を行い、その決議を経て、厚生労働大臣の決定を得るためには、理論的に解明すべき論点が多々含まれていた。しかし、労働協約の地域的拡張適用に関する労働法学上の研究は、最近数十年以上にわたって空白状態が続いており、具体的実践に関する資料も乏しい状況であった。

　丁度そのとき、偶々、天の助けともいうべき出来事が起きた。過去、最後に、愛知県尾西地域で労働協約の地域的拡張適用の申立を行いその拡張適用を獲得したＵＩゼンセン同盟の詳細な事件記録を、担当者であった二宮誠氏が保管していることが判明したのである。早速これをお借りして検討を開始したところ、事件記録は、地域的拡張適用の理論的課題を多数提起するだけでなく、労使交渉の経緯や労使合意の形成過程、労働組合の組織拡大と労働協約の拡張適用について使用者団体が積極的に協力するに至る経緯とその動機、法の解釈に関する労働省とのやりとり、労働関係行政機関の対応等を具体的に明らかにする希有な生資料であった。

はしがき

　本書は、以上のような労働協約の地域的拡張適用に関する労働組合運動の要請と資料の発掘を重要な契機として、労働協約法制の沿革とともに、ＵＩゼンセン同盟の実践を中心に労働協約と地域的拡張適用についての過去の実践を検討し、これを踏まえて、労働協約法理を再構成し、地域的拡張適用制度について理論的考察を行うものである。

　日本において、労働協約法制の沿革と労働協約の実践を踏まえて、労働協約法理と地域的拡張適用の理論的考察を行った先行研究はないと思われる。もちろん、本書における理論的考察については、様々な批判や意見が予想されるところであるが、本書が、労働協約法理と地域的拡張適用に関する理論の発展と深化に資することを期待している。また、本書は、労働協約法制の沿革及び日本における労働協約と地域的拡張適用の実践について、労働法学及び労働組合運動の共有の基礎的財産として活用できるよう配慮している。

　ＵＩゼンセン同盟には、日本における労働協約論の発展と深化のために、理論的考察の基礎資料を提供することの重要性について御理解戴き、資料提供及び聞き取り調査に全面的な御協力を戴いた。心から感謝申し上げたい。

　本書執筆の重要な契機の一つとなった東日本における労働協約の地域的拡張適用の模索は、本年3月11日に発生した東日本大震災のために、中断を余儀なくされている。しかし、いずれ、復旧・復興が進むにつれて、地域的拡張適用の模索が再開されるであろう。その日が一日も早く到来し、本書が具体的に活用される日が来ることを心より願うものである。

　最後に筆者のそれぞれの両親に対して、心から感謝の意を表したい。

2011 年 8 月

はしがき

協約なきところ労働なし

UIゼンセン同盟会長　落合清四

　このたび古川景一・川口美貴の両氏による『労働協約と地域的拡張適用』が出版される運びとなりました。本共著は、労働協約を視点に労働組合の本質と労働組合の本質的活動とは何か、を転換期にある労働運動に呼びかけ、再起を促す内容である、とともに近年脚光を浴びることがなかった労働法学に対して、その発展の立場からエネルギーを注入した理論内容であると思います。

　かつて「協約なきところ労働なし」と労働運動の先駆者達は言い続けてきました。しかし近年、この言葉は聞かれなくなってきました。失われた20年、だらだらの停滞の中、雇用・労働環境も悪化してきました。一体、我々労働運動は何をしてきたのだろう？　本書を通して反省することしきりです。

　憲法28条は使用者との対等性を保持するために労働三権の活用を権利として保障したものです。言い換えれば三権を駆使しようとしない労働者にまで対等性を保障したものではありません。したがって労働組合の原点はこの三権を実践的に意義づけていくことにあります。中でも団体交渉権に含まれる労働協約締結権は労働組合活動の本質的なものであることを本書は示しています。とりわけ本書の主要テーマである「協約の地域的拡張適用」については私たちの先輩が取り組んだ往時の具体的な資料を駆使して、その取り組みを紙面に実践的に再現した本書第1部、第3章には誇りと感動を覚えずには居られませんでした。この地域的拡張適用の取り組みが労働組合の本来の社会活動であり、連帯活動であり、組織化活動であり、そして産業政策活動に連動していくことを示唆している点においてもリーダー必読の書といえます。

　最後に古川景一弁護士には長年、UIゼンセン同盟の顧問弁護士として実践的な指導を戴いたことに感謝するとともに、今回の出版にあたって共同研究された良きご伴侶、川口美貴教授にも日ごろのご指導を含め感謝申し上げます。英国TUCの理論的バックボーンであったウェッブ夫妻よろしく御両所には日本のウェッブ夫妻として今後のご指導をお願いするとともに、ご活躍を祈念申し上げます。

2011年8月

大　目　次

序　本書の目的と構成 (3)

第1部　沿革と実践 (7)

第1章　労働協約法制の沿革 (9)
　第1節　問題の所在　(9)
　第2節　第一次大戦後の労働協約と理論形成　(10)
　第3節　労働協約制度の法制化　(33)

第2章　労働協約の具体的役割と機能 (53)
　第1節　問題の所在　(53)
　第2節　企業別・事業場別の労働協約　(55)
　第3節　企業横断的又は業種横断的労働協約　(62)
　第4節　使用者の側における労働協約の必要性　(72)

第3章　労働協約の地域的拡張適用の実践 (74)
　第1節　問題の所在　(74)
　第2節　申立先例の概要と時期的特徴　(75)
　第3節　ゼンセン同盟の実践　(85)
　第4節　実践の分析　(121)

第2部　理論的考察 (137)

第1章　労働協約法理の再構成 (139)
　第1節　問題の所在　(139)
　第2節　労働協約の意義・機能・法的性質　(141)
　第3節　労働協約の効力の発生　(147)
　第4節　労働協約の期間　(152)
　第5節　労働協約の対象事項　(153)
　第6節　労働協約の法的効力と効力の及ぶ範囲　(158)

第7節　労働協約による労働条件の変更　(171)
　　　第8節　労働協約の終了と権利義務関係　(175)
　　　第9節　拡張適用制度　(178)
　　　第10節　工場事業場単位の拡張適用制度　(179)

第2章　地域的拡張適用制度の意義・趣旨・目的　(207)
　　　第1節　問題の所在　(207)
　　　第2節　地域的拡張適用制度の役割　(208)
　　　第3節　行政解釈　(218)
　　　第4節　学　説　(219)
　　　第5節　検　討　(224)

第3章　地域的拡張適用の実質的要件　(231)
　　　第1節　労働組合の資格要件　(232)
　　　第2節　「一の労働協約」　(235)
　　　第3節　「一の地域」（地理的範囲）　(243)
　　　第4節　「同種の労働者」（人的範囲）　(254)
　　　第5節　「大部分」　(262)
　　　第6節　「適用を受ける」　(267)
　　　第7節　主要な判断プロセス　(274)

第4章　地域的拡張適用の決議及び決定　(276)
　　　第1節　申立と審査の手続　(276)
　　　第2節　労働委員会の決議　(295)
　　　第3節　大臣又は知事の決定　(310)
　　　第4節　不服申立　(317)

第5章　地域的拡張適用事項と効力・範囲　(320)
　　　第1節　拡張適用される協約事項　(320)
　　　第2節　地域的拡張適用の効力　(333)
　　　第3節　地域的拡張適用の範囲　(342)

資料編Ⅰ　労働協約の地域的拡張適用申立の全先例　(357)

資料編Ⅱ　ゼンセン同盟による労働協約の地域的拡張適用の実践　(391)

細　目　次

序　本書の目的と構成　*(3)*

第1部　沿革と実践 …………………………………………………… *7*

第1章　労働協約法制の沿革 ……………………………………… *9*

第1節　問題の所在 ……………………………………………… *9*
第2節　第一次大戦後の労働協約と理論形成 ……………………… *10*

第1款　歴史的沿革を解明する必要性と具体的課題 ………………… *10*
　1　第一次大戦後の立法方針検討作業との連続性　*(10)*
　2　第一次大戦後に存在した労働協約との連続性　*(11)*

第2款　第一次大戦後の日本での労働協約の普及状況と内容 ……… *11*
　1　労働組合の組織状況　*(11)*
　　(1)　組織労働者数　*(11)*
　　(2)　年次毎の組織化の推移　*(12)*
　　(3)　組織形態と規模　*(13)*
　　(4)　労働協約を重視する勢力の台頭　*(13)*
　2　労働条件の集団的決定システムの広がり　*(14)*
　　(1)　事業場内での労働者代表制度の普及　*(14)*
　　(2)　大正末期における本格的な労働協約締結例の登場　*(15)*
　3　昭和初期における労働協約の急速な普及　*(15)*
　　(1)　労働協約の締結数と規模　*(15)*
　　(2)　労働協約の「適用」と「準用」　*(17)*
　4　昭和初期における労働組合運動の高揚と終結　*(18)*
　　(1)　1937(昭和12)年までの争議発生状況　*(18)*
　　(2)　1940(昭和15)年の労働運動終結　*(19)*
　　(3)　労働組合法案への影響　*(20)*

第3款　第一次大戦後の末弘理論と裁判例 ………………………… *20*
　1　末弘理論　*(20)*
　　(1)　労働協約制度の社会的位置づけ　*(21)*
　　(2)　法人格の必要性　*(21)*
　　(3)　労働協約の法的位置づけ　*(21)*

⑷　労働協約の効力　(*21*)
　　　⑸　フランスの労働協約制度の詳細な紹介　(*22*)
　　　⑹　労働協約の効力の範囲と拡張適用制度　(*23*)
　　2　労働協約に関する裁判例〈1930年〉　(*24*)
　　　⑴　事案の概要　(*24*)
　　　⑵　労働協約の効力に関する判示　(*25*)
　　　⑶　判決の意義　(*26*)
　第4款　第一次大戦後の『労働組合法案』………………………………27
　　1　概　要　(*27*)
　　2　労働組合法案の作成経緯とその具体的内容　(*28*)
　　　⑴　内務省社会局案(1925年)　(*28*)
　　　⑵　内務省社会局案の後退　(*29*)
　　　⑶　労働組合の対応　(*30*)
　　　⑷　内務省社会局案を踏襲する野党法案　(*30*)
　　　⑸　拡張適用を意図した労農党法案　(*31*)
　　　⑹　労農党崩壊後の野党法案　(*31*)
　第5款　第一次大戦後の労働協約・理論と
　　　　　　現在の労働協約法制との連続性……………………………32

第3節　労働協約制度の法制化…………………………………………………33
　第1款　旧労働組合法制定の経緯と歴史的特殊性………………………33
　　1　制定の経緯　(*33*)
　　2　制定過程の歴史的特殊性　(*34*)
　第2款　審議委員会における法案作成の経緯………………………………34
　　1　労働組合立法に関する意見書（1945年10月31日）　(*34*)
　　　⑴　末広意見書の内容　(*34*)
　　　⑵　第一次大戦後の立法案　(*35*)
　　　⑶　業者間協定制度の問題　(*35*)
　　　⑷　労働協約の効力　(*37*)
　　　⑸　要件と効果の明瞭性の欠如　(*37*)
　　　⑹　基本的な制度設計思想　(*38*)
　　2　労働組合法案草案（1945年11月15日）　(*39*)
　　　⑴　草案の内容　(*39*)
　　　⑵　提案理由　(*40*)
　　　⑶　国家総動員法との共通性と相違点　(*41*)
　　3　労働組合法案原案（1945年11月19日）　(*42*)

　　　　⑴　原案の内容　(42)
　　　　⑵　職権発動の義務付け　(43)
　　　　⑶　自由裁量の不存在　(43)
　　　　⑷　提案理由及び討議の不存在　(43)
　　　4　労働組合法案（1945年11月21日）　(43)
　　　　⑴　審議委員会がまとめた法案の内容　(43)
　　　　⑵　法案21条1項の文言修正　(44)
　　　　⑶　法案22条の文言修正　(44)
　　　　⑷　労働委員会への協約条項修正権付与（法案23条3項）　(45)
　　　　⑸　「為スコトヲ得」の文言への再修正（法案23条1項）　(45)
　　　　⑹　地域的拡張適用に関する当事者の申立権の明記　(46)
　　　　⑺　審議委員会の承認、法案の政府提出　(46)
　第3款　政府の法案作成と議会での議決……………………………47
　　　1　政府提出法案　(47)
　　　　⑴　審議委員会から政府に提出された法案との相違点　(47)
　　　　⑵　政府が議会に提出した労働組合法案　(48)
　　　2　労働組合法制定（1945年12月）　(49)
　　　　⑴　議会審議の概要　(49)
　　　　⑵　衆議院での質疑応答　(49)
　　　　⑶　貴族院での質疑応答　(49)
　　　3　労働組合法の改正　(50)
　　　　⑴　1949年改正　(50)
　　　　⑵　1959年改正　(51)
　　　　⑶　1999年改正　(51)
　　　　⑷　2007年改正　(52)

第2章　労働協約の具体的役割と機能 ………………………………53
　第1節　問題の所在……………………………………………………53
　第2節　企業別・事業場別の労働協約…………………………………55
　　第1款　労働条件の上積み・詳細化と手続の明確化
　　　　　　／非正規労働者を巡る協約実例と理論的問題………55
　　　1　問題状況　(55)
　　　2　非正規労働者を巡る労働協約実例　(56)
　　　3　理論的問題　(58)
　　　　⑴　非組合員への労働協約の「適用」　(58)

(2)　非組合員への労働協約の拡張適用の排除　(59)
　第2款　団結権強化、労使関係ルール明確化の協約例............ 60
　　1　製造業での協約例　(60)
　　2　交渉ルール・争議ルール明確化の意義　(61)
第3節　企業横断的又は業種横断的労働協約................ 62
　第1款　繊維産業における週休二日制の業種横断的労働協約........ 63
　　1　取組みの経緯　(63)
　　　(1)　週休二日制獲得闘争の提起（1972・2）　(63)
　　　(2)　大手・中堅企業での週休二日制獲得（1973・2）　(64)
　　　(3)　染色業の大手・中堅企業での揺り戻し（1976・6）　(65)
　　2　短期間で業種横断的労働協約が獲得できた理由　(67)
　　　(1)　ゼンセン同盟の闘争力　(67)
　　　(2)　企業の経営余力　(67)
　　　(3)　同一業種の企業間での公正競争　(68)
　　　(4)　異業種相互間での業種横断的な公正競争　(68)
　　　(5)　小　括　(68)
　第2款　企業横断又は業種横断的労働協約のその他の実例......... 68
　　1　繊維産業における業種横断的労働協約例　(68)
　　　(1)　60歳定年制度　(69)
　　　(2)　退職金　(69)
　　　(3)　労災付加給付　(69)
　　2　ビール製造業における企業横断的労働協約　(69)
　　　(1)　企業横断的集団交渉　(70)
　　　(2)　最終的妥結内容　(70)
　　　(3)　ビール製造業における公正競争基盤の整備　(70)
　　3　賃上げに関する企業横断的集団交渉　(70)
第4節　使用者の側における労働協約の必要性............... 72
　　1　日本における労働協約の機能　(72)
　　2　使用者側での労働協約の必要性　(73)

第3章　労働協約の地域的拡張適用の実践 74
第1節　問題の所在 74
第2節　申立先例の概要と時期的特徴 75
　第1款　申立先例の概要 75

1　申立事件数と結果 (75)
　　　2　拡張適用肯定事例の概要 (77)
　　　　(1)　拡張適用肯定例における業種と事業所の規模等 (77)
　　　　(2)　特　徴 (78)
　第2款　申立先例の時期区分とその特徴……………………………………79
　　　1　試行錯誤期（1947年から1949年まで）(79)
　　　2　黎明期（1950年から1951年まで）(80)
　　　3　昏迷期（1953年から1960年まで）(81)
　　　4　第一次空白期（1961年から1980年まで）(82)
　　　5　再生・本格活用期（1981年から1989年まで）(83)
　　　6　第二次空白期（1989年から現在まで）(84)
第3節　ゼンセン同盟の実践……………………………………………………85
　第1款　戦略目標の確立／全企業での週休二日制の獲得……………………85
　　　1　週休二日制獲得闘争の提起（1972・2）(85)
　　　2　大手・中堅企業での週休二日制獲得（1973・2）(85)
　　　3　染色業の大手・中堅企業での揺り戻し（1976・6）(85)
　　　4　労働組合法18条活用の提起（1976・6）(86)
　　　　(1)　問題意識 (86)
　　　　(2)　内　容 (87)
　　　5　方針決定と実践の開始（1977・1）(88)
　　　　(1)　財政基盤、人的基盤の整備 (88)
　　　　(2)　繊維労連（総評）との連携の模索 (88)
　　　　(3)　方針実現に向けた情報集約と実行 (89)
　第2款　尾西地域における使用者団体との連携と組合組織拡大…………89
　　　1　尾西地域の染色業がおかれていた状況 (89)
　　　2　尾西地域での懇話会組織の結成（1977・1）(90)
　　　3　労使の共通認識の形成 (91)
　　　4　新たな組織化の必要性とその実行 (92)
　第3款　行政との事前折衝……………………………………………………95
　　　1　申立準備過程での論点 (95)
　　　2　労働省との事前協議 (95)
　　　　(1)　「一の地域」(95)

⑵　「同種の労働者」（*96*）
　　　⑶　「大部分」（*97*）
　　　⑷　「一の労働協約」（*97*）
　　3　申立準備の方法の具体化（*97*）
　第4款　年間休日に関する労働協約の締結…………………………………98
　　1　尾西地域の染色業事業主に対する呼びかけ（1980・4）（*98*）
　　2　事業者の賛同署名（1980・10）（*99*）
　　3　労使合同会議による問題点の整理（1980・11）（*99*）
　　4　中小企業での労働条件改善の困難性（*100*）
　　5　「年間休日に関する協定書」の締結（1981・9）（*100*）
　第5款　地域的拡張適用の申立………………………………………… *101*
　　1　申立書の提出（1981・9）（*101*）
　　2　申立の趣旨（*102*）
　　3　申立の理由（*102*）
　　　⑴　当該地域と当該産業の特性と現況（*102*）
　　　⑵　⑴に起因して生じている問題（*103*）
　　　⑶　⑵を克服するための取組みの経緯（*103*）
　　　⑷　結　論（*103*）
　　　⑸　付記事項／労働組合法18条所定の要件の充足（*104*）
　　4　「大部分」の立証（*104*）
　第6款　労働委員会の調査・審議・決議、県知事の決定・告示…… *105*
　　1　県知事から労働委員会への申立の送付（1981・9）（*105*）
　　2　労働委員会総会での小委員会設置（*105*）
　　3　小委員会の調査結果（*106*）
　　　⑴　尾西地区の染色業界の現況（*106*）
　　　⑵　「一の地域」（*107*）
　　　⑶　「同種の労働者」（*108*）
　　　⑷　「大部分」（*108*）
　　　⑸　「一の労働協約」（*108*）
　　　⑹　年間休日等に関する実態（*109*）
　　　⑺　拡張適用対象事業場の経営に及ぼす影響（*109*）
　　4　労働委員会の資格審査（*110*）
　　5　労働委員会の決議（1982・4）（*110*）

　　　　(1) 主　文（*110*）
　　　　(2) 理　由（*111*）
　　　6　県知事の決定と公告（1982・5）（*111*）
　　　　(1) 決議書の知事宛送付（*111*）
　　　　(2) 愛知県知事の決定と公告（*111*）
　　　　(3) 県知事決定における地労委決議の修正（*111*）
　　第7款　新たなる運動の提起と挫折……………………………… *112*
　　　1　愛知地労委決議に対する評価とその基本的視点（*112*）
　　　2　新たなる運動展開の提起（*113*）
　　　3　労働組合法18条所定の「大部分」の壁（*113*）
　　第8款　拡張適用の実効性確保……………………………………… *114*
　　　1　拡張適用対象事業場への周知（*114*）
　　　2　愛知県労政課と愛知労働基準局の消極的対応（*114*）
　　　3　監督署の姿勢の変化と見解表明（*115*）
　　第9款　第二次・第三次申立………………………………………… *116*
　　　1　第一次県知事決定・告示への疑義（*116*）
　　　2　自動延長に関する申請（*116*）
　　　3　第二次申立（1984・9）（*117*）
　　　4　第二次申立に関する資格審査（*117*）
　　　5　第二次申立に関する小委員会報告（*118*）
　　　6　第二次地労委決議と知事の決定・告示（1984・12）（*118*）
　　　7　労働省の姿勢の変化（*118*）
　　　8　第三次申立（1989・3）（*119*）
　　　9　地域的拡張の終了（*119*）
　　第10款　歴史的役割の終了………………………………………… *119*
　第4節　実践の分析………………………………………………………… *121*
　　第1款　地域的拡張適用制度の具体的役割①
　　　　　　　　　　　　　労働条件の維持・向上……………………… *121*
　　　1　協約水準への労働条件引き上げ（*121*）
　　　　(1) 函館製材労組事件（*121*）
　　　　(2) ゼンセン同盟事件（*122*）
　　　2　協約水準以下への労働条件引き下げの防止（*123*）

細　目　次

　　　⑴　吉野連合労組事件　(*123*)
　　　⑵　中吉野工場労働組合事件　(*123*)
　　3　自発的労働条件引き上げの促進／稲生石灰労組協議会事件　(*124*)
　第2款　地域的拡張適用制度の具体的役割②
　　　　　　　　　使用者相互間での公正競争の実現 ………………… *124*
　　1　労働コストの最低基準の設定　(*124*)
　　　⑴　水平的設定　(*124*)
　　　⑵　垂直的設定　(*125*)
　　2　最低賃金協定による乱売防止効果　(*125*)
　　　⑴　稲生石灰労組協議会事件　(*125*)
　　　⑵　滋賀亜炭鉱業労働組合連合会事件　(*126*)
　　3　年間休日協定による生産量調整／ゼンセン同盟事件　(*127*)
　　4　新規参入企業による労働条件引き下げ・ダンピングの防止　(*127*)
　　　⑴　全日本港湾労働組合九州地方唐津支部事件　(*127*)
　　　⑵　旭川ハイヤー労働組合協議会事件　(*128*)
　第3款　地域的拡張適用制度の具体的役割③
　　　　　　　　　政策課題の実現 ……………………………………… *128*
　　1　最低賃金制度の確立　(*129*)
　　　⑴　稲生石灰労組協議会事件　(*129*)
　　　⑵　滋賀亜炭鉱業労働組合連合会事件　(*130*)
　　2　週休二日制の実現／ゼンセン同盟事件　(*130*)
　第4款　地域的拡張適用申立に関する実務上の留意事項…………… *131*
　　1　政策課題実現のための戦略的視点　(*131*)
　　2　関係使用者の意向　(*132*)
　　3　拡張適用される条項の選択　(*133*)
　　4　「一の地域」と「同種の労働者」の特定　(*134*)

第2部　理論的考察 ……………………………………………………… *137*

第1章　労働協約法理の再構成 ………………………………………… *139*
第1節　問題の所在 ……………………………………………………… *139*
第2節　労働協約の意義・機能・法的性質 …………………………… *141*
　　1　労働協約の意義　(*141*)

xvii

(1)　団結権保障の意義　(*141*)
　　　(2)　労働協約の意義　(*141*)
　　2　労働協約の具体的機能　(*142*)
　　　(1)　雇用・労働条件保障　(*143*)
　　　(2)　団結の強化のための措置の拡大・具体化　(*143*)
　　　(3)　集団的労使関係ルールの具体化　(*143*)
　　　(4)　労使紛争処理システムの補充　(*144*)
　　　(5)　公正競争の実現　(*144*)
　　3　労働協約の法的性質と労働組合法　(*144*)
　　　(1)　債務的効力と規範的効力　(*144*)
　　　(2)　規範的効力の意義　(*145*)
　　　(3)　確認規定説①　慣習説　(*146*)
　　　(4)　確認規定説②　憲法28条説　(*146*)
　　　(5)　まとめ　(*147*)
第3節　労働協約の効力の発生……………………………………… *147*
　　1　労働協約の当事者　(*147*)
　　　(1)　「労働組合と使用者又はその団体」　(*147*)
　　　(2)　「労働組合」　(*147*)
　　　(3)　「労働組合」以外の組織と使用者の合意　(*148*)
　　　(4)　団体交渉の当事者と労働協約の当事者　(*149*)
　　　(5)　「使用者又はその団体」　(*149*)
　　2　労働協約の要式　(*150*)
　　　(1)　書面作成と署名又は記名押印　(*150*)
　　　(2)　書面性を欠く労使合意の規範的効力　(*150*)
　　　(3)　同一書面に記載されていない労使合意の規範的効力　(*150*)
　　　(4)　規範的効力を否定される「労使合意」の法的効力　(*151*)
　　3　手　続　(*151*)
第4節　労働協約の期間……………………………………………… *152*
第5節　労働協約の対象事項………………………………………… *153*
　　1　協約自治の原則　(*153*)
　　2　協約自治の限界　(*154*)
　　　(1)　強行法規違反・公序違反　(*154*)
　　　(2)　特定の労働者の労働条件と契約終了　(*155*)
　　　(3)　退職金・定年年齢の不利益変更の可否　(*155*)
　　　(4)　個別的労働条件変更権創設の可否　(*156*)

第6節　労働協約の法的効力と効力の及ぶ範囲……………………… *158*

1　債務的効力　(*158*)

2　規範的効力　(*158*)

　(1)　労働組合法16条の定め　(*158*)
　(2)　問題の所在①　規範的効力の内容　(*158*)
　(3)　協約当事者による選択　労使自治・協約自治　(*159*)
　(4)　対等性の確保と労使自治・協約自治の尊重　(*161*)
　(5)　具体的事情を考慮した選択の必要性　(*161*)
　(6)　問題の所在②　協約の定めと労働契約の関係　(*162*)
　(7)　外部規律説と信義則に則した契約解釈　(*163*)

3　規範的効力の及ぶ「労働契約」の範囲　(*164*)

　(1)　問題の所在　(*164*)
　(2)　協約当事者・構成員間の労働契約への限定　(*164*)
　(3)　協約当事者・構成員間の労働契約以外への拡大　(*165*)
　(4)　協約締結後加入した使用者・組合員の労働契約　(*166*)
　(5)　組合員資格を喪失した労働者の労働契約　(*166*)
　(6)　まとめ　(*168*)

4　規範的部分と債務的部分　(*168*)

　(1)　規範的部分　(*168*)
　(2)　「労働条件その他労働者の待遇に関する基準」の意義　(*169*)
　(3)　債務的部分　(*170*)

第7節　労働協約による労働条件の変更……………………………… *171*

1　問題の所在　(*171*)

2　組合員である労働者にとって有利な労働条件変更　(*171*)

　(1)　最低基準として設定されている場合　(*171*)
　(2)　上回ることも下回ることも許容しない基準として
　　　　　　　　　　　　　　設定されている場合　(*172*)

3　組合員である労働者にとって不利な労働条件変更　(*172*)

　(1)　最低基準として設定されている場合　(*172*)
　(2)　上回ることも下回ることも許容しない基準として
　　　　　　　　　　　　　　設定されている場合　(*172*)
　(3)　原則　労使自治・協約自治の必要性　(*173*)
　(4)　例外　労働組合の目的を逸脱して締結された場合　(*174*)
　(5)　証明責任　(*174*)

第8節　労働協約の終了と権利義務関係………………………………… *175*

1　労働協約の終了事由　(175)
　　　2　労働協約終了後の権利義務関係　(176)
　　　　(1)　債務的部分　(176)
　　　　(2)　規範的部分　(176)
　　　　(3)　単年度の労働協約　(177)
第9節　拡張適用制度……………………………………………………… 178
　　　1　拡張適用制度の必要性　(178)
　　　2　工場事業場単位の拡張適用制度　(178)
　　　3　地域的拡張適用制度　(179)
第10節　工場事業場単位の拡張適用制度……………………………… 179
　第1款　意義・趣旨・目的……………………………………………… 179
　　　1　「労働者」の適用範囲の拡張　(179)
　　　2　組合員の雇用保障と労働条件の維持・向上　(180)
　第2款　拡張適用の要件………………………………………………… 182
　　　1　実質的要件　(182)
　　　2　「一の工場事業場」(場所的範囲)　(182)
　　　3　「常時使用される同種の労働者」(人的範囲)　(183)
　　　4　「四分の三以上の数の労働者」が「一の労働協約の適用を
　　　　　受けるに至つたとき」　(184)
　　　5　存続要件　(185)
　第3款　拡張適用の期間（時間的範囲）……………………………… 185
　第4款　拡張適用事項…………………………………………………… 185
　　　1　規範的部分　(185)
　　　2　協議・同意条項　(186)
　第5款　拡張適用の法的効力と効力の及ぶ範囲……………………… 186
　　　1　債務的効力　(186)
　　　2　規範的効力　(187)
　　　　(1)　労働組合法17条の定め　(187)
　　　　(2)　問題の所在　規範的効力の内容　(187)
　　　　(3)　結論　(188)
　　　　(4)　拡張適用制度の意義　(188)
　　　　(5)　協約自治と積極的団結権の尊重　(189)

(6)　例　外　(*192*)
　　　(7)　協約の定めと労働契約の関係　(*192*)
　　3　規範的効力の及ぶ範囲　(*193*)
　　　(1)　問題の所在　(*193*)
　　　(2)　別組合員　(*194*)
　　　(3)　適用対象を組合員に限定することの可否　(*195*)
　　　(4)　「使用者の利益代表者」　(*198*)
　　　(5)　組合加入資格を有しない者　(*199*)
　　　(6)　適用対象を「正社員」に限定することの可否　(*200*)
　　4　協約自治と積極的団結権の尊重　(*200*)
　第6款　拡張適用による労働条件の変更……………………………… *201*
　　1　問題の所在　(*201*)
　　2　未組織労働者にとって有利な労働条件変更　(*202*)
　　　(1)　最低基準として設定されている場合　(*202*)
　　　(2)　上回ることも下回ることも許容しない基準として
　　　　　　　　　　　　　　　　　設定されている場合　(*202*)
　　3　未組織労働者にとって不利な労働条件変更　(*202*)
　　　(1)　最低基準として設定されている場合　(*202*)
　　　(2)　上回ることも下回ることも許容しない基準として
　　　　　　　　　　　　　　　　　設定されている場合　(*203*)
　　　(3)　原則　協約自治と積極的団結権の尊重　(*203*)
　　　(4)　例外　特段の事情があるとき　(*204*)
　　　(5)　証明責任　(*204*)
　　　(6)　組合員の労働条件の不利益変更との関係　(*205*)
　第7款　拡張適用の終了と権利義務関係……………………………… *205*
　　1　拡張適用の終了事由　(*205*)
　　2　拡張適用終了後の権利義務関係　(*206*)

第2章　地域的拡張適用制度の意義・趣旨・目的 …………………… *207*

第1節　問題の所在 ………………………………………………………… *207*

第2節　地域的拡張適用制度の役割 ……………………………………… *208*

　第1款　労働条件の維持・向上、及び、
　　　　　団結権強化のための措置の拡大 ………………………… *208*
　　1　労働条件の維持　(*209*)

2　拡張適用対象事業場の規模との関係　(209)
　　　　(1)　拡張適用決定に至った事件の対象事業場の規模　(210)
　　　　(2)　拡張適用決定に至らない事件の対象事業場の規模　(210)
　　　3　労働条件引き下げ目的の不存在　(211)
　　　4　「世間相場」の明確化　(211)
　　　5　団結権強化のための措置の拡大　(212)
　　第2款　使用者相互間・労働者相互間での公正競争の実現…………… 212
　　　1　労働条件の最低基準の設定　(213)
　　　　(1)　労働条件の引き下げ目的ではないこと　(213)
　　　　(2)　労働条件の引き上げ効果　(213)
　　　2　製品や役務の価格のダンピングの抑制　(214)
　　　3　長時間労働を前提とした過剰な受注競争の抑制　(214)
　　　4　協約当事者である使用者の経営の維持・安定化　(215)
　　第3款　労働協約の保護、組合員の雇用の保障と労働条件の
　　　　　　維持・向上、及び、労働権・生存権保障………… 216
　　　1　ゼンセン同盟の組織化の教訓　(216)
　　　2　ゼンセン同盟の年間休日闘争の教訓　(216)
　　　3　まとめ　(217)
　　第4款　労働条件に関する立法課題の実現のため条件整備………… 217
　第3節　行政解釈………………………………………………………… 218
　　　1　1946年以降　(218)
　　　2　1964年以降　(219)
　第4節　学　説…………………………………………………………… 219
　　　1　「公正競争の実現」論　(219)
　　　2　「協約外労働者の保護」論　(220)
　　　3　「協約内労働者の保護」論　(221)
　　　4　「団結権擁護」論　(221)
　　　5　「労働協約そのものの存在確保」論／純粋説　(222)
　　　6　「労働協約そのものの存在確保」論／複合的・併存説　(222)
　　　7　事案に応じた合目的解釈論　(223)
　　　8　「労働者一般の地位の向上」論　(223)

第5節 検　討 …………………………………………………… 224
第1款 制度の意義・趣旨・目的に関する結論と根拠 ………… 224
1　労働協約制度の意義・趣旨・目的と機能　(224)
2　拡張適用制度の必要性　(225)
3　地域的拡張適用制度の目的と機能　(226)
4　具体的機能①　労働条件の維持・向上　(226)
5　具体的機能②　団結権強化のための措置の拡大　(228)
6　具体的機能③　使用者相互間・労働者相互間の公正競争の実現　(228)
7　具体的機能④　協約当事者たる使用者の経営の維持と安定化　(229)
第2款 地域的拡張適用制度の使用者にとっての意義 ………… 229
第3款 使用者以外の事業者をも含む公正競争 ………………… 230

第3章　地域的拡張適用の実質的要件 ……………………………… 231
第1節 労働組合の資格要件 ………………………………………… 232
1　問題の所在　(232)
2　先例と議論状況　(233)
3　行政解釈　(233)
4　学　説　(233)
　(1)　労働組合の資格審査必要論　(233)
　(2)　労働組合の資格審査不要論　(233)
　(3)　使用者又は使用者団体の申立の場合の労働組合の要件　(234)
5　検　討　(234)

第2節 「一の労働協約」………………………………………………… 235
第1款 「一の」の意味内容 …………………………………………… 235
1　問題の所在　(235)
2　先例と議論状況　(236)
　(1)　単一の労働協約　(236)
　(2)　複数の使用者団体との間の同一内容の複数の労働協約　(236)
　(3)　各事業者との間の同一内容の複数の労働協約　(236)
3　行政解釈　(236)

4　学　　説　(236)

　　　5　検　　討　(237)

　　　　(1)　地域的拡張適用が肯定される根拠　(238)

　　　　(2)　立法者意思　(239)

　　　　(3)　形式的判断ではなく実質的判断をなすべきこと　(239)

　第2款　労働協約の内容……………………………………………… 240

　　　1　問題の所在　(240)

　　　2　先例と議論状況　(240)

　　　　(1)　日本炭鉱労働組合福岡地方本部事件　(240)

　　　　(2)　全港湾日本海地本事件　(241)

　　　　(3)　私鉄総連北海道地本事件（第二次）　(241)

　　　3　行政解釈・学説　(241)

　　　4　検　　討　(242)

　第3款　労働協約の締結当事者たる労働組合……………………… 242

　第4款　労働協約の条項の範囲内での部分的な拡張適用………… 242

　　　1　問題の所在　(242)

　　　2　検　　討　(243)

第3節　「一の地域」（地理的範囲）………………………………………… 243

　　　1　問題の所在　(243)

　　　2　先例と議論状況　(244)

　　　　(1)　一つの港湾又は日本海沿岸を地理的範囲とする申立　(244)

　　　　(2)　産業や資源の分布する地域を地理的範囲とする申立　(245)

　　　　(3)　労働組合の組織化地域
　　　　　　　又は協約適用地域を地理的範囲とする申立　(246)

　　　3　行政解釈　(249)

　　　4　学　　説　(249)

　　　　(1)　協約関係者の経済的基盤と地域的広がり　(249)

　　　　(2)　労働市場としてのまとまり　(250)

　　　　(3)　労働組合の組織的範囲　(250)

　　　5　検　　討　(251)

　　　　(1)　適用対象地域に関する基本原則①
　　　　　　　協約自治の尊重　(251)

　　　　(2)　適用対象地域に関する基本原則②

　　　　　　　地域選定に関する申立人の判断の尊重　(252)
　　　(3)　適用対象地域に関する基本原則③
　　　　　　　制度趣旨・目的に適合しない恣意的地域設定の排除　(252)
　　　(4)　適用対象地域に関する基本原則④
　　　　　　　明確な地域設定　(253)
　　　(5)　先例に関する具体的検討　(253)

第4節　「同種の労働者」（人的範囲）　………………………………… 254

　　1　問題の所在　(254)
　　2　先例と議論状況　(255)
　　　(1)　事業規模等による区別の要否
　　　　　　　／和歌山県木材労働組合日高支部事件　(255)
　　　(2)　協約当事者とは別の業種を含むことの可否　(255)
　　　(3)　「同種の労働者」の範囲に関する労使合意の尊重
　　　　　　　／稲生石灰労組協議会事件　(256)
　　3　行政解釈　(257)
　　　(1)　労働組合法17条の「同種の労働者」との関係　(257)
　　　(2)　労働組合法17条の「同種の労働者」の意義　(257)
　　4　学　説　(258)
　　　(1)　産業・職種との関係　(258)
　　　(2)　労働協約の適用対象者　(258)
　　　(3)　労働組合の組織態様　(259)
　　　(4)　複合論　(259)
　　5　検　討　(259)
　　　(1)　適用対象者に関する基本原則①
　　　　　　　労働協約の人的適用範囲と協約自治の尊重　(259)
　　　(2)　適用対象者に関する基本原則②
　　　　　　　申立人の選択の尊重　(260)
　　　(3)　適用対象者に関する基本原則③
　　　　　　　制度趣旨・目的に適合しない恣意的設定の排除　(261)
　　　(4)　適用対象者に関する基本原則④
　　　　　　　「同種の労働者」の範囲に関する明確性の確保　(261)

第5節　「大部分」　……………………………………………………………… 262

　　1　問題の所在　(262)
　　2　先例と議論状況　(262)
　　　(1)　牛深地区漁民労働組合事件　(262)

⑵　函館製材労組事件　(262)

　　3　行政解釈　(263)

　　4　学　説　(263)

　　　⑴　制度適用が適当と考えられる程度　(263)

　　　⑵　当該地域での一般化・支配的地位　(264)

　　　⑶　「4分の3以上」に準じて判断　(264)

　　　⑷　66％以下もあり得る。　(264)

　　5　検　討　(264)

　　　⑴　17条で「4分の3」と定められた理由　(264)

　　　⑵　18条の「大部分」の意味　(265)

第6節　「適用を受ける」……………………………………………… 267

　第1款　工場事業場単位の拡張適用者の扱い…………………… 267

　　1　問題の所在　(267)

　　2　先例と議論状況　(267)

　　3　行政解釈　(267)

　　4　学　説　(268)

　　5　検　討　(268)

　第2款　事実上労働協約が適用されている者の扱い　………… 269

　　1　問題の所在　(269)

　　2　先例と議論状況　(269)

　　　⑴　函館製材労組事件　(269)

　　　⑵　旭川ハイヤー労働組合協議会事件　(269)

　　3　行政解釈　(270)

　　4　学　説　(270)

　　　⑴　「適用を受ける」への算入肯定　(270)

　　　⑵　「適用を受ける」への算入否定、「大部分」で考慮　(270)

　　　⑶　「適用を受ける」への算入否定　(271)

　　5　検　討　(271)

　　　⑴　労働協約の「適用」を巡る日本での実情　(271)

　　　⑵　地域的拡張適用が肯定される根拠　(273)

第7節　主要な判断プロセス……………………………………………… 274

第4章　地域的拡張適用の決議及び決定 ……………………………… 276

細 目 次

第1節 申立と審査の手続……………………………………… 276

第1款 管　轄…………………………………………………… 276

1　問題の所在 (276)

2　「全国的に重要な問題」 (277)

(1)　行政解釈 (277)

(2)　運用の実情 (278)

3　「二以上の都道府県にわたる」 (278)

(1)　先例と議論状況 (278)

(2)　「二以上の都道府県にわたる」か否かの審査方法 (278)

第2款 申立書の宛名と提出先………………………………… 280

1　問題の所在 (280)

2　先例と議論状況 (280)

3　行政解釈・学説 (281)

4　検　討 (281)

(1)　大臣又は知事と労働委員会との権限配分 (281)

(2)　知事又は大臣宛の申立の場合における手続遅延 (282)

(3)　手続上の合理性 (282)

第3款 申立書の記載事項等…………………………………… 282

1　問題の所在 (282)

2　申立書の記載事項 (283)

(1)　拡張適用の要件の充足とその前提 (283)

(2)　申立書に記載すべき事項 (283)

3　申立書の記載不備とこれに起因する混乱に関する先例 (285)

4　検　討 (286)

第4款 労働委員会での事実調査・細目審議組織……………… 286

1　問題の所在 (286)

2　先例と議論状況 (286)

3　検　討 (288)

第5款 意見陳述の機会付与…………………………………… 288

1　問題の所在 (288)

2　先例と議論状況 (289)

(1)　協約当事者たる使用者の意向 (289)

⑵　拡張適用の対象とされた使用者の意向　(290)
　　　⑶　商工会議所・経営者協会等の意見　(290)
　　3　行政解釈　(290)
　　4　意見陳述の機会付与の要否に関する検討　(290)
　　　⑴　協約当事者である使用者等の扱い　(290)
　　　⑵　拡張適用の対象者たる労働者の扱い　(291)
　　　⑶　拡張適用対象たる使用者の扱い　(292)
　　　⑷　経営者団体等の扱い　(292)
　　5　関係者の賛否と労働委員会の判断との相互関係　(292)
　　　⑴　協約当事者たる使用者の賛否の実情とその結果　(292)
　　　⑵　協約当事者たる使用者の反対の原因とこれへの対応　(293)
　　　⑶　拡張適用対象者や経営者団体の反対について　(294)
第2節　労働委員会の決議……………………………………………… 295
　第1款　拡張適用するか否かに関する自由裁量の有無………… 295
　　1　問題の所在　(295)
　　2　先例と議論状況　(296)
　　　⑴　労働委員会に自由裁量があることを前提とするもの
　　　　　　／牛深地区漁民労働組合事件　(296)
　　　⑵　「法の趣旨への合致」がなければ拡張適用を否定するもの
　　　　　　／旭川ハイヤー労働組合協議会事件　(296)
　　　⑶　「特別の事由」がない限り拡張適用を肯定するもの
　　　　　　／滋賀亜炭鉱業労働組合連合会事件　他　(297)
　　3　行政解釈　(298)
　　4　学　説　(298)
　　5　検　討　(298)
　　　⑴　自由裁量論の理論的誤り　(298)
　　　⑵　自由裁量論の具体的弊害　(299)
　　　⑶　拡張適用に関する原則と例外　(300)
　　　⑷　自由裁量論とその影響　(300)
　第2款　労働協約の修正権限の限界……………………………… 301
　　1　問題の所在　(301)
　　2　先例と議論状況　(301)
　　　⑴　労基法所定水準に引き下げる修正の可否
　　　　　　／和歌山県木材労働組合日高支部事件　(301)

　　　　(2)　賃金額を定める条項を賃金協議条項に修正することの可否
　　　　　　／全日本港湾労働組合九州地方唐津支部事件　(*302*)
　　　　(3)　債務的効力の部分を拡張適用するための読み替え
　　　　　　／吉野連合労組事件　他　(*302*)
　　3　行政解釈　(*303*)
　　4　学　説　(*303*)
　　　　(1)　不適当な条項の修正　(*303*)
　　　　(2)　限定的裁量といいつつ広範囲な裁量を肯定　(*304*)
　　　　(3)　契約説、法規説との関係　(*304*)
　　5　検　討　(*305*)
　　　　(1)　義務や負担の創設・実質的内容の変更の禁止　(*305*)
　　　　(2)　最低基準の引き下げの禁止　(*306*)
　　　　(3)　修正権限を行使すべき事項①
　　　　　　労働条件引き下げ条項　(*306*)
　　　　(4)　修正権限を行使すべき事項②
　　　　　　不当な目的・動機に基づく協約条項の排除　(*307*)
　　　　(5)　修正権限を行使すべき事項③
　　　　　　労働組合の存在を前提とする条項の読み替え　(*308*)
　第3款　労働委員会による労働協約の条項修正の効力……………… 308
　第4款　拡張適用の期間に関する労働委員会の裁量……………… 308
　　1　問題の所在　(*308*)
　　2　先例及び議論状況　(*309*)
　　　　(1)　自主的解決促進の目的
　　　　　　／全日本港湾労働組合九州地方唐津支部事件　(*309*)
　　　　(2)　拡張適用対象に対する時間的猶予
　　　　　　／ゼンセン同盟事件（第一次）　(*309*)
　　　　(3)　地労委の決議主文で「拡張適用の期間」を明示
　　　　　　／ゼンセン同盟事件（第二次）　(*309*)
　　3　検　討　(*310*)
　　　　(1)　拡張適用の開始時期　(*310*)
　　　　(2)　拡張適用の期間　(*310*)
第3節　大臣又は知事の決定………………………………………… 310
　第1款　拡張適用の決定に関する自由裁量の有無………………… 310
　　1　問題の所在　(*310*)
　　2　先例と議論状況　(*311*)

3　行政解釈 *(311)*
            4　学　説 *(311)*
              ⑴　自由裁量論（拘束力否定説）*(311)*
              ⑵　法規裁量論（拘束力肯定説）*(312)*
            5　検　討 *(312)*
              ⑴　法令作成・法令解釈上のルール *(312)*
              ⑵　立法経緯、立法趣旨・立法目的 *(313)*
              ⑶　地域的拡張適用制度の目的・趣旨との整合性 *(313)*
              ⑷　自由裁量を肯定する場合の弊害 *(314)*
        第2款　労働委員会決議を修正する権限の有無……………………… *315*
            1　問題の所在 *(315)*
            2　先例と議論状況 *(315)*
            3　行政解釈 *(315)*
            4　学　説 *(316)*
            5　検　討 *(316)*
              ⑴　労働委員会の役割との整合性 *(316)*
              ⑵　労働委員会決議の修正権限を肯定することによる混乱 *(316)*
    第4節　不服申立………………………………………………………………… *317*
        第1款　行政不服審査…………………………………………………… *317*
        第2款　行政訴訟………………………………………………………… *317*
            1　学　説 *(317)*
            2　検　討 *(318)*
              ⑴　労働委員会の地域的拡張適用否定の決議について *(318)*
              ⑵　労働委員会の地域的拡張適用肯定の決議 *(319)*
              ⑶　大臣又は知事の地域的拡張適用の決定について *(319)*
              ⑷　大臣又は知事の地域的拡張適用否定の決定について *(319)*
第5章　地域的拡張適用事項と効力・範囲……………………………… *320*
    第1節　拡張適用される協約事項………………………………………… *320*
        第1款　規範的部分と債務的部分……………………………………… *320*
            1　問題の所在 *(320)*
            2　先例と議論状況 *(321)*
              ⑴　労働条件変更等に関する協議義務 *(321)*

xxx

　　　　　　　　　　　細　目　次

　　　　⑵　自己都合退職金制度の自発的創設／吉野連合労組事件　(*322*)
　　　　⑶　漁獲量の確認のための代表の立会権・苦情処理委員会
　　　　　　　　設置条項／牛深地区漁民労働組合事件　(*323*)
　　　　⑷　クローズド・ショップ協定
　　　　　　　　　　／全港湾四国地方宇和島支部事件　(*323*)
　　　　⑸　ユニオン・ショップ協定／牛深地区漁民労働組合事件　(*324*)
　　3　行政解釈　(*324*)
　　　　⑴　1959年以前の行政解釈　(*324*)
　　　　⑵　1959年以降の行政解釈　(*325*)
　　4　学　説　(*326*)
　　　　⑴　「規範的部分」に限定する説　(*326*)
　　　　⑵　「規範的部分」に限定しつつ
　　　　　　　　　　　「規範的部分」を拡張する説　(*326*)
　　　　⑶　「規範的部分」に限定しない説　(*327*)
　　　　⑷　労組法18条の制度趣旨に基づく解釈論　(*327*)
　　5　検　討　(*328*)
　　　　⑴　結　論　(*328*)
　　　　⑵　理由①　公正競争の実現　(*328*)
　　　　⑶　理由②　労働条件の維持・向上のための必要性　(*329*)
　　　　⑷　理由③　団結権の強化のための措置の拡大　(*330*)
　　　　⑸　理由④　地域的拡張適用制度の沿革と法文　(*330*)
　　　　⑹　例外①　客観的に拡張適用が不能な条項　(*331*)
　　　　⑺　例外②　上回ることも下回ることも許容しない基準、
　　　　　　　　　　又は、労働条件の不利益変更を定める条項　(*331*)
　　　　⑻　協議条項・同意条項　(*331*)
　第2款　協約条項の一部のみを拡張適用事項とすることの可否…… *332*
第2節　地域的拡張適用の効力………………………………………………… *333*
　第1款　債務的効力………………………………………………………… *333*
　　1　債務的部分　(*333*)
　　　　⑴　便宜供与　(*333*)
　　　　⑵　団体交渉の手続条項　(*333*)
　　　　⑶　ユニオン・ショップ条項・クローズド・ショップ条項　(*334*)
　　2　規範的部分　(*334*)
　第2款　規範的効力………………………………………………………… *334*
　　1　問題の所在　(*334*)

　　　　　　　　　　　　　　　　　　　　　　　　　　　　xxxi

　　　　2　学　　説 （335）

　　　　3　先　　例 （335）

　　　　4　検　　討 （335）

　　　　　(1)　拡張適用される事項と規範的効力の内容 （335）

　　　　　(2)　上回ることも下回ることも許容しない基準
　　　　　　　又は労働条件を不利益に変更する条項の取扱 （336）

　　第3款　労働協約の終了・延長・変更と拡張適用の効力……………… 337

　　　　1　問題の所在 （337）

　　　　2　先例と議論状況 （337）

　　　　3　行政解釈 （338）

　　　　　(1)　1948年の労政局長通牒 （338）

　　　　　(2)　1949年の労政局長見解 （338）

　　　　4　学　　説 （339）

　　　　　(1)　協約の有効期間満了等による終了 （339）

　　　　　(2)　協約当事者の合意による協約廃止 （339）

　　　　　(3)　協約当事者の合意による協約変更 （339）

　　　　5　検　　討 （340）

　　　　　(1)　地域的拡張適用の効力発生・存続要件 （340）

　　　　　(2)　労働協約の終了・延長・変更と拡張適用の効力 （340）

　　　　　(3)　拡張適用の効力の変動に伴う手続 （341）

　　第4款　遡及効………………………………………………………………… 341

　　　　1　学　　説 （341）

　　　　2　検　　討 （342）

第3節　地域的拡張適用の範囲…………………………………………………… 342

　　第1款　拡張適用の対象………………………………………………………… 342

　　　　1　労働組合 （342）

　　　　2　労働者 （343）

　　　　3　使用者 （343）

　　第2款　債務的効力の及ぶ範囲と規範的効力の及ぶ範囲……………… 344

　　　　1　債務的効力 （344）

　　　　2　規範的効力 （344）

　　第3款　別組合の組合員に対する拡張適用と労働協約の競合……… 344

1　問題の所在 *(344)*
　　　2　先例と議論状況 *(345)*
　　　3　学　説 *(346)*
　　　　(1)　別組合員に対し最低基準効のみ及ぼす説 *(346)*
　　　　(2)　別協約が先行する場合の拡張適用否定説 *(346)*
　　　4　検　討 *(346)*
　　　　(1)　結　論 *(346)*
　　　　(2)　工場事業場単位の拡張適用との相違 *(347)*
　　　　(3)　別組合の組合員の適用除外等により生ずる問題 *(347)*
　　第4款　拡張適用の対象労働者を組合員に限定することの可否 …… *348*
　　　1　問題の所在 *(348)*
　　　2　学　説 *(349)*
　　　3　検　討 *(349)*
　　　　(1)　申立権の放棄と拡張適用対象労働者の限定との峻別 *(349)*
　　　　(2)　結　論 *(350)*
　　　　(3)　協約自治 *(351)*
　　　　(4)　労働組合側の必要性 *(351)*
　　　　(5)　使用者側の必要性 *(352)*
　　　　(6)　拡張適用対象者を組合員に限定する申立の適法性 *(353)*
　　第5款　組合加入資格を有しない労働者への適用 ………………… *354*
　　第6款　地域的拡張適用の対象となる労働者 …………………… *354*
　　第7款　地域的拡張適用の対象となる使用者 …………………… *356*

資料編Ⅰ　労働協約の地域的拡張適用申立の全先例 ………………… *357*
　　　　　　　（詳細目次は357頁）
資料編Ⅱ　ゼンセン同盟による労働協約の地域的拡張適用の実践 *391*
　　　　　　　（詳細目次は391頁）

文 献 凡 例

I　単著・論文

吾妻編労組法(1959)：吾妻光俊編『註解　労働組合法』青林書院新社(1959)
荒木労働法(2009)：荒木尚志『労働法』有斐閣(2009)
石井(1949)：石井照久「労働組合の資格と労働法規の適用」法学協会雑誌67巻6号(1949)495頁
石井労働法(1973)：石井照久『新版　労働法（第3版）』弘文堂(1973)
石川労組法(1978)：石川吉右衛門『労働組合法』有斐閣　法律学全集(1978)
遠藤(1979)：遠藤公嗣「1945年労働組合法の形成（上）（下）──立法を巡る政治主体に即して──」日本労働協会雑誌242号(1979年5月)69頁、243号(同年6月)43頁
大風(1955)：中労委審査第一課大風重夫「労働協約拡張適用事件概況　昭和24年より昭和29年までの総括」中央労働時報285号(1955)13頁
小椋(1959)：小椋利夫「ワイマール期の労働協約の一般的拘束力制度の一考察」法律論叢（明治大学法律研究所）33巻4号(1959)59頁
賀来労組法詳解(1949)：労働省労政局長賀来才二郎『改正労働組合法の詳解』中央労働学園(1949)
片岡(1957)：片岡昇「労働協約規範と第三者」季刊労働法26号(1957)12頁
川口(2011)：川口美貴「労働組合法上の労働者概念の再構成」労働経済春秋5号(2011)9頁
川口・古川(2009)：川口美貴・古川景一「就業規則法理の再構成」季刊労働法226号(2009)158頁
菊池・石川(1950)：菊池勇夫・石川吉右衛門「改正労働組合法下の諸種の労働組合」私法（日本私法学会）第3号(1950)129頁
菊池・林労組法(1954)：菊池勇夫・林迪廣『法律学体系　コンメンタール編20 I 労働組合法』日本評論社(1954)
北村(1958)：中労委事務局調整第三課長北村久寿雄「協約の拡張適用と賃金条項」労働争議調査会編『戦後労働争議実態調査X　労働協約を巡る労使紛争』中央公論社(1958年)
久保(1963)：久保敬治「労働協約の地域単位の一般的拘束力」『後藤清先生還暦記念労働協約──その理論と実際──』有斐閣(1963)
近藤(1963)：近藤享一「労働協約の一般的拘束力」石井照久・有泉亨編集『労働法体系2　団体交渉・労働協約』有斐閣(1963)144頁
下井労使関係法(1995)：下井隆史『労使関係法』有斐閣(1995)
正田(1952)：正田彬「労働協約の『地域的一般的拘束力』について」法学研究（慶應大学法学部法学研究会）25巻6号(1952)53頁
菅野労働法(2010)：菅野和夫『労働法　第9版』弘文堂(2010)

文献凡例

末弘(1927)：末弘嚴太郎「労働協約法概論」『社会問題講座第三巻　社会科学篇』新潮社出版(1927)
末弘労働法研究(1926)：末弘嚴太郎『労働法研究』改造社(1926)
末弘労組法解説(1946)：末弘嚴太郎『労働組合法解説』日本評論社(1946)
田中(1961)：田中祥子「ドイツ労働法における労働協約の『一般的拘束力宣言』制度」法学研究（慶應義塾大学法学部法学研究会）34巻7号(1961)39頁
道幸(1986)：道幸哲也「協約の地域的拡張適用制度の基本問題(上)」判例タイムズ578号(1986)2頁、「前同(下)」579号7頁
東大労研註釈労組法(1949)：東京大学労働法研究会『註釈　労働組合法』有斐閣(1949)
東大労研注釈労組法(1982)：東京大学労働法研究会『注釈　労働組合法(下)』有斐閣(1982)
中山(1962)：中山和久「労働協約に関する法規と国際労働基準」『野村平爾教授還暦記念論文集　団結活動の法理』日本評論社(1962)429頁
中窪(1994)：中窪裕也「文献研究⑫　労働協約の規範的効力」季刊労働法172号(1994)94頁
西谷労組法(2006)：西谷敏『労働組合法　第2版』有斐閣(2006)
沼田労働法(1975)：沼田稲次郎『労働法要説　改訂版』法律文化社(1975)
久谷(1986)：久谷與四郎「労働時間ルポ①　労働協約の地域拡張の実際と問題点　愛知県尾西地方を訪ねて」労働時報（労働省広報室編）1986年6月号16頁
古川(2009)：古川景一「労働者性判断基準＝経済的従属関係──都労委総会決定(1949年4月15日)の再発見と判断基準の再構成」月刊労委労協643号(2009年)2頁
外尾(1957)：外尾健一「フランスに於ける労働協約の一般的拘束力(一)」『法学』（東北大学法学會編集　良書普及會)21巻2号(1957)23頁、前同「前同(二)」前同21巻4号1頁、前同「前同(三)」前同22巻1号43頁
外尾労働団体法(1975)：外尾健一『労働団体法』筑摩書房(1975)
外尾フランス労働協約法(2003)：外尾健一『フランス労働協約法の研究』信山社(2003年)
宮島(1962)：宮島尚史「労働協約の拘束力──協約の法構造の一側面」『野村平爾教授還暦記念論文集　団結活動の法理』日本評論社(1962)353頁
峯村労働法(1958)：峯村光郎『労働法講義』有信堂(1958)
峯村(1969)：峯村光郎「労働協約の一般的拘束力」有泉亨・峯村平爾編『講座　労働問題と労働法　第4巻　労働協約と就業規則』弘文堂(1969)148頁
盛労働法総論・労使関係法(2000)：盛誠吾『労働法総論　労使関係法』新世社(2000)
森長(1951)：森長英三郎「労働協約の地域的拘束力の諸問題」労働法律旬報68・

69 号(1951) 2 頁

森長(1953)：森長英三郎『労働協約と就業規則』労働法律旬報社(1953)

労使問題研労働委員会の知識(1995)：労使問題研究会編『改訂三版　労働委員会の知識 ── 審査・調査の手続と運用』公報資料センター(1995)

安屋(1966)：安屋和人「労働協約の一般的拘束力」日本労働法学会編集『新労働法講座第 5 巻　労働協約』有斐閣(1966) 311 頁

山口労組法(1996)：山口浩一郎『労働組合法［第 2 版］』有斐閣(1996)

横井(1957)：横井芳弘「労働協約の一般的拘束力」日本労働法学会編『労働法講座第 4 巻　労働協約』有斐閣(1957) 999 頁

横井・久谷(1986)：横井芳弘・久谷與四郎「協約の地域拡張制度とその実際」『労働研究会報 1608 号』総合労働研究所(1986) 1 頁

横井(1968)：横井芳弘「ドイツにおける協約排除条項と組織強制の法理」比較法雑誌第 6 巻第 1・2 号日本比較法研究所・中央大学出版部(1968) 9 頁

吉川(1948)：吉川大二郎『労働協約法の研究』有斐閣(1948)

II　行政関係資料・労働組合関係資料

愛知地労委(1982)：愛知県地方労働委員会事務局審査課「ゼンセン同盟労働協約地域的拡張適用事件概要」中央労働時報 688 号(1982) 8 頁

愛媛地労委(1959)：愛媛県地方労働委員会事務局『労働組合法第 18 条適用上の諸問題／全港湾労組四国地方宇和島支部事件を中心として』(孔版印刷)(1959)

賀来労組法詳解(1949)：労働省労政局長賀来才二郎『改正労働組合法の詳解』中央労働学園(1949)

厚労省労組法コンメ(2006)：厚生労働省労政担当参事官室編『労働法コンメンタール 1　五訂版　労働組合法・労働関係調整法』労務行政(2006)

厚労省労使関係法解釈総覧(2005)：厚生労働省労政担当参事官室監修『新訂　労使関係法解釈総覧』労働法令協会(2005)

司法省従業規則研究(1933)：東京区裁判所判事中村武「従業規則に関する研究」『司法研究第 17 号　報告書集 12』司法省調査課(1933)

中労委労働争議調整史録昭 41-45 年(1973)：中央労働委員会事務局『労働争議調整史録　昭和 41 年〜45 年』中央労働委員会事務局(1973)

中労委全労委連絡協資料(1958)：中央労働委員会事務局作成「昭和 33 年 11 月／第 13 回全国全国労働委員会連絡協議会資料（別冊二）／第 12 回全国労働委員会連絡協議会研究課題報告／労働協約拡張適用事件に関する労働委員会の取扱手続について」（労働政策研究・研修機構労働図書館所蔵資料 B01zen13-2）19 頁

長崎地労委 15 年史(1962)：長崎県地方労働委員会編『長崎県地方労働委員会　15 年史』(1962)

内務省労組法案沿革(1930)：内務省社会局『労働組合法案の沿革』内務省社会局(1930)

内務省労組状況(1931)：内務省社会局『本邦ニ於ケル労働組合ノ一般的状況』内務省社会局(1931)

内務省労働協約概況(1931)：内務省社会局労働部『我国ニ於ケル労働協約ノ概況』内務省社会局労働部(1931)

労働省業者間協定一覧(1959)：労働省労働基準局賃金課『業者間協定一覧』加除式部内資料(1959)。

労働省労働運動史昭 20-21(1951)：労働省『資料 労働運動史 昭和20-21年』労務行政研究所(1951)

労働省労組法コンメ(1964)：労働省労働法規課編著『労働法コンメンタール1 改訂版 労働組合法・労働関係調整法』労務行政研究所(1964)

労働省労働関係法令解釈総覧(1954)：労働省労政局労働法規課編『労働関係法令解釈総覧』労働法令協会(1954)

労働省労働行政史(一)(1961)：労働省『労働行政史 第一巻』労働法令協会(1961)
労働省労働行政史(二)(1969)：労働省『労働行政史 第二巻』労働法令協会(1969)
労働省労働行政史(三)(1982)：労働省『労働行政史 第三巻』労働法令協会(1982)

全繊同盟史年表：全繊同盟史編集委員会『全繊同盟史 年表』全国繊維産業労働組合同盟(1963)

ゼンセン同盟史(七)：ゼンセン同盟史編集委員会『ゼンセン同盟史 第7巻(1971～1975)』ゼンセン同盟(1978)

ゼンセン同盟史(八)：『前同 第8巻(1976～1980)』(1982)

ゼンセン同盟史(九)：『前同 第9巻(1981～1985)』(1986)

労働協約と地域的拡張適用

――ＵＩゼンセン同盟の実践と理論的考察――

序

1　本書の目的　その1——労働協約法理の再構成

　本書の目的は、第一に、労働協約法制の沿革と、事実として存在する労働協約の具体的機能を踏まえて、労働協約法理を再構成することである。

　労働協約に関する労働組合法の定めは簡素であり、労働協約の要件、適用範囲、法的効力、拡張適用等を明確かつ詳細に定めるものではない。これを解明するためには、労働協約制度の意義・趣旨・目的を明確に把握することが必要であり、その前提として、労働協約法制の沿革と労働組合法が制定される以前に存在した労働協約が法形成に与えた影響、及び、労働協約法制の下で現実の労働協約が果たしてきた具体的機能を解明することが必要である。しかし、日本の労働法学においては、法制の沿革も、事実として存在する労働協約も、殆ど研究対象とされていない。

　そこで、本書は、労働協約の法制の沿革と具体的機能を検討し、労働協約の意義・趣旨・目的を明確にした上で、協約自治と積極的団結権の尊重の観点から労働協約法理を再構成する。

2　本書の目的　その2——地域的拡張適用の実践と理論的考察

　本書の目的の第二は、労働協約の地域的拡張適用について、過去の全先例と実践を検証し、行政解釈・学説の包括的網羅的な整理を踏まえて検討課題を析出し、理論的考察を行うことである。

　ゼンセン同盟が申立を行った労働協約の拡張適用期間が1992年に終了した後現在まで、労働協約の地域的拡張適用の申立は行われていない。その主要な原因は、過去の労働協約の地域的拡張適用に関する実践が十分に検討されず、実践過程で提起された技術的・理論的論点と課題が労働運動において継承されなかったこと、地域的拡張適用制度の法文が簡素に過ぎ、論点が多々あるにもかかわらず、理論的考察が十分にはなされてこなかったこと、及び、労働協約と地域的拡張適用制度の意義・趣旨・目的が十分に理解されず、過去の行政解釈・学説・労働委員会の制度運用に少なからぬ誤りと問題点があり、労働組合

と使用者の申立意欲を失わせたことにある。

　そこで、本書においては、労働協約の地域的拡張適用についての過去の実践を詳細に検討し、技術的・理論的論点を分析し、制度の意義・趣旨・目的を明確にした上で、制度の理論的考察を行う。これにより、地域的拡張適用制度が活用されるようになれば、日本の労働協約全体と労働組合運動が大きく発展し、労働者の雇用保障と労働条件の向上は、大きく前進するであろう。

3　本書の検討対象——ＵＩゼンセン同盟の実践

　本書は、ＵＩゼンセン同盟の様々な労働協約と実践を主要な検討対象とする。その理由は次の三点である。

　第一に、ＵＩゼンセン同盟は、1946（昭和21）年に「全国繊維産業労働組合同盟〈略称：全繊同盟〉」として発足し、1974（昭和59）年に名称変更により「ゼンセン同盟〈略称：なし〉」となり、2002（平成14）年に、ゼンセン同盟（当時約61万人）、CSG連合（同約17万人）、繊維生活労連（同約1千人）の3産別組織の統合によって、「全国繊維化学食品流通サービス一般労働組合同盟〈略称：ＵＩゼンセン同盟〉」となった日本最大の産別組織であり、組織人員は約105万人（2011〈平成23〉年6月現在）である。日本の労働協約の実情に関する先行研究が乏しい状況において、かかる研究をなす第一歩として、日本最大の産別組織の労働協約を中心に検討することとした。

　第二に、ＵＩゼンセン同盟は、繊維、化学、食品、流通サービス、その他一般の産業の労働者を組織する、産業横断的な単一組織である。ＵＩゼンセン同盟は、企業単位あるいは職種単位の労働組合及び個人加盟の組合員により構成され、各企業の労働組合は、労働組合法上の労働組合であると同時に、ＵＩゼンセン同盟の加盟組織であり、ＵＩゼンセン同盟の機関決定に従う義務を負い、ＵＩゼンセン同盟の統制処分の対象となる。このため、ＵＩゼンセン同盟においては、春の賃金闘争の妥結やストライキ権の行使等の重要事項の判断権限は本部の会長が掌握しており、重要な労働協約はすべて本部会長が調印する。この組織形態の特徴に伴い、ＵＩゼンセン同盟は、企業別労働協約だけでなく、実質的には企業横断的な業種別労働協約や業種横断的な産業別労働協約を豊富に有する。さらに、労働協約が締結されていない中小零細事業場の労働条件を規律する目的で、労働協約の地域的拡張適用の申立を行い、拡張適用の決議・決定を獲得している。

　第三に、ＵＩゼンセン同盟は、パートタイム労働者等の非正規労働者の組織

化に力を注いでおり、パートタイム労働者が組合員の約48％を占める（2010〈平成22〉年9月現在）。これに伴い、正社員のための労働協約だけでなく、パートタイム労働者の雇用継続のための労働協約等、多彩な労働協約が見られる。

なお、本書では、ＵＩゼンセン同盟につき、記述事項のあった時点での組織名称を使用する。

4　本書の構成——沿革・実践と理論的考察

本書は、「第一部　沿革と実践」と「第二部　理論的考察」の二部構成をとる。「第一部　沿革と実践」では、労働協約と地域的拡張適用を巡る沿革と実践を明らかにする。具体的には、労働協約法制の沿革（第1章）、労働協約の具体的役割と機能（第2章）、及び、労働協約の地域的拡張適用の実践（第3章）を検討する。

「第二部　理論的考察」では、第一部での検討を踏まえて、労働協約と地域的拡張適用に関する理論的考察を行う。具体的には、労働協約法理の再構成（第1章）、及び、地域的拡張適用の意義・趣旨・目的、実体的要件、決議と決定、適用事項・効果・範囲に関する理論的考察（第2～5章）を行う。そして最後に、「資料編Ⅰ」で、労働協約の地域的拡張適用に関する全申立先例を、「資料編Ⅱ」で、ゼンセン同盟事件（愛知県労委）での具体的実践に関する基礎資料を添付する。

5　本書の基本的視点——組合員の労働権保障と公正競争の実現

労働協約とその制度に関する筆者の基本的視点は次のとおりである。

第一に、労働協約と労働協約の拡張適用制度の目的は、協約当事者である労働組合の組合員の雇用を保障し労働条件の維持・向上を図り、その労働権・生存権を保障することにある。これにより、自ら団結権を行使し労働組合に加入する労働者が増大し、団結活動と団体交渉と労働協約の締結が活発に行われ、労働者全体の雇用保障と労働条件の維持・向上へと発展する。

第二に、企業横断的労働協約と労働協約の地域的拡張適用制度は、その具体的機能として、労働者相互間のみならず使用者相互間における公正競争を実現させ、協約当事者である使用者（又は使用者団体に所属する使用者）の経営の維持と安定化を図る。それなるが故に、企業横断的労働協約と地域的拡張適用制度は、労働者と労働組合のみならず、使用者と使用者団体側においても必要

な制度である。

　第三に、労働協約制度は、自ら団結権を行使して労働組合に加入し、組合費を納入し、組合活動に参加している組合員の利益を守るための制度である。協約法理は、協約自治と積極的団結権の尊重という観点から再構成されなければならない。組合員以外の労働者は、当該労働協約の利益を享受する権利を有するものではなく、利益を享受できるのは、組合員以外の労働者に対しても労働協約を拡張適用することが組合員の利益になると労働組合が判断し、協約当事者が合意した場合に限定される。

　第四に、労働協約制度は、協約当事者である労働組合の組合員の雇用保障と労働条件の維持・向上を目的とする制度であるが、他の労働組合及び組合員の団結権保障と整合的でなければならない。結論として、工場事業場単位の拡張適用においては他の組合員は適用対象とならないが、地域的拡張適用においては適用対象となる。

　第五に、労働協約は、長期的・総合的観点で、組合員の雇用を維持し労働条件の維持・向上を図ることを目的とする。そのために必要なときは、労働協約により組合員の労働条件を不利益に変更し、工場事業場単位の拡張適用により組合加入資格を有する未組織労働者の労働条件を不利益に変更することも可能である。

　第六に、労働協約は、組合員の雇用保障と労働条件の維持向上を図るものであるため、協約当事者である企業の労働コストを引き上げ、企業間競争力を弱め、最悪の場合には企業の存続及び組合員の雇用を危うくさせる危険性を内包している。この危険を回避するためには、労働者相互間及び使用者相互間の公正競争の実現が必要不可欠であり、企業横断的な労働協約の発展とともに、労働協約の地域的拡張適用により協約当事者以外の使用者を規制することが最重要課題の一つである。

第1部　沿革と実践

第1章　労働協約法制の沿革

第2章　労働協約の具体的役割と機能

第3章　労働協約の地域的拡張適用の実践

第 1 章　労働協約法制の沿革

第 1 節　問題の所在

　労働協約に関する労働組合法の定めは、14 条から 18 条までの僅かな条文だけであり、労働協約の適用範囲、対象事項、法的効力、拡張適用等を明確かつ詳細に定めるものではない。これを解明するためには、労働協約制度の意義・趣旨・目的を明確に把握することが重要である。

　第一次大戦後の日本において、歴史や社会状況に根ざした労働協約が事実として存在し、労働協約に関する立法論・学説・裁判例が形成・蓄積され、第二次大戦直後の 1945（昭和 20）年の労働協約制度の法制化へと結実した。

　したがって、日本における労働協約制度の意義・趣旨・目的を検討するためには、日本において労働協約制度の法制化がなされる以前に、どのような労働協約が存在し、これがどのように機能し、如何なる役割を果たしていたのか、労働協約に関して如何なる立法論・学説・判例の形成と蓄積がなされたのか、そして、敗戦直後に制定された労働組合法は、それ以前に事実として存在していた労働協約とこれに関する立法論・学説・判例の何を承継し、何を修正したのか、その理由は何かを分析することが必要である。

　そこで、本章では、まず、第一次大戦後の日本において、いかなる内容の労働協約が事実として存在し、労働協約に関していかなる立法論・学説・判例が形成され蓄積されたのかを通覧する（→第 2 節）。次に、敗戦直後の労働組合法の制定過程において、第一次大戦後に日本に現実に存在していた労働協約と立法論・学説・判例の何を承継し、何を修正したのか、その理由は何かを明らかにする（→第 3 節）。

　これらの分析と検討作業の結論の概要は、次のとおりである。

　第一に、第一次大戦後 1937（昭和 12）年までの時期において、日本では、一方でロシア革命（1917 年）の国際的波及に対抗しつつ、他方で、国際労働機関（ILO）常任理事国として労働者の権利擁護を図る必要に迫られていた。このため、天皇制と資本主義経済を否定する勢力に対しては苛酷な弾圧を加えつつ、

これ以外の勢力（労働省刊行『労働運動史』で「右翼系の組合」「中間組合」「合法左翼」と表現される勢力）が労働組合を結成し、使用者と団体交渉を行い、労働協約を締結することについては容認する政策がとられた。その結果として、労働協約が相当程度に普及し、労働協約を巡る運動の面での蓄積がなされた。

　第二に、大正末期以降、労働組合の結成と労働協約の普及が進む状況の下で、労働組合法案の検討が内務省と各政党で活発に行われ、学説の形成と蓄積があり、さらに、労働協約の効力を肯定する裁判例も現れ、労働協約を巡る理論の面でも蓄積がなされた。

　そして、第三に、1945(昭和20)年に制定された旧労働組合法は、これらの運動面での蓄積と理論面での蓄積を背景にして制定された。

　本章における労働協約法制の沿革に関する分析と検討の作業は、戦後日本で労働協約が果たした具体的役割（→後掲第2章）、地域的拡張適用制度の実践（→後掲第3章）、労働協約制度の意義と内容（→後掲第2部第1章）、地域的拡張適用制度の意義・趣旨・目的（→後掲第2部第2章）、地域的拡張適用の実質的要件（→後掲第2部第3章）、地域的拡張適用の労働委員会の決議及び知事等の決定（→後掲第2部第4章）、及び、地域的拡張適用事項と効力・範囲（→後掲第2部第5章）についての各分析と検討の作業の基礎として位置づけられるものである。

第2節　第一次大戦後の労働協約と理論形成

第1款　歴史的沿革を解明する必要性と具体的課題

1　第一次大戦後の立法方針検討作業との連続性

　1945(昭和20)年制定の旧労働組合法の法案を作成し政府に諮問したのは労務法制審議委員会であるが、審議委員会における第1回会合から最終的な法案答申までの日数は、僅か29日間である。

　この1945(昭和20)年制定の旧労働組合法の立法過程では、末弘嚴太郎が大きな役割を果たした。このため、末弘嚴太郎を労働組合法の『本当の生みの親』とする松岡三郎の見解が存在し、日本の労働組合法は敗戦を契機に、第一次大戦以降の日本における集団的労働条件決定システムと切断された形で誕生したという誤解も少なからず存在する。

しかしながら、遠藤公嗣は、末弘嚴太郎を旧労働組合法の『本当の生みの親』とする松岡三郎らの見解を実証的に強く批判する。遠藤公嗣の研究[1]によれば、末弘嚴太郎が作成した法律案は、これを審議した労務法制審議委員会の労働者側委員であった『右派社会民主主義者』[2]と呼ばれる西尾末広、松岡駒吉、水谷長三郎、小泉秀吉、三輪寿壮らの方針を実現させたものであり、しかも、これらの『右派社会民主主義者』の方針は、第一次大戦後に彼らが行っていた立法方針検討作業が基礎となっていたとされている。さらに、遠藤は、1945(昭和20)年制定の旧労働組合法は、『右派社会民主主義者』の方針がほぼ実現された立法であり、「彼らの方針は、第一次大戦後のヨーロッパにおける相対的安定期の労働組合法認のあり方に範を求めたものであった。」と指摘している。

2　第一次大戦後に存在した労働協約との連続性

　遠藤の指摘は重要であるが、その検討対象は1945(昭和20)年の旧労働組合法案の作成過程に限定されている。法案作成過程だけでなく、その背景にある現実の労働運動と労働協約にも検討対象を拡大すると、第一次大戦後の日本における立法方針検討作業は、事実として存在していた当時の労働協約と、これを背景にして展開された立法論・学説・判例を基礎にしてなされたということができる。

　第一次大戦後の日本に存在していた労働協約は、第一次大戦後の日本における立法方針検討作業に少なからぬ影響を及ぼすばかりか、敗戦後に作られた旧労働組合法の制定に至る社会的基礎となっており、現行労働協約制度との間に連続性が認められる。

　以下詳論する。

第2款　第一次大戦後の日本での労働協約の普及状況と内容

1　労働組合の組織状況

(1)　組織労働者数

　内務省社会局の統計資料（表1）によれば、1930(昭和5)年6月末現在の日

---

[1]　遠藤(1979)(上)70頁、(下)45頁、53頁。
[2]　『右派社会民主主義者』という表現は遠藤によるものである。

本における労働者数は、合計計 4,774,047 人であり、その内の 7.1% に当たる 342,379 人が労働組合に組織化されていた。なお、ここでいう「労働者」とは、その内訳によっても明らかなように、ブルーカラーに限定されていた。

表 1 「労働者」の総数及び労働組合への組織状況（1930 年 6 月末）

	労働者 男	労働者 女	労働者 計	組織労働者	
工場労働者	1,077,188	1,013,428	2,090,616	160,705	(7%)
鉱山労働者	203,424	44,774	248,201	6,251	(2%)
運輸・交通・通信労働者	465,785	47,684	513,469	137,331	(27%)
日傭労働者その他	1,493,333	428,428	1,921,761	38,092	(2%)
計	3,239,733	1,538,314	4,774,047	342,379	(7.1%)

出典：内務省労組状況（1931） 1～2 頁

(2) 年次毎の組織化の推移

各年次毎の労働組合数と労働組合員数の推移は表 2 記載のとおりである。

表 2 労働組合数、労働組合員数の推移（1907～1930 年）

	労働組合数	労働組合員数
1907（明治40）年末	約40	不詳
1918（大正7）年末	107	不詳
1919（大正8）年末	187	不詳
1920（大正9）年末	273	不詳
1921（大正10）年末	300	103,412
1922（大正11）年末	389	137,381
1923（大正12）年末	432	125,551
1924（大正13）年末	469	228,278
1925（大正14）年末	457	254,262
1926（昭和元）年末	488	284,739
1927（昭和2）年末	505	309,493
1928（昭和3）年末	501	308,900
1929（昭和4）年末	630	330,985
1930（昭和5）年6月末	650	342,379

出典：内務省労組状況（1931） 3～4 頁

組織化の推移に関する内務省社会局の分析によれば、1923(大正12)年末に労働組合員が前年比約1万人強減少しているのは関東大震災の影響であり、1924(大正13)年末に労働組合員数が前年比で10万人以上増加するのはILO総会における労働者代表の選定方法が変更され、組合員千人以上を有する労働組合に推薦権が付与された影響であり、1928(昭和3)年末に組合員数が前年比で593人減少した原因は日本共産党員と同調者の検挙及び日本労働組合評議会の結社禁止等によるものとされている[3]。

統計及び内務省社会局の分析によっても明らかなように、1924(大正13)年末から1930(昭和5)年6月末までの5年6ヶ月の期間において、日本共産党員とその同調者の検挙及び日本労働組合評議会の結社禁止等の事件が起きつつも、同時に、労働組合に組織された組合員数は5割増となっており、この時期に労働組合運動は急速に社会的広がりをもつようになった。

(3) 組織形態と規模

1930(昭和5)年6月末時点での、労働組合の組織形態別の組合員数は、単一組合に組織された労働者が181,520人（53%）、連合組合に組織された労働者が160,859人（47%）で、ほぼ同数である[4]。

この当時の主要な企業別組合としては、官業関係が、海軍労働組合連盟、官業総同盟の加盟組合、東京・大阪・横浜等の各市電従業員組合、各市従業員組合、民間関係が、東京瓦斯工組合、東電従業員組合、大阪電気労働組合、日本労働総同盟加盟の製鋼労働組合・セメント労働組合等がある[5]。

そして、労働組合の規模を見ると、労働組合員数3000人以上の労働組合が35あり、1万人以上の労働組合が12ある[6]。

(4) 労働協約を重視する勢力の台頭

以上を総括すれば、大正末から昭和初期の1931(昭和6)年にかけての時期は、既に治安維持法が制定され、天皇制と資本主義経済を否定する勢力に対する弾圧の厳しい時期ではあったが、労働組合の組織化は大きく進展していた時期であることは明らかである。

---

[3] 内務省労組状況(1931) 2〜3頁。
[4] 内務省労組状況(1931) 11頁。
[5] 内務省労組状況(1931) 11頁。
[6] 内務省労組状況(1931) 14頁。

その背景について、内務省社会局は、1923(大正 12)年の関東大震災以前の時期においては無政府主義系ないし急進主義が労働運動の担い手であり、これらの勢力は、団体交渉を平和的に行い労働協約を締結することに消極的であったのに対し、関東大震災以降は、団体交渉と労働協約により平和的に地歩を進めようとする日本労働総同盟等の勢力を中心とする運動が労働組合運動を担うという運動主体の転換があったことを指摘している[7]。

　筆者は、これに加えて、日本が国際労働機関（ILO）に積極的に参加して理事国となって国際社会の一員としての地位を占め、労働者保護を図ろうとする機運が高まる中で、天皇制や資本主義経済を否定するのでない限り、労働組合の結成と労働組合活動を容認する方針を政府がとったことも、労働組合の組織化の進展を可能にしたと考える。

2　労働条件の集団的決定システムの広がり

(1)　事業場内での労働者代表制度の普及

　日本における、労働者代表が労働条件決定や懲戒処分に関与する制度としては、1896(明治 29)年の鐘淵紡績株式會社（その後カネボウとなる）における制度が最初である。同社には、職工の互選により選ばれた委員を加えた委員会があり、ここで職工の懲罰に関する事項を審査決定していた。これ以降、淡路島の淡陶株式會社（現在のダントー・ホールディングス株式会社）、鐵道院（現在の JR 各社）その他で「工場委員会」「労働委員会」等の制度が作られた。こうした「工場委員会」「労働委員会」の制度について、内務省は普及奨励する方針をとり、1919(大正 8)年に労働委員会法案を作り、法的根拠を付与しようした[8]。1926(大正 15)年にこれらの制度を有する経営は合計 121ヶ所ある[9]。これらの制度の具体的内容をみると、例えば、『株式會社大阪鐵工所本社工場懇談會規程』では、委員 38 名中で、会長指名の者が 10 名、工場在籍職工の直接無記名投票により選出される者が 28 名となっており、構成員の半数以上が従業員の直接選挙で選出される制度もあった[10]。また、『株式會社久保田鐵工所機械部工場委員會規程』では、工場委員会の諮問調査審議事項として「物価指数に順応する一般的最低賃金の増減」が含まれている等、労働者代表が労働条件決定

　7　内務省労働協約概況(1931) 3 頁。
　8　労働省労働行政史(一) 142〜143 頁、146〜150 頁。
　9　司法省従業規則研究(1933) 509〜511 頁。
　10　司法省従業規則研究(1933) 520 頁。

にも参与していた[11]。

(2) 大正末期における本格的な労働協約締結例の登場

前記のように事業場内での「工場委員会」「労働委員会」等の制度はある程度の普及をみたが、労働組合が使用者と対等に団体交渉を行い労働協約を締結する実例は、大正末期まで乏しかった。

司法省の研究報告によれば、日本における団体交渉の最初の例は、1904(明治37)年頃の神戸の燐寸（マッチ）軸木同業組合と軸木職工組合の団体交渉であるとされる。団体交渉による合意が成立した例としては、1910(明治43)年に欧文植字工組合が東京の秀英社、築地活版所等の欧文印刷工場では組合所属の者のみを使うことを約束させたクローズド・ショップ協定の例が挙げられている。そして、明瞭に書面で団体交渉権が確認されて労働協約締結に至った実例は、1924(大正13)年の株式會社北川電気製作所と純向會との解決覚書が最初であるとされている[12]。

この株式會社北川電気製作所と純向會との解決覚書には、職工の新規採用と会社都合解雇についての協議条項、昇給賞与をその都度委員会において決定する旨の条項、休憩時間・労働時間延長に関する条項、職工の減給に関する条項等が設けられていた[13]。

3 昭和初期における労働協約の急速な普及

(1) 労働協約の締結数と規模

1930(昭和5)年6月末時点で、労働組合を一方の当事者とする近代的労働協約を締結した事業主及びその団体数は49、被適用労働者数は約11万人であり、前掲1(1)記載の組織化された労働者総数の約3分の1である。主要な労働協約の概要は次の表3のとおりである[14]。なお、ここでいう「被適用労働者数」とは、当該労働協約を締結した労働組合に所属する組合員数を意味し、事実上労働協約の適用を受けていた非組合員は含まないと解される。

---

11 司法省従業規則研究(1933)521頁。
12 司法省従業規則研究(1933)6～7頁。
13 内務省労働協約概況(1931)12頁、15頁。
14 内務省労働協約概況(1931)4頁、33～34頁。

第1部　沿革と実践

表3　労働協約締結例（1930年6月末現在）

場　所	当事者 使用者側	当事者 労働者側	被適用労働者数	締結年月
東　京	東京製鋼株式會社	總同盟製鋼勞働組合	2,068	T15.02
東　京	小穴製作所	總同盟東京鐵工組合浅草第一支部	199	S02.08
東　京	玉川水道株式會社	總同盟中央合同勞働組合玉川水道支部	135	S04.05
東　京	岡部電機製作所	總同盟東京鐵工組合大崎第六支部	79	T13.08
東　京	東京織物株式會社	總聯合關東染色勞働組合	100	S04.11
東　京	桑野電機製作所	總同盟東京鐵工組合	37	S04.09
東　京	川北電機製作所	純向上會	498	T13.09
東　京	田中機械製作所	純向上會田中支部	135	T15.10
大　阪	徳永硝子製造所	總聯合大阪聯合會	334	T15.09
大　阪	永柳商店大阪工場	純向上會永柳支部	100	S02.04
大　阪	大阪コルク工業合資會社	純向上會コルク支部	41	S05.03
山　口	山陽無煙炭礦株式會社	純向上會無煙炭鉱支部	616	S04.11
兵　庫	日本船主協會	日本海員組合、海員協會	99,043	T15.12
兵　庫	神戸燐寸軸木商同業組合	神戸燐寸軸木工組合	130	T15.05
兵　庫	山村製罎所	總聯合硝子工組合	120	T15.10
兵　庫	摂津酒樽製造業組合	總同盟灘製樽工組合	548	T11.04
兵　庫	灘竹材組合	總同盟灘輪竹工組合	100	T10.09
愛　知	瀬戸陶工商同業組合	瀬戸荷造業組合	381	T8.09
愛　知	下品野陶磁器造製造業組合	下品野陶工組合	160	S03.01
愛　知	名古屋造船同業組合	名港造船工組合	90	S05.01
愛　知	豊橋製材業組合	豊橋製材従業員組合	292	T11.06
神奈川	東京クローム工場	總同盟神奈川聯合會	51	S04.04

出典：内務省労働協約概況（1931）33～34頁

　協約適用組合員総数11万人のうち海上労働者が約10万人を占める。これは、第二回ILO総会で「海員ニ対スル職業紹介所設置ニ関スル條約」（第9号）が採択され、日本が1922(大正11)年にこれを批准登録したことから、1926(大正15)年に無料職業紹介所である海事協同會が船主と船員代表団体の協同経営で

設立され、この海事協同會が、船主と船員間の争議の予防及び調停の事業を行うようになり、海事協同會を通じて日本船主協會と日本海員組合及び海員協會との間で団体交渉がもたれ、労働協約の締結が始まったことによる。1928(昭和3)年には普通船員と高給船員の、翌年には無線電信技師のそれぞれの標準給料最低月額の協定が締結されている。

(2) 労働協約の「適用」と「準用」

内務省社会局労働部が行った実態調査結果報告は、昭和初期の労働協約の「適用範囲」[15] に関して、重要な特徴を指摘している。すなわち、労働協約の定める条項によって労働契約上の労働条件が規律される範囲は、労働協約の一方当事者である労働組合に所属する組合員だけでなく、他方当事者である事業主に使用される組合員以外の労働者の全部又は一部にも広がっていた。このため、労働協約を締結した事業場内において、労働組合に加入していないために協約の定める条項により労働条件が規律されない者は、何らかの特殊な事情があるごく一部の例外だけであり、このような事例は殆どなかったとされている。労働協約が非組合員の労働条件をも規律する典型例としては、日本船主協會と日本海員組合並びに海員協會との協定があり、これが決定した標準給料最低額等の賃金に関する協定は、別組合である海員同志會に所属する者及びいずれの組合に属しない者にも「準用」されていた[16]。

すなわち、昭和初期の労働協約は、協約締結当事者である労働組合に所属する組合員の労働条件を規律するだけでなく、協約が締結された事業場の非組合員をも含む労働者（但し、特殊な事情のある者を除く）の労働条件を規律するものとして機能していた。そして、労働組合法制定後においても、労働協約が、協約が締結された事業場の非組合員を含む労働者の労働条件を規律するものとして機能していた例は、地域的拡張適用申立先例の中のNo.12事件及びNo.21事件でも見られるのであり、日本の労働協約制度の特徴の一つということができる。

さらに、昭和初期においては、労働協約の一部又は全部を協約当事者以外の同業種の事業者が「準用」する例もあった。協約の種類は主として賃金協定であり、これが見られた業種は、製樽業、陶磁器製造業等である。具体的な例と

---

15 「適用範囲」「適用」「準用」という言葉は内務省労働協約概況(1931)19頁の表現である。
16 内務省労働協約概況(1931)19〜20頁。

しては、摂津酒樽製造業組合と總同盟灘製樽工組合との賃金協定が、繁忙期の組合員以外の職工約300人に「準用」されるだけでなく、灘地方以外の京都、奈良等の酒樽工にも「準用」されていたこと、佐賀県藤津郡下における御山講（陶器業者の団体）と吉浦陶友組合との賃金協定が同地方の当事者以外の労使に「準用」されていたこと等がある[17]。

　したがって、今日における工場事業場単位での拡張適用の制度（労組法17条）、及び、地域的拡張適用の制度（労組法18条）は、敗戦後に突如として天から降って下りてきたものではない。昭和初期の日本に存在していた労働協約が、組合員に適用されるだけでなく、事業場内のそれ以外の労働者にも「適用」又は「準用」され、さらに、事業場外で協約当事者以外の使用者又は労使によって労働協約が「準用」されていた例のあることも背景にして、法制化されたものということができよう。

4　昭和初期における労働組合運動の高揚と終結

(1)　1937（昭和12）年までの争議発生状況

　昭和初期は、天皇制と資本主義経済を否定する者に対する苛酷な弾圧がなされ、5・15事件、2・26事件、満州事変、日独防共協定締結等の戦争に向けた転落が続く時期であるが、同時に、大正デモクラシーの影響がまだ強い時期でもあり、1937（昭和12）年4月の第20回総選挙で、無産派は、戦前最高水準の社会大衆党37名、日本無産党1名の当選者を出す。これは、労働運動の高揚の反映である。そして、昭和初期には、労働運動の高揚に伴い、全国各地で労働争議が多発していた。その件数は、表4によって明らかなとおり、現在（2009年）と比較しても遙かに多く、しかも争議行為を伴う争議が頻発していた。

　争議発生状況を具体的にみると、全繊同盟史年表143〜154頁によれば、1937（昭和12）年の1月から3月までの四半期だけでも、日本の繊維産業において次の多数の争議が記録されている。

1937（昭和12）年

1月　吉見紡樽井工場（大阪）東方石綿会社（大阪）山本毛糸紡績会社（大阪）
　　　中林紡織工場（大阪）小島製麻、日出紡（兵庫）で争議。
2月　太田毛メリヤス工場（大阪）三島毛織工場（大阪、全総）石津川24晒工

---

[17]　内務省労働協約概況(1931)19〜21頁。

第1章　労働協約法制の沿革

表4　労働争議の件数

年別		労働争議総数（A）		Aのうち、同盟罷怠業工場閉鎖を伴ったもの	
		件数	参加人員	件数	参加人員
昭和初期	1932（S7）	2,2217	123,313	893	54,783
	1933（S8）	1,897	116,733	610	49,423
	1934（S9）	1,915	120,307	626	49,536
	1935（S10）	1,872	103,962	590	37,734
	1936（S11）	1,975	92,724	547	30,900
	1937（S12）	2,126	213,622	628	123,730
現在	2009（H21）	780	115,371	92	20,543

出典：昭和初期／労働省労働行政史（一）(1961) 527頁
　　　（厚生省労働局昭和12年労働運動年報による）
　　現代／厚生労働省「平成21年労働争議統計調査」表番号1「労働争議の種類別件数、参加人員及び労働損失日数の推移」
　　http://www.mhlw.go.jp/toukei/list/14-21.html

場（大阪、石津川晒白共栄会）愛染工業協会加盟16組合（埼玉）東京中形会社（埼玉、全国手中工組合）木村友仙工場（兵庫）豊島製糸工場（茨城、全総関東紡織、社大土浦支部）で争議。

3月　大洋友禅工場（京都）で賃金三割値上げを要求、会社は全員解雇、成行不明。
　　　平松染工場（愛知、日本革新労働連盟）京都友仙工業組合（京都）外山撚糸工場（山形）三島毛織工場（大阪）早川系11帯製造工場（群馬）で争議。

⑵　1940（昭和15）年の労働運動終結

日本の労働運動は1937（昭和12）年に最高揚期を迎えたが、翌38年に人民戦線第二次検挙（大内兵衛ら労農派教授グループ38人検挙）、国家総動員法制定、内務・厚生両次官通牒に基づく各事業所での産業報国会の設置等の出来事が続き、最終的に1940（昭和15）年に総同盟と日本労働組合会議が解散し、大日本産業報国会が発足して、労働運動は終結する。

これに伴い、労働組合員の全労働者に対する比率は、1938（昭和13）年末5.5％、1939（昭和14）年末4.1％、1940（昭和15）年末2.1％と急激に減少する[18]。労働組合

18　帝国議会会議録中の衆議院労働組合法案委員会（1945年12月12日）における川崎巳

の数は、1939 (昭和 14) 年に 517 であったのが、翌 1940 (昭和 15) 年には 49 に激減し、1944 (昭和 19) 年 6 月末には 3、翌 1945 (昭和 20) 年 6 月末には 0 で消滅する[19]。

(3) 労働組合法案への影響

第一次大戦後に日本で作られた労働組合法案（→後掲第 4 款）のうち労働協約に関する条項をもつ法案は、いずれも、昭和初期以降、労働協約が急速に普及し、労働運動が 1937 (昭和 12) 年に最高揚期を迎えるに至る状況を背景にして作られたものである。これらの法案は、観念的に作り出されたものではなく、現実に存在する労働運動と労働協約を背景にして作られたのである。

さらに、既に冒頭で指摘したとおり、遠藤公嗣の研究によれば、敗戦直後の 1945 (昭和 20) 年に労務法制審議委員会が政府宛に答申し提出した労働組合法案は、同委員会の労働者側委員であった『右派社会民主主義者』と呼ばれる西尾末広、松岡駒吉、水谷長三郎、小泉秀吉、三輪寿壮らの方針を実現させたものであるとされているところ、これらの労働者側委員は、いずれも、昭和初期の高揚期の労働運動の指導者又はこれを背景に当選した無産政党の議員であった。したがって、1945 (昭和 20) 年に制定された旧労働組合法は、1937 (昭和 12) 年に最高揚期を迎えていた労働運動の影響を強く受けて作られたということができるのである。

第 3 款　第一次大戦後の末弘理論と裁判例

1　末弘理論

第一次大戦後の労働運動の高揚と労働協約の普及と並行して、労働協約に関する理論上の検討が進められた。ここでは、1945 (昭和 20) 年に制定された旧労働組合法の法案作成に関与して少なくない影響を及ぼした末弘厳太郎の理論について検討する。

之太郎議員の発言による。ここでいう労働者は、従前の統計と同様にブルーカラーをさすと思われる。

19　貴族院労働組合法特別委員会（1945 年 12 月 15 日）における子爵秋元春朝の「年次別労働組合數及組合員數調」に基づく質問と高橋庸彌政府委員の答弁。

第 1 章　労働協約法制の沿革

(1)　労働協約制度の社会的位置づけ
　末弘労働法研究（1926）314～315 頁は、労働協約は社会が作った社会的規範の一つであるとし、その強行力に関して、規範が存在する限り、規範それ自身が敢えて国家的法律及び裁判所その他の国家機関の助力を俟つことなく、社会自らの力によって自治的に社会に実施されるという。そして、このような強行力を有する社会的規範の例として、労働協約以外に、就業規則、村落の掟と村八分、同業者間の規律と違約罰・除名等を挙げる。
　さらに末弘（1927）4～5 頁もこれと同様の指摘をした上で、強行力を有する社会的規範の例として、博徒仲間のしきたりや申し合わせを挙げ、国家的援助がなくても、社会上実際的効力を有しているという。この末弘の認識は末弘の立法政策論の骨格に少なからぬ影響を与えた。

(2)　法人格の必要性
　末弘（1927）6～7 頁は、労働協約の社会的位置づけが上記のとおりである以上、労働協約の当事者である労働者団体と使用者団体は、いずれも法人格をもつ必要はなく、団体の代表者が団体内部の規約に基づき正式に代表資格を有して協約を締結したのであれば、法人格の有無によって協約の効力に差異は生じないとする。

(3)　労働協約の法的位置づけ
　末弘労働法研究（1926）324～325 頁は、国家が労働協約制度を法的にどう位置づけるかは、各国家の選択であるとし、その選択の例の一つとして、1887 年の英国労働組合法が労働協約は「不法ではない」としつつ、労働協約の履行請求又は違反についての損害賠償請求を裁判所に求めることができず、紛争解決を当事者に委ねていることを挙げる。

(4)　労働協約の効力
　末弘労働法研究（1926）318 頁、及び、334～338 頁は、法例 2 条に「公ノ秩序又ハ善良ノ風俗ニ反セザル慣習ハ法令ノ規定ニ依リテ認メタルモノ及ビ法令ニ規定ナキ事項ニ関スルモノニ限リ法律ト同一ノ効力ヲ有ス」と規定されていることを指摘し、労働協約に関する法律がない当時の日本において労働協約の効力が裁判所の問題となった場合においては、第一に、協約が適正な過程により成立したか否かについて、一般契約の成立に関する法理を適用して判断し、

21

第二に、協約の存在及び内容が確定したならば、「略法例第2條と同様の標準によって之に『法律ト同一ノ効力』を認むるや否やを決すべき」とする。そして、この「標準」によって法律的効果が認められる場合、労働協約の定めに違反する個々の労働契約は、『法律ト同一ノ効力』を有する強行的社会規範に違反するものとしてこれを無効とし、無効となった部分は協約の規定により補充されるとする。なお、これらの法理について、末弘(1927)6〜9頁では、法例2条の『類推適用』であるといい、さらに、参照条文として民法91条（任意規定と異なる意思表示）を挙げている。

そして、末弘労働法研究(1926)337頁は、1925(大正14)年の内務省社会局の労働組合法案12条の労働協約の効力に関する規定（→後掲第4款2(1)）について、法律上自明の事項を規定したにすぎず、かかる明文規定がなくても、労働協約の効力について裁判所の問題となった場合には、法例2条により、この規定があった場合と同じ結論を導き得るとする。

⑸　フランスの労働協約制度の詳細な紹介

日本で労働協約制度が急速に普及するのは、昭和初期の1937(昭和12)年頃までの時期である（→前掲第2款）。この急速な普及に先立ち刊行された末弘労働法研究(1926)には、1919年3月25日制定公布の『佛國勞働協約法』[20]に関する条文翻訳と解説が記載されている（343〜368頁）。

末広が紹介したフランスの労働協約制度は、(a)　労働協約の拘束を受ける者（労働協約当事者である使用者又は使用者団体の構成員である使用者と、労働協約当事者である労働者団体の構成員である労働者）の間での労働契約は、別段の約定に関わらず、労働協約の定めた原則に支配されること（31条q）を定めるのみならず、(b)　労働協約の拘束を受ける者と第三者との関係について、①労働協約の拘束を受ける者は、労働協約に別段の定めがなければ、第三者との労働契約においても、協約の定める労働条件を遵守すべき義務を負うこと（すなわち、協約当事者である使用者又は使用者団体の構成員である使用者が、協約当事者である労働者団体の構成員以外の労働者と労働契約を締結する場合、あるいは、協約当事者である労働者団体の構成員である労働者が協約当事者以外の使用者と労働契約を締結する場合も、労働協約の定める労働条件を遵守する義務を負うこと）（31条ａ）、

20　末弘は、紹介対象のフランスの法律に『佛國勞働協約法』との標題を付しているが、実際の法律は、労働協約に関する単独法ではなく、労働法典の一部を追加する法律である。

②労働契約の一方当事者のみが協約に拘束される場合（すなわち、労働協約の拘束を受ける者が第三者と労働契約を締結する場合）には、当該労働契約に反対の約定がない限り、契約当事者は協定の定める基準によるという意思を有していたものと推定され、労働協約の条項が当該労働契約に対して適用されること（ただし、特約がある場合当該労働契約は有効であり、労働協約の拘束を受ける者は労働協約相手方に対する損害賠償責任を負うにとどまる）（31条ｒ）を定めるものである[21, 22]。

この『佛國勞働協約法』を紹介した末弘労働法研究（1926）を出版したのは、法律専門図書出版社ではなく改造社である。改造社は、当時の社会労働運動に対する影響力の大きい出版社であった。

この末弘の著作の刊行後、昭和初期に普及していた労働協約は、使用者又は使用者が所属する使用者団体が労働協約を締結すると、当該使用者に雇用される非組合員にも『適用』又は『準用』されるのが一般的であった（→前掲第2款3(2)）。この昭和初期における日本の労働協約の実情は、末弘が紹介したフランスの労働協約制度における、協約の拘束を受ける者と第三者との労働契約に対する労働協約の効力に類似したものであった。

この類似性が偶然のものなのか、それとも、末弘が紹介したフランスの制度に影響を受けたものかのかについては、明らかではない。

(6) 労働協約の効力の範囲と拡張適用制度

末弘理論に関して留意しなければならないのは、労働協約の効力の及ぶ範囲

---

[21] 末広労働法研究における『佛國勞働協約法』の第31条ａの訳文は、「反対ノ約款ナキ限リ、勞働協約ニ依リテ拘束セラルヽ人々ハ其第三者トノ關係ニ於イテモ協定勞働條件ヲ遵守スルコトヲ要ス」（352頁）であり、31条ｑの訳文は、「第31條ｋ（注：労働協約の拘束を受ける者の範囲）ノ規定上勞働協約ニ因ル義務ヲ負フモノト認ムルベキ被傭者並ニ雇主相互間ニ、勞働契約成立セルトキハ、其契約ヨリ生ズル關係ハ・別段ノ約定ニ拘ラズ該協約中ニ定メラレタル原則ニ依リテ支配セラル。」（364頁）であり、31条ｒの訳文は、「勞働契約當事者ノ一方ノミガ勞働協約ノ條項ニ依ツテ拘束セラルルモノト認メラルベキ場合ニハ、別段ノ約定ナキ限リ其勞働契約ヨリ生ズル關係ハ右條項ノ適用ヲ受クルモノト推定ス。勞働協約ノ拘束ヲ受クル當事者ニシテ・第三者ニ對スル關係ニ於テモ拘束ヲ受クルモノガ、第三者ニ對スル關係ニ於テ該協約ノ定ムル原則ニ反スル條件ヲ承諾セルトキハ、自己ノ引受ケタル債務ノ不履行ヲ理由トシテ民事上訴追セラルベシ。」（365頁）である。

[22] 同条文の規定する協約当事者と第三者との関係については、外尾フランス労働協約法（2003）194～197頁が解説している。

である。

　末弘（1927）9〜10頁では、協約当事者である雇用者に雇用されかつ協約当事者である労働者団体に所属する者に関しては労働協約の効力が及ぶことを肯定しているが、同じ雇用者に雇用されるが労働協約の当事者である労働者団体に属していない者については労働協約の効力は及ばず、当該労働者団体に属していない者との雇用契約は、労働協約に違反していても有効であるとしている（但し、雇用者は、労働協約の相手方である労働者団体に対し債務不履行責任を負うとしている）。

　その上で、末弘は、労働協約制度の目的は個々の労働者相互間の競争を防止することにあり、資本家も同一地方における同種の企業者が互いに労働条件についての競争を為すことは不利益であるから、立法により、第一に、労働協約締結当事者である労働者団体に属していない者も協約当事者である雇用者の企業に従事する以上全て当然に協約規範の適用を受けることとし、当該雇用者の雇用する全労働者を労働協約の支配下におくこと、第二に、ある地方の或種の企業の資本家と労働者の大部分を支配する労働協約に「一般的拘束力」を付与する制度を設け、同一地方の同種産業における労働条件を労働協約により統一することが必要であるとしている（10〜11頁）。

　かかる末弘の考え方は、1945(昭和20)年の労働組合法制定過程でそのまま反映され、最終的に現行法の形へとつながる。

2　労働協約に関する裁判例〈1930年〉

　大正末期から昭和初期にかけて労働組合の組織化と労働協約の普及が進展し、様々な労働組合法案が作られて労働協約についての理論的検討が深まる状況の下において、労働協約の規範的効力を肯定すると解される裁判例が登場する。1930(昭和5)年12月11日言渡の京都地裁判決[23]がそれである。

(1)　事案の概要

　被告は、京都市下京区にある永田染工場を経営する個人である。原告は、この工場で染物労働に従事していた12名の労働者である。

　1926(大正15)年7月6日、工場経営者である被告は、その当時被告が雇い入れて被告工場の労務に服していた職工一同との間で、もしも被告が将来職工を

23　法律新聞第3228号1931(昭和6)年2月20日発行7頁

解雇する場合には、その勤続年数に応じて解雇手当として、勤続年数1年未満の者には日給40日分以上、1年以上の者は1月を増す毎に日給3日分を加算して支給する旨の「契約」をなした。さらに、同年8月19日、附帯の特約を定め、故意又は過失による製品の不良や遅延、故なき休業等による解雇については、解雇手当を支給しないことが定められた。

原告ら12名のうち、8名はこれらの「契約」締結時に在籍しており、残る4名は「契約」締結後に採用された者である。

また、「契約」締結時に在籍していた8名のうち5名に関しては、1927(昭和2)年1月に契約内容の変更があり、日給制度から「受取制度」と呼ばれる出来高払の制度に切り替えられた。

1929(昭和4)年11月末、被告が原告らに支給する賃金から前借を控除しようとしたことに対し、原告らが控除をしないか相当の金員を貸与するよう要求したことから、労使紛争が発生し、12月2日及び3日、被告は原告らに対し契約解除の申入をなした。

原告らは、解雇の意思表示の効力については争わず、解約申入日から予告期間経過後の契約終了日までの賃金及び解雇手当の支払を求めて提訴した。

訴訟における主要な争点は次のとおりであり、裁判所の下した判断は次の括弧書きのとおりである。①日給制度から「受取制度」への移行の事実をもって、雇用契約の終了と新たな請負契約の締結と解することができるか（否定）、②原告が契約解除の申込をした後、被告らが労務の提供をしていない状況の下で、賃金請求権は生じるか（否定）、③日給制度から「受取制度」への移行をもって、解雇手当に関する約定は失効したと言えるか（否定）、④解雇手当不支給要件に該当する事実はあるか（否定）、⑤解雇手当に関する「契約」に基づく解雇手当支払義務は、「契約」締結後に採用された者に関しても、発生するか（肯定）。

裁判所は、かかる判断に基づき、原告らの請求のうち、賃金請求の部分は棄却し、解雇手当支給請求の部分については認容する判決を下した。

(2) 労働協約の効力に関する判示

判決は、前掲(1)記載の各争点のうち、⑤の解雇手当に関する「契約」に基づく解雇手当支払義務は「契約」締結後に採用された者に関しても発生するかという部分に関して、次のとおり判示した。

「解雇手當ノ支拂ヲ求ムル原告等ノ請求ノ當否ニ付按スルニ大正十五年七月六日被告カ其ノ當時被告ニ於テ雇入レ被告工場ニ在リテ勞務ニ服セ

ル職工一同トノ間ニ若シ被告カ將來之等職工ヲ解雇スル場合ニハ其ノ勤続年限ニ應シ解雇手當トシテ一年未満ノモノハ日給四十日分一年以上ノモノハ一月ヲ増ス毎ニ日給三日分ヲ加算シ支給スル旨ノ契約ヲ締結シタルコトハ當事者間ニ争ナク右契約ハ單ニ其ノ當時被告工場ニ在勤セシ各個ノ職工ヲ其ノ契約ノ相手方トナシタルモノニアラスシテ寧ロ被告工場ノ職工ヲ一團トシタル職工團体ヲ契約ノ相手方トシテ爲シタル一種ノ労働協約ト看ルヘキモノニシテ其ノ利益ヲ享受スルハ獨リ其ノ當時在勤ノ職工ノミニ止ラス爾後被告ニ雇ハレ被告工場ニ於テ勞働スルモノハ右契約ニ基ク解雇手當制度ノ廃止セラレサル限リ其ノ雇ハルルト同時ニ被告工場ノ職工ノ一員トシテ右制度ノ利益ヲ受クヘキ趣旨ナリシコトハ【証拠摘示　略】ヲ綜合シテ之ヲ認メ得ヘク従テ右契約成立當時在勤セシ原告等ハ勿論爾後被告ニ雇ハレタル【原告4名の氏名　略】モ其ノ雇ハルルト同時ニ右契約ニ因ル利益ヲ享受シ得ルニ至リタルモノト認メ得ヘク【以下　略】」[24]

(3) 判決の意義

　本判決は、使用者とその雇用する労働者の団体との間の「契約」について、その法的性質は労働協約であるとし、労働協約の定めが、労働協約締結後に当該使用者に雇用された労働者の労働条件を規律することを肯定した点において意義がある。

　しかし、本判決は、労働者の団体と使用者との間の「契約」は、「契約」締結時に在籍する労働者だけを適用対象とするものではなく、その後に採用される労働者をも適用対象とする趣旨であると事実認定するのみで、なぜ、当該「契約」が個別労働契約の内容を規律するのか理由を説明しておらず、労働協約の法的性質や末広説（法例2条の準用）を展開しているわけではない。また、労働協約締結後に採用された労働者が、労働協約を締結した「労働者の団体」の「構成員」かどうかを問題としていない。

　かかる契約解釈の内容は、第三者のためにする契約と若干類似してはいるが、第三者のためにする契約とは異なるものである。なぜなら、解雇手当に関する本件「契約」について、第三者（契約締結後に採用される労働者）のためにする

---

[24] 労働省労組法コンメ（1964）538〜539頁、及び、厚労省労組法コンメ（2006）626頁には、この判決と同じと思われる判決の記載があるが、出典の記載はない。しかも、本書で引用している法律新聞3228号掲載の判決文と記述が異なる箇所が複数ある。

契約と解した場合には、契約締結後に採用された労働者は受益の意思表示をしなければ解雇手当に関する権利を取得できず、また、第三者（契約締結後に採用された労働者）が受益の意思表示をなす前に、使用者は撤回することができる。これに対し、本判決においては、使用者の撤回前に労働者の受益の意思表示が存在することを認定しておらず、かかる契約解釈を採っているとは解されない。また、労働協約の定めを個別労働契約の内容とするとの合意も認定されていない。

したがって、本判決は、根拠は不明であるが、労働協約の規範的効力を肯定したものであり、しかも、労働協約を締結した「労働者の団体」の構成員かどうかを問わず、労働協約締結当事者である使用者に労働協約締結後に雇用された労働者に対して、労働協約が規範的効力を有することを肯定したものと解することができよう。また、かかる判決の登場は、1930（昭和5）年の時点で、日本の労働協約が、労働条件を規律する規範として認知され、その定めについては裁判所を通じて権利実現を図ることが可能な段階に到達していたことを示すものといえよう。

第4款　第一次大戦後の『労働組合法案』

1　概　要

内務省労組法案沿革（1930）、及び、労働省労働行政史（一）（1961）には、1920（大正9）年以降1936（昭和11）年までに作られた「労働組合法案」の条文と法案を巡る経緯が掲載されている。この中から、政府機関又は政党により作られた「労働組合法案」を抽出して、筆者が作成したのが表5である[25]。これらの「労働組合法案」の中で、労働協約に関する条項が置かれていたのは、〇印を付したものである。既に指摘したとおり、日本において本格的な労働協約の締結例が最初に登場するのは1924（大正13）年であり、これ以降、労働協約が急速に普及し、さらに労働運動は1937（昭和12）年に第一次大戦後の時期における最高揚期を迎える。これに伴い、労働協約の効力に関する条項を設けるか否かが、立法政策上の重要な論点となる。

25　政府機関又は政党が作成したもの以外に、審議会委員の個人的試案が1件ある。

表5 政府機関又は政党作成の「労働組合法案」

	作成時期	「労働組合法案」作成者等	内務省労組法案沿革(1930)	労働行政史第1巻(1961) 経緯	労働行政史第1巻(1961) 法案	労働協約に関する条項の有無
①	1920（T9）	内務省（私案）	p11	p128	p133	×
②	1920（T9）	農商務省（私案）	p5	p128	p135	×
③	1921（T10）	憲政會（議会提出）	p17	p130	p137	×
④	1922（T11）	国民党（議会提出）	p25	p131	p140	×
⑤	1923（T12）	革新倶楽部（議会提出）	p31	p131	p142	×
⑥	1925（T14）	内務省社会局（私案）	p37	p412	p421	○ 12条
⑦	1926（T15）	政府（議会提出）	p43	p418	p424	×
⑧	1927（S2）	政府（議会提出）	p51	p420	p429	×
⑨	1929（S4）	内務省社会局（草案）	p75・83	p434	p448	×
⑩	1929（S4）	社会民衆党（議会提出）（大会決議）	p59(p67)	p430	p446	○ 10条 ※
⑪	1929（S4）	日本大衆党	p71	p436	p451	○ 6条
⑫	1930（S5）	社会民衆党、日本大衆党、労農党（議会共同提出案）	p91	p436	p452	○ 11条
⑬	1930（S5）	労農党		p438	p453	○ 10条
⑭	1931（S6）	政府（議会提出）		p442	p454	×
⑮	1936（S11）	社会大衆党		p505	p512	○ 11条

※大会決議の法案では11条

2 労働組合法案の作成経緯とその具体的内容

1925（大正14）年の内務省社会局案以降、労働協約に関する条文案が作られた経緯とその具体的内容を整理すれば、次のとおりである。

(1) 内務省社会局案（1925年）

1925（大正14）年の内務省社会局案（ ⑥ ）は、同年春に普通選挙法及び治安維持法が制定された状況の下で、労働争議調停法、治安警察法改正法律案とともに作られ、内閣の行政調査会に付議されたものである。

この案は、労働組合の法人格の取得を必要とせず、届出によって成立し、組

合員たる理由での解雇を禁止し、法人たる労働組合に民法44条の損害賠償規定が準用されないことを規定することによって間接的に争議による損害賠償責任を労働組合が問われるのを防ぐこととする等、従来の各法案に比して相当に進歩的なものであった。この進歩性の一環として、労働協約の効力に関する次の条項が置かれた。

【⑥ 1925(大正14)年 内務省社会局「労働組合法案」】
　　第十二条　労働組合カ雇傭条件ニ関シ雇傭者又ハ雇傭者団体ト契約（労働協約）ヲ為(な)シタル場合ニ於テ協約ノ条項ニ違反スル雇傭者及組合員間ノ雇傭契約ハ其(そ)ノ違反スル部分ニ限リ無効トス無効ナル部分ハ協約ノ条項ヲ以テ之ニ代フ

現行労働組合法16条の構造と文言は、この「労働組合法案」12条の構造と文言に、類似しており共通点が多い。

【現行労働組合法】
（基準の効力）
　　第十六条　労働協約に定める労働条件その他の労働者の待遇に関する基準に違反する労働契約の部分は、無効とする。この場合において無効となつた部分は、基準の定めるところによる。労働契約に定がない部分についても、同様とする。

　1945(昭和20)年に制定された旧労働組合法のうち、労働協約の効力に関する条項は、1925(大正14)年に内務省社会局が作成した「労働組合法案」12条を参考にして作られたものではないかと推測される。

　但し、この内務省社会局の「労働組合法案」12条では、労働協約により契約内容が設定・変更される雇傭契約の範囲に関して、契約の一方当事者が協約締結当事者である雇用者であり、契約の他方当事者が当該協約を締結した労働組合に所属する組合員であって当該雇用者に雇用される者である場合だけに限定する文言が存在するのに対し、現行法16条では適用範囲を明確に定める文言が記載されていない点が異なる。

　なお、上記の「労働組合法案」12条において、「労働協約」が「雇傭契約」に及ぼす効力は、最低基準効なのか、両面的規範的効力なのか、それとも協約締結当事者が選択し得るものなのか等については、明らかではない。

(2) **内務省社会局案の後退**

　1925(大正14)年の内務省社会局案に関して、経営者団体からは全面的反対の

強い意向が表明される。

このため、1926(大正15)年と1927(昭和2)年に政府が議会に提出した法案（⑦⑧）では、労働協約に関する条項が存在しないが、それでも、議会で可決されるには至らなかった。

この状況の下で、1929(昭和4)年に内閣直属の諮問機関として社会政策審議会が作られ、内閣は「労働組合法ニ関シ考慮スベキ主ナル諸点」についての意見を求め、その中に「七　労働協約ニ関スル規定ヲ設クベキヤ」があった。

これに対し、同審議会は「労働協約ノ実例未ダ少ク之ニ関シ規定ヲ設クル時ハ別個ノ法律トシ詳細ナル規定ヲ設クベシ」と答申した。

この答申を受けて1929(昭和4)年に作られた内務省社会局の労働組合法案（⑨）では、労働協約に関する規定は設けられなかった。

(3) 労働組合の対応

1929(昭和4)年の内務省社会局案（⑨）を巡って、「右翼系の組合」は、社会局案の不備を指摘しつつ無きに勝るとして消極的に社会局案を支持し、「中間組合」は、団結権、ストライキ権、政治活動の自由を確保する自主的労働組合法を闘争を通じて獲得すべきであるとの立場から社会局案に反対し、「合法左翼」は社会局案を反動的労働立法として排撃する態度をとり、「全協系」は何の関心ももたなかった。この状況の下で、「右翼系の組合」は、労働協約の効力に関する法律を労働組合法と同時提出するよう政府に求めた[26]。しかし、政府はこれに応じる姿勢を示さなかった。

(4) 内務省社会局案を踏襲する野党法案

この状況で、野党は、上記の「右翼系の組合」の要求を受けて、次の各労働組合法案を作成した。この内容は、前掲(1)記載の進歩的な内容の内務省社会局作成の「労働組合法案」(1925年案)をほぼ踏襲するものであった。

【⑩　1929(昭和4)年　第56回議会社会民衆党提出「労働組合法案」】
　　第十条　労働組合ガ雇主又ハ其ノ団体ト労働協約ヲ締結シタル場合ニ於テ之ニ反スル組合員ト雇主トノ単独契約条項ハ無効トス

【⑪　1929(昭和4)年　日本大衆党「労働組合法案」】

26　「右翼系の組合」「中間組合」「合法左翼」「全協系」等の用語とこれらの各組合の内務省社会局案に対する姿勢や方針については、労働省労働運動史昭20-21(1951)689頁の記述による。

第1章　労働協約法制の沿革

　　第六条　労働組合ガ雇傭者又ハ雇傭者団体ト賃金、時間其ノ他ノ労働条
　　　件ニ関シ労働協約ヲ締結シタル場合ニ於テハ協約ノ条項ニ違反スル雇
　　　傭者及組合員間ノ雇傭契約ハ其ノ違反スル部分ニ限リ無効トシ無効ナ
　　　ル部分ハ協約ノ条項ヲ以テ之ニ代フ
【⑫】　1930（昭和5）年　第58回議会社会民衆党、日本大衆党
　　　　　　　および労農党共同提出「労働組合法案」】
　　第十一条　労働組合カ雇主又ハ其ノ団体ト労働協約ヲ締結シタル場合ニ
　　　於テ之ニ反スル組合員ト雇主トノ単独契約条項ハ之ヲ無効トス

(5)　拡張適用を意図した労農党法案

　政府の労働組合法案に反対の態度をとっていた労農党は、1930（昭和5）年三党共同提案（⑫）から離脱し、独自の「労働組合法案」（⑬）を作成した。
【⑬】　1930（昭和5）年　労農党「労働組合法案」】
　　第十条　雇傭者ハ労働組合トノ団体協約ニヨツテ定メラレタル労働条件
　　　ヨリ劣悪ナル条件ヲ以テ労働者ヲ雇傭スルコトヲ得ズ
　この法案では、労働協約によって労働条件が規律される範囲は、労働協約を締結した労働組合に所属しない労働者をも含むと解される[27]。

(6)　労農党崩壊後の野党法案

　1932（昭和7）年に全国労農大衆党と社会民衆党が合同して結成された社会大衆党は、1936（昭和11）年、「労働組合法案」（⑮）を議会に提出する。その内容は、前掲(4)記載の野党法案と同様であり、1925（大正14）年の内務省社会局案（⑥）を踏襲するものであった。
【⑮】　1936（昭和11）年　第69回議会社会大衆党片山哲提出「労働組合法案」
　　第十一条　労働組合ガ雇主又ハソノ団体ト労働協約ヲ締結シタル場合ニ
　　　於テハ之ニ違反スル組合員ト雇主トノ単独契約条項ハ無効トス
　敗戦直後の1945（昭和20）年に旧労働組合法案の作成に当たった労務法制審議委員会の労働者側委員であった『右派社会民主主義者』と呼ばれる西尾末広、松岡駒吉、水谷長三郎、小泉秀吉、三輪寿壮の5人のうち、松岡駒吉は、総同盟（1932～1936）及び全日本労働総同盟（1936～1940）の会長の地位にあり、西

---

[27]　労農党は、1930年春の総選挙で労働運動の中の左右両方から挟み撃ちにされ、大山郁夫一人しか当選者を出すことができず、1931年に解党に至っている。このため、労農党法案は殆ど社会的影響力をもたなかったのではないかと思われる。

尾末広、水谷長三郎、三輪寿壮の3人は社会大衆党の国会議員の地位にあった。これらの者が行っていた立法方針検討作業は、前掲第1款で紹介した遠藤公嗣の研究にあるとおり、敗戦直後の旧労働組合法制定の基礎となった。

第5款　第一次大戦後の労働協約・理論と現在の労働協約法制との連続性

　第一次大戦後に存在した労働協約と労働協約に関する理論に関して、次のとおり総括することができる。

　第一に、第一次大戦後、労働組合の組織化が進み、1930(昭和5)年6月末の時点では、労働者（但しブルーカラー）総数の約7％が労働組合に組織化された。この組織化の進展に伴い、1924（大正13）年に日本で最初の本格的な労働協約が締結され、これ以降、労働協約が急速に普及し始め、1930(昭和5)年6月末の時点では組織化された労働者の3分の1に対し労働協約が適用されていた。かかる労働協約が昭和初期の日本に存在していたことを背景にして、敗戦直後に労働協約制度の法制化がなされた。

　第二に、労働協約の効力に関する1925(大正14)年の内務省社会局案12条は、経営者団体の反対のために立法化されるに至らず、その後に政府が議会に提出した労働組合法案には盛り込まれないが、野党は、労働組合の立法化要求を受けて、1925(大正14)年の内務省社会局案12条と同趣旨の条文を盛り込んだ労働組合法案を、繰り返し議会に提出して、その立法化を求めていた。敗戦直後の1945(昭和20)年に制定された旧労働組合法は、こうした労働組合と野党の昭和初期の立法要求、労働協約理論の蓄積、及び、労働協約の効力を肯定する裁判例の形成を背景にして、これを具体化すべく制定されたものということができる。

　第三に、昭和初期には、労働協約の定める労働条件を事業場内の非組合員にも「適用」又は「準用」するのが通例であり、さらには、労働協約締結当事者以外の事業者が労働協約の賃金条項を「準用」する例も見られた。現行労働組合法17条（工場事業場単位での拡張適用）及び18条（地域的拡張適用）は、こうした昭和初期における労働協約の現実の姿を背景にして、法制化されたものである。さらに、昭和初期における労働協約の適用範囲や「準用」状況は、1930(昭和5)年の労農党「労働組合法案」10条に反映され、その内容は拡張適用を法制化するものであった。これらの労働組合運動の実践に基づく労働協約

の普及、及び、労働組合法案の検討作業を通じた理論的蓄積を背景として、敗戦直後に労働協約法制が作られ、その中に拡張適用制度が盛り込まれたのである。

第3節　労働協約制度の法制化

第1款　旧労働組合法制定の経緯と歴史的特殊性

1　制定の経緯

　1945(昭和20)年10月1日、政府は閣議において、労働組合に関する法制整備のため審議機構を設けることを決定した。さらに、同月12日、幣原首相は、新任挨拶のため連合軍最高司令部を訪問した際、マッカーサー元帥から人権確保のための五大改革を行うよう求められ、その中の一つに労働組合の結成の促進があった。この閣議決定及び占領軍の要求に基づき、労務法制審議委員会が発足した[28]。

　労務法制審議委員会は、次の1ヶ月に充たない期間での審議を経て、労働組合法案を作成し、政府に答申した。
　　第一回　10月27日　審議事項の確認、組織体制。
　　第二回　10月31日　末弘嚴太郎委員から「労働組合立法に関する意見書」の提出。これに基づく討議。
　　第三回　11月15日　整理委員会(大野委員、西尾委員、末弘委員、高橋委員)の作成した『労働組合法案草案』が付議され、末弘委員の説明と討議。
　　第四回　11月19日　整理委員会の作成した『労働組合法案原案』が付議され、末弘委員の説明と討議。
　　第五回　11月21日　整理委員会の作成した『労働組合法案』が付議され、末弘委員の説明と討議。原案どおり決定。
　　　　　　11月24日　労働組合法案に関する答申を政府に提出。
　この労働組合法案は、政府が手直しをした上で、議会に提出され、1945(昭和20)年12月に議会を通過し、12月22日法律第51号として公布され、翌

28　労働省労働運動史昭20-21(1951)689頁。

1946(昭和21)年3月1日から施行された。

2 制定過程の歴史的特殊性

旧労働組合法の制定過程の歴史的特殊性として、次の事項を指摘することができる。

第一に、労働組合法の制定という労働法制の根幹に関わる問題であるのに、審議委員会での審議の期間は、3週間強の短い期間であったこと。

第二に、審議委員会での審議期間が短いため、審議の過程では、各条項の背景にある立法目的や立法趣旨が、極めて短い言葉で、端的に表現されていること。

第三に、審議委員会での審議の期間が短いため、法律案の各条項の背景にある立法目的や立法趣旨、要件と効果を、条文それ自体に正確に盛り込む時間的余裕がなく、結果として出来上がった条文は、簡素な内容となったこと。

このため、条文の趣旨・目的や意味内容を合理的に解釈するためには、条文形成の経緯、立法担当者の意図や目的意識をも判断材料の一つとする必要がある。

第2款　審議委員会における法案作成の経緯

1　労働組合立法に関する意見書（1945年10月31日）

(1)　末広意見書の内容

旧労働組合法制定の準備のために、1945(昭和20)年10月27日に、労務法制審議委員会が発足する。

1945(昭和20)年10月31日に開催された第二回労務法制審議委員会において、末弘嚴太郎委員は、「労働組合立法に関する意見書」を提出した。この審議委員会において、末弘委員は、唯一人の法学者であり、しかも、労働法研究者であった。このため、末弘委員は、この審議委員会を主導する役割を担った。

末弘委員が提出した意見書の構成と労働協約の効力に関する部分の記述は次のとおりである[29]。

　　　　労働組合立法に関する意見書
　　基本方針　　（略）

29　労働省労働運動史昭20-21(1951)705〜706頁。

第1章　労働協約法制の沿革

第一　労働組合　（略）
第二　労働協約
　一　労働協約の締結及届出
　　(イ)　協約は書面を以て作成せしめ、其の届出をなさしむること
　　(ロ)　協約には一定の有効期間を定めしむること
　二　協約の効力
　　協約の法的効力に関しては違反者に対して賠償義務を課するが如き司法的制裁規定を設くることなく、其の実際的効果を確保する為左記の如き規定を設くること
　　(イ)　協約の趣旨に違反する労働契約を無効とし[30]
　　(ロ)　協約の有効期間中協約事項に関して紛議を生じたるときは仲裁乃至調停の申請をなすを要し、直ちに罷業乃至閉出の如き争議手段に訴うることを禁止すること
第三　協調組合　（略）
第四　賃金委員会　（略）
第五　行政機関　（略）

　これにより、「労働協約の効力」として、「協約の趣旨に違反する労働契約を無効とし」との規定を設けることが提起された。

(2)　第一次大戦後の立法案

　末弘委員は、この「協約の趣旨に違反する労働契約を無効とし」との規定について、第一次大戦後に作られた立法案の中にあったことを紹介している[31]。これは、1925（大正14）年の内務省社会局案及びその後の各野党案を指すものである。

(3)　業者間協定制度の問題

　末弘委員は、前記の「労働組合立法に関する意見書」の中の総論にあたる

---

[30] 労働省労働運動史昭20-21(1951)706頁では、(イ)項について、「協約の趣旨に違反する労働協約を無効とし」と記載されているが、710頁の趣旨説明では、「協約の趣旨に違反する労働契約は無効である。」と記載されており、706頁の記載は誤記又は誤植であることが明白である。労働省労働運動史昭20-21(1951)には、「労働契約」を「労働協約」と誤記又は誤植している箇所が頻繁にあり、注意が必要である。

[31] 労働省労働運動史昭20-21(1951)710頁。

「基本方針」に関する説明の中で、各地方で業者間の過当競争のために賃金水準の劣悪な業種があったことを指摘し、浜松の織物、特にコールテン織物とか、香川県の団扇の内職を例示した。さらに、末弘委員は、「企業者は問屋とかデパートメントストア、輸出等に圧迫されて単価の引下を強要される。そこで労働者は入れないで、同業者、企業者だけの協定をやって、それに警察が干与して賃金その他の労働条件を決める。全国的にかなりこの事例があります。所が社会局で調べると、或る地域でそういうことをやっても隣県ではそれをやらないと、同業者間での競争でそういうことをやった方が負ける。」という問題のあったことを指摘した[32]。

また、末弘委員は、戦時中の統制経済に関して「例の経済統制法に出て来た様な『アウトサイダー』を統制することが出来ないから統制経済が巧くいかなかった。」という指摘を行っている[33]。

末広委員が「巧くいかなかった」と評価した経済統制法とは何を指すのかについて、末広委員は明言していないが、1940(昭和15)年10月16日勅令第675号をもって全面改正された賃金統制令21条の協定賃金制度であると推測される。これにより創設された協定賃金制度では、業者間の賃金協定が締結され地方長官の認可を受けた場合には、その協定当事者は原則としてその協定によらなければならないないことを定めていたが、アウトサイダーに対する規制はなかった[34]。

すなわち、末広委員は、労働組合法を作り労働協約制度を法制化することによって賃金等の労働条件を規律しようとする際に、業者間協定による集団的労働条件決定システムを検討対象とし、その効力が協定当事者以外のアウトサイダーに及ばず、「協定を結んだ方が負ける」現象が生じていたことに着目し、日本で労働協約制度を法制化するに当たってはこのような事態の発生を防ぐ必

---

32 労働省労働運動史昭20-21(1951)705頁。
33 労働省労働運動史昭20-21(1951)709頁。
34 業者間協定による協定賃金制度は、1940(昭和15)年の賃金統制令で法的根拠が付与されるのであるが、これ以前から行政指導により事実上存在していた可能性がある。なぜなら、業者間協定に基づく最低賃金制度は1959(昭和34)年の最低賃金法の旧9条の制定によって再度の法制化がなされるのであるが、労働省は、最低賃金法が制定される前の1956(昭和31)年に通牒を発し、業者間協定の締結を促進する行政指導を各地で行っており、最低賃金法が施行された時点では、全国で127の協定が締結されていた。これと同じことが、1940(昭和15)年の賃金統制令改正による業者間協定制度の法制化がなされる前にも行われていた可能性が十分にある。

要のあることを指摘していたのである。

(4) 労働協約の効力

末弘委員が意見書により提起した「労働協約の効力」に関する「協約の趣旨に違反する労働契約を無効とし」という文言では、無効とされる労働契約の範囲に関して、当該協約を締結した使用者（又は使用者団体に所属する使用者）と、当該協約を締結した労働組合に所属する労働者との間の労働契約だけに限定していない。

そればかりか、末弘委員は、審議委員会での口頭説明の中で、「協約の趣旨に違反する労働契約を無効とし」との規定を設けることを提案する理由について、協約のアウトサイダーを規制する趣旨であり、ドイツの一般的拘束力宣言的な制度を設けることも「一つの考え」との説明を行っていた[35]。

そしてさらに、末弘は、アウトサイダーを拘束するために、労働協約の登録制度を設けるとも述べている[36]。

したがって、末広は、何らかの方法により労働協約の効力を協約当事者以外の者に及ぼすことを提案していたのである。

(5) 要件と効果の明瞭性の欠如

末弘委員は、意見書の「第二　労働協約」の「二　労働協約の効力」の冒頭に「協約の法的効力に関しては違反者に対して賠償義務を課するが如き司法的制裁規定を設くることなく」と記載した理由について、「裁判所流にどんな効力があるかを考えるのは愚かなので、そうではなく、実際に産業平和を維持する効力があるかどうかという実際的効力確保、これが大事だと思います。ヨーロッパの諸国の労働協約の法律を見ましても、司法的効果のことを気にしていたのは大体19世紀の終わりから20世紀の初めで協約即契約だというので、違反した場合の賠償義務を非常に問題にしてみていましたが、そういっても強制執行でいけないので、それを問題にするよりも実際的に効果を問題にした方がよかろう。」と述べ、このために協約の書面化と届出、及び、協約に一定の有効期間を法律で定める必要を指摘し、さらに、もしも、協約条項に紛議が生じたら、仲裁、調停等に移していけばよいと述べた上で、組合法の中の協約に関

35　労働省労働運動史昭20-21(1951)711〜712頁。
36　労働省労働運動史昭20-21(1951)711〜712頁。

する条項については、「この程度のことを書くのですと、約4ヶ条置けばよいと考へております。」と述べている[37]。

すでに、第一次大戦後の末弘理論（→前掲第2節第3款1参照）で検討したように、末弘は、労働協約の社会的性質に関して、『博徒のしきたりや申し合わせ』と同類の社会的実際的効力を有する社会的規範として扱っていた。このため、労働協約の法的効力に関して、法律によって要件と効果を明瞭に定める必要性を認めておらず、労働組合法上は、書面化の義務付けと届出制度によって労働協約の存在を明瞭にするという手続上の措置を講じておけば足りると考えていた。この傾向は、次の草案段階、原案段階、及び、法案段階でも繰り返し表れる。

そして、要件と効果を明瞭に定めていないことに関して、末弘労組法解説（1946）5頁には「一々細かに規定した法律を見慣れた方々、殊に裁判官や弁護士のような専門の法律家諸君の眼には非常に意味のはっきりしないところの多い法律のやうに映るかと想像します。しかし、それはこの此法律の原案を作ることに関係した吾々としては初めから予期したところでありまして、この点を先づ初めに十分解って頂きたいのであります。」と記述されており、意図的なものであったことが肯定されている。

(6) 基本的な制度設計思想

末弘労組法解説（1946）は、その2頁以下で労働組合法の「根本精神」に関して縷々論じる中で、「労働組合法も労働者なり使用者なりが法の根本精神を十分に理解し、スポーツの根本精神であるフェア・プレーの原則、即ち正々堂々と公正に戦う精神、それと同じような精神で行動しさへすれば、いちいち細い規定を知らずとも、それに依って自ら労使の関係がなだらかに運ぶであろうといふ考で此法律を作ってゐる」「従って、法の運用についても、この法律は、丁度スポーツのルールが審判官というものを設けて試合の進行を円滑にすることを考へてゐると同じやうに、労働委員会というものを設けて労使の関係をその現に動いているその場その場で調整してそれが円滑に運ぶやうに現場の世話をさせることを考へてゐるのであります。」（6頁）と記述している。

この記述によっても明らかなように、労働組合法の基本的な制度設計思想としては、労働組合法の法文そのものは簡素を旨とし、現実の事件の処理は、労

37　労働省労働運動史昭20-21(1951)710頁。

使双方がフェアプレーの精神を基礎としてこれに当たり、紛争に至った場合の裁定者として労働委員会が存在して労働委員会が紛争を処理していくこととされていた。この制度設計思想は、労働協約の部分についても貫かれている。

しかし、末弘が起草した労働組合法案の中で、労働協約に関しては「法律ト同様ノ効力」を有すると表現されていたことをみても判るように、労働協約は、労使のフェアプレーの指針や労働委員会での紛争処理の手段としての機能を有するだけでなく、関係当事者を直接拘束する法的な効果を有し、裁判規範として機能することとされていた。

この結果、労働協約に関して、労働組合法上は要件効果が明瞭ではない簡素な法文しか置かれないにもかかわらず、この労働協約が関係当事者を直接拘束する法的な効果を有して裁判規範としても機能することになり、法文解釈上の様々な問題を生じさせた。

2　労働組合法案草案（1945年11月15日）

(1)　草案の内容

末弘委員の意見書提出の15日後である1945(昭和20)年11月15日に開催された第三回労務法制審議委員会では、審議委員会の中に設けられた整理委員会（大野委員、西尾委員、末弘委員、高橋委員）の作成した労働組合法案草案が審議に付され、労働協約の効力に関して次の条項を設けることが提起された[38]。

　　　　第二十一条　協約ヲ以テ労働条件ソノ他労働者ノ待遇ニ関スル規準ヲ定メタルトキハソノ規準ハ協約ノ適用ヲ受クル労働者及ビ雇傭者ニ対シテ法律ト同様ノ効力ヲ有ス、規準決定ノ為設置セラレタル機関ノアル時ハソノ定メタル基準亦同ジ

　　　　前項ノ規準ニ違反スル労働契約[39]ハ無効トナリタル部分ハ規準ノ定メニヨリテ当然補充セラル

　　　　第二十二条　一ノ工場事業場ニ使用セラルル労働者ノ四分ノ三以上ガ一定ノ労働協約ノ適用ヲ受クルニ至リタル時ハ其ノ他ノ労働者モ又当然協約ニヨリテ拘束セラル

　　　　第二十三条　一地域ニオケル同種ノ産業若シクハ職業ニ従事スル労働者ノ大部分ガ一定ノ労働協約ノ適用ヲ受クルニ至リタルトキハ地方

---

[38]　労働省労働運動史昭20-21(1951)718〜720頁。

[39]　労働省労働運動史昭20-21(1951)720頁には「前項ノ規準ニ違反スル労働協約」と記載されているが、これも誤植であり、「労働契約」が正しいと解されるので補正した。

長官（其ノ地域ガ二府県以上ニ亙ルトキハ主務大臣）ハ協約当事者双方又ハ一方ノ申立ニ基キ若クハ職権ヲモツテソノ協約ノ拘束力ヲソノ他ノ労働者全部ニ及ボス旨ノ決定ヲ為スコトヲ得地方長官又ハ主務大臣右ノ決定ヲナスニ付テハ労務委員会ノ決議ニヨルコトヲ要ス
決定ハ公告スルニヨリテソノ効力ヲ生ズ

(2) 提案理由

　草案 21 条の労働協約の効力の規定について、末弘は、日本のかつての実例と厚生省で集めた外国の実例を参考にしつつ、条文化したものであると説明する。そして、同条 1 項の「規準決定ノ為設置セラレタル機関」とは、海員の海事協同會の実例[40]にならったものであるとしている。また、同条 2 項「法律ト同様ノ効力」の文言について、末弘は、法例 2 条に基づく効力を法文化したものであると説明している。したがって、末弘委員は、第一次大戦後に日本で存在していた労働協約の実態を基礎にして、法例 2 条を根拠に労働協約の効力を肯定する自説（→前掲第 2 節第 3 款 1 (4)）を踏まえて、条文化を図ろうとしたのである。

　さらに、草案 22 条による工場事業場単位での拡張適用制度、及び、草案 23 条による地域的拡張適用制度の趣旨目的について、末弘委員は、共通のものとして一括して冒頭で説明を行い、「今回の戦争中の統制法規で『アウトサイダー』というものが問題になりまして、戦争も段々進んでくる、前の自治統制であった場合、大多数は賛成だが、アウトサイダーが出てきて困るということで、主として統制法以来問題となっております。これは労働組合がなした労働協約についても当然起り得る問題で外国でも問題となっております。」と述べ、結論部分でも、アウトサイダーが問題になったことを指摘し、「所謂アウトサイダーとして協約に違反出来ないようにしてしまう。」との説明を行っていた[41]。したがって、この草案で登場した工場事業場単位での拡張適用制度及び地域的拡張適用制度は、業者間で締結される協定賃金制度がアウトサイダーに

40　第一次大戦後の労働組合に組織され労働協約制度の下にあった労働者の中で、船員は大きな割合を占め、労働協約制度が最も普及していたのが船員の分野であった（→前掲第 2 節第 2 款 3 (1)）。船員の場合、労働協約が労働条件を直接定めるだけでなく、労働協約により基準決定の為の機関を設置することを定めて、この機関が労働条件の具体的内容決定を行っていた。この労働条件決定機関が海事協同會である。

41　労働省労働運動史昭 20-21 (1951) 727 頁。

より十分機能しなかった日本の経験を踏まえ、かかる状況の再来を許してはならないとの目的意識の下で提案されたものであるといえよう。

(3) 国家総動員法との共通性と相違点

草案23条にある「地方長官……ハ……決定ヲ為スコトヲ得」との条文案のうち、「為スコトヲ得」という文言については、原則として、地方長官に決定権限を付与する意味と解すべきである[42]。「決定ヲ為スコトヲ得」という文言があることだけで直ちに地方長官に自由裁量を与える趣旨であると解することはできない。

このことは、国家総動員法（昭和13年4月1日法律第55号）の次の条文と対比することにより一層明白である。

    第六条　政府ハ戦時ニ際シ国家総動員上<u>必要アルトキハ</u>勅令ノ定ムル所ニ依リ従業者ノ使用、雇入若ハ解雇又ハ賃金其ノ他ノ従業条件ニ付必要ナル<u>命令ヲ為スコトヲ得</u>

労働組合法草案23条にある「命令ヲ為スコトヲ得」という文言は、国家総動員法と共通している。しかし、国家総動員法6条にある「必要アルトキハ」という文言が労働組合法草案23条にはない。

仮に、労働協約の地域的拡張適用に関して地方長官に自由裁量を付与するのであれば、国家総動員法第6条と同じく「必要アルトキハ」という文言を加えるのが当然である。しかし、草案23条には「必要アルトキハ」という文言が存在しない。このことは、現行労働組合法18条にある「できる」という文言の意味について、知事又は大臣に自由裁量を付与したものと解するのか否かを検討する際に、重要な意味をもつ。

しかも、次に指摘するとおり、草案23条の「命令ヲ為スコトヲ得」という

---

[42] 林修三（元内閣法制局長官）著『法令作成の常識　第二版』（日本評論社1994）116～117頁には、「ある人、団体、さらには行政機関、司法機関などに一定の権利、利益、地位、能力、権限、権能などを与えようとするときは、『…………することができる』という述語が用いられ（『…………することができる』ということばは、『…………してもよい』という選択的内容をもついわゆる任意規定の場合にも用いられるが、多くは、権利、利益、地位、権限、権能などを与える趣旨で使われている）、」と記述されている。
　　現行労働組合法18条1項の中に「することができる」という文言があることから、知事又は大臣は、地域的拡張適用決定をするかしないかについての自由裁量を有すると解する学説が多いが、かかる解釈は法令作成の常識に照らして支持できない。この点については、後掲第2部第4章第3節で詳細に論じる。

文言は、4日後の委員会に提出された原案では修正され、決定について自由裁量のないことが明確な文言に置き換えられる。

3　労働組合法案原案（1945年11月19日）

(1)　原案の内容

前記草案の提出から4日後の1945(昭和20)年11月19日に開催された第四回労務法制審議委員会では、整理委員会の作成した労働組合法案原案が審議に付された。この原案には、労働協約の効力に関して次の条項がおかれていた[43]。この条項の中で、草案から修正されている主要な部分は下線を付した箇所及び括弧書きで注記した事項である。

> 第二十一条　協約ヲ以テ労働条件其ノ他労働者ノ待遇ニ関スル規準ヲ定メタルトキハ其ノ規準ハ協約ノ適用ヲ受クル労働者及ビ雇傭者ニ対シテ法律ト同一ノ効力ヲ有ス　規準決定ノ為設置セラレタル機関ノアルトキハ其ノ定メタル規準亦同ジ
>
> 　前項ノ規準ニ違反スル労働契約[44]ハ無効トシ其ノ無効トナリタル部分ハ規準ノ定メニ因リテ当然補充セラル
>
> 第二十二条　一ノ工場事業場ニ使用セラルル労働者ノ四分ノ三以上ガ一定ノ労働協約ノ適用ヲ受クルニ至リタルトキハ其ノ他ノ労働者モ亦当然協約ニ依リテ拘束セラル
>
> 第二十三条　一地域ニ於ケル同種ノ産業若ハ職業ニ従事スル労働者ノ大部分ガ一定ノ労働協約ノ適用ヲ受クルニ至リタルトキハ地方長官（其ノ地域ガ二府県以上ニ亘ルトキハ主務大臣）労働者全部ニ及ボス旨ノ決定ヲ為スコト
>
> 　　【草案では「協約ノ拘束力ヲ……及ボス旨ノ決定」とあったのに対し、原案では「協約ノ拘束力」の文言が削除された。】
>
> 地方長官又ハ主務大臣ノ決定[45]ヲ為スニ付テハ労務委員会ノ決議ニ依ルコトヲ要ス

---

[43]　労働省労働運動史昭20-21(1951)731頁、746頁。

[44]　労働省労働運動史昭20-21(1951)746頁には「前項ノ規準ニ違反スル労働協約」と記載されているが、これも誤植であり、「労働契約」が正しいと解されるので補正した。

[45]　労働省労働運動史昭20-21(1951)746頁には「地方長官又ハ主務大臣ノ決議」と記載されているが、これは誤植であり、「決定」が正しいと解されるので補正した。

決定ハ公告スルニ依リテ其ノ効力ヲ生ズ

(2) 職権発動の義務付け

この原案23条では、「一地域ニ於ケル同種ノ産業若ハ職業ニ従事スル労働者ノ大部分ガ一定ノ労働協約ノ適用ヲ受クル」の要件が充足されたときに、地方長官又は主務大臣に対して、当該労働協約の地域的拡張適用の決定をなすことを義務付けている。

また、この原案では、草案23条にあった「当事者双方又ハ一方ノ申立ニ基キ若クハ職権ヲモツテ」という文言が削除された。

(3) 自由裁量の不存在

この原案23条においては、前掲2記載の草案23条にあった「決定ヲ為スコトヲ得」という文言が修正されて、「決定ヲ為スコト」との覊束文言に改められた。これにより、要件が客観的に充足されていれば、地方長官又は主務大臣は地域的拡張適用の決定をしなければならないこととされ、拡張適用するかどうかについての自由裁量がないことが明らかになった。

(4) 提案理由及び討議の不存在

前掲(2)(3)記載のとおり原案23条は、草案23条と比較して、大幅に文言上の修正がなされているが、これについての提案理由説明や討議の記録は見当たらない。原案21条と22条についても、提案理由説明や討議の記録は見当たらない。

その理由は、文言上の修正はあっても、各条項の趣旨・目的や意味内容に変化はないと判断していたためであろうと推測される。

4　労働組合法案（1945年11月21日）

(1) 審議委員会がまとめた法案の内容

前記の原案の審議の2日後の1945（昭和20）年11月21日に開催された第五回労務法制審議委員会では、整理委員会の作成した労働組合法案が審議に付された。この法案には、労働協約の効力に関する次の条項がおかれた[46]。これらの条項のうち、原案から修正されている主要な部分は、下線を付した箇所である。

---

[46] 労働省労働運動史昭20-21(1951)753頁、755頁。

第二十一条　労働協約ヲ以テ労働条件其ノ他労働者ノ待遇ニ関スル規準ヲ定メタルトキハ其ノ規準ハ当該労働協約ノ適用ヲ受クル労働者及使用者ニ対シテ法的拘束力ヲ有ス当該労働協約ノ規定ニ依リ規準決定ノ為設置セラレタル機関ノアルトキハ其ノ定メタル規準亦同ジ
　前項ノ規準ニ違反スル労働契約ハ無効トシ其ノ無効トナリタル部分ハ規準ノ定メニ依リテ当然補充セラル

第二十二条　一ノ工場事業場ニ使用セラルル労働者ノ四分ノ三以上ガ一定ノ労働協約ノ適用ヲ受クルニ至リタルトキハ其ノ他ノ同種ノ労働者モ亦当然労働協約ニ依リ拘束セラル

第二十三条　一地域ニ於ケル同種ノ産業又ハ職業ニ従事スル労働者ノ大部分ガ一定ノ労働協約ノ適用ヲ受クルニ至リタルトキハ地方長官（其ノ地域ガ二都道府県ニ亙ルトキハ厚生大臣）ハ協約当事者ノ双方若ハ一方ノ申立ニ因リ又ハ職権ヲ以テ其ノ協約ノ拘束力ヲ其ノ他ノ労働者全部及其ノ使用者ニ及ボス旨ノ決定ヲ為スコトヲ得
　地方長官又ハ厚生大臣右ノ決定ヲ為スニ付テハ労働委員会ノ決議ニ依ルコトヲ要ス
　労働委員会前項ノ決議ヲ為スニ付当該労働協約ノ定ニ不適当ナル事項アリト認ムルトキハ之ヲ修正スルコトヲ得
　第一項ノ決定ハ公告スルニ依リテ其ノ効力ヲ生ズ

(2) 法案21条1項の文言修正

　末弘委員は、上記法案のうち、労働協約の効力に関する21条1項について、原案段階までは「法律と同一の効力」という文言を用いていたが、この文言について「関係官庁」から「少しいかつい感じがする」という指摘を受けたので、「法的拘束力という文字で表そう」とした旨の説明を行っている[47]。

(3) 法案22条の文言修正

　末弘委員は、工場事業場単位の拡張適用に関する22条の文言修正に関して、一つの工場の中でも色々な職種があるが、協約の適用を受けるに至った者と同種の労働者にのみ効力が及ぶという従前の提案内容の内容をより一層明確にするために、文言修正をしたものであり、従前と意味内容は変わらないという趣

47　労働省労働運動史昭20-21（1951）759頁。

(4) 労働委員会への協約条項修正権付与（法案 23 条 3 項）

審議委員会の最終盤で、地域的拡張適用に関する 23 条の文言の大幅な修正がなされ、拡張適用される労働協約の条項内容を修正する権限が労働委員会に付与された（法案 23 条 3 項を新設）。

その理由について、末弘委員は、原案 23 条では労働協約の地域的拡張適用により不利益変更が生じるとの解釈を招くという指摘がＧＨＱ（連合軍最高司令部）からあり、これに対応するためであったことを明らかにしている。

すなわち、末弘委員は、「なんでも協約があれば、既存のどこかの工場では寧ろ協約よりよい条件を与えて居ると云う場合、それまで総てこれが及ぶと云うことでは却つて労働者に不利益になるのではないかと云う連合軍の注意もありました。」と説明し、さらに、労働協約の目的について、「実は労働協約と云うものは不正競争を除く、業者のお互の利益に依つて労働条件が不当な拘束を受けると云うことを除く、謂わば凹凸をなくするということに目的がある」と指摘し、これらを勘案して、「労働委員会が実質を調べてある程度の修正をする」という条文にしたとの説明を行った[49]。

この説明によれば、労働組合法原案（→前掲3）のままでは、労働協約を地域的拡張適用する際に既存の労働条件を不利益変更できるとの解釈を招く不都合が生じるので、この不都合を排除するために、最低基準効のみを有することが明瞭ではなく不利益変更効をも有すると解釈される可能性のある労働協約については、地域的拡張適用の際に不利益変更効が生じないように協約条項を修正することとし、その修正権限を労働委員会に付与するために条文が新たに設けられたのである。

(5) 「為スコトヲ得」の文言への再修正（法案 23 条 1 項）

原案 23 条では、「一地域ニ於ケル同種ノ産業若ハ職業ニ従事スル労働者ノ大部分ガ一定ノ労働協約ノ適用ヲ受クル」の要件が充足されれば、地方長官又は主務大臣は当該労働協約の地域的拡張適用の決定を「為スコト」とされ、決定をなすか否かの裁量はなく、労働協約の条項をそのまま地域的拡張適用しな

---

[48] 労働省労働運動史昭 20-21（1951）759 頁。
[49] 労働省労働運動史昭 20-21（1951）759 頁。

ければならないこととされていた。

　ところが、前掲(4)記載のとおり、ＧＨＱ（連合軍最高司令部）の指示により、労働協約の水準を上回る内容の既存の労働契約の内容が労働協約の地域的拡張適用によって不利益変更されることを防ぐために、労働委員会に拡張適用する労働協約の条項を修正する権限を付与する条項が追加されることとなった。

　しかるに、労働委員会が労働協約の条項に修正を加えた場合、申立にかかる労働協約をそのまま地域的拡張適用しなければならないことを定める原案23条の「決定ヲ為スコト」という覊束文言との間で矛盾が生じることになり、原案23条の「決定ヲ為スコト」という覊束文言をそのまま残すことは不可能である。

　この矛盾を回避するため、原案23条にあった「決定ヲ為スコト」という覊束文言は、法案23条1項で「決定ヲ為スコトヲ得」という権限付与文言に改められたと推測される。この条文の文言の変更により、地方長官又は厚生大臣（主務大臣）は、労働委員会が修正した労働協約の条項について地域的拡張適用の決定をなすことになったのである。

(6)　地域的拡張適用に関する当事者の申立権の明記

　原案の段階では、「一地域ニ於ケル同種ノ産業若ハ職業ニ従事スル労働者ノ大部分ガ一定ノ労働協約ノ適用ヲ受クル」の要件を充足すれば、地方長官又は主務大臣は拡張適用の決定をしなければならないものと定めていたが、当事者に申立権があるのか否かは明瞭でなかった。この点を明確にするため、「申立ニ因リ又ハ職権ヲ以テ」の文言が復活した。

(7)　審議委員会の承認、法案の政府提出

　この法案は、審議委員会で承認され、1945(昭和20)年11月24日付答申書をもって、政府に提出された。

　前掲1記載の末弘委員の意見書が提出されてから法案提出までの期間は、僅か3週間強であった。

第3款　政府の法案作成と議会での議決

1　政府提出法案

(1)　審議委員会から政府に提出された法案との相違点

　前掲第2款記載の経緯で、審議委員会は、労働組合法案を作成し、これを政府に提出した。

　審議委員会が政府に提出した労働組合法案と、政府が議会に提出した労働組合法案とを比較するといくつもの相違点がある。労働協約の効力に関する部分についても文言上大きな相違点がある。

　この相違が生じた理由について、遠藤公嗣は、連合軍最高司令部（GHQ）の労働課のカビンスキー課長が12月5日と7日に日本政府宛に修正指示を出したためであると指摘し、その修正指示内容を紹介している[50]。

　しかしながら、カビンスキー課長の指摘事項の中には、労働協約の効力に関する事項は見あたらない。しかも、カビンスキー課長の指示は、条文上の文言に関する細かい指示を行ってはおらず、大綱的な指示である。

　したがって、審議委員会が政府に提出した労働組合法案のうち労働協約に関する部分が政府で修正されて議会に提出された原因は、カビンスキー課長の指示によるものではない。

　審議委員会が政府に提出した労働協約の効力の部分の条文案の修正を政府内の誰がいかなる理由で行ったのかを明らかにする資料は現時点では見当たらないが、連合軍最高司令部（GHQ）の指示によるものではなく、当時の厚生省の旧内務官僚が行ったと推測される。

　なぜなら、労働協約の効力に関する条項（政府が議会に提出した労働組合法案22条、現行労働組合法16条）は、審議委員会が政府に提出した条文（労働組合法案21条）と比較して著しい文言修正がなされ、1925（大正14）年内務省社会局「労働組合法案」12条（→前掲第2節第4款2(1)）と比較して、文言上のかなりの部分が同一であり、内容と構造も類似している。このことに照らし、審議委員会から政府に「労働組合法案」が提出された後、当時の厚生省の旧内務官僚は、かつて内務省社会局が実現させようとした法律案のうち労働協約の効力に関する部分を踏襲し、これに則して政府が議会に提出する労働組合法案の文言

---

[50]　遠藤（1979）（下）49頁。

を書き改めたものと推測されるのである。

(2) 政府が議会に提出した労働組合法案

　政府が議会に提出した労働組合法案のうち、労働協約の効力に関する部分の条文は、次のとおりである。なお、原文は旧漢字である。政府提出法案の条項のうち審議委員会のまとめた法案と比較して要件と効果あるいは用語の修正がなされている主要な部分は、下線を付した箇所及び括弧書きで注記した部分である。

　　第二十二条　労働協約ニ定ムル労働条件其ノ他ノ労働者ノ待遇ニ関スル規準（当該労働協約ニ依リ規準決定ノ為設置セラレタル機関ノ存スルトキハ其ノ定メタル基準ヲ含ム以下同ジ）ニ違反スル労働契約ノ部分ハ之ヲ無効トス此ノ場合ニ於テ無効ト為リタル部分ハ規準ノ定ムル所ニ依ル労働契約ニ定メナキ部分ニ付亦同ジ

　　　　　　　【審議委員会の法案にあった「(労働協約の)規準ハ当該労働協約ノ適用ヲ受クル労働者及使用者ニ対シテ法的拘束力ヲ有ス」との文言が削除された。「労働契約ニ定メナキ部分」に関する定めが追加された。】

　　第二十三条　一ノ工場事業場ニ常時使用セラルル同種ノ労働者ノ数ノ四分ノ三以上ノ数ノ労働者ガ一ノ労働協約ノ適用ヲ受クルニ至リタルトキハ当該工場事業場ニ使用セラルル他ノ同種ノ労働者ニ関シテモ当該労働協約ノ適用アルモノトス

　　　　　　　【拡張適用の効力について、審議委員会の法案にあった「当然労働協約ニ依リ拘束セラル」という文言が「労働協約の適用アルモノトス」に改められた。】

　　第二十四条　一ノ地域ニ於テ従業スル同種ノ労働者ノ大部分ガ一ノ労働協約ノ適用ヲ受クルニ至リタルトキハ協約当事者ノ双方又ハ一方ノ申立ニ基キ労働委員会ノ決議ニ依リ行政官庁ハ当該地域ニ於テ従業スル他ノ同種ノ労働者及其ノ使用者モ当該労働協約（第二項ノ規定ニ依リ修正アリタルモノヲ含ム）ノ適用ヲ受クベキコトノ決定ヲ為スコトヲ得協約当事者ノ申立ナキ場合ト雖モ行政官庁必要アリト認ムルトキ亦同ジ

　　　　労働委員会前項ノ決議ヲ為スニ付当該労働協約ニ不適当ナル定アリト認ムルトキハ之ヲ修正スルコトヲ得

第1章　労働協約法制の沿革

　　第一項ノ決定ハ公告ニ依リテ之ヲ為ス

2　労働組合法制定（1945年12月）

(1)　議会審議の概要

　政府の労働組合法案は、1945(昭和20)年12月8日に議会に提出され、衆議院に労働組合法案委員会が設けられて質疑応答がなされたのち、12月15日の本会議で全会一致をもって政府原案が可決された。貴族院においても労働組合法案特別委員会での2日間の審議を経た上で、12月19日の本会議で全会一致をもって政府原案が可決された[51]。

　こうして、労働組合法（旧労働組合法）は12月22日法律第51号として公布され、翌1946(昭和21)年3月1日から施行された。

(2)　衆議院での質疑応答

　上記の衆議院労働組合法案委員会での質疑応答の大半は、天皇制、占領軍と政府の関係、失業問題、食料問題その他の敗戦直後の混乱に関する事項が占め、労働組合法それ自体に関する質疑応答は少ない。帝国議会会議録をみても、労働組合法1条を巡る議論が若干ある以外には、12月13日の委員会で、下駄の鼻緒製造等の手工業的家内工業請負業従事者の労働者性（質問者山崎（常）委員）、船長の労働者性（小山（亮）委員）、船会社に籍はあるが下船し給与支払を全く受けていない船員の労働者性（小山（亮）委員）に関する質疑応答がある程度で、労働協約に関する質疑応答は見当たらない。

(3)　貴族院での質疑応答

　上記の貴族院の労働組合法案特別委員会では、衆議院とは異なり、労働組合法案についての逐条的な質疑応答がかなりなされた。その中で、労働協約に関しては、12月15日開催の委員会で、地域的拡張適用の「大部分」の意味について次の質疑応答がなされている。

〇子爵梅園篤彦君　〈略〉、第二十四條に「一の地域に於て従業する同種の勞働者の大部分が」とありますが、此の大部分と云ふことを、前條の第二十三條には「同種の勞働者の數の四分の三以上」と云ふことに明記して居ります、此の第二十四條の分も、四分の三以上と云ふ風に明記した方が、條文の體裁上宜い

51　労働省労働行政史（二）(1969) 218〜223頁。

やうに思ふのですが、之をわざわざ大部分とぼやかしてありますのは、何か特別の理由がございますのですか

〇國務大臣（芦田均君）　第二十四條には一定の地域に於(おい)て従業する同種の勞働者と云ふことになつて居りまして、必ずしも一の工場、事業場に使はれる勞働者と云ふのとは同じ形で出て居ないのであります、從つて、例へば横濱地域に於て同種の事業に従事して居る者が、あちらこちらに分れて仕事をして居る、さう云ふ際に之を正確に四分の三と云ふ数字に調べ上げることには、相當の時日を要する場合がありまして、事實四分の三と云ふ数字を含んで問題を決定する心持(こころもち)でありますけれども、はつきり之を四分の三と書くことに多少の困難がありますので大部分と云ふ字を使つたのでありますが、併し實際の適用に於(おい)ては略(ほぼ)四分の三以上と云ふ数字を掴んで問題を決したい、斯樣に考へて居る譯(わけ)であります

3　労働組合法の改正

(1)　1949年改正

　労働組合法（旧労働組合法）は1949年に全面改正され、現在の労働組合法（昭和24年法律第174号）が制定された。この中で、労働協約の効力に関する法文は次のとおりである。なお、原文は旧漢字である。

　（基準の効力）
　　第十六条　労働協約に定める労働条件その他の労働者の待遇に関する基準に違反する労働契約の部分は、無効とする。この場合において無効となつた部分は、基準の定めるところによる。労働契約に定がない部分についても、同様とする。

　（一般的拘束力）
　　第十七条　一の工場事業場に常時使用される同種の労働者の四分の三以上の数の労働者が一の労働協約の適用を受けるに至つたときは、当該工場事業場に使用される他の同種の労働者に関しても、当該労働協約が適用されるものとする。

　（地域的の一般的拘束力）
　　第十八条　一の地域において従業する同種の労働者の大部分が一の労働協約の適用を受けるに至つたときは、当該労働協約の当事者の双方又は一方の申立に基き、労働委員会の決議により、労働大臣又は都道府県知事は、当該地域において従業する他の同種の労働者及びその使用

者も当該労働協約（第二項の規定により修正があつたものを含む。）の適用を受けるべきことの決定をすることができる。
　２　労働委員会は、前項の決議をする場合において、当該労働協約に不適当な部分があると認めたときは、これを修正することができる。
　３　第一項の決定は、公告によつてする。

　1949(昭和24)年5月4日に、衆議院労働委員会で、賀来政府委員（労働省労政局長）が行った法案の逐条説明によれば、旧法との相違点は次のとおりであり、現行法16条から18条の規定は、その大部分において旧労働組合法（昭和20年法律第51号）の法文を承継している。
① 文語体を口語体に改めた。
② 基準の効力（現行16条）について、旧法22条の規定の括弧書きの部分（昭和初期の船員の労働協約にあった「基準決定ノ為設置セラレタル機関」の制度を旧16条の条文の括弧書きとしてで法制化した部分）を削除した。
③ 地域的の一般的拘束力（現行18条）について、労働委員会の職権決定を削除した。

(2) 1959年改正

　最低賃金法（昭和34年法律第137号）の附則8条により、労働組合法（昭和24年法律第174号）の一部改正がなされ、労働組合法18条に次の第四項が加えられた。
　「４　第一項の申立に係る労働協約が最低賃金法（昭和三十四年法律第百三十七号）第十一条に規定する労働協約に該当するものであると認めるときは、労働大臣又は都道府県知事は、同項の決定をするについては、賃金に関する部分に関し、あらかじめ、中央最低賃金審議会又は都道府県労働基準局長の意見を聞かなければならない。この場合において、都道府県労働基準局長が意見を提出するについては、あらかじめ、地方最低賃金審議会の意見を聞かなければならない。」

(3) 1999年改正

　中央省庁等改革関係法施行法（平成11年法律第160号）は、その613条により、労働組合法18条第一項中「申立に基き」を「申立てに基づき」に、「労働大臣」を「厚生労働大臣」に改め、同条第四項中「申立」を「申立て」に、「労働大臣」を「厚生労働大臣」に改めた。

(4)　2007 年改正

「最低賃金法の一部を改正する法律」（平成 19 年法律第 129 号）の附則 11 条により、労働組合法 18 条 4 項（→前掲(2)）が削除された。

第2章　労働協約の具体的役割と機能

第1節　問題の所在

　日本において、企業別労働組合が企業別あるいは事業場別に締結した労働協約は、企業の厚い壁の中に囲い込まれており、これを外部から知ることは容易ではない。日本労働組合総連合会（連合）でさえ、各個別企業毎の労働協約の内容について殆ど掌握していない。

　かかる状況の下で、筆者は、様々な機会を通じて、労働協約の入手に努力してきた。これらの労働協約を通覧したとき、日本の企業別・事業場別労働協約が果たしてきた具体的役割と機能として、次の①から⑤の各事項を指摘することができる。

① 労働条件の上積み或いは詳細化

　　日本の労働協約制度の下では、労働協約によって直接的に労働条件をコントロールする場合と、労働協約で間接的に労働条件をコントロールする場合の二種類がある。例えば、運送大手のN社は、労働協約で労働条件を詳細に決定して、労働協約で労働条件を直接コントロールする。これに対し、同じ運送大手でもY社の場合には、労働協約で労働条件を詳細に決定するのではなく、労働条件の内容は就業規則に記載されており、労働協約では後掲④の労使交渉ルールが定められ、労使交渉の結果を就業規則に反映させている。また、就業規則の運用上の問題が生じた場合にも労使交渉で解決を図っている。

② 労働条件変更、契約終了、懲戒等の要件と手続の明確化

　　労働契約を巡っては、労働条件変更（配転、降格・降給、時間外労働その他）、契約終了（解雇・雇止めその他）、及び、懲戒等の様々な問題が生じる。労働協約は、これらの要件の明確化、及び、手続の明確化（解雇、雇い止め、配転、懲戒等の手続の明確化、異議申立機関の設置と異議申立手続の詳細化等）を行なう。

③ 団結権強化のための措置の上積み或いは詳細化

53

団結権擁護のために、労働組合法においては、刑事・民事免責、団体交渉、労働協約、不当労働行為救済制度、労働委員会制度等が定められているが、組合活動時間の保障や便宜供与等、団結権強化のために必要な措置の上積み或いは詳細化は、労働協約により図られている。
④　労使交渉、労使紛争処理の手続の明確化

団体交渉や争議行為の手続等について、法律上はほとんど定めがないが、労働協約により手続の具体化・明確化が図られており、平時における労使交渉の手続を定める協約、平時から争議状態に移行する場合の移行の手順を定める協約（一般的には「争議協定」という）、争議解決の手順を定める協約等も見られる。
⑤　企業内又は事業場内での労働者間の公正競争

労働協約は、企業内又は事業場内での労働条件の最低基準を定め、これに反する労働条件での就労を許さないことにより、公正労働基準を設定し、また、労働者相互のダンピング競争を防ぎ、労働者相互間での公正競争の実現を図っている。

ところで、これらの①から⑤は、日本の企業別・事業場別労働協約が、各企業内で果たしてきた具体的な役割ないし機能であるが、日本の労働協約の場合、交渉の方式は、必ずしも企業別・事業場別というわけではなく、企業横断的に業種別に交渉がなされたり、あるいは、業種横断的に産業別に交渉がなさることも珍しくない。この集団的な交渉と合意の結果に基づき、企業別・事業場別労働協約が締結されている例が少なからず存在する。この場合においては、労働協約は、形式的には企業別・事業場別労働協約であるが、実質的には企業横断的・業種横断的労働協約であり、次の⑥の役割や機能をも担う。
⑥　企業横断的あるいは業種横断的な公正競争の実現

企業横断的な業種別交渉あるいは業種横断的な産業別交渉の結果として、上記①②の役割を担う労働協約が締結されることにより、当該業種又は産業における使用者相互間及び労働者相互間での公正競争を実現する。

労働協約制度についての理論的検討は後掲第2部第1章で行うが、その前提として、日本の労働協約制度が現実に果たしている上記の①から⑥の具体的な役割と機能を理解する必要がある。

第2節　企業別・事業場別の労働協約

第1款　労働条件の上積み・詳細化と手続の明確化
　　　　／非正規労働者を巡る協約実例と理論的問題

1　問題状況

　従来、日本の多くの労働協約は、企業別あるいは事業場別に締結され、「正社員」を対象としてきた。そして、正社員と非正規労働者との労働条件の格差が当然視されてきた。このため、1950年代において、非正規労働者から労働条件格差の是正を求めるための手段として、労働協約の工場事業場単位の拡張適用を根拠に労働協約の定める正社員の労働条件の適用を求める裁判闘争が広がり、様々な労働法理論の展開を見せたが、最終的には、工場事業場単位の拡張適用の要件である「同種の労働者」に該当することが否定される事案が続いた。このため、1960年代以降は、日本の労働協約制度は、主に正社員を対象とする制度として固定化した。

　このように日本の労働協約制度が主に正社員を対象とする制度として固定化することは、非正規労働者の数が増え、正社員の数が相対的に減少する中で、労働組合の影響力の低下をもたらした。

　統計数値によれば、全国的・全産業的に企業規模を問わずに、2006（平成18）年の時点でのパートタイム労働者の組織化状況をみたとき、組合総数のうち「企業内にパートタイム労働者がいる」組合の割合は67.2％である。ところが、「企業内にパートタイム労働者がいる」組合のうち「パートタイムの労働者の労働組合員がいる」組合の割合は19.1％に過ぎない[1]。また、「企業内にパートタイム労働者がいる」組合のうち「労働協約があり、その全部又は一部がパートタイム労働者に適用されている」組合の割合は33.5％に過ぎない[2]。

---

[1]　厚生労働省大臣官房統計情報部「労使関係総合調査（労働組合実態調査）」は、5つのテーマを順番に毎年1つずつ取り上げている（1つのテーマについて5年毎に調査している）。その内、「労働協約等実態調査」は、1996（平成8）年、2001（平成13）年、2006（平成18）年に実施されている。http://www.mhlw.go.jp/toukei/list/list15-19.html　その中の2006（平成18）年実施の「労働協約等実態調査」の第22表による。

[2]　前同第23表。

したがって、日本では、労働協約制度はパートタイム労働者の多くにとって無縁のものとなっている。

この状況下、日本の労働運動の中で、労働運動の再構築を図ろうとする勢力は、非正規労働者の組織化に意欲的に取組み始めている。その一つとしてＵＩゼンセン同盟[3]があり、2010(平成22)年9月時点での組合員総数109万人のうち、パートタイム労働者が約48％を占め、ここ数年でパートタイム労働者の比率が過半数を超えることが確実な勢いで増え続けている。

このように非正規労働者の組織化を進めている分野では、労働協約の役割と機能を巡る様々な理論的な問題が生じている。

2　非正規労働者を巡る労働協約実例

企業別・事業場別労働協約により、非正規労働者の労働条件の上積み或いは詳細化、及び、手続の明確化を図る実例として、ＵＩゼンセン同盟傘下のスーパーマーケット等の流通部門での有期・勤務地限定・短時間就労の労働者の処遇に関する労働協約がある。流通小売産業では、店舗の老朽化や売上不振を理由とする店舗閉鎖が少なからず発生し、非正規労働者の処遇が問題となる。この問題について、関東地方での中堅スーパーマーケットであるＫ社での協約内容は次のとおりである。なお、店舗毎に採用される有期・勤務地限定・短時間就労の労働者の呼び名は、各企業毎に異なっており、次の協約実例では「△△△△社員」と表示している。

　　　　　　　　　　〇〇店の閉鎖に伴う協約
　㈱〇〇〇〇と〇〇〇労働組合は〇〇店の閉鎖に伴う△△△△社員の扱いについて次の様に協約する
１．上記店舗の△△△△社員については他店舗にて雇用の確保をする。
　①　通勤については、意見要望を聴取し十分な考慮をする。
　②　職種については、前職を考慮し意見要望を聴取した上での十分な配慮をする。
　③　時給、勤続期間等の労働条件については継続する。
　　　但し、地域給については配属店舗に合わせる。
　④　評価等による差別的扱いはしない。

3　組織名は、「全国繊維産業労働組合同盟〈略称：全繊同盟〉」(1946～1974年)、「ゼンセン同盟〈略称：なし〉」(1974～2002年)、「全国繊維化学食品流通サービス一般労働組合同盟〈略称：ＵＩゼンセン同盟〉」(2002年～)と変化する。本書においては記述対象となる各事象の発生時期における組織名（略称があるときは略称）を使用する。

2．都合により退職する場合については、以下の様に扱う
　①　離職については、会社都合により退職とする。
　②　退職慰労金については、通常の2倍とする。
　③　有給休暇については、未消化分を精算する。
　④　退職に伴う手当については、1ヶ月（3ヶ月の平均）とする。
　⑤　雇用保険の加入対象者（勤続3ヶ月以上・週20時間以上・年収90万円以上見込まれる者）が未加入であった場合、その勤続月数から3ヶ月を除いた月数（最高2年）を遡り加入させる。
　　　保険料は全額会社負担とする。
　⑥　上記②③④については、退職後7日以内に支払うものとする。
3．異動後、1ヶ月以内の退職については、上記2の扱いとする。
4．その他記載のない事項で疑義が生じた場合、労使協議の上決定する。
以上
　　　平成〇年〇月〇日
　　　　　　　　　　　　株式会社〇〇〇〇
　　　　　　　　　　　　　代表取締役　〇〇〇〇
　　　　　　　　　　　　ＵＩゼンセン同盟〇〇〇〇労働組合
　　　　　　　　　　　　　執行委員長　〇〇〇〇

　パートタイム労働者の大半は、期間の定めのある労働契約を締結しているが、期間満了により当然に終了する契約ではなく、雇用の継続が予定され、期間の定めのない労働契約と実質的に異ならない状態である場合、又は、雇用の継続に合理的期待が存在する場合は、その契約更新拒否には解雇規制法理が類推適用されることが判例法理として確立している[4]。また、勤務地限定の労働契約を締結している場合であっても、使用者は、信義則（労働契約法3条4項）上、解雇（契約更新拒否）を回避する義務を負い、配転が可能であればそれを申し出る義務を負うとの解釈が可能である。

　しかし、上記のような労働協約が各地で締結されたことにより、勤務地限定の有期雇用であっても、本人が希望しさえすれば配置転換による契約継続が保障されることが明確化された。また、配転が困難であって退職する労働者には退職慰労金の積み増し等の不利益緩和措置が講じられており、使用者の信義則上の雇用保障義務が労働協約において明確化され、履践されている[5]。これによ

---

[4]　東芝柳町工場事件最一小判昭和49・7・22民集28巻5号927頁、日立メディコ事件最一小判昭和61・12・4労判486号6頁。

[5]　大手流通小売業の事業者の非正規労働者に対する雇用保障義務が履践されているのは、平常時である。阪神淡路大震災発生直後には、大量の非正規雇用労働者の雇い止めが発生し、その雇用の不安定性が表面化したことがある。

り、労働契約に契約期間の定めがあることにより生じる諸問題（解雇規制法理の潜脱等）は相当程度緩和されるとともに、有期労働契約規制の立法化を受け容れる素地が形成されつつある。さらに、労働協約により非正規労働者の地位の向上と安定化が図られることに伴い、青森県では、女性の非正規労働者が組合書記長に就任した上で県労働委員会の労働者委員に就任する例も生まれており、労働組合運動の質の変化を生じさせている。

3　理論的問題

(1)　非組合員への労働協約の「適用」

　ＵＩゼンセン同盟においては、非正規労働者の組織化を進めるにあたり、使用者にユニオン・ショップ協定の締結を求めるが、これに応じない使用者が存在する。また、仮にユニオン・ショップ協定が締結されても、労働組合の行った除名処分が無効である場合にはユニオン・ショップ協定に基づく解雇は無効であるとした日本食塩製造事件最高裁判決[6]が出されて以降、使用者はユニオン・ショップ協定に基づく解雇に慎重であり、ユニオン・ショップ協定に基づいて組合に加入しない労働者を使用者が解雇することは殆どない。このため、非正規労働者の組織率が事業場内で4分の3に満たないケースもある。この状態で、労働協約を締結した場合、当該労働協約は、工場事業場単位の拡張適用（労組法17条）の対象とならない。

　しかし、当該労働協約が、工場事業場単位の拡張適用（労組法17条）の要件を充足していない場合でも、組合に加入していない非正規労働者にも「適用」される場合がある。例えば、業務遂行上必要な書籍の購入を自己負担から会社負担に切り替える労働協約が締結されたり、交通費の支給基準を変更する労働協約が締結され、これらの事項について就業規則の新設・変更がなされないままに、非組合員にも「適用」されることがある。この場合の「適用」とは、如何なる法的根拠に基づくものかが問題となる。

　第一の解釈としては、当該労働協約が非組合員である第三者のためにする契約の性質をもち、非組合員である第三者が使用者の撤回前に受益の意思表示をなせば労働協約の定める労働条件を享受できると解する考え方がある。

　第二の解釈としては、使用者と非組合員との間で、労働協約の内容を契約内容とする個別合意（黙示の合意を含む）があると解する考え方である。

---

[6]　最二小判昭和50・4・25民集29巻4号456頁。

第三の解釈として、使用者が非組合員に対して恩恵的に、協約水準と同一の労働条件を付与していると解することも可能である。

(2) 非組合員への労働協約の拡張適用の排除
前掲(1)の事案とは逆の問題が生じる場合もある。
すなわち、非正規労働者の労働条件向上のための労働協約が締結された場合において、当該非正規労働者の組織率が工場事業場内で4分の3を超えており、当該労働協約が工場事業場単位の拡張適用（労組法17条）の対象となり、どこの組合にも加入せず組合費納入の負担を免れている未組織労働者が労働協約の恩恵のみを「ただ乗り」することが可能である場合において、この「ただ乗り」の妥当性が問題となり、「ただ乗り」を排除できないかが問題となることがある。

そして、「ただ乗り」を排除する目的で、当該労働協約の中に、協約の定める労働条件の適用者の範囲を当該労働組合に加入している組合員だけに限定する条項を設け、当該労働協約が工場事業場単位の拡張適用（労組法17条）の対象となっても、非組合員は当該労働組合に加入しないかぎり当該労働協約の適用を受けることができず、これにより「ただ乗り」を排除できるか否かが、非正規労働者の組織化を進める上での重要な検討課題の一つとなっている。

ドイツにおいては、一定の労働条件につき、使用者に、組合員以外の者を労働協約なみの条件で使用することを禁ずることによって、組合員と同じ労働条件を欲する第三者とくに未組織労働者を、協約当事者たる労働組合に加入させることを目的とする協約排除条項が労働協約におかれる場合があり、使用者の契約内容決定の自由の制限という観点からその有効性を巡る議論がなされている[7]。これに対し、日本においては、工場事業場単位の拡張適用（労組法17条）に関して、未組織者が当該組合に加入しない限り拡張適用の対象としないことの可否が問題となっており、使用者の有する契約内容決定の自由の制限については従来は論点とされていない。しかし、ドイツの労働協約における協約排除条項と日本の労働協約における拡張適用の対象制限条項をめぐる議論は、いずれも、非組合員の「ただ乗り」を許さないという問題意識から生じている点で共通している。

これについては、後掲第2部第1章第10節第5款3(3)、後掲第2部第5章

7　横井(1968)13頁。

第4款で検討する。

第2款　団結権強化、労使関係ルール明確化の協約例

1　製造業での協約例

　企業別・事業場別労働協約により、労働組合の団結権強化のための、法定の団結権保障措置の上積み・詳細化を図り（→前掲第1節記載の労働協約の具体的な役割と機能の③）、かつ、集団的労使関係ルールの具体化（→前同④）を図っている例として次のものがある。これは、ＵＩゼンセン同盟傘下の大手製造業のＴ社における労働協約の抜粋である。

第〇〇条（専従者の取り扱い）
〇．組合専従者および外部組合専従役職員の専従期間中の取り扱いは、次のとおりとする。
　　　　身分：休職とする。なお休職期間中は勤続年数に通算する
　　　　所属：特定の一職場にまとめる
　　　　給与：その期間、賃金その他の給与は払わない。昇給は行わない
　　　　福利厚生施設の利用：一般従業員と同様とする
　　　　専従者に就任する前の勤務により発生した年次休暇は、専従期間中は請求しないものとし、復職後に請求する
〇．組合専従者がその職務を退いたときの取り扱いは、次のとおりとする。
　⑴　会社は、復職を認める
　⑵　会社は、前号の復職にあたっては復職の日をもって本人の休職前の成績を勘案し、その職務に対する正当な給与を保障する

第〇〇〇条（団体交渉対象事項の範囲）
　　会社または組合が相手方に対し団体交渉を行うのは、次に各号の1に該当する事項に限る。
　⑴　この協約および覚書に規定されていない労働条件に関する事項
　⑵　この協約および覚書に定められている協議事項
　⑶　事情変更によるこの協約および覚書の改廃の場合
　⑷　有効期間満了によるこの協約および覚書の改廃の場合
　⑸　苦情処理に関する事項

第〇〇〇条（団体交渉の打ち切り）
　　団体交渉において協議が成立しないため、会社または組合がこれを打ち切ろうとするときは、文書で相手方に通告し、その通告があった日に、団体交渉は打ち切られたものとする。

第○○○条（争議行為の予告）
○　会社または組合が、やむをえず争議行為を行うときは、その開始日の72時間前に、次の事項を相手方に通告しなければならない。
  (1)　争議行為の開始日時
  (2)　争議行為中、その紛争を解決するために交渉し得る代表者の氏名および連絡場所
○　前項の開始日時を変更して争議行為を行うときは、改めて前項の通告をしなければならない。

第○○○条（争議協定）
　　会社および組合は、争議中、次の協定を遵守する。なお、人員その他の細目については、各事業場争議協定において定める。
  (1)　いかなる事態に立ち至っても、双方は相手方の権利を認め、理性と良識のうえに立って冷静に事を処理し、不祥事件は絶対に防止する
  (2)　争議行為中の賃金は支払わない。ただし、協定勤務者に対しては、会社は賃金を支払う
  (3)　無期限ストの場合は、スト第1日目に原料の仕込みを停止し、順次仕込み中の半製品はすべて製品化する（製品化とは○○○○をいう）
  (4)　次の者は協定勤務者として会社の指揮命令に従い、平常の業務に従事するものとする。
    ア．事業場の安全保持、施設の正常な維持または運行に従事する者のうち必要な者
    イ．従業員の日常生活に直結する業務に従事する者のうち必要な者
    ウ．○○工業の特異性にもとづく施設の整備保持要員
    エ．その他双方の必要と認めた者
  (5)　争議行為としても、会社の機械設備などに不当な棄損を与えるような行為はしない。
  (6)　組合は、争議中においても火災その他突発的事故が発生しまたは発生を予想される場合は、保全上必要な人員を臨時に出勤させることを認める。
  (7)　罷業の際は、協定勤務者以外の組合員は、会社・組合双方合意のうえ指示する場所以外には、許可なく立ち入らない。

2　交渉ルール・争議ルール明確化の意義

　近時、労働争議が激減している（→前掲第1章第2節第2款4(1)記載の表4）。かつてストライキを行った経験のある労働組合であっても、役員の入れ替わりが進み、ストライキのやり方を全く知らず、ストライキ中に労働者をどのように確保して掌握するか、また、ストライキ中に生産工程をどのように管理するのか等を考えたことのない組合役員が増えている。

このような状況の下で、ＵＩゼンセン同盟の中の製造業の労働組合では、現在でも、ストライキ権を確立して団体交渉を行う組合が少なくない。実際にストライキを行う例は多くはないが、労使の交渉ルールと争議ルールが労働協約で明確化されているため、いざとなれば、整然とストライキに入り、ストライキ中に交渉を行い、妥結できれば直ちに生産を再開できるシステムができている。これにより、組合からみれば、ストライキ権行使という実力を背景にした団体交渉が可能となり、現実にストライキを行うことができる。また、企業側から見れば、交渉決裂によりストライキ権が行使されたときに、生産設備の損壊や仕掛品の損耗等の損害の発生を防ぎ、団体交渉が妥結した時点で直ちに生産を再開させることができる。

そもそも、集団的労使関係においては、平和的交渉だけでなく争議権を背景とした交渉が予定されており、しかも、一時的に争議状態となり厳しい対立状態が生じたとしても、いずれは良好な労使関係を復活させなければならないから、交渉ルール・争議ルールを明確化しておく必要性は当事者双方にとって大である。そして、交渉ルールと争議ルールの見直しや改訂交渉が適宜行われている場合には、争議権行使の可能性を背景として団体交渉や労使折衝が行われるため、争議権行使の可能性が事実上ない団体交渉や労使折衝の場合と比較して、労使双方が緊張感をもって臨むことになる[8]。

第3節　企業横断的又は業種横断的労働協約

協約の外形的形式をみたとき、日本においては、企業横断的な業種別労働協約は存在するが、その数は多くはない。また、業種横断的な産業別労働協約はほとんど存在しない。しかし、法形式的には、個別の企業と企業別労働組合との間の労働協約であっても、企業横断的な業種別交渉あるいは業種横断的な産業別交渉を経て、共通の内容の企業別労働協約が締結された例は、少なからず

---

[8]　ＵＩゼンセン同盟以外の組織をみたとき、重電機製造業等の一部企業においては、交渉ルールや争議ルールの協約改訂を行う都度、労使双方が参加して、争議の模擬演習訓練を行う例がある。交渉が決裂し争議に至り、ストライキが発生し、交渉で妥結し、労働組合がストライキを解除して操業再開に至るまでのプロセスを、労使双方がシミュレーションして試してみるのである。かかる模擬演習訓練の実施により、組合側はいざというときにストライキ権を行使できる体制を整えて交渉に臨み、会社側は組合がストライキ権を行使する可能性とその場合の操業再開までのコストを考慮しつつ交渉に臨む。

存在する。

　すなわち、法形式的には企業別又は事業場別の労働協約であるが、実質的には業種別又は産業別の労働協約が存在するのである。かかる労働協約を分析することにより、労働協約制度の存在意義とその目的を解明する上での重要な示唆を得ることができる。

第1款　繊維産業における週休二日制の業種横断的労働協約

　ゼンセン同盟は、1982(昭和57)年に労働協約の地域的拡張適用の決定を獲得する（→後掲第3章第3節）。これに至る前段階として、ゼンセン同盟傘下の繊維関係の労働組合は、紡績、化学繊維、羊毛、染色等のそれぞれの業種毎に、大手企業・中堅企業との間で、週休二日制の実施に関する集団交渉をもち、1973(昭和48)年2月に、全業種で一斉に労働協約が締結されるに至る。この協約には、1975(昭和50)年以降の週休二日制完全実施に向けて労使が努力するとの内容が盛り込まれた。この産業別労使合意がなければ、この合意から漏れた労働者と使用者を対象とする地域的拡張適用の申立がなされることはなかった。

　そこで、まず、繊維産業の大手・中堅企業で獲得された週休二日制の業種横断的労働協約について、詳細に検討する

1　取組みの経緯

(1)　週休二日制獲得闘争の提起（1972・2）

　欧州諸国では、1950年代以降、労働協約を通じて週休二日制が普及していった。

　ゼンセン同盟の第27回定期大会は、1972(昭和47)年度の重要な運動方針として、統一時短闘争に取り組むことを決定し、さらに、その後の第68回中央委員会で隔週週休二日制を最低要求項目とすることを決定し、同年10月までに全組合が要求を提出して交渉に入った[9]。

　時短闘争の趣旨を組織の内外に徹底し、闘争の盛り上げを図るために、南は沖縄（11月7日）、北は北海道（12月1日）、北陸は福井（12月1日）からそれぞれスタートして、12月20日開催の「統一時短闘争総決起集会（東京・九段会館）」に向けて、全国からリレー方式による「時短を勝ち抜く2500km大行

---

[9]　ゼンセン同盟史(七)155頁。

進」が実施され、都道府県支部では通過する大行進と併せて拠点毎に決起集会を開催して、運動の盛り上げを図った[10]。

(2) **大手・中堅企業での週休二日制獲得**（1973・2）

ゼンセン同盟は、前記方針決定の翌年である1973(昭和48)年2月、紡績・化繊・生糸・毛紡績・染色その他の業種を横断して、繊維産業全体の大手・中堅企業で一斉に、週休二日制導入の労働協約を獲得する。その具体的経緯は、次のとおりである。

化繊部会では、1972(昭和47)年秋から始まった大手7社7組合の自主交渉により、1973(昭和48)年1月20日に仮協定書を締結し、1975(昭和50)年度末までに週休二日制を実施できるよう諸条件の整備を図るために、労使双方努力することが確認された。

綿紡部会関係では、大手9社9組合との連合交渉が、1972(昭和47)年10月30日に始まり、第6回目の1973(昭和48)年1月18～20日の交渉が決裂したことから、中労委にあっせん申請がなされた。中労委のあっせん員の助言により自主交渉を行った結果、2月3日労使了解点に達し、あっせん案が提示され、労使合意に至った。その主な内容は、1976(昭和51)年7月1日以降、週休二日制（年間休日数104日）を完全実施できるよう諸条件の整備について労使双方努力すること、及び、完全実施までの間、隔週週休二日制の段階的実施のため努力すること等であった。大手だけでなく、地方の中堅企業においても、交渉が進展し、例えば、中京6社6組合の連合交渉も、自主交渉と愛知県地労委のあっせんを経て、1973(昭和48)年2月6日に大手の合意内容と同一内容で解決した。

さらに、毛紡績、染色、麻関係、生糸関係等の大手・中堅企業も、自主交渉あるいは中労委あっせんを経て、1973(昭和48)年2月時点で、週休二日制の実施に関する労使合意に到達した[11]。

この当時、ゼンセン同盟の地方繊維部会の常任執行委員であった岡本邦夫氏からのヒアリング結果によれば、毎年、集団交渉を開始する前に、集団交渉に参加する使用者と労働組合は、予め、「集交ルール」（集団交渉ルールの意味）（グラウンド・ルールともいう）を決め、集団交渉が決裂してから24～48時間

10　ゼンセン同盟史(七)157～158頁。
11　ゼンセン同盟史(七)155～157頁。

(48時間のことが多い）が経過した後でなければ、ストライキに入らないこととしていた。これは、ゼンセン同盟の集団交渉に参加する全労働組合に適用される共通の交渉ルールである。さらに、労働組合によっては、この共通ルールに加えて、もう一種類の交渉ルールがある。すなわち、ゼンセン同盟の中で大手綿紡・化繊等の歴史の古い組合の労働協約には平和条項があり、中労委のあっせんが決裂した後でなければストライキ権の行使ができないこととされていた。このため、労働協約に平和条項のある組合は、集団交渉決裂後に24〜48時間経過すれば直ちにストライキに入れるわけではなく、集団交渉決裂後に中労委にあっせん申請を行う必要があった。これに対し、労働協約に平和条項のない組合は、自主交渉の決裂後24〜48時間後にはストライキ権の行使が可能であった。このため、中労委のあっせんを経由せずにストライキ権を行使できる組合の多くは、ストライキ権を確立した上で、中労委のあっせんを経ずに、自主交渉によって、週休二日制を獲得した。そして、組合毎に交渉ルールが相違していることを考慮しながら、それでも最終的に1973（昭和48）年2月に一斉に妥結に持ち込めるように、各業種別・企業別の闘争スケジュールを組み立てたとのことである。

こうして、ゼンセン同盟の繊維関連の大手・中堅企業においては、週休二日制の獲得を掲げる運動方針を確立してほぼ1年後に、その段階的実施を確認する内容の労働協約を獲得するに至った。

週休二日制が完全実施される段階での年間休日数に関して、染色の116日を最高に、殆どが104日プラスアルファを獲得した[12]。

協約の成立後、各地で実施のための条件整備が進められ、1974（昭和49）年12月16日から、繊維関係各社の中で先頭を切って東レ労働組合が完全週休二日制先行実施を獲得したのを皮切りに、1975（昭和50）年には、完全週休二日制が次々と実施されるに至った[13]。

(3) 染色業の大手・中堅企業での揺り戻し（1976・6）

ゼンセン同盟では、業種別に、紡績部会、化繊部会、衣料部会、地方繊維部会（略称　地繊部会）、流通部会等の部会が組織されていた。染色業は、この中の地方繊維部会の担当である。

12　ゼンセン同盟史（七）278頁。
13　ゼンセン同盟史（七）482頁。

ゼンセン同盟は、前記のとおり、1973(昭和48)年2月に繊維産業全体の大手中堅企業を横断する形で週休二日制導入の労働協約を獲得するのであるが、その中で染色業が獲得した休日数は最高水準のものであった。すなわち、ゼンセン同盟は、染色業の大手・中堅との間で中央交渉をもち、1973(昭和48)年2月13日に締結された「隔週週休2日及び週休2日についての協定書」によって、近い将来に、最高116日の年間休日を実現させることを確認した。

　しかしながら、この協定は、3年後の1976(昭和51)年6月21日付協定書〈資料編Ⅱ・資料(2)〉で、部分的に後退し、年間休日数を減らし、1976(昭和51)年7月1日から106日、1977(昭和52)年7月1日から108日と下方修正される。そして、年間休日数の下方修正後退と刺し違える形で、深夜勤務者の割増率を40％以上とし、深夜勤務を5連勤以内として、土曜日には原則として深夜勤務を行わないことを定めることになる。

　このように、染色業の大手・中堅で一旦は年間休日最高116日を獲得しながら、その後に、他の綿紡や化繊等の業界とほぼ同一水準の年間106〜108日の水準に戻らざるを得なかった原因に関して、この当時ゼンセン同盟地方繊維部会の常任執行委員であった岡本邦夫氏は、「二つの理由があった。一つは、中小零細企業との休日数の格差がつきすぎたために、染色産業の季節波動に中堅・大手企業が対応できず、低賃金・長時間労働の中小零細企業との競争に耐えられない状況が生じることを、認めざるを得なかったためである。もう一つは、この競争力格差を深刻に捉えて経営上の危機感を強く抱いていた使用者側は、年間休日数の減少を求めて、極めて強硬な交渉態度・交渉姿勢をとっており、使用者側のこの要求を拒否した場合には、労使関係が全面的な対立状態になり、これを契機に中央交渉が途絶えることさえも懸念された。このため、毎年行われている賃金交渉等を継続できるようにするためには、年間休日数の問題について、組合側としては、一旦獲得した水準から譲歩し後退せざるを得ないと判断したためである。」と説明している。

　染色業の中堅・大手では、年間休日数の後退はあったが、後退した後でも繊維産業内では他業種並みの年間休日106日以上の水準を獲得していた。

　こうして、1976(昭和51)年の時点では、「ゼンセン同盟の週休二日制の闘いは、条件整備を行う必要のある流通及び地繊の一部の組合を除いて終結」[14]との総括・評価がなされる状態に至り、大勢から取り残されていた流通部会と地

14　ゼンセン同盟史(八)205頁。

方繊維部会の一部の組合においてどのようにして週休二日制を獲得するかが問題となった。

その方策として編み出されたのが、後掲第3章第3節で詳しく紹介する労働協約の地域的拡張の制度の活用である。

2　短期間で業種横断的労働協約が獲得できた理由

前記のとおり、1973(昭和48)年2月、紡績・化繊・生糸・毛紡績・染色その他の企業横断的な業種別労働協約のみならず、業種横断的に、繊維産業全体の大手・中堅企業で一斉に、週休二日制導入の労働協約が締結されている。なぜ、この約1ヶ月間の時期に、大手企業・中堅企業との間で、業種横断的に一斉に週休二日制に関する合意ができたのであろうか。その理由を明らかにすることは、日本における労働協約制度の存在意義を解明する手がかりとなる。

(1)　ゼンセン同盟の闘争力

1973(昭和48)年2月の時点で繊維関係の分野で一斉に業種横断的に週休二日制に関する労働協約が締結された要因の一つとして、ゼンセン同盟がストライキを構えつつ、強い姿勢で交渉に臨んだことがあるのはいうまでもない。

しかし、ストライキを構えて強い姿勢で交渉に臨んだからといって、それだけで直ちに要求が実現されることにならないのは、過去の賃上げ闘争その他の様々な団体交渉等に照らしても明らかである。

(2)　企業の経営余力

大手企業・中堅企業との間で、一斉に週休二日制に関する合意ができた要因の一つとして、オイルショック直前の好景気の時期であって、時間短縮に伴うコスト増をある程度吸収できる余裕が経営側にあったことを指摘することもできよう。

しかし、コスト増を企業内で吸収するとその分だけ利益は減少し、企業の体力を弱める。また、時間短縮に伴うコスト増の全部を企業内で消化することは困難であって、コスト増の相当部分は、製品価格に転嫁せざるを得ない。したがって、経営上の余裕があっても、それだけでは、各企業が単独で週休二日制を導入するのは困難である。

(3) 同一業種の企業間での公正競争

　労働時間短縮問題は企業間の競争力の根幹にかかわる問題であり、各企業がバラバラに実施した場合には、企業間に競争力格差が生じるので、各企業が競争相手の動向と無関係に単独で実施することは困難である。この状況において、綿紡績や化学繊維や羊毛や染色等の各業種別に大手企業・中堅企業が同時に、週休二日制の導入とこれに伴う時間短縮を決定し、これを同時期に一斉に実施するのであれば、労働時間短縮に伴うコスト増を全企業が同時に負担し、その一部を一斉に製品価格に転嫁し、もって、業種内の企業間の公正競争を実現させるのが可能である。

(4) 異業種相互間での業種横断的な公正競争

　さらに、労働時間短縮を各業種内で一斉に行うだけでなく、業種横断的に一斉に時間短縮を行えば、綿紡績と化学繊維との間での業種間競争や生糸と化学繊維の間での業種間競争等の異業種相互間での競争についても、競争条件を共通化し、異業種間の公正競争を実現できる。

(5) 小　括

　以上を総括すれば、1973(昭和48)年2月の1ヶ月間の時期に、繊維産業を横断する形で大手・中堅企業において、週休二日制に関する労働協約が一斉にほぼ同一水準で締結されるに至った最大の要因として、労働協約の締結が同一業種内での事業者相互における公正競争の実現、及び、異業種相互間での公正競争の実現という事業者側の利益に合致していたことを挙げることができる。

第2款　企業横断又は業種横断的労働協約のその他の実例

1　繊維産業における業種横断的労働協約例

　前掲第1款においては、週休二日制に関する実例を紹介したが、繊維産業における企業横断的又は業種横断的な統一的労働協約の対象事項は、週休二日制だけに限定される訳ではない。『ゼンセン同盟史』の中から、事実上企業横断的又は業種横断的な統一的労働協約が締結されている例を拾い出してみると、次のように様々なものがある。

第 2 章　労働協約の具体的役割と機能

(1)　60 歳定年制度

　ゼンセン同盟は、1980(昭和 55)年の統一賃闘要求と同時に定年延長の要求を出し、綿紡部会、化繊部会、羊毛麻資材部会、衣料部会、地方繊維の殆どの組合が、1984(昭和 59)年 4 月までに 60 歳定年を実施する労働協約を獲得した（ゼンセン同盟史(九)78 頁)。

(2)　退職金

　1980(昭和 55)年度退職金改定交渉の結果、「中卒勤続 30 年定年」の場合の退職金についての妥結額は次のとおりであり、主要な企業では 878 万円に揃っている（ゼンセン同盟史(九)77 頁)。

　　　　綿紡　（大手 8 組合、鐘紡、日清紡）　　878 万円
　　　　同　　（中京 5 組合）　　　　　　　　　848 万円
　　　　同　　（三重岐阜 7 組合）　　　　　　　840 万円
　　　　羊麻資（羊毛紡績 9 組合）　　　　　　　878 万円
　　　　同　　（フエルト 2 組合）　　　　　　　878 万円
　　　　同　　（黄麻 3 組合）　　　　　　　　　873 万円
　　　　同　　（亜苧麻 3 組合）　　　　　　　　878 万円

　退職金の改定は、数年毎に行われ、業種横断的に統一的な改訂が繰り返されている。

(3)　労災付加給付

　1994 年労災付加給付改訂闘争の結果、綿紡 10 組合、化繊 7 組合、羊毛紡績、羊毛染色、グンゼ、東海染工において、業務上災害見舞金の改定がなされ、死亡事故で扶養家族ありの場合、見舞金額を各社共通 2900 万円に揃える増額改定がなされた（ゼンセン同盟史(十一)734 頁)。

2　ビール製造業における企業横断的労働協約

　繊維産業において企業横断的又は業種横断的に集団的に労働協約を締結し、使用者相互間での公正競争の基盤が整備されたのと類似の例は、繊維産業以外の他の事業分野でも見られる。ビール製造業がその例の一つである。その具体的な経緯と内容は次のとおりである[15]。

15　中労委労働争議調整史録昭 41-45(1973)9〜12 頁。

(1) 企業横断的集団交渉

食品労連に属する全国麦酒労働組合連合会の各組合は、1963(昭和38)年に、朝日麦酒株式会社、麒麟麦酒株式会社、及び、サッポロビール株式会社の3社に対し、週42時間労働を週40時間労働に短縮することを要求して、交渉を開始した。この直前の1962(昭和37)年6月に中労委が行った週労働時間に関する調査によれば、製造業・工場部門で週42時間未満の企業は3.9%しかなく、組合の要求は、労働時間短縮の先頭を切るものであった。

このため、交渉は難航し、組合は、1965(昭和40)年2月22日以降ビール及び飲料水の製造部門で残業拒否を行い、さらに、同月27日にはスト権を確立した。会社は、自主解決は困難であると判断し、3月18日に中労委にあっせん申請を行った。このあっせん申請の場で、会社側は、時間短縮の前提条件として、「時短をしても機械の稼働時間を延長するのが世界的傾向であり、技術革新のテンポが激しい現在、投下資本を早く回収したい。そのためには二交替、時差勤務の導入が必要である。各工場において既に製麦、醸造、機械等で三交替制をとっており、製品飲料職場、出荷部門を二交替にしたいとするのは無理な主張ではない。」と主張した。

(2) 最終的妥結内容

最終的に、1968(昭和43)年5月25日に妥結した内容は、①時短は、現行週42時間制を41時間制とする、②時短実施の具体的方法は、冬期の休日増とする、③二交替勤務は、製品、飲料、びん詰およびその関連職場で実施する、④時差勤務は、業務の実態に応じ必要な限度で実施する、というものであった。

(3) ビール製造業における公正競争基盤の整備

この事例をみたとき、ビールという寡占化の進んだ業界において、週労働時間、時間短縮の具体的な方法と時期という労働時間短縮問題だけでなく、交替制勤務の具体的内容や機械の操業方法についてまでも、業界各社で足並みを揃えて、企業間の公正競争の基盤整備を行おうとしていたこと、及び、そのための手段として労働協約制度が活用されたことは明らかである。

3 賃上げに関する企業横断的集団交渉

企業横断的な業種別集団交渉の例は、賃上げに関しても見られる。

業種別集団交渉の実情はなかなか表に出されることがないが、中労委におけ

る争議あっせん事件をみると、その一端を窺い知ることができる。

1965(昭和40)年から1970(昭和45)年に中央労働委員会に係属した争議あっせん事件[16]のうち、業種別集団交渉に関連する事件であって賃上げがあっせん事項となっているものを幾つか拾い出してみると、表6のとおりである。なお、複数回登場するものについては、典型例のみを掲載している。

表6　企業横断的業種別集団交渉の例

使用者側	労働組合側	あっせん事項
朝日麦酒、麒麟麦酒、サッポロビール	全国麦酒労働組合連合会	労働時間短縮（1965） 賃上げ（1965）
全国農業協同組合中央会　他 　（農業関係4連合会） 間々田くみあい飼料　他 　（飼料5社）	四連労協	賃上げ（1966）
大正海上火災、日産火災　他 　（損保14社）	全日本損害保険労働組合	賃上げ・6月臨給（1966）
東亜燃料工業、エッソ　他 　（石油5社）	全石油傘下の4労働組合	賃上げ・協約改定（1966）
帝国石油、石油資源開発	全石油	賃上げ（1966）
東武鉄道　他（私鉄大手13社）	私鉄総連	賃上げ（1966）
日本石油、大協石油　他 　（石油5社）	全石油傘下の4労働組合	夏季一時金（1966）
東洋レーヨン　他　化繊6社 日本毛織　他　羊毛21社 染色6社、麻紡7社　等	全繊同盟	賃上げ（1966）

これらの事案では、いずれも、自主交渉が不調となり、労働組合がストライキ権を確立しており、ストライキの回避のために中労委のあっせんが開始されたものである。

1980(昭和55)年以降、労働組合が争議権を確立した上で、これを行使することを厭わない構えの団体交渉が減少したため、中労委での争議あっせん事件数は激減した。しかし、中労委へのあっせん申立件数が激減したからといって、業種別集団交渉がなくなった訳ではないことに注意すべきであろう。

16　中労委労働争議調整史録昭41-45(1973)9〜105頁。

第4節　使用者の側における労働協約の必要性

　前掲第3節で詳しくみたように、形式的には企業別労働協約であっても、実質的には企業横断的又は業種横断的な労働協約が少なからず存在すること、及び、労働組合と使用者の団体交渉と回答方法等は、日本における労働協約の機能、及び、使用者の側における労働協約の必要性について重要な示唆を与える。具体的には以下のとおりである。

1　日本における労働協約の機能

　広く知られているとおり、日本の労働組合組織は、企業別組織が大半であり、産業別組織や職能別組織は少ない。また、労働協約も企業別労働協約が大半であり、企業横断的な労働協約は港湾関係等の一部にとどまる。しかし、このことから、日本の労働協約の内容が、各企業毎に、企業内の各労働組合と企業との交渉によって決定され、企業内の労働条件のみを規律しているという単純な結論を導くことはできない。

　周知のとおり、大手企業・中堅企業において労働組合が組織され、労働組合が産業別組織に加入している場合、労働組合は、労働協約改訂の時期に要求を統一し、統一した回答日を設定し、企業側もこの統一回答日に一斉に回答をする。企業側が一斉に回答するのは、できるだけ同一業種内での労働条件の変動を揃えて、企業間競争の前提条件に大きな格差が生じないように、業種内での企業間の意見調整を行い、企業横断的な労働条件変更を行うためである。

　したがって、今日においても、団体交渉の形式が集団交渉の形式をとってはおらず、各企業毎の個別交渉の形式をとっている場合においても、大手企業・中堅企業で労働組合が組織され、労働組合が産業別全国組織に加入しており、労働組合は労働協約改訂の時期に要求を統一し、統一した回答日を設定し、企業側もこの統一回答日に一斉に回答をするスタイルをとっている業種においては、業種内で、企業間競争の条件を揃えるための調整が行われているケースが少なくないのであり、企業横断的な業種別労働協約あるいは業種横断的な産業別労働協約に実質的に等しい内容のものが少なからず存在する[17]。

17　例えば、化学繊維業界における病気休暇制度（有給休暇の未消化分を時効消滅させずに、有給休暇とは別枠の病気休暇として積み立てることを認める制度）について、逢見直人「年休の失効積立による病気休暇制度と有給休暇取得促進の取組」季刊労働者の権

2　使用者側での労働協約の必要性

　労働協約は、使用者と労働組合の両当事者の合意によって成立するものであるから、この当事者双方に労働協約を締結する必要性がなければ、成立し得ない。

　一つ一つの労働協約は企業単位で締結されているが、その実質的内容は、企業横断的・業種横断的であって、業種別・産業別の労働協約に近い性質のものが存在すること、さらに、今日においても、産業別全国組織に加盟している労働組合が集団的に要求書を提出し、回答日を指定して、労働協約を締結するという方法がとられているということは、企業間、業種間での公正競争の実現が、使用者の側が労働協約を必要とする重要な理由の一つであり、使用者にとって、労働協約は、企業間、業種間での公正競争を実現させる点において意義があるということができよう。

　利232号4頁（1999年10月）。病気休暇制度は、今日では、繊維製造業だけでなく、アパレル産業等にも普及し始めている。

第3章　労働協約の地域的拡張適用の実践

第1節　問題の所在

　労働協約の地域的拡張の根拠となる労働組合法18条の法文は次のとおりである。
　　（地域的の一般的拘束力）
　　　第十八条　一の地域において従業する同種の労働者の大部分が一の労働協約の適用を受けるに至つたときは、当該労働協約の当事者の双方又は一方の申立てに基づき、労働委員会の決議により、厚生労働大臣又は都道府県知事は、当該地域において従業する他の同種の労働者及びその使用者も当該労働協約（第二項の規定により修正があつたものを含む。）の適用を受けるべきことの決定をすることができる。
　　2　労働委員会は、前項の決議をする場合において、当該労働協約に不適当な部分があると認めたときは、これを修正することができる。
　　3　第一項の決定は、公告によつてする。
　労働協約の地域的拡張適用制度の意義・趣旨・目的を解明するためには、各個別の申立先例における申立の経緯と目的、労働委員会の判断とその理由を検討する必要がある。
　また、労働協約の地域的拡張適用の要件と効果を解明するためには、過去の申立先例における要件と効果を巡る論点、当事者の主張、労働委員会の判断を整理し検討する必要がある。
　しかし、労働協約の地域的拡張適用の申立先例を網羅的に整理して分析・検討した先行研究は存在しない。
　そこで、本章においては、労働協約の地域的拡張適用制度の意義・趣旨・目的、及び、その要件と効果を理論的に解明するための前提作業として、労働協約の地域的拡張を巡る過去の実践について、横断的かつ網羅的に整理して分析・検討する作業を行う。具体的には、申立先例の概要と時期的特徴（→第2節）、ゼンセン同盟が行った地域的拡張適用申立の実践（→第3節）、これらの

第2節　申立先例の概要と時期的特徴

第1款　申立先例の概要

1　申立事件数と結果

　労働協約の地域的拡張の申立事件の新規係属件数及び終結件数について、中央労働委員会事務局編の『労働委員会年報14(昭34)』から『労働委員会年報第23集(昭43)』[1]に1947(昭和22)年以降1968(昭和43)年までの期間の統計数値が掲載されている。これ以降『労働委員会年報51集(平8)』までの各号に直近の5～8年間の新規係属件数及び終結件数が掲載されている。これによれば、労働協約の地域的拡張の申立総数は24件である。

　しかし、この中労委事務局作成の統計は不正確である。これらの中央労働委員会事務局編『労働委員会年報』記載の統計数値は、1959(昭和34)年の時点で、中労委事務局が過去に遡って捕捉できた事件を基礎に、その後毎年追加したものである[2]。これには少なくとも2件の集計漏れがある[3,4]。したがって、申立総数は少なくとも26件ある。

---

[1]　労働委員会年報は、時期によって、通巻号数表示が様々に異なる。

[2]　中労委事務局の統計作成の経緯を直接明らかにする資料はないが、諸資料に照らして、①まず、1958(昭和33)年の時点で、中労委全労委連絡協資料(1958)19頁以下の「労働協約拡張適用事件一覧表(その一)(その二)」が作成され、②その後に、後掲No.4事件を追加した事件一覧が作られて、北村(1958)に掲載され、③さらに、同じデータを用いて、労働委員会年報14〈昭34〉(1960年発行)に「協約の拡張適用」「全国労委における年次別取扱件数」の一覧表(279頁)が作られ、これ以降、毎年の年報に統計数値が掲載されるようになったものと推測される。

[3]　中労委事務局作成の統計では、後掲No.1事件が漏れている。また、No.23事件とNo.25事件が区別されずに、一つの事件として扱われているため、1984(昭和59)年のNo.23事件の取下と同年のNo.25事件の新規係属が統計から脱落している。

[4]　中央労働委員会事務局編の『労働委員会年報』には、1950年申立のNo.5事件から1960年申立のNo.21事件までの10年間の全17事件に関しては、詳細な事件概要紹介が掲載されている。しかし、これ以降の事件については、事件概要の紹介が掲載されていないか、掲載されていても極めて簡略である。このことが、No.23事件とNo.25事件の正確な捕捉に至らなかった背景事情として存在すると思われる。

筆者が現在までに申立時期と終結時期を捕捉できた申立の総数は合計 26 件である。この 26 件に関する統計的な推移は、表 7 記載のとおりである。

表 7 労働協約の地域的拡張申立事件 係属件数・終結件数等

年＼件数	係属件数 前年からの繰越	新規継続 地労委	新規継続 中労委	終結件数 審査打切（取下）	労働委員会決議 拡張肯定	労働委員会決議 拡張否定
1947（S22）	−	2	−	1	−	−
1948（S23）	1	1	−	1	−	1
1949（S24）	−	3	−	1	−	−
1950（S25）	2	3	−	2	1	−
1951（S26）	2	4	−	2	2	1
1952（S27）	1	−	−	1	−	−
1953（S28）	−	1	−	1	−	−
1954〜1956	−	−	−	−	−	−
1957（S32）	−	2	−	1	1	−
1958（S33）	−	2	−	−	1	−
1959（S34）	1	−	1	1	−	−
1960（S35）	1	2	−	1	−	−
1961（S36）	2	−	−	2	−	−
1962〜1980	−	−	−	−	−	−
1981（S56）	−	2	−	−	−	−
1982（S57）	2	−	−	−	1	−
1983（S58）	1	−	−	−	−	−
1984（S59）	1	2	−	1	1	−
1985（S60）	1	−	−	1	−	−
1986〜1987	−	−	−	−	−	−

1988（S63）	−	1	−	−	−	−
1989（H1）	1	−	−	−	1	−
1990〜2009	−	−	−	−	−	−
計	−	25	1	16	8	2

審査打切のうち、1948(昭和23)の1件は取下を伴わない審査打切である。これ以外は全て取下による審査打切である。

2 拡張適用肯定事例の概要

(1) 拡張適用肯定例における業種と事業所の規模等

過去に拡張適用が肯定された事例に関して、産業の種別、拡張適用に関する労働委員会決議がなされた時期、労働協約が適用されていた使用者数・労働者数・全労働者に占める適用労働者の比率、拡張適用対象地域、拡張適用の対象となった使用者数・労働者数・事業場一ヶ所当たりの平均労働者数を整理した結果は、表8記載のとおりである。

表8 拡張適用肯定事例における拡張適用対象地域、拡張適用対象者等

番号、(労委)、申立人、(産業名)、決議年月日	協約適用の使用者数 労働者数 （全労働者対比）	拡張適用対象地域	拡張適用対象の使用者数 労働者数 平均労働者数
1 (奈良) 吉野連合労組（木材・木製品製造）S25・5・23	使用者数 32 労働者数 287 [5] 比率 82.0%	奈良県吉野郡吉野町(一部除外)及び上市町	使用者数 9 労働者数 52 平均 5.8
2 (奈良) 中吉野工場労組 (木材・木製品製造) S26・6・26	使用者数 18 労働者数 210 比率 78.7%	奈良県吉野郡大淀町、同下市町、同秋野村	使用者数 8 労働者数 57 平均 7.1

---

[5] 厚労省労組法コンメ(2006)の658頁掲載の一覧表の「協約適用使用者数及び労働者数」欄には「労働者数298」と記載されている。しかしながら、地労委決議では、「298人」とは労働組合員の総数であり、この中には労働協約当事者である協同組合に加入していない使用者3人に雇用される者（人数の記載はない）が含まれていることが明記されている（中央労働時報173号22頁）。また、申立書の別紙には、労働組合員298人中の協約適用者は287人とされている（同上21頁）。

第1部　沿革と実践

3　(北海道) 函館製材労組 (木材・木製品製造) S26・10・26	使用者数　15 労働者数 187 比率 73%	函館市及び上磯郡上磯町字七里浜町	使用者数 18 労働者数 75 平均 4.1
4　(高知) 稲生石灰労組協議会 (ガラス・土石製品製造業) S32・6・4	使用者数　12 労働者数 564 比率 75.2%	県内の西部と東部を除く2市4郡	使用者数不詳 [6] 労働者数 186
5　(滋賀) 滋賀亜炭 (亜炭採掘業) S33・11・28	使用者数　4 労働者数 229 比率 90.4%	滋賀県下一円	使用者数　2 労働者数 20 [7] 平均 10
6　(愛知) ゼンセン同盟 (綿状繊維・糸染色整理業) S57.4.12	使用者数　42 労働者数 1582 比率 74.2%	愛知県尾西地域	使用者数　89 労働者数 426 平均 4.7
7　(愛知) ゼンセン同盟 (綿状繊維・糸染色整理業) S59.12.10	使用者数　42 労働者数 1657 比率 74.7%	同上	使用者数　95 労働者数 483 平均 5.0
8　(愛知) ゼンセン同盟 (綿状繊維・糸染色整理業) H元 .3.13	使用者数　41 労働者数 1543 比率 73.1%	同上	使用者数　84 労働者数 485 平均 5.8

(2)　特　徴

表8によれば、過去に拡張適用が肯定された事例には、次の①から③の特徴がある。

① 拡張適用が肯定された8件中の5件は、1960(昭和35)年以前の事件であり、これ以降2010(平成22)年までの50年間に拡張適用が肯定された事例は、ゼンセン同盟の申立にかかる3件しか存在しないこと。

② 拡張適用が肯定された8件中の5件は木材加工、石灰・亜炭採掘等の第一次産業関連の分野であり、適用地域も当該産業の存在する地方であること。市街地における第二次産業分野での拡張適用肯定事例は、ゼンセン同盟の申

---

[6] 厚労省労組法コンメ (2006) の658頁掲載の一覧表の「被拡張適用使用者数及び労働者数」欄には「使用者数13」との記載がある。しかしながら、これを確認できる資料は見当たらない。そこで、本書では「使用者数不詳」とする。

[7] 厚労省労組法コンメ (2006) の658頁掲載の一覧表の「被拡張適用使用者数及び労働者数」欄には「労働者数 24」と記載されている。しかしながら、地労委決議には、拡張適用される2社の「従業員数」が24人であり、その内で拡張適用の対象になる「労働者数」は20人と記載されている (中央労働時報336号21頁記載の別表1)。

立にかかる3件しか存在しないこと。
③ 拡張適用が肯定されたいずれの事例においても、拡張適用の対象とされた事業所の規模は小さく、事業場一ヶ所当たりの平均労働者数は、4人から十数人の範囲内にあること。これまでに拡張適用肯定事例で拡張適用対象とされたのは、労働基準法に基づく就業規則作成義務のない労働者10人未満の事業所が多いこと。

第2款　申立先例の時期区分とその特徴

　過去の労働組合法18条に基づく地域的拡張適用申立の先例[8]の内容の詳細は、本書末尾添付の「資料編Ⅰ　労働協約の地域的拡張適用申立の全先例」記載のとおりである。
　これらの先例については、以下指摘するとおりの時期的な特徴がある。

1　試行錯誤期（1947年から1949年まで）

　1945(昭和20)年に労働組合法が制定された後、1947(昭和22)年から1949(昭和24)年までの3年間に地域的拡張適用の申立が少なくとも6件なされた。しかし、理論的蓄積がなく、実務上の経験の蓄積が乏しいこともあって、試行錯誤的な申立もみられ、また、地域的拡張適用に消極的な労働委員会もあり、さらに、労働委員会が地域的拡張適用を行う用意がある旨を表明したが申立の取り下げられた事件もあって、結局、いずれの事案も知事の決定・公告に至らずに終わっている。なお、この時期の申立事案の中には、資料が殆ど残っていない事案もある[9]。
　この時期の先例は、次のとおりである。
(1)　日本鉱山労働組合長崎県連合会事件（No.1事件）長崎地労委
　　　昭22・6・16申立　　昭22・7・31取下

---

[8]　事件名については、掲載誌の記述による。このため、「労働組合」「労組」等の用語の統一は行っていない。
[9]　1960(昭和35)年以前には、多くの都道府県で各地労委事務局又は都道府県労政課が月刊誌や年報等を発行しているが、その保存状態は極めて悪く、公立図書館や大学図書館等で閲覧可能なものは限られている。また、閲覧可能なものであっても、粗悪な紙に印刷されたものが多く、紙が崩れてしまって消滅寸前のものが多いので、これらの保存のために必要な措置を講じることは急務である。

(2) 全日本駐留軍要員労働組合佐世保支部事件（No. 2 事件）長崎地労委
    昭 22・12・27 申立　　昭 23・2・5 不適用決議
(3) 福岡県教職員組合事件（No. 3 事件）福岡地労委
    昭 23・5・13 申立　　昭 23・12・23 頃審査打切
(4) 西浦漁民労組事件（No. 4 事件）愛媛地労委
    昭 24・1・9 申立　　昭 24・4・21 取下
(5) 和歌山県木材労働組合日高支部事件（No. 5 事件）和歌山地労委
    昭 24・8・23 申立　　昭 25・3・23 取下
(6) 那須北部木材産業労働組合同盟事件（No. 6 事件）栃木地労委
    昭 24・12・2 申立　　昭 25・3・20 取下

2　黎明期（1950 年から 1951 年まで）

　1949(昭和 24)年までは地域的拡張適用の知事の決定・公告に至った例は皆無であったが、1950(昭和 25)年に知事の決定・公告に至る最初の例が登場する。
　1950(昭和 25)年から 1951(昭和 26)年までの 2 年間に、少なくとも全国で 7 件の新規申立がなされ、そのうち、拡張適用を肯定する労働委員会の決議と県知事の決定・公告に至った例が 3 件、拡張適用を肯定する労働委員会の中間決議がなされた後に取下となった例が 1 件あり、拡張適用肯定例が、申立件数の半分を超える。これ以外は、労働委員会で拡張適用を否定する決議がなされたのが 1 件、取下に至った例が 2 件である。
　拡張適用が肯定された事案の内容は、中小零細企業が多い地場産業での労働条件向上や、新規参入業者に対する公正労働条件の義務付け等々、様々である。
　この時期の先例は次のとおりである。
(7) 吉野連合労組事件（No. 7 事件）奈良地労委
    昭 25・5・6 申立　　昭 25・5・23 地労委決議（適用）
    昭 25・8・29 県知事の決定・公告
(8) 深日瓦職工労組事件（No. 8 事件）大阪地労委
    昭 25・7・20 申立　　昭 26・3・28 取下
(9) 中吉野工場労組事件（No. 9 事件）奈良地労委
    昭 25・12・20 申立　　昭 26・6・26 地労委決議（適用）
    昭 26・7・17 県知事の決定・公告
(10) 牛深地区漁民労働組合事件（No. 10 事件）熊本地労委
    昭 26・1・10 申立　　昭 26・3・30 地労委決議（不適用）

(11)　全日本港湾労働組合九州地方唐津支部事件（No.11事件）佐賀地労委
　　　昭26・5・7申立
　　　昭和26・6・27地労委の中間決議（一部拡張適用肯定）
　　　昭26・7・4取下
(12)　函館製材労組事件（No.12事件）北海道地労委
　　　昭26・6・18申立　　昭26・10・26地労委決議（適用）
　　　昭26・11・18道知事の決定・公告
(13)　日本炭鉱労働組合福岡地方本部事件（No.13事件）福岡地労委
　　　昭26・12・8申立　　昭27・2・20取下

3　昏迷期（1953年から1960年まで）

　1953（昭和28）年から1960（昭和35）年までの8年間に、少なくとも計8件の新規申立がなされるが、そのうち、拡張適用に至ったのは2件のみである。この2件は、最低賃金制度の法制化を目指す運動の一環として申立がなされ、使用者側も最低賃金制度の確立による過当競争や不当廉売の防止の効果を期待して拡張適用に積極的に賛成し、結果として、拡張適用が肯定された事案である。この2件は、地域的拡張適用制度の新たな境地を切り拓いたものということができる。

　この時期の最後の年である1960（昭和35）年は、地域的拡張適用制度に関して特別な意味をもつ年である。1947（昭和22）年以降1960（昭和35）年までの14年間に合計21件の新規申立があったにもかかわらず、1961（昭和36）年以降、新規申立は全くなくなり、これ以降20年間にわたって、労働協約の地域的拡張適用の制度を活用しようとする動きは見られなくなる。

　このように1960（昭和35）年を境として、新規申立が全くなくなってしまう原因は、1953（昭和28）年から1960（昭和35）年までの8年間における労働委員会の事件処理の方法にある可能性が高いと思われる。この8年間に新規申立がなされた8件中、上記の2件を除き、6件は申立の取下で終わっている。これらの取下事案の中には、申立それ自体に問題があって取下を勧奨されてもやむを得ないと思われる事案もある。だが、使用者側から拡張適用反対の意見が出され、労働委員会が申立人組合に対して申立の取下を勧奨し、最終的に申立人組合がこれに応じているが、労働委員会が地域的拡張適用をしない合理的な理由や根拠を示した形跡のない事案も少なからずある。前掲No.10事件のように労働委員会が不適用の決議を行い、その理由も開示しておれば、この決議の根

拠や結果の正当性・妥当性に関して後日検証し批判するこも可能であるが、労働委員会がこれをしないまま調査・審議を打ち切って取下勧奨を行い、当事者に取下をさせて、いわば闇に葬り去るがごとき手法がとられている。

　この時期において、8件中2件しか拡張適用が肯定されないばかりか、実務運用面での昏迷状態が続き、根拠薄弱な申立取下勧奨が労働委員会から繰り返される状況下では、この制度を活用しようとする熱意を労働組合関係者が持ち続けることが困難になったとしても不思議ではない。その結果として、1961（昭和36）年以降20年間にわたって新規申立が途絶えたのではないかと推測される。

　この時期の先例は、次のとおりである。

⑭　全日本港湾四国地方宇和島支部事件・第一次（No. 14事件）愛媛地労委
　　昭28・7・30申立　　昭28・10・13取下

⑮　稲生石灰労組協議会事件（No. 15事件）高知地労委
　　昭32・4・2申立　　昭32・6・4地労委決議（適用）
　　昭32・6・18県知事の決定・公告

⑯　紀州砥石労働組合事件（No. 16事件）和歌山地労委
　　昭32・5・21申立　　昭32・10・1取下

⑰　滋賀亜炭鉱業労働組合連合会事件（No. 17事件）滋賀地労委
　　昭33・5・26申立　　昭33・11・28地労委決議（適用）
　　昭33・12・22県知事の決定・公告

⑱　全港湾四国地方宇和島支部事件・第二次（No. 18事件）愛媛地労委
　　昭33・11・25申立　　昭34・2・25取下

⑲　全港湾日本海地本事件（No. 19事件）中労委
　　昭34・11・14申立　　昭35・4・12取下

⑳　総同盟朝霞金属労組事件（No. 20事件）埼玉地労委
　　昭35・9・4申立　　昭36・7・7取下

㉑　旭川ハイヤー労働組合協議会事件（No. 21事件）北海道地労委
　　昭35・10・31申立　　昭36・8・18取下

4　第一次空白期（1961年から1980年まで）

　1961（昭和36）年から1980（昭和55）年までの20年間、労働協約の地域的拡張の新規申立は全くない。

　このため、労働協約の地域的拡張制度は、殆ど問題関心の対象外となる。こ

の時期に刊行された石川労組法(1978)190頁では、労働協約の地域的拡張制度について「日本では、殆ど問題にならない。」との一言で処理される程の冷遇を受けるに至る。

5　再生・本格活用期（1981年から1989年まで）

1981(昭和56)年に至って、実に20年ぶりに、ゼンセン同盟と私鉄総連北海道地本が新規申立を行う。

この中でゼンセン同盟の申立には、次の特徴がある。①完全週休二日制の獲得という戦略目標の実現のためになされたこと。②過去の申立先例を入念に調査し論点を抽出して検討を加え、過去の申立先例の問題点を洗い出してその轍を踏まないように注意を払っていたこと。③労働省労政局労働法規課との事前折衝を行い、万全の準備を整えた上でなされたこと。④労働協約の適用を受ける労働組合員だけでも千人以上を超えるかつてない大規模な事案であること。⑤計3回の申立により1992(平成4)年まで拡張適用され、最終的に、週労働時間に関する改正労働基準法の施行によりその歴史的使命を終えたこと。

これらの点から、このゼンセン同盟の申立は、労働協約の地域的拡張適用の制度を再生させ、本格的に活用する前例を切り拓いたものということができる。

この時期における先例は次のものである。

(22)　ゼンセン同盟事件・第一次（No.22事件）愛知地労委
　　　昭56・9・9申立　　昭57・4・12地労委決議（適用）
　　　昭57・5・6県知事の決定・公告
(23)　私鉄総連北海道地本事件・第一次（No.23事件）北海道地労委
　　　昭56・10・28申立　　昭59・11・12取下
(24)　ゼンセン同盟事件・第二次（No.24事件）愛知地労委
　　　昭59・9・1申立　　昭59・12・10地労委決議（適用）
　　　昭59・12・21県知事の決定・公告
(25)　私鉄総連北海道地本事件・第二次（No.25事件）北海道地労委
　　　昭59・11・6申立　　昭60・4・30取下
(26)　ゼンセン同盟事件・第三次（No.26事件）愛知地労委
　　　昭63・11・28申立　　平元・3・13地労委決議（適用）
　　　平元・3・27県知事の決定・公告

6　第二次空白期（1989 年から現在まで）

　1989（平成元）年以降現在に至るまで 20 年以上もの期間、労働協約の地域的拡張適用を求める新規申立は皆無である。この間、労働法研究者によるみるべき研究も皆無に等しい。

　ゼンセン同盟事件の場合、これ以前の過去の申立先例を入念に調査し、論点を抽出して検討を加え、過去の申立先例の問題点を洗い出してその轍を踏まないように注意を払い、労働省との事前折衝も行って万全の準備を経た上で申立がなされた。これらの経緯と成果が記録として残されていれば、各労働組合の検討素材となり、ゼンセン同盟の取組みの経緯を参考にしながら、労働協約の地域的拡張適用を活用する新たな模索もなされた筈である。また、労働法研究者の研究素材ともなった筈である。しかし、ゼンセン同盟事件に関する公刊物は、愛知県地方労働委員会事務局が執筆した経過報告や労働省の広報誌等わずかな資料しか存在しなかった。元々、日本においては、労働協約の締結過程を記録に残して公表する習慣が乏しく、ゼンセン同盟事件についても、同様の扱いがなされていた。しかも、ゼンセン同盟は、これまで繰り返し紹介してきたように、膨大な『ゼンセン同盟史』をまとめているが、なぜか、地域的拡張適用申立事件については、『ゼンセン同盟史』に全く記述がない。

　そのため、せっかくゼンセン同盟事件により地域的拡張適用制度の再生の道が切り拓かれたにもかかわらず、1989 年以降 20 年間にもわたって、労働協約の地域的拡張適用の新規申立がなく、労働法研究者の研究対象にもならない状態が続いた。

　ゼンセン同盟事件の詳細な内部記録は、活用され公表されないままにゼンセン同盟本部の書庫に眠り続け、一旦は廃棄されそうになった。廃棄される寸前に、申立当時ゼンセン同盟愛知県支部一宮出張所所属の専従者であり、その後、本部組織局長となった二宮誠氏がこの記録の重要性に気付いて組織局で保管し、さらに、この記録は、二宮誠氏が東京都支部長になるのと同時に、東京都支部に移されて東京都支部の書庫に保管されていた。筆者がこの詳細な内部記録の存在を知り、これを借り出すことができたことから、ゼンセン同盟事件の準備段階（1976 年）から歴史的使命が終わる段階（1992 年）までの約 15 年間の経緯を解明することが可能となった。

　その具体的内容は、次の第 3 節で明らかにする。

第3章　労働協約の地域的拡張適用の実践

第3節　ゼンセン同盟の実践

　第1章記載の先例の中で、No. 22、24、26のゼンセン同盟（現在のＵＩゼンセン同盟）の実践の具体的経緯は、本書末尾に添付した史料（資料編Ⅱ　ゼンセン同盟による労働協約の地域的拡張適用の実践）によって、具体的に解明することが可能となった。

　これらの史料は、日本における労働協約制度の意義を明らかにするための基礎的な史料の一つである。さらに、今後、日本の労働組合と使用者の双方が労働協約の地域的拡張制度を活用するために検討すべき事項について、多くの示唆を与えるものである。

第1款　戦略目標の確立／全企業での週休二日制の獲得

1　週休二日制獲得闘争の提起（1972・2）

　ゼンセン同盟の第27回定期大会は、1972（昭和47）年度の重要な運動方針として、統一時短闘争に取り組むことを決定し、さらに、その後の第68回中央委員会で隔週週休二日制を最低要求項目とすることを決定し、同年10月までに全組合が要求を提出して交渉に入った[10]。（→前掲第2章第3節第1款1(1)）

2　大手・中堅企業での週休二日制獲得（1973・2）

　ゼンセン同盟は、前記方針決定の翌年である1973（昭和48）年2月、紡績・化繊・生糸・毛紡績・染色その他の業種を横断して、繊維産業全体の大手・中堅企業で一斉に、週休二日制導入の労働協約を獲得する。（→前掲第2章第3節第1款1(2)）

3　染色業の大手・中堅企業での揺り戻し（1976・6）

　ゼンセン同盟では、業種別に、紡績部会、化繊部会、衣料部会、地方繊維部会（略称　地繊部会）、流通部会等の部会が組織されていた。染色業は、この中の地方繊維部会の担当である。

　ゼンセン同盟は、1973（昭和48）年2月に繊維産業全体の大手中堅企業を横断

10　ゼンセン同盟史（七）155頁。

する形で週休二日制導入の労働協約を獲得するが、その中で染色業で獲得された休日数は最高水準のものであった。ところが、その3年後の1976(昭和51)に揺り戻しが起き、年間休日数を大幅に減らし、他の繊維関係業種と同様の水準に戻さなければならなくなる。このような揺り戻しが起きた最大の要因は、中小零細企業との休日数の格差が広がりすぎたために、染色産業の季節波動に中堅・大手企業が対応できず、低賃金・長時間労働の中小零細企業との競争に耐えられない状況が生じていたことである。このようにして、染色業の中堅・大手では、年間休日数の後退はあったが、後退した後でも、繊維産業内の他の業種並みの年間休日106日以上の水準を獲得していた。

こうして、1976(昭和51)年の時点では、「ゼンセン同盟の週休二日制の闘いは、条件整備を行う必要のある流通及び地繊の一部の組合を除いて終結」[11]との総括・評価がなされる状態に至り、大勢から取り残されていた「流通と地繊の一部の組合」でどのようにして週休二日制を獲得するかが問題となった。(→前掲第2章第3節第1款1(3))

4　労働組合法18条活用の提起（1976・6）

(1)　問題意識

「地繊の一部の組合」が週休二日制獲得の運動から取り残されていると組織内で評価されている状況の下で、地方繊維部会は1976(昭和51)年6月4日付で「週休二日制普及活動について」と題するB5版13頁の文書〈資料編Ⅱ・資料(1)〉を作成し、労働組合法18条を活用することによって週休二日制の普及を図ることについての検討を組織内に提起する。

この文書の原案を作成したのは、この当時地方繊維部会の常任執行委員であった岡本邦夫氏である。岡本氏からのヒアリング結果の要点は次のとおりである。

① 　中小企業においては、ゼンセン同盟が中小企業の従業員を組織化し団体交渉によって良好な労働条件を獲得すると、企業のコスト増となり競争力が低下し、企業が企業間競争に敗れて退場し組合も消滅するという現象が多くとまではいえないが、少なからず生じていた。使用者側は、「組合ができると会社が潰れる。」と主張して、組合結成に強く抵抗するが、それは、ある意味で当たっていることもある。この悪循環を断ち切るための方策として、か

11　ゼンセン同盟史(八)205頁。

ねてより労働組合法18条の地域的拡張適用の制度を活用できないかと考えていた。
② 繊維関係の大手・中堅企業の使用者と集団交渉を行う際にも、使用者側は「未組織の零細企業の労働条件に縛りを掛け、企業間の競争条件が揃うのであれば、労働条件引き上げに応じる」と主張し、これに反論するのに苦労していた。産業全体で労働条件の全体的引き上げを図るためには、中小零細企業の労働条件の引き上げが必要不可欠であった。
③ 労働組合法18条を活用する具体的なテーマについて、最初は賃金、特に最低賃金制度を考えていた。しかし、賃金水準は毎年毎年上昇していくので、最低賃金に関する労働協約を締結し地域的拡張適用の申立をしても、協約締結から1年経過すると、陳腐化してしまう。労働時間短縮であれば、このような陳腐化の問題を回避して、ある程度恒久的に効果を期待できるので、休日問題（時間短縮問題）で労働組合法18条を使えないか、研究を進めた。
④ 特に、羊毛関係の染色業の場合には、生産の波動が大きい受注産業である上に、中小零細企業が多い。発注者の側は、流行や需要を見極めて、春夏秋冬のシーズン到来の直前に、染色業に注文を出す。発注者が設定する納期の制約は極めて厳しい。労働時間短縮を獲得した企業では、労働時間規制が厳しいため、繁忙期の作業量を大きく増やすことができない。これに対して、中小零細企業は、繁忙期に労働時間を極端に増やし、かつ、ダンピングして受注を獲得していた。このため、業界秩序を維持し、労働条件を引き上げるためには、中小零細企業の極端な長時間労働・低賃金労働を規制する必要があった。
⑤ この時点では、地域的拡張適用の活用が考えられる候補として、愛知県尾西地域の染色、兵庫県西脇のアメリカ向け輸出織物(ギンガム)、新潟県十日町の和装、岡山県児島の学生服縫製、愛媛県今治のタオル等が挙がっていた。

(2) 内　容

地方繊維部会で作成された「週休二日制普及活動について」と題する文書〈資料編Ⅱ・資料(1)〉は、かかる問題意識に基づき作成された文書であることから、研究者や行政担当者が書いた文書とは異なり、労働運動を実践する視点が貫かれている。また、その内容は、労働組合法18条の歴史的沿革、行政解釈、学説、過去の先例から抽出される実践的な論点と留意点を網羅するものである。

さらに、この文書の中では、労働組合法18条の「大部分」の要件について、現行法制では、労働協約の適用を受ける労働者が大部分でなければならないことへの疑問が提起されている。具体的には、使用者団体が労働組合と締結した労働協約に関して、使用者団体の側が使用者の大部分を包摂していても、労働者の側が大部分でなければ拡張適用の効果が生じないのはおかしいではないかとの問題提起がなされている。

この問題提起の理由に関して、筆者が「フランスの労働協約制度では、使用者が労働協約に参加すると、当該事業場の組合員の人数いかんに関わらず当該事業場の全労働者に労働協約が適用されるが、そのことを念頭においた記述なのか」と前出の岡本氏に問いただしたところ、「使用者団体の側が当該地域の当該産業の使用者の大部分を包摂し、この使用者団体とゼンセン同盟が労働協約を締結しているが、ゼンセン同盟が組織化している労働者の数は大部分に到底及ばないケースが少なからず存在していた。こうしたケースで、労働協約の効力が拡張されないのはおかしいのではないかという問題意識が、労働組合側だけでなく、使用者団体側にもあった。フランスの労働協約制度のことは全く考えてもみなかった。」との回答であった。

5 方針決定と実践の開始（1977・1）

1977（昭和52）年1月11日開催の第3回中央執行委員会で、「週休二日制実施確認活動」を行うことが決定される。この中で、地方繊維部会が提起していた、労働組合法18条を活用して労働協約の地域的拡張適用により週休二日制の普及を図ることを、ゼンセン同盟全体の方針として採用し実行することが確認される。この確認は、次の意味をもつ。

(1) 財政基盤、人的基盤の整備

ゼンセン同盟全体の方針として採用されることにより、これを実行するために必要な会議費、交通費、調査費等の必要経費は、本部予算から支出し、さらに、応援のために必要な人員を配置することが可能となった。

(2) 繊維労連（総評）との連携の模索

ゼンセン同盟本部は、当時、組織間の競合や対立が少なからずあった総評系の繊維労連との間で、製糸と染色に関して労働組合法18条による地域的拡張

適用に取り組む方向での話合いを行うに至る[12]。
　この話合いが行われた理由に関して、ゼンセン同盟地方繊維部会の常任執行委員であった岡本氏は、「この当時、少なくとも、愛知県尾西地域には、羊毛染色の分野で、総評繊維労連が組織化している職場が複数あった。このため、労働組合法の『大多数』の要件を充たすためには、総評繊維労連とも連携することを検討する必要があった。このことについて、地元から意見が上がったのではないか。この当時、ゼンセン同盟が総評系の組織と連携することについては、極めて高度な政治的判断が要求されていたから、総評繊維労連との話合いに自分は全く関与していないし、その結果も聴いていない。しかし、ゼンセン同盟史に記載されている以上、そのような話合いが組織のトップ・レベルでもたれたことは間違いないし、その必要性が少なくとも尾西地域にはあった。」と述べている。

⑶　方針実現に向けた情報集約と実行
　ゼンセン同盟が決定した労働組合法18条を活用するとの方針を具体化するためには、同条の定める「大多数」の要件を充足しなければならない。
　そのために必要な情報が、各都道府県支部から本部の地方繊維部会に集約される。
　「大多数」の要件を充足する可能性のある地域として、新潟県十日町（絹織物、和装）、兵庫県播州（御召・袖織等の先染め）、及び、愛知県尾西（羊毛染色）の3地域が候補に挙がる。いずれも、ゼンセン同盟の組織率が6～7割台の地域である。
　これらの3つの地域の中で、最終的に地域的拡張を獲得するのは、愛知県尾西地域だけである。その理由について、岡本氏は「要は、地元のやる気の程度。」という。

第2款　尾西地域における使用者団体との連携と組合組織拡大

1　尾西地域の染色業がおかれていた状況
　尾西地域の染色業がおかれていた状況、及び、労働協約の地域的拡張の背景

12　ゼンセン同盟史（八）205頁。

事情は、読売新聞論説委員の久谷與四郎氏のレポート[13]と対談記録[14]に詳細に記載されている。その要点は以下のとおりである。

　愛知県西部にある一宮市を中心とする地域は、尾西とか尾州とよばれ、豊富な地下水と勤勉な労働力を基礎に、古くから織物産業が栄えた。明治・大正の工業化の過程で織物産業が発展し、1970(昭和45)年当時、毛織物では全国の約70％を生産する我が国で最大の産地であった。尾西地域の特徴は、製品の大半が毛織物であること、紡績から撚糸、染色、織布までの一貫産地であること、及び、企業の大半が中小・零細企業であることである。一宮労働基準監督署管内の繊維工業の事業所数3,666に対して労働者数は27,798であり、一事業所平均7.6人にしかならない[15]。毛織物の糸染めの業界の中で、尾西地域で最大規模であり全国的にも最大規模である茶周工業でさえ、従業員は125人である。

　1973(昭和48)年の第一次オイルショック以降、重油や電気料金等の固定費の暴騰により尾西地域の繊維産業では倒産が相次ぎ、1975(昭和50)年の1年間だけでも11件に及ぶ。労働組合のない企業は、加工賃のダンピングや労賃の切り下げで生き残ろうとする。これが過剰生産を生み、労働組合のある企業の競争力を弱めるという悪循環に陥るおそれがあった。

2　尾西地域での懇話会組織の結成（1977・1）

　1977(昭和52)年の時点では、染色産業の中の大手・中堅企業では、完全週休二日制が実現し、年間休日106日以上となる（→前掲第2章第3節第1款1(3)）。ところが、染色業の中小企業では、隔週週休二日制さえ導入できないところが少なくない状況が続いていた。

　この状況下で、1977(昭和52)年1月17日、愛知県尾西地域において、『尾西繊維（染色部会）懇話会』が発足する。その運営規定〈資料編Ⅱ・資料(3)〉によれば、懇話会の目的は、「繊維産業における労使の正常な関係確立のための意思疎通を図るとともに斯界が当面する諸問題についての相互理解を深め、協議体制を確立し、もって、繊維産業、殊に染色業界の発展に寄与する」こととされ、その構成員は、尾西染色工業協同組合から推薦された委員12名及びゼンセン同盟尾州地方労働組合連合会（略称　尾州労連）から推薦された委員12

13　久谷(1986)16頁。
14　横井・久谷(1986)1頁。
15　いつの時点での統計か不明であるが、記述内容に照らして、1985(昭和60)年頃の数値であろうと推測される。

名であった。

　尾西染色工業協同組合は、愛知県繊維工業協会の構成組織であり、尾西地区の染色業者によって作られた組織である。ゼンセン同盟がその労働者を組織化していない企業も少なからず含まれていた。なお、この協同組合の2004(平成16)年時点での名簿には33社が掲載されている。

　他方のゼンセン同盟尾州労連は、愛知県西部の一宮市を中心とする尾州地域での地場産業（主として中小繊維産業）の企業の労働組合が加盟する組織である。尾州労連の会長（当時）の岩崎俊臣氏は、前掲第1款4記載のゼンセン同盟地方繊維部会の常任執行委員（略称　常執）でもあった[16]。この岩崎俊臣氏が、労働組合法18条を活用することによって週休二日制の普及を図るとのゼンセン同盟本部の地方繊維部会の方針を、尾西地域で具体化する役割を担う。

　『尾西繊維（染色部会）懇話会』での発言は、「原則として推薦団体に拘束されないもの」とされ（運営規定5項）、「意見が完全に一致した事項の処理方法についてはその都度協議するもの」とされ（同6項）、「会の座長は会ごとに労使交互に選任するもの」とされた（同7項）〈資料編Ⅱ・資料(3)〉。これにより、労使の自由闊達な議論の中で、意見が完全に一致した事項については、労使共同で実行に移す体制が整えられた。

3　労使の共通認識の形成

　読売新聞論説委員の久谷與四郎氏のレポート[17]には、懇話会の発足後に労使の共通認識が形成された経緯に関して、尾西染色工業協同組合理事長の柴田康夫氏の次の発言が記録されている。

　　「その頃、繊維産業が一般的にやっていた設備の共同廃棄が染色でもできないかと考えたんです。でも、大中小いろんな染色釜を使うこの仕事では生産能力といっても設備では判断しにくい。だから、共同廃棄といってもなかなかできない。そこで、いろいろ協同組合で考えているうちに、だれかが『そんなら、仕事を一斉に休んだらいいじゃないか』といい出したんです。床屋さんじゃないが、定休日を設け、みんなで休みにしよう、という考えだった。たまたま、そうした考えとゼンセンの休日増加の要求が、懇話会の話をしているうちにドッキング、双方で準備

16　ゼンセン同盟史(八)274頁。
17　久谷(1986)17頁。

に入ったということです。」

　この当時、ゼンセン同盟愛知県支部一宮出張所の所長であった二宮誠氏からのヒアリングの結果によれば、労使の共通認識の具体的内容は、次のとおりであった。

① 染色業は高温多湿の蒸気釜を使うことから代表的な３Ｋ（きつい、きたない、危険）職場であって、就労者の平均年齢は40歳を超えて高齢化が進んでおり、週休二日制を導入できなければ、優秀な若年労働力を確保できず、産業の未来がなくなること。

② 国内の繊維産業が全体として縮小する傾向にある状況下で、隔週週休二日制を地域全体に一斉に導入すれば、結果として、生産調整の効果が生じ、かつ、全企業を平等に生産調整に参加させることが可能であること。

③ 尾西染色工業協同組合に所属する企業の中で、ゼンセン同盟が組織している労働組合のあるところでは、既に、年間休日 98 日を獲得しているところもあるが、これをいきなり地域全体に広げるのは困難であり、まずは、年間隔週週休二日制を導入し、これを尾西地域の染色業の最低限の共通ルールとすべきこと。

④ 隔週週休二日制を全企業に守らせることができず抜け駆けをする企業が生じた場合には、隔週週休二日制を導入する企業の経営が困難になること。これを防ぎ、公正競争を実現させるためには、地域全体に適用する必要があること。

⑤ 隔週週休二日制を強制力をもって実施しようとした場合には零細事業者等からの反発が予想されるので、時間をかけて説得を続け、積極的賛成を得るところまではいかなくても、「時代の流れだからしょうがない」という程度の理解を得られるようにすべきこと。

4　新たな組織化の必要性とその実行

　さらに、読売新聞論説委員の久谷與四郎氏のレポート[18]には、労使で方向性が定まった後、年間休日の最低限の日数が決まるまでの紆余曲折の経緯が記載されている。その記述は次のとおりである。

　　「ゼンセン同盟尾州労連の加盟組合は、組合結成の時期によって３つのグループに分けられる。昭和 20 年代に組合が結成された 11 社 9 組合がＡ

18　久谷（1986）17～18 頁。

グループ。ゼンセン同盟の組織化方針に基づいて(昭和)47年に結成された13社13組合のBグループ。そして最も新しいのが労組法18条の拡張適用を念頭に入れて、協同組合の理解、協力を得て発足したCグループの18社18組合である。

　その頃の休日数は、Aグループが96日（1日労働時間7時間45分）、Bグループが98日（同8時間）、Cグループが70から80日、それ以外の企業では60日台というようなバラつきがあった。

　現状の最低に合わせれば問題はないが、設備廃棄にかわる措置にもならないし、組合からみても労働条件の向上にならない。そこで最も新しく組織化されたCグループが、一定の努力をすれば達成できる線として、年間86日とされた。つまり、Cグループが平均として、月1回程度の休日増を行えば達成可能な数字だというわけだ。」

これらの過程では、春闘等での労使対立もあった。久谷氏のレポートには、ゼンセン同盟尾州労連の岩崎氏の発言の引用として、次の記載がある。

　「その間の春闘の賃上げ闘争などでは、ストをやらなければならない局面が出てくるわけです。そうするとあんな組合のいいなりになるのはいやだと、また、話が元に戻ることもあった。」

さらに、久谷氏のレポートには、尾西染色工業協同組合の柴田理事長の次の発言も掲載されている。

　「あんたはゼンセンのちょうちん持ちかと何度も言われましたよ。」

これらの点に関して、ゼンセン同盟愛知県支部一宮出張所の所長であった二宮誠氏からヒアリングした結果は次のとおりである。

① そもそも、懇話会が発足した時点での尾西地区の染色業におけるゼンセン同盟の組織率は6〜7割前後であった。

② 懇話会が発足し、年間休日協定を締結して年間休日の最低限を定め、この年間休日協定を拡張適用しようという機運が高まっても、ゼンセン同盟が組織化できて組合があるところの従業員を全部集めても、同種労働者の4分の3には届かない。

　このため、組織化できていない事業場での労働組合の組織化を進め、かつ、組織化した事業場で休日数その他の労働条件を直ちに改善させなければならなかった。

③ ゼンセン同盟が組織化していた企業においては、対等な労使交渉を通じて労働条件を決定することにより、従業員のやる気を引き出し、生産性の向上

を図ることが可能であること、また、この労使交渉の過程では、頻繁にストライキをも含む激しい対立の場面が生じるが、これを乗り越えて健全な労使関係を形成する必要のあることが、理解されていた。

　しかし、尾西地区でゼンセン同盟が組織化できていない企業においては、ストライキを構えて行われる厳しい労使交渉に恐怖を覚え、労働組合の結成を喜ばない使用者が少なくなかった。

　尾西地域において、これを克服して、組織化を進め、かつ、休日数その他の労働条件改善を進めるのには日時を要した。そのために、1977(昭和52)年に懇話会が発足して以降、1981(昭和56)年の拡張適用申立までの4年間を必要とした。この過程で、新たに組織化されたのが、久谷氏のいうCグループである。

④　このCグループの組織化と労働条件改善には、多くの時間と労力を要した。

　しかし、このCグループが年間休日数が60から70日程度であったのを84日以上の水準に引き上げたことを通じて、「年間休日を少なくとも84日まで引き上げることは、やろうと思えばできる。不可能なことではない。」ということを、地域のあらゆる業者と労働者に知らせる教育的な役割を果たした。

⑤　尾西地域の糸染め業者は、大きく分けて、二つのグループがあり、事業規模の大きいグループは、労働組合との集団交渉を実施し、隔週土曜休日も実現されていた。もう一つの事業規模の小さいグループは『労務委員会』という組織を作っていた。その専従職員として西松孝三氏がいた。西松氏は、これらの小規模事業場が3K(きつい、きたない、危険)職場で、若い労働者が敬遠し、就労者の高齢化が進んでいることについて、「このままでは、地元の染色産業に未来はない」との強い危機感をもっていた。この西松氏は、隔週土曜休日の実現のために、事業規模の小さいグループの各社を説得して回り、地域的拡張適用の決定が出た後には、尾州労連の岩崎事務局長、石原副事務局長、及び、ゼンセン同盟愛知県支部一宮出張所の所長であった自分(二宮氏)と一緒に、各社を回って、その周知徹底を図った。地域的拡張適用の決定を得る過程で、西松氏の果たした役割は小さくない。

第3款　行政との事前折衝

1　申立準備過程での論点

　懇話会を通じて年間休日協定の地域的拡張の必要性に関する共通認識が深まり、また、ゼンセン同盟の組織化の進展により「大部分」の要件を充足できる可能性が高まるにつれ、法の定める地域的拡張制度に関する様々な疑問点や論点が見出されようになる。具体的に例示すれば以下のとおりである。
① 　労働組合法18条所定の「一の地域」に関して、津島市を飛び地とすることが許されるか。
② 　労働組合法18条所定の「同種の労働者」を画する基準として、日本標準産業分類の「F206　染色整理業」でまとめるべきか、それとも、その中の「F2061　綿、スフ、麻織物機械染色業」「F2063　毛織物機械染色整理業」及び「F2066　綿状繊維・染色整理業」の3業種を併せたものをもって「同種」と扱うことができるか。
③ 　「同種の労働者」を画する際に、家内工業的事業場を除外することはできるか。
④ 　労働組合法18条のいう「大部分」とはどの程度か。労働組合法17条により事業場内で拡張適用を受けている非組合員は、労働組合法18条にいう当該労働協約の適用を受けている者に含まれるか。
⑤ 　労働協約の内容として、休日数の最低限を決めるだけでなく、この日に働いた場合に割増賃金を払う旨を定める必要があるか。
⑥ 　労働協約の締結当事者に関して、労働組合側及び使用者側は、それぞれが複数・連名で当事者となることができるか。

2　労働省との事前協議

　ゼンセン同盟の地方繊維部会は、1980(昭和55)年、前記の各論点について、労働省労政局労働法規課と協議を行い、その結果に基づき論点毎の一覧表〈資料編Ⅱ・資料(4)〉が作成される。その概要は次のとおりである。

(1)　「一の地域」
　労働法規課は、「一の地域」は連続した地域でなければならず、飛び地は認められない旨の見解を示す。

この見解により、津島市を飛び地にしないための方策が検討され、最終的には、ゼンセン同盟の組織する労働組合も尾西染色工業協同組合に加入している企業も存在しない中島郡平和町を加えた「尾西（尾州）地域」をもって「一の地域」とすることになる。

(2)　「同種の労働者」

組合側は、日本標準産業分類の「F206　染色整理業」に従事する者をもって「同種の労働者」とすることの可否、及び、その細分類（F2061〜2068）の中の「F2061　綿・スフ・麻織物機械染色業」「F2063　毛織物機械染色整理業」「F2066　綿状繊維・染色整理業」の3つの業種に従事する者をもって「同種の労働者」とすることの可否について問うていた。

岡本氏は、「『同種の労働者』の範囲に関して、日本標準産業分類を使うことにしたのは、これを使えば、行政の側が文句をつけるのが難しいというだけの理由で思いついたものであり、かなり前から考えていたが、これを使うべきだという理論的根拠は何もない。」という。

この点に関して、労働法規課は、日本標準産業分類を用いることの可否という論点に先立って、「同種の労働者」の範囲は、当該労働協約でその適用対象者をどう定めるかによって決まるのであり、緩やかに解してよいが、その画し方が恣意的であってはならないとの一般論を明らかにした。その上で、労働協約で適用対象者の範囲を「F206　染色整理業」に従事する者と定めるのであれば問題のないこと、及び、細分類の中のいくつかをグループ化してそれに従事する者とすることについても、「相当な説明」が出来れば、それを「同種の労働者」と解することが可能との見解を示した。

ここで留意しなければならないのは、ゼンセン同盟事件で「同種の労働者」の範囲について日本標準産業分類が用いられたのは、あくまでも岡本氏の指摘するように「行政の側が文句をつけるのが難しい」という理由によるものにすぎず、日本標準産業分類以外に「同種の労働者」の範囲を確定させることが可能な基準や指標があれば、これを用いて差し支えがないことである。ゼンセン同盟事件においては、「理屈」や「理論」だけでなく「行政の側が文句をつけるのが難しい」と言えるような「知恵」を働かせて、「同種の労働者」の範囲を画することとされたのである。

(3) 「大部分」

　労働法規課は、労働協約の拡張適用が認められた過去の先例5件中4件までは「当該労働協約の適用を受けている労働者数」の割合は75％以上であるが、1件で71.4％であることを示す。但し、この数字は不正確である（→後掲第2部第3章第5節2(2)）。

　また、「当該労働協約の適用を受けている労働者数」は、労働組合法17条による拡張適用が肯定される事業場においては、「当該労働協約の適用を受けている組合員」に「組合員資格を有する者であって組合員ではないが拡張適用の対象となる者」を加えた数であるとの見解を示した。

(4) 「一の労働協約」

　労働法規課は、割増賃金条項を設けないと拡張適用となったときに協約の実効性がないとの見解、及び、労働協約の締結当事者は、使用者側については一本化されている必要はないが、労働組合側は一本化されていなければならないとの見解を示す。

3　申立準備の方法の具体化

　労働法規課の見解を受けて、現地の労使は、具体的な申立の準備に入る。

　この過程で特に注目されることの第一点は、「同種の労働者」の範囲に関して、「F206　染色整理業」と幅を拡げるのをやめ、また、「F2061　綿、スフ、麻織物機械染色業」「F2063　毛織物機械染色整理業」等も切り離して、「F2066　綿状繊維・染色整理業」に従事する労働者だけに絞り込む方針がとられたことである。これは、そうしなければ、「大部分」の要件を充足することが困難なためである。

　注目される第二点は、「同種の労働者」の中で「当該労働協約の適用を受けている労働者数」の割合を算出するための、計算方法が確立されたことである。この当時、「パートタイマー・日雇・季節労働者」はゼンセン同盟尾州労連の組織化の対象ではなく、労働協約の適用対象でもなかった。この場合、「同種の労働者」の中で「当該労働協約の適用を受けている労働者数」の割合を算出するための手順は、次のとおりとなる。

① 「F2066　綿状繊維・染色整理業」に属する企業をリスト・アップする。
② 各事業場毎に、「従業員総数」から組合員資格を有しない者（ゼンセン同盟尾州労連の場合には、「使用者及び使用者の利益代表者」と「パートタイマー・日

雇・季節労働者」）を除外して、各事業場における「常用労働者」（その内訳は、ゼンセン同盟尾州労連の場合には「監督者」「臨時工」と「一般」である）の総数を算出する。
③　事業場毎に、当該事業場所属の組合員数を上記「常用労働者」で除して、組合員比率を算出する。
④　各事業場において組合員数が4分の3以上を占め労働組合法17条による拡張適用が肯定されるときは、各事業場の「常用労働者」をもって「当該労働協約の適用を受けている労働者数」とし、組合員比率が75%に達しない事業場においては組合員数をもって「当該労働協約の適用を受けている労働者数」とする[19]。
⑤　全事業場の「当該労働協約の適用を受けている労働者数」の総数と「常用労働者」の合計数を算出する。
⑥　全事業場の「当該労働協約の適用を受けている労働者数」の総数を「常用労働者」の総数で除して、比率を算出する。

　このように、申立準備に必要な技術的事項に関して、労働省労政局労働法規課との事前協議の結果を踏まえて整理できるようになったことは、労使双方に対して、地域的拡張適用の実現可能性について、自信をつけさせ、申立にはずみをつけることになった。

第4款　年間休日に関する労働協約の締結

1　尾西地域の染色業事業主に対する呼びかけ（1980・4）

　ゼンセン同盟愛知県支部とゼンセン同盟尾州労連は、1980（昭和55）年4月8日、連名で、尾州地域の染色業の事業場であって労働組合の組織化ができていない事業場の社長に対し、「労組法第18条適用申請についての趣旨の説明及びご協力要請について」と題する書面〈資料編Ⅱ・資料(5)〉を配付して、当該事業場に対して、労働協約を地域的拡張適用することへの賛同を求め、かつ、労働者数の実態調査に協力するよう要請する。この文書では、いかなる内容の労

---

[19] 労組法18条の定める「当該労働協約の適用を受ける労働者」に関して、ゼンセン同盟事件の場合のように組合員及び労組法17条により工場事業場単位の拡張適用をうける労働者だけに限定するのではなく、事実上当該労働協約の適用を受けている労働者をも含めて扱っている先例が2件ある。この点については、後掲第2部第3章第6節第2款で詳細に検討を行う。

働協約を拡張適用しようとしているのかは、触れられていない。

　さらに、ゼンセン同盟愛知県支部は、同年7月17日、地域の染色業の全事業場に協力依頼〈資料編Ⅱ・資料(6)〉を発する。この文書では、「守られるべき最低限の労働条件を如何にするか」について、労使が協議し、経営者の意向を十分に反映し得る素案を作成するために、7月25日一宮スポーツ文化センターの会議室で意見交換の場を設けることを案内する。そして、文書の末尾には、欠席の場合には異存なきものと判断して先に進めることが申し添えられている。その趣旨は、予め各事業者に意見陳述と内容協議の機会を与えたにもかかわらず、この機会を活用せずに後になってから異論を唱えることがないように釘を刺すことにある。

2　事業者の賛同署名（1980・10）

　1980（昭和55）年10月になると、労働協約の拡張適用について賛同する事業者から署名が集められる。これは、連名ではなく、1社1枚の形式であり、文面はすべて「業界の秩序回復、環境の整備を含め影響を斎らす（ママ）ことが多く、且つ極めて時宜を得た提案として心より賛同します。」と印刷されている〈資料編Ⅱ・資料(7)〉。現在残っていることが確認された署名は34枚である。

3　労使合同会議による問題点の整理（1980・11）

　1980（昭和55）年11月7日に、『労使合同会議』が開かれ、問題点の整理がなされる。この会議結果に関するメモ〈資料編Ⅱ・資料(8)〉によれば、この時点で、当該地域の染色業の全労働者数は約2,400人であり、ゼンセン同盟の組合員は約1,810人おり、75％の組織率に達している。

　しかしながら、ゼンセン同盟に新規加盟した24社の労働組合284名が他の加盟組合なみの水準の年間休日数に到達していないため、地域的拡張適用の申請ができないことが確認された。なお、ここで示されている人数と会社数は、「F2066　綿状繊維、糸染色整理業」だけでなく、「F2061　綿、スフ、麻織物機械染色業」「F2063　毛織物機械染色整理業」を含む数であろうと推測される。

　この状況下において、年間休日協定で定める最低限の休日数については決定に至らず、これらの新規加盟の労使で最低年間休日数を90日とする労働協約を締結すべく全力を挙げることが確認された。

　さらに、「同種の労働者」の範囲に関して、細分類の「F2066　綿状繊維、糸染色整理業」に従事する者に限定すること、及び、適用地域については「津

島市、尾西市、一宮市、木曽川町、平和町、稲沢市、佐織町」とすることについての検討が始まった。

4　中小企業での労働条件改善の困難性

1981（昭和 56）年に至っても、地方繊維部会においては、「賃金問題が妥協点に達しても、週休二日制が解決しなければストライキ体制をくずさない」との方針がとられ、週休二日制を実力で獲得することを目指していたが、「参加組合の多くが、未組織事業所との競合問題などの激しい抵抗」を受ける状況であった[20]。この状況は、尾西地域の染色業の場合も同様であり、ゼンセン同盟に新規加盟した尾西地域の労働組合の事業場において最低限の年間休日数を 90 日とすることは、難航した。

このような困難な状況であっても、ゼンセン同盟は、労働時間の基本方針である週休二日制（年間休日 104 日以上）の達成を、『到達闘争』（あらゆる分野で一つの例外もなく到達すべき闘争）として位置づけることを、1981（昭和 56）年 9 月の定期大会で確認する[21]。

5　「年間休日に関する協定書」の締結（1981・9）

ゼンセン同盟は、新規加盟した尾西地域の労働組合の事業場において最低限の年間休日数を 90 日の水準に引き上げようとしたが、容易ではなかった。これらの新規加盟の組合の年間休日数は 70 から 80 日であった（→前掲第 2 款 4）。これを平均して 1 か月当たり 1 日分の休日を増やすことによって、年間休日を最低限 86 日以上とする事業場を増やしていった。

その結果として、1981（昭和 56）年 9 月 10 日付の「年間休日に関する協定書」〈資料編Ⅱ・資料(9)〉と題する労働協約が締結されるに至った。

協約の一方当事者である使用者は、尾西染色工業協同組合加盟の柴田染工株式会社ほか 41 社である。当該労働協約本文には、協約当事者 42 社の代表として柴田染工株式会社の代表取締役が記名押印し、この本文に添付された「別紙協定当事者事業場および代表者名」に、持ち回りで、42 社の所在地、社名、代表者名のゴム印がおされ、各代表者印が押捺された。

協約の他方当事者である労働組合は、ゼンセン同盟（本部）である。ゼンセ

20　ゼンセン同盟史（九）205 頁。
21　ゼンセン同盟史（九）219 頁。

ン同盟は、内部に独立の企業別労働組合たる下部組織を有しながらも、春の賃金闘争の妥結やストライキ権の行使等の重要事項の判断権限は本部の会長が掌握しており、重要な労働協約はすべて本部会長が調印する産業横断的単一組織である。地方繊維部会の所管する業種での年間休日に関する協約については、各企業の労働組合（労働組合法上の労働組合であると同時に、ゼンセン同盟の加盟組織であって、ゼンセン同盟の規約によりゼンセン同盟の機関決定に従う義務を負い、ゼンセン同盟の統制処分の対象となる）が調印していた。しかし、尾西地域における年間休日協約に関しては、本部の扱う重要な労働協約との位置づけの下に、ゼンセン同盟本部が全権を集約して調印し、各企業別組合や尾州労連、ゼンセン同盟愛知県支部は調印の当事者とならなかった。これに伴い、労働協約の拡張適用の申立、及び、同時になされた労働組合資格の審査の申立も、ゼンセン同盟本部が行うこととなった。

この協約〈資料編Ⅱ・資料(9)〉の主な内容は、年間休日を86日と定め、労働者が日給を受ける者であるときは、当該労働者に法定休日を除いた日数分の日給相当額を保障し（第1項）、協約の適用対象労働者から日々雇い入れられる者、季節労働者及びパートタイマーを除外し（第2項）、当該協約は各事業場が従業員に適用する一切の規定に優先することを定め（第3項）、当該協約の有効期間を昭和56年10月1日から1年間とした上で、協約の有効期間が満了になっても新協約が締結されないときは、協約の効力が2年間延長されることを定めていた（第4項）。

なお、年間休日を86日と定める部分については、協約締結の経緯に照らし、最低基準としての効力しか有さず、これを上回る年間休日数を引き下げる効力を有しない趣旨であったが、その旨の明文規定はなかった。

第5款　地域的拡張適用の申立

1　申立書の提出（1981・9）

ゼンセン同盟は、1981（昭和56）年9月9日、愛知県知事宛に「労働協約の地域的拡張適用決定申立書」〈資料編Ⅱ・資料(10)〉を提出する。

拡張適用を求める前記労働協約は9月10日付で作成されており、申立の日付より1日遅い。これは、労働協約の調印が使用者間での持ち回りによってなされ、調印作業が9月9日以前に完了したためであろうと推測される。

申立書の宛名は、県知事である。申立書の提出先については、労働委員会会

長宛にすべきか知事宛にすべきか両説があり、先例には両方のものが混在するが、この申立は知事宛に提出された。

2　申立の趣旨

ゼンセン同盟は、愛知県知事に対し、次の内容で「拡張適用をうけるべきことの決定」をなすよう求めた。

① 適用を受ける労働協約の条項

「年間休日に関する協定書」(→前掲第4款5) に規定する全条項。

② 適用を受ける地域

一宮市・尾西市・稲沢市・津島市・葉栗郡木曽川町・中島郡祖父江町・平和町及び、海部郡佐織町の地域。

③ 適用を受ける使用者及び労働者

前項の地域内において、綿状繊維・糸染色整理業を営む者及びその事業場に雇用されている全常用労働者[22]。

ただし、日々雇い入れられる者、季節的労働者及び、パートタイマーは含まない。

3　申立の理由

申立書には「理由書」が添付されていた。なお、ゼンセン同盟地方繊維部会の常任執行委員であった岡本邦夫氏の記憶によれば、申立書本文と添付の「理由書」は、愛知県支部又は尾州労連で最初に案文が作成されて、本部に郵送され、岡本氏らが精査した上で、現地に戻したとのことである。

このことに照らし、申立書の原案を作ることが可能な力量の蓄積が、現地の愛知県支部又は尾州労連においてなされていたと言えよう。

申立書〈資料編Ⅱ・資料⑽〉添付「理由書」の要点は、以下のとおりである。

(1)　当該地域と当該産業の特性と現況

拡張適用を求める地域(一宮市、尾西市、稲沢市、津島市、葉栗郡木曽川町、中島郡祖父江町、平和町、海部郡佐織町の地域)は、綿状繊維糸染色整理業者が集

22　この記載方法では、労働者を使用していない事業者も拡張適用の対象となってしまう。また、労働者の範囲について「雇用」という契約形態である者に限定されているようにも読める。労組法18条の条文に忠実に記載するのであれば、「綿状繊維・糸染色整理業に従事する全常用労働者、及び、その使用者」と表現するべきであった。

中し、全域に約140社前後の事業場が存在しており、事業形態も家族経営から会社組織まで様々である。

ゼンセン同盟加盟の組合を擁する事業場以外の事業場では、労働者は著しく劣悪な労働条件の下で労働しているのが実態である。

(2) (1)に起因して生じている問題

前掲(1)記載の特性と現況は、①レーバーコストの抑圧、②過当競争の激化、③加工賃のダンピング、④仕事量の地域外流出等の弊害をもたらし、労働組合が結成されている事業場の競争力を弱め、業界の環境秩序のびん乱を招き、未組織労働者をますます劣悪な環境へ追いやる結果となっている。

(3) (2)を克服するための取組みの経緯

この現状を憂い、1977(昭和52)年にゼンセン同盟尾州地方労働組合連合会と尾西染色工業協同組合との間で繊維問題懇話会（染色部会）を発足させ、業界とのコンセンサスを得る努力をした。

幸いにして、1980(昭和55)年2月ごろより急速に労働組合法18条の労働協約の地域的拡張適用について業界側の積極的な賛同を得るに至り、「このことは、業界死活の問題であり、1983(昭和58)年度工業用水導入以降の労働条件及び経営環境変化に伴う最重要課題として、むしろ遅きに失する程。業界あげて協力を惜しまない。」との強い意向表明がなされるに至った。

今回の労働組合法18条の労働協約の地域的拡張適用の申立は、以上のようにゼンセン同盟と業界が、企業の安泰と雇用の安定は、まさに密接不可分であるとの共通の認識の上に立って、文字どおり労使が一体となって推進してきたものである。

(4) 結 論

休日の下限設定を統一し、野放図な休日就労をお互いに規制し、生産調整を図ると同時に労働者の休養率を高め、高齢化業種（現在平均年令41歳前後）のわけても労働集約的な厳しい作業環境（暑熱作業）の中で、幾分でも人間らしい環境作りをするためにも、本申立について、労使双方の真意を理解し、格別の配慮をするよう求める。

第1部　沿革と実践

⑸　付記事項／労働組合法 18 条所定の要件の充足

　なお、本申立の内容は、労働組合法 18 条 1 項に規定する各要件に、次のとおり適合するものである。

① 　一の地域について

　「一の地域」は、連続した地域であることを前提とした。

② 　同種の労働者について

　協定締結事業場が全て染色加工業種であるので、日本標準産業分類の細分類 F2066 綿状繊維・糸染色整理に従事する常用労働者に限定した。

③ 　大部分について

　常用労働者のうち、労働組合の組合員比率が 4 分の 3 以上を占める事業場の労働協約の拡張適用（労働組合法 17 条）を受ける非組合員数を組合員に加えた数字で 76.7％ を占めている。

④ 　一の労働協約について

　ゼンセン同盟と各事業場主との間に締結した同一内容の協定であり、年間休日の最低限度を設定したものである。

4　「大部分」の立証

　申立書〈資料編Ⅱ・資料⑽〉には、労働組合法 18 条所定の「大部分」の要件を充足していることを立証するための資料として、「尾州地域の F－2066 事業所名簿」が添付された。これには、尾州地域で日本標準産業分類の細分類 F2066 綿状繊維・糸染色整理に該当する全 137 の事業場に関して、各事業場毎に次の数値が記載された上で、全事業場の全合計数が記載されていた。

　　　　　従業員総数。
　　　　　　　うち、使用者及び使用者の利益代表者。
　　　　　　　　　パートタイマー・日雇・季節労働者。
　　　　　　　常用労働者(a)
　　　　　　　　　うち、監督者。
　　　　　　　　　　臨時工。
　　　　　　　　　　一般。
　　　組合員数(b)
　　　組合員比率（b／a）
　　　労組法 17 条拡張適用対象者を含む労働協約適用者数
　　　　　　　（各事業場毎に、「組合員比率」が 75％ 以上の場合には「常用労

働者総数」を計上し、「組合員比率」が 75% 未満の場合には
「組合員数」を計上。)

　最終的に、労働組合法 17 条拡張適用対象者を含む労働協約適用者の総数は、1,656 人であり、常用労働者数（2,157 人）に対する比率は 76.7% と算出された。

第 6 款　労働委員会の調査・審議・決議、県知事の決定・告示

1　県知事から労働委員会への申立の送付（1981・9）

　1981（昭和 56）年 9 月 9 日付で愛知県知事に提出された申立は、同月 22 日愛知県知事から愛知県地方労働委員会に送付された[23]。
　受付から送付まで 13 日を要した理由は不明である。

2　労働委員会総会での小委員会設置

　愛知県地方労働委員会は、同月 28 日の定例総会で申立事件の扱いについて審議した結果、公・労・使各側 2 名ずつで構成する小委員会を設置し、小委員会で労働組合法 18 条の決議に必要な事項について調査することとした。しかし、小委員会の人選については、任期満了に伴う委員改選後に行うこととされ、委員改選後の 10 月 12 日の定例総会で小委員会の委員が指名された[24]。

　過去の先例をみたとき、労働委員会の業務は、委員改選時に停滞することがある。また、小委員会の委員が選任され調査が開始されても、小委員会の委員の改選があると、小委員会の調査が停滞する可能性がある。場合によっては、小委員会の報告を受けて開始された総会での討議が停止し、事件の進行が完全停止することさえある（No.21 事件）。このため、労働委員会に拡張適用の申立を行う際には、申立の時機を慎重に見極める必要がある。

　ゼンセン同盟事件に関しては、申立が労働委員会の委員の改選の直前になされたことから、労働委員会は、労働委員会の委員の改選直後の定例総会で小委員会を発足させ、最終的な決定をなすまでの過程で委員改選問題が生じることを回避できた。

23　愛知地労委事件概要(1982) 9 頁。
24　愛知地労委事件概要(1982) 9 頁。

3　小委員会の調査結果

　小委員会は、1981(昭和56)年10月26日の第1回会議で、調査方針を決定し、調査項目と調査担当を定めた。協約当事者からの事情聴取は小委員会が行い、各種統計資料の収集、調査票等による実態調査は事務局が行うこととされた[25]。

　小委員会は、調査と審議を経て、翌1982(昭和57)年3月26日、調査結果をとりまとめ、労働組合法18条所定の要件を充足している旨を認定した上で、「相当の猶予期間を置いた上でこれを拡張適用することが必要である。」との判断を示した。この調査結果の概要[26]の要点は、次のとおりである。

(1)　尾西地区の染色業界の現況

　糸染業界としては、全国的にも大きなウェートを占めるが、経営内容に立ち入ってみると多くの問題点を抱えているとして、次の五点を指摘する。

　第一点目は、全体としても経営規模が小さく、圧倒的多数が零細企業に属し、事業者の意識においても、いわゆる紺屋気質で発注者との関係において従属的立場から脱皮できず、技術革新、合理化投資も低調であること。

　第二点目に、糸染業界は、水・エネルギー多消費産業であるところ、石油価格の高騰と電気料金の値上げが加工単価に反映できず、これが企業の収益力を圧迫していること。

　第三点目に、糸染業界においては、扱っている素材によって需要に季節性があるため、加工時期が特定時期に集中し、繁閑の差が大きいことの対策として、操業時間で調整している事業場が多いこと。

　第四点目に、経営環境の悪化を理由に廃業する染色業者も少なくないが、さらに、工業用水導入に伴うコストアップや公害防止対策の関連投資の必要が見込まれ、経営環境は一段と厳しさを増すと予想されること。

　第五点目に、労働者の年齢構成をみると、40歳台以上が7割を占め、60歳台以上が1割で高齢化がみられ、若年労働力の吸収とその定着を図るための施策が早急に講じられる必要があること。

25　愛知地労委事件概要(1982)9頁。
26　愛知地労委事件概要(1982)10頁。

(2) 「一の地域」

調査結果報告書の記載内容を判りやすくするために、整理したのが、表9である。

表9　ゼンセン同盟事件における行政区別の事業場分布と組織状況

		綿状繊維・糸染色整理業の事業場 総数	協約 締結	協約 非締結	ゼンセン同盟尾州地方労働組合連合会のうち、染色関係の労働組合の数	尾州染色工業協同組合加盟の企業数 ※
申立対象地域	一宮市	92	23	69	11	98
	尾西市	23	13	10	8	28
	稲沢市	1	0	1	0	0
	津島市	4	3	1	3	4
	木曽川町	9	3	6	3	10
	祖父江町	1	0	1	0	1
	平和町	0	0	0	0	0
	佐織町	1	0	1	0	0
	合計	131	42	89	25	141
外	名古屋市	—	—	—	1	1

※　綿状繊維・糸染色以外の業種も含む。

表9によっても明らかなように、平和町には綿状繊維・糸染色整理業の事業場が存在しないが、これを除外すると津島市が飛び地となる。津島町を飛び地にしないようするために、事業場が存在しない「平和町」を含めて「一の地域」とする申立がなされた。

この点に関して、調査委員会は、「申立地域については、その地理的連続性、尾西地域の染色業者を中心に結成されている尾西染色工業協同組合の組織状況、尾西地区の申立組合傘下の労働組合を中心に結成されているゼンセン同盟尾州地方労働組合連合会の組織状況から総合的に判断して『一の地域』である」との判断を示し、平和町及び津島市を含む地域を『一の地域』とした。

(3) 「同種の労働者」

年間休日協定の適用を受けている労働者は協定締結事業場で従業する常用労働者であり、本件で拡張適用が求められているのは申立地域内の綿状繊維・糸染色整理業の事業場に従事する常用労働者であり、両者は「同種の労働者」であるとの判断が示された。

(4) 「大部分」

調査結果報告書には表 10 が掲載された。

表 10 従業員の種類別の分布状況と協約適用者の分布状況の調査結果

		協約締結事業場	協約非締結事業場	合 計
従業員総数		2,036	697	2,733
使用者及び利益代表者		172	197	369
パートタイマー等		153	74	227
常用労働者	監督者	209	14	223
	一般	1,385	410	1,795
	臨時工	117	2	119
	計	1,711	426	2,137
ゼンセン同盟組合員		1,363	0	1,363
労働組合法 17 条により本協定の適用を受けている常用労働者数		224	0	224

単位：人

この調査結果に基づき、本協定の適用を受けている者は 1,587 人（＝ 1,363 人＋ 224 人）であって、申立地域内において同種労働者 2,137 人の 74.2％となり、「大部分」に該当するとの判断が示された。

(5) 「一の労働協約」

本件協定は、ゼンセン同盟と柴田染工株式会社ほか 41 社の連名で締結された単一の労働協約であって、「一の労働協約」に該当する。

(6) 年間休日等に関する実態

年間休日等の実態に関して、次の①②の調査結果を記載した上で、「尾西地区の当業界の年間休日は、同規模の全産業平均並みであるが、今回の労働協約及びその拡張適用によってこれを上回る水準に達するものと思われる。」との結論が示された。

① 申立地域内の綿状繊維・糸染色整理業の事業場に関して
　　年間総休日数
　　　　協定締結事業場　：平均91.3日
　　　　協定非締結事業場：平均76.1日
　　常用労働者のうち日給で支払われている者がいる事業場数と労働者数、及び、日給者に給与が支払われている休日の平均日数
　　　　協定締結事業場　：25事業場、労働者数320人、30.9日
　　　　協定非締結事業場：20事業場、労働者数　99人、15.1日

② 1980(昭和55)年9月現在の愛知県における年間総休日数
　　業種別
　　　　産業全体：平均84日
　　　　製造業　：平均89.3日
　　　　繊維工業：平均89.2日
　　規模別
　　　　従業員300人以上：94.8日
　　　　100〜299人　　　：84.4日
　　　　　50〜99人　　　：80.8日
　　　　　30〜49人　　　：78.2日

(7) 拡張適用対象事業場の経営に及ぼす影響

結論として、「協定締結事業場の中にも協定非締結事業場と同様な小規模事業場があり、協定非締結事業場においても、なお一層の経営努力の余地も考えられること、本件協定は仕事の繁閑に応じた休日配分ができること等を総合的に勘案すれば関係業界における経営上の問題は、本件協定の拡張適用を妨げる著しい障害とまでにはならないものと判断する。もっとも、本件協定の適用時期については、これを直ちに適用する場合、協定非締結事業場の経営に多大の負担を課することと考えられるのでこの点を配慮することが必要であると判断された。」と記されている。

4　労働委員会の資格審査

　拡張適用を求める申立に伴うゼンセン同盟の資格審査については、申立と平行して審査が行われ、小委員会の調査結果のとりまとめがなされる直前の1982(昭和57)年3月8日開催の公益委員会議において、労働組合法2条及び5条2項に適合していると決定された[27]。

5　労働委員会の決議（1982・4）

　小委員会の調査結果の報告書については、1982(昭和57)年4月12日開催の愛知県地方労働委員会の定例総会（公労使三者で構成される）での審議に付され、報告書どおり了承され[28]、決議書〈資料編Ⅱ・資料(11)〉記載の決議がなされた。その要点は次のとおりである。

(1)　主　文

　決議の「主文」は次のとおりである。この主文では、小委員会報告を受けて、拡張適用の効力発生始期を定めている。

「　　　　　主　　　文
　　ゼンセン同盟と柴田染工株式会社ほか41社との間に締結されている別紙年間休日に関する協定は、下記により拡張適用されることが適当である。
　　　　　　　　　　記
　1　適用される労働協約の条項
　　　別紙年間休日に関する協定の全条項
　2　適用される地域
　　　一宮市、津島市、尾西市、稲沢市、葉栗郡木曽川町、中島郡祖父江町、同郡平和町及び海部郡佐織町
　3　適用される使用者及び労働者
　　　前項地域内において綿状繊維、糸染色整理業を営む者及びその事業場に雇用されている全常用労働者。ただし、日々雇い入れられる者、季節労働者及びパートタイマーを除く。
　4　拡張適用の効力発生始期

27　愛知地労委事件概要(1982)12頁。
28　愛知地労委事件概要(1982)12頁。

昭和58年9月1日

(2) 理　由

　決議の「理由」には、労働組合法 18 条所定の要件に即して、「一　『一の地域』について」、「二　『同種の労働者』について」、「三　『大部分』について」、及び、「四　『一の労働協約』について」の標題毎に小委員会での調査結果の要点が記載された上で、結論として、次のとおりの記述がなされている。

　「　以上のとおり、本件事案は一の地域において従業する同種の労働者の大部分が一の労働協定の適用を受けるに至つたものと認めることができる。

　　また、本件協約の拡張適用は、協定締結当事者である労働組合の団結を擁護するものであるとともに申立地域内の綿状繊維、糸染色整理業の事業場において従業する常用労働者の労働条件の向上に資するなど労働組合法第 18 条の趣旨にも適合すると判断される。

　　もつとも、本件協定の適用時期については、これを直ちに適用する場合、協定非締結事業場の経営に多大の負担を課することになるのでこの点を配慮して、当委員会は、主文のとおり決議する。」

6　県知事の決定と公告（1982・5）

(1)　決議書の知事宛送付

　愛知県地方労働委員会の定例総会が議決した 1982(昭和 57)年 4 月 12 日付の決議書は、直ちに、同日付で知事宛に送付された[29]。

(2)　愛知県知事の決定と公告

　愛知県知事は、1982(昭和 57)年 5 月 6 日付で、労働組合法 18 条に基づく決定を行い、これを愛知県公報（昭和 57 年 5 月 6 日第 7800 号 553〜554 頁）に掲載する方法により公告〈資料編Ⅱ・資料(12)〉した。

(3)　県知事決定における地労委決議の修正

　ゼンセン同盟・第一次申立事件より前の過去の先例をみたときに、労働委員会が「地域的拡張適用されることが適当である」との決議を行った場合において、知事が労働委員会の決議内容と異なる決定をした例は見当たらない。

29　愛知地労委事件概要(1982)12 頁。

しかし、ゼンセン同盟・第一次申立事件の場合、愛知県知事は、地労委の決議と異なった決定を行っている。

　具体的に言えば、ゼンセン同盟・第一次申立事件の場合、愛知県地方労働委員会の「決議書」の「主文」では、「一　適用される労働協約の条項」として、「年間休日に関する協定の全条項」と記載されている。ところが、同事件の県知事の「公告」では、「一　適用される労働協約の条項」には、年間休日に関する協定の条項中の第一項から第三項までの記載しかなく、協定の第四項（「この協定の有効期間は、昭和56年9月1日から1年間とする。なお、この協定の有効期間が満了になっても新協定が締結されないときは、この協定の効力は、2年間延長される。」）に関する記述がない。

　このように、知事が労働委員会の決議を修正してこれと異なる決定をしたため、拡張適用がなされる期間を巡り混乱が生じた。この混乱については、後掲第9款で詳述する。

第7款　新たなる運動の提起と挫折

1　愛知地労委決議に対する評価とその基本的視点

　ゼンセン同盟労働政策局は、愛知県地労委が地域的拡張適用に関する決議を行った時点で、愛知県知事の決定・公告を待つことなく、ニュースレターNo396（昭57・4・19）〈資料編Ⅱ・資料⒀〉を発行して、愛知県地労委の決議の全文を伝えるだけでなく、この決議についての評価を行っている。

　その第一点目として、「繊維産業においては、過当競争が激しく、とくに地域の中小企業の分野においては、労働条件面で、組織化事業場と未組織事業場との水準差は、直接企業に大きく影響する問題として、しばしば組織労働者の労働条件の向上の、阻害要因として存在し、強（ママ）いては組織拡大の足を引っぱっている。なかでも休日問題は、直接、生産に直結する条件として重要であり、今回の措置によりこの点が是正されることにつながった。」との指摘がなされている。

　そして、第二点目として、「今回の措置により、ゼンセン同盟の労働条件が、未組織事業場の労働者にも適用されることとなり、地域労働者の労働福祉の向上に寄与することができた。」との指摘がなされている。

　この評価においては、中小零細の未組織事業場の低労働条件を向上させることは、組織労働者が未組織労働者のため恩恵的に行う課題ではなく、これを放

置することは、組織労働者の労働条件向上と組織拡大を阻害する要因であることから、組織労働者が自らの労働条件向上と組織拡大のために、すなわち自らの利益のために、積極的に取り組むべき課題であり、その結果として、未組織労働者の労働条件改善の効果が生じるとしている。かかる視点は、今日においても、組織労働者が未組織労働者の問題を取り上げる際の基本的視点として、重要な示唆を与えるものといえよう。

2　新たなる運動展開の提起

　ゼンセン同盟労働政策局は、ニュースレターNo396（昭57・4・19）〈資料編Ⅱ・資料(13)〉によって、全国的に検討を行い、可能な地域において同様の地域的拡張適用を獲得する取組を行うよう呼び掛けた。

　その後、さらに、ゼンセン同盟産業政策局は、本部の各部会書記長及び都道府県支部長宛に、1982(昭和57)年11月30日付要請文書〈資料編Ⅱ・資料(14)〉を発し、労働協約の地域的拡張適用を獲得できる可能性のある地域・産業として、具体的に次の5ヶ所を挙げて、組織内の各部署に対して、具体的検討を求めた。

　　　　山形・米沢　　　　縫製
　　　　愛知・岡崎　　　　毛紡
　　　　長野県下　　　　　絹紡
　　　　大阪・和歌山　　　タオル後晒
　　　　新潟・十日町周辺　和装製品製造

3　労働組合法18条所定の「大部分」の壁

　結果的に、前記の5地域・産業では、労働協約の地域的拡張適用の申立には至らない。

　その原因や理由について分析した文書は見当たらないが、労働組合法18条所定の「大部分」の要件、及び、この要件に関し最低でも71％程度以上はなければならないとの行政見解が、最大の障壁となったことは容易に想像できる。

　前記の1982(昭和57)年11月30日付要請文書〈資料編Ⅱ・資料(14)〉に記載された5地域・産業での労働組合の組織率は、50％台のところだけでなく、60％台のところもある。

　仮に、労働組合法18条の要件が「大部分」ではなく、「過半数」等の緩やかな要件であれば、これらの地域では、労働協約の地域的拡張適用が可能であっ

た。
　しかも、1982(昭和57)年11月30日付要請文書〈資料編Ⅱ・資料⒁〉に記載された地域と産業は、労働組合法18条の要件が「大部分」であることを前提にして、労働組合が組織拡大を行うことにより70%台の組織率に到達できる可能性のあるものに絞り込まれている。このような絞り込みをせず、単純に労働組合の組織率が50%以上ある地域と産業を全て抽出した場合には、より多くの地域と産業が抽出された筈である。
　労働組合法18条の要件が「大部分」ではなく、「過半数」等の緩やかな要件であったならば、日本の戦後の労働組合運動は、「企業横断的に労働条件を規制する労働組合運動」をより大きく展開していたかもしれない。

第8款　拡張適用の実効性確保

1　拡張適用対象事業場への周知

　ゼンセン同盟愛知県支部一宮出張所の所長であった二宮誠氏からのヒアリング結果によれば、愛知県知事の告示がなされた後、ゼンセン同盟尾州労連の役員と尾西染色工業協同組合の役員とが共に、拡張適用対象事業場を訪問して、労働協約の遵守を要請して回ったとのことである。
　このような地道な努力が重ねられていたが、拡張適用対象事業場の数は89もあったのであるから、全ての拡張適用対象事業場が自発的に労働協約を遵守する筈はなく、現にこれを遵守しない事業場が存在した。

2　愛知県労政課と愛知労働基準局の消極的対応

　地域的拡張適用の実施時期が迫っても、愛知県労働部労政課、及び、労働省の愛知労働基準局は、拡張適用対象事業場に対して当該労働協約を遵守させるための積極的な方策を講じることがなかった。
　このことは、拡張適用が開始される9日前の1983(昭58)年8月22日付でゼンセン同盟愛知県支部が本部の産業政策局宛に発した要請〈資料編Ⅱ・資料⒂〉によって明らかである。
　この要請によれば、愛知県労働部労政課は、同課としてできる協力は、当面県知事決定内容（県公報公示）を各市、町広報に掲示依頼すること程度であるという見解を示した。また、愛知労働基準局（現在の愛知労働局）は、労働基準法が定める法定休日に関する問題であれば、法定休日に関する限度で関与す

第3章　労働協約の地域的拡張適用の実践

るも、法定休日を上回る休日については関与できず、さらに、法定休日を上回る休日に関する保障賃金については労働基準法上の賃金かどうか現在「検討中」であって、この不払いについて監督権限を行使できるか否かの結論を得ていないとの見解であった。この見解は、労働協約の地域的拡張適用の決定を遵守しない事業場があっても、愛知労働基準局と一宮労働基準監督署は監督権限を行使せずにこれを放置するとの方針を示すものであった。

さらに、拡張適用が開始される7日前の1983(昭和58)年8月24日付でゼンセン同盟愛知県支部が本部の産業政策局宛に発した追加要請〈資料編Ⅱ・資料(16)〉には、「本部より労働省に対し、行政指導のご要請をお願い申し上げる次第でございます。」と記載され、要請事項の二番目に、労働基準法92条2項の「行政官庁は法令又は労働協約に抵触する就業規則の変更を命ずることができる。」との条項との関連について、その趣旨の説明の徹底と指導を労働省から愛知労働基準局宛に行うよう求めている。この記述に照らし、愛知労働基準局は、就業規則作成義務のある事業場の就業規則が年間休日に関する労働協約に抵触していても、労働基準法92条2項を発動して変更を命ずることについて、消極的であったことが窺える。

3　監督署の姿勢の変化と見解表明

ゼンセン同盟と尾西染色工業協同組合が愛知労働基準局の消極的姿勢を変化させることに成功するのは、地域的拡張適用が始まってから約5ヶ月も経過した時点のことである。

地域的拡張適用に関する「一宮労働基準監督署の説明会」が1984(昭和59)年1月26日に一宮市民会館大会議室で開催される。この説明会に関する報告文書〈資料編Ⅱ・資料(17)〉によれば、説明会の形式的な主催者は尾西染色工業協同組合であり、一宮労働基準監督署の署長・次長・監督官はその出席者にすぎないが、対外的には「一宮労働基準監督署の説明会」として開催された。この場で、労働基準監督署から、労働協約の地域的拡張適用に伴い、休日数に関する就業規則の変更が必要であることについての説明がなされる。そして、休日増加分34日以上について「日給に相当する額を保障する」と労働協約に定められていることの取扱に関して、労働基準監督署で「検討中」であったが、これに対する「回答」として、「(労働)基準法上の賃金と解釈し当然支給しなければならない」との見解に到達したことが口頭で示された。

この見解が表明されるのは、労働協約の地域的拡張適用に関する愛知県知事

の告示から実に1年8ヶ月も経過した後のことである。前掲2で指摘したゼンセン同盟愛知県支部から本部産業政策局への要請、及び、本部産業政策局から労働省本省への働きかけがなければ、一宮労働基準監督署の見解表明はなされず、「検討」がいつまでも続いたであろう。

これらの経過をみたとき、ゼンセン同盟本部が果たす役割の重要性は明らかである。この時点で、ゼンセン同盟本部の産業政策局長の地位にあり、愛知労働基準局・一宮労働基準監督署の消極姿勢を改めさせるべく労働省本省との折衝に当たったのは、かつて、地方繊維部会の常任執行委員として労働組合法18条の活用の検討を求める文書を起案した岡本邦夫氏（前掲第1款4参照）であった。

第9款　第二次・第三次申立

1　第一次県知事決定・告示への疑義

前掲第6款6記載のとおり、愛知県知事は、愛知県地方労働委員会の決議の内容と異なる決定を行う。具体的に言えば、当該労働協約の第四項に「この協定の有効期間は、昭和56年9月1日から1年間とする。なお、この協定の有効期間が満了になっても新協定が締結されないときは、この協定の効力は、2年間延長される。」とあり、労働委員会の決議ではこの第四項も拡張適用される条項の1つであることが明記していた。よって、第一次申立に関する愛知県地方労働委員会の決議では、1984(昭和59)年8月31日に当該労働協約の有効期間が満了し、それとともに拡張適用も終了することが明白であった。

これに対し、愛知県知事の決定・告示では、この第四項が省略され、拡張適用がなされる期間又は終期に関する記述もないため、1984(昭和59)年8月31日以前に、従前の労働協約と同一内容の労働協約を締結して期間更新を行えば、愛知県知事の行った拡張適用に関する決定・告示の効力が維持されるとの解釈をなすことも可能であった。

2　自動延長に関する申請

愛知県知事が愛知県地方労働委員会の決議どおりに決定・公告を行っていれば、ゼンセン同盟は、当該労働協約の有効期間満了日である1984(昭和59)年8月31日の前に、新たに労働協約の締結をし直すだけでなく、第二次拡張適用申立を早い時期に行う筈であった。

ところが、愛知県知事が愛知県地方労働委員会の決議どおりに決定・公告するのではなく、拡張適用の期間を定めずに決定・公告を行ったため、拡張適用される期間を巡る混乱が生じた。
　そこで、ゼンセン同盟は、1984(昭和59)年7月に愛知県地方労働委員会宛に「労組法第18条に基づく年間休日協定　自動延長についての申請」〈資料編Ⅱ・資料(18)〉を提出する。これは、前項記載の解釈すなわち「1984(昭和59)年8月31日以前に、従前の労働協約と同一内容の労働協約を締結して期間更新を行えば、愛知県知事の行った拡張適用に関する決定・告示の効力が維持される」との解釈に関する労働委員会の意見を仰ぐために提出されたものである。
　これに対する労働委員会の判断を示す資料は残っていないが、その後の経緯に照らし、労働委員会からは否定的な判断が示されたものと推測される。

3　第二次申立（1984・9）

　地域的拡張適用の終期の3週間前である1984(昭和59)年8月10日、ゼンセン同盟と尾西染色工業協同組合加盟の柴田染工株式会社ほか41社は、年間休日に関する新たな第二次協定〈資料編Ⅱ・資料(19)〉を締結する。
　その協定内容は、第1項から第3項までは従前の協定〈資料(9)〉と同一であり、第4項の自動延長条項を整備して、双方のいずれかから異議が出ない限り、協定が自動延長されることとされた。

4　第二次申立に関する資格審査

　第一次申立に関する資格審査の記録は残っていないが、第二次申立についての資格審査の記録〈資料編Ⅱ・資料(21)〉は残っている。通常の不当労働行為救済申立に伴う資格審査や労働者委員の推薦に伴う資格審査の場合には、労働委員会が当該労働組合に資格審査決定書を直接交付するが、地域的拡張適用申立であってその名宛人が労働委員会ではなく知事となっている場合には、資格審査結果の通知は、労働委員会が当該組合に対して直接行うのではなく、労働委員会が資格審査決定の写しを知事に送付し、これを知事が当該労働組合に交付するという二重の手続がとられた。
　地域的拡張適用の申立をする際に申立の名宛人を労働委員会とすべきかそれとも知事・厚生労働大臣とすべきかという問題に関しては、後掲第2部第4章第1節第2款で理論的検討を行うこととするが、名宛人を知事・厚生労働大臣にした場合には、労働委員会と知事・大臣との間での書類のやりとりが煩瑣と

5 第二次申立に関する小委員会報告

　第二次申立に関する小委員会報告〈資料編Ⅱ・資料㉒〉は、第一次申立に関する小委員会報告（前掲第6款3参照）と比較して、極めて簡潔な内容である。

　第一次申立に関する小委員会報告では、尾西地域における染色産業の特性、全国の羊毛染色業における位置、労働時間短縮に関する当該地域・産業での進行状況と愛知県全体の製造業との比較等が細かく記述されていた。

　これに対し、第二次申立に関する小委員会報告では、記述対象が労働組合法18条所定の要件に絞り込まれる。しかも、「一の地域」「同種の労働者」「一の労働協約」の要件については、新たな調査や検討はなされず、第一次申立に関する報告書を踏襲している。第二次申立に関する小委員会報告で、実質的な調査と検討がなされているのは、事実上、「大部分」の要件を充足しているか否かのみである。

　このことは、労働組合法18条に基づく地域的拡張適用の申立があった場合、初回の申立に関する労働委員会の調査や審査の負担は小さくないが、2回目以降の申立に関しては労働委員会の負担が大幅に軽減されることを示している。

6 第二次地労委決議と知事の決定・告示（1984・12）

　第二次申立に関する1984（昭和59）年12月10日付の愛知県地方労働委員会の決議〈資料編Ⅱ・資料㉓〉は、第一次申立〈資料編Ⅱ・資料⑪〉の記述をほぼ踏襲する内容であるが、拡張適用の期間については、やや詳しい記述を加えている。

　これは、第一次申立に関して、県知事が労働委員会の決議と異なる決定・告示をなしたことによって生じた問題の再発を防ぐための措置であった。

　第二次申立に関する1984（昭和59）年12月21日付の県知事の決定・告示〈資料編Ⅱ・資料㉔〉は、愛知県地方労働委員会の決議〈資料編Ⅱ・資料㉓〉の内容をそのまま踏襲するものであり、修正や変更は一切なされなかった。

7 労働省の姿勢の変化

　第二次申立に基づく地域的拡張適用が肯定された後の1985（昭和60）年12月、労働省労働基準監督課の畠中企画官は、ゼンセン同盟本部において、ゼンセン同盟の高木剛産業政策局長（後のＵＩゼンセン同盟会長、連合〈日本労働組合総

連合会）会長）との協議に応じ、労働組合法18条に基づく地域的拡張を積極的に普及拡大するという立場に立つこと、及び、愛知県のケースがモデルケースと評価し得るように行政指導を強化することを確認した〈資料編Ⅱ・資料㉕〉。

この協議に関する労働省側の担当部局は、労政局ではなく労働基準局である。この当時、労働基準法の改正による労働時間短縮（法定労働時間を週48時間から40時間に短縮する等）の機運が高まってきたことから、労働基準局が積極的に対応することになったのであろうと推測される。

8　第三次申立（1989・3）

1988（昭和63）年11月28日、ゼンセン同盟は、労働協約の地域的拡張適用を求めて、第三次申立〈資料編Ⅱ・資料㉖〉を行う。拡張適用を求める労働協約は、第二次申立の場合と同じ1984（昭和59）年に締結した年間休日協定〈資料編Ⅱ・資料⑲〉であり、第二次拡張適用の期間が満了したため、再度、この拡張適用を求めたものである。

この第三次申立に関する労働委員会の小委員会の報告書〈資料編Ⅱ・資料㉗〉は、第二次申立の場合と比較して更に簡略なものとなっている。

小委員会の後に、愛知県地方労働委員会の総会での決議を経て、1989（平成元年）3月27日に愛知県知事の決定・公告〈資料編Ⅱ・資料㉘〉がなされる。

地域的拡張適用のなされる期間は、知事が拡張適用の決定をした日から1992（平成4）年8月31日までであった。

9　地域的拡張の終了

1992（平成4）年8月31日に拡張適用期間は満了し、年間休日に関する労働協約の地域的拡張は終了する。

第10款　歴史的役割の終了

労働基準法の旧32条1項は、1週間の労働時間について「48時間を超えてはならない」として、週48時間制を採用していた。これは1日8時間の原則と併せれば週休一日制（年間休日52日以上）の原則を意味していた。

1970年代の初めから週休二日制（年間休日104日以上）の実現を目指す運動が高まり、1973（昭和48）年2月には、繊維産業を横断して、大手・中堅企業で一斉にこれを獲得するに至った。

しかし、中小零細企業の分野では、週休二日制の実現は容易ではなかった。この状況を克服して年間休日を増やすための過渡的な方策として、1981(昭和56)年に尾西地域で年間休日を最低86日と定める労働協約が締結され、さらに、1982(昭和57)年から1992(平成4)年までこの労働協約の地域的拡張がなされたことにより、この地域の中小零細企業においても隔週週休二日制が定着するに至った。

かかる時間短縮と週休二日制の実現を求める運動の高まりとその普及の中で、1987(昭和62)年に労働基準法改正が行われ、32条1項が定める週の労働時間は「40時間を超えてはならない」と改正された。その上で、労働基準法の附則131条に、週48時間制から週40時間制への移行を段階的に行うための経過措置が設けられ、その具体的内容を政令に委任する内容の条項が設けられた。この経過措置により、原則として、週労働時間は、48時間、46時間（1988年4月1日～）、44時間（1991年4月1日～）、40時間（1994年4月1日～）と段階的に短縮され、かつ、各段階毎に、業種と企業規模による時間短縮の困難性を考慮した猶予事業が設定され、これらの猶予事業においては、1997(平成9)年4月1日から40時間制が完全実施された[30]。

尾西地域における年間休日を最低86日とする労働協約の地域的拡張適用の期間は、1992(平成4)年8月31日に満了するのであるが、この時点で労働基準法の定める週労働時間は、原則44時間、猶予事業で46時間であった。さらに、猶予事業においても1994(平成6)年4月1日からは44時間に移行することとされていた。

このように、労働基準法により週労働時間が44時間に短縮され、隔週週休二日制の実現が全国・全産業規模で図られるに至ったことから、尾西地域の染色業における年間休日を最低86日と定める労働協約の地域的拡張適用は、その必要性が消滅した。

ゼンセン同盟は、1981(昭和56)年9月の時点で、その定期大会で労働時間の基本方針である週休二日制（年間休日104日以上）の達成を『到達闘争』（あらゆる分野で一つの例外もなく到達すべき闘争）として位置づけることを決定し（→前掲第4款4）、かつ、年間休日協定に関する地域的拡張適用の申立を行う（→第5款）のであるが、改正労働基準法の施行により『到達闘争』が終了するの

30　週法定労働時間については、労働基準法施行規則25条の2に小規模の商業・サービス業に関する特例があり、この特例を除いて、週40時間制が実施された。

と同時に、年間休日協定に関する地域的拡張適用はその歴史的役割を終えたのである。

第4節　実践の分析

労働協約制度の意義、及び、労働協約の地域的拡張制度の意義についての理論的考察は、後掲第2部第1章及び第2章で詳細に行うが、ここでは、かかる理論的考察の前提として、過去の実践例の分析を通じて地域的拡張適用制度の具体的役割、及び、実践的な留意点を抽出することとする。

第1款　地域的拡張適用制度の具体的役割①
労働条件の維持・向上

前掲第2節第1款2記載のとおり、過去に拡張適用が肯定されたいずれの事例においても、拡張適用の対象とされた事業場の規模は小さく、事業場一ヶ所当たりの平均労働者数は、4人から十数人の範囲内にある。そして、これまでに拡張適用肯定事例で拡張適用対象とされたのは、労働基準法に基づく就業規則作成義務のない労働者10人未満の事業場が圧倒的な割合を占めている。過去の先例において、労働協約の地域的拡張適用は、こうした零細事業場の労働条件を向上させる役割を担った。その役割の具体的な担い方は、協約水準への労働条件引き上げ（→1）、協約水準以下に労働条件を引き下げることの予防（→2）、自発的労働条件引き上げの促進（→3）の三種類である。

1　協約水準への労働条件引き上げ

(1)　函館製材労組事件

函館製材労組事件（No.12事件・拡張適用肯定）では、労働協約中に、基本給に関して、世帯主の場合に日額260円、非世帯主で経験数年で20歳以上の場合に日額182円以上、非世帯主で経験数年で20歳未満の場合に日額130円、家族手当を一律に一人当たり50円と定め、また、退職金について勤続1年以上3年迄は基本給の1ヶ月分、勤続3年以上5年迄は2ヶ月分と定めていた。労働委員会の調査によれば、拡張適用対象の事業場の平均労働者数は4.1人であり、労働協約の定める賃金水準に到達していなかったり、退職金制度をもたない事業場が存在した。

この事案に関して、北海道地労委の決議では、拡張適用により労使関係に及ぼす影響について、製材業労務者の労働条件が他産業と比して低位であること、協約非締結事業場の中には労働基準法についての理解も十分でないところがあること、協約非締結事業場が締結事業場と比して小規模経営で、家内工業的零細企業も少なくなく、封建的労使関係の色彩が濃く、労働条件の決定が使用者により一方的になされ、労働強化が行われていることは争えないこと、拡張適用の条項中の規範的部分をみても賃金等に関する若干の規定を除き基準法の内容と異ならないこと、賃金等に関する条項についてもその水準は非締結事業場の労働条件と比較して著しい差異のあるものではなく、これを適用しても使用者を経営困難に陥らしめる如き特別の負担とはならないことを指摘した上で、「協約の拡張は法定の最低労働条件を確保しつつ、しかも、使用者の経営を著しく圧迫することのない範囲において、労働者の賃金水準を引上げ、以て労働者の生活の安定を図るものであると共に、更に進んで右地域における労使関係の健全化を促進せしめる所以ともなるものである。」との判断を示した。
　したがって、この事案において、労働協約の地域的拡張適用は、中小零細企業の賃金水準を直接引き上げる役割を果たした。

⑵　ゼンセン同盟事件

　ゼンセン同盟事件（No. 22・24・26事件、拡張適用肯定）では、労働協約中で、年間休日数を最低86日と定めていた。第一次申立後に、労働委員会の行った調査の結果によれば、尾西地域の綿状繊維・糸染色整理業の事業場の年間総休日数は、ゼンセン同盟と労働協約を締結している使用者の事業場は平均91.3日であったのに対し、協約非締結事業場では平均76.1日にとどまっていた。そして、協約非締結事業場の数は89あり、そこで就労する常用労働者は426人（1事業場平均4.8人）であり、協約を締結していない使用者の事業場の多くは中小零細企業であった。
　この状況で、労働協約の地域的拡張適用がなされることにより、協約非締結事業場の年間休日数は平均10日増え、土曜休日が平均月1回程度であったのを月2回程度に引き上げることとなった。
　したがって、この事案においては、労働協約の地域的拡張適用は、中小零細企業の労働時間を直接短縮させる役割を果たした。なお、このように時間短縮の効果が大であるため、経過措置として、県知事の決定・公告から拡張適用の効力開始まで1年以上の猶予期間がおかれた。

2　協約水準以下への労働条件引き下げの防止

⑴　吉野連合労組事件

　吉野連合労組事件（No.7事件・拡張適用肯定）の事案では、労働協約に掲げられている労働条件の多くは、既に、当該地域の当該産業においてほぼ達成されており、労働協約の記載内容は、既存の労働条件を確認する趣旨のものであった。

　この事案に関して、奈良地労委決議では、拡張適用の対象となる事業場の多くが、就業規則10人未満の小規模事業場であり、拡張適用申立の前年夏以降事業不振のために事業所閉鎖或いは人員整理を行い、拡張適用申立の直前に事業再開をしているが雇用条件が安定せず、労働者が労働組合に加入するに至っておらず、就業規則もないことを指摘した上で、これらの小規模事業場の労働者にも労働協約の拡張適用を行い、労働協約よりも低い労働条件で雇用契約が締結されるのを防止すべきことを指摘している。

　したがって、この事案において、労働協約の拡張適用は、既存の労働条件が近い将来引き下げられる可能性があるので、これを防止する目的でなされたものであった。

⑵　中吉野工場労働組合事件

　中吉野工場労働組合事件（No.9事件・拡張適用肯定）では、地労委決議中の理由で、拡張適用対象の事業場でも既に労働協約の定める水準に到達していることを指摘した上で、「労働条件の基準を法的に安定させ、積極的に労働不安を払拭することが最も緊要なことである。」と指摘している。

　この指摘の意味内容について検討するに、当該事案においては、平均労働者数が十数名以下であって事業場の規模が小さく、10人未満の就業規則作成義務のない事業場が多数存在し、かつ、当該地域で到達している労働条件の内容は労働基準法の水準をかなり上回るものであり、割増率3割、メーデー・地方祭・盆の休日化等の中小企業にとっては負担が小さくない内容であった。この場合には、これらの労働条件を引き下げようとする事業者が出てくるであろうことは容易に想像できるところである。こうした抜け駆け的な労働条件引き下げを防ぐために、労働協約の地域的拡張適用が肯定されたものということができる。

3　自発的労働条件引き上げの促進／稲生石灰労組協議会事件

　稲生石灰労組協議会事件（No.15事件・拡張適用肯定）は、最低賃金制度の確立（時間給30円以上）のために申立がなされたものであるが、申立直後から地域的拡張適用の対象とされた事業場で時間給の引き上げが自発的になされ、地域的拡張適用が決定される直前の時点で、抵触するのは2企業4名にまで減少していた。

　地域的拡張適用は、これらの2企業者に対しては、前掲1記載の労働条件を協約水準まで引き上げる効果をもつ。

　そして、労働協約の地域的拡張適用の効果が生じる前に自発的に引き上げられていた労働条件については、前掲2記載の労働条件の引き下げ防止の効果をもつ。

第2款　地域的拡張適用制度の具体的役割②
　　　　使用者相互間での公正競争の実現

　過去に労働協約の地域的拡張適用が肯定された事案においては全て、拡張適用決定は、使用者相互間での公正競争を実現させる役割を担っている。また、拡張適用決定に至らなかった申立例の中でも、使用者相互間での公正競争の実現を目指して申立がなされたものが少なくない。その役割の具体的な担い方は、労働コストの最低基準の設定（→1）、最低賃金協定による乱売防止効果（→2）、年間休日協定による生産量調整（→3）、新規参入企業による労働条件引き下げ・ダンピングの予防（→4）の4種類である。

1　労働コストの最低基準の設定

(1)　水平的設定

　労働協約の地域的拡張適用は、前掲第1款記載のように、労働条件を協約水準まで引き上げるか、又は、労働条件が協約水準以下に引き下げられるのを防止する効果をもつ。

　労働条件の引き上げと労働条件の引き下げ防止のための基準は、協約水準を当該地域の当該事業における労働コストの最低基準として設定することによって、使用者相互間での公正競争の基盤を整備する役割を担う。

　先例の多くの場合では、小規模零細事業者相互間という水平的な関係で労働

コストの最低基準が設定されている。

(2) 垂直的設定

ゼンセン同盟事件（No. 22・24・26 事件）の場合には、大企業・中堅企業群と中小零細企業群との間の企業規模格差による垂直的な関係においても、労働コストの最低基準が設定されている。

すなわち、繊維産業の場合、大手・中堅企業ではそれなりの労働条件を獲得していたが、中小零細企業における劣悪な労働条件を放置すると、大手・中堅企業の競争条件を悪化させることから、大手・中堅企業の事業者はさらなる労働条件向上に踏み込むのを躊躇していた。この状態を克服するために、中小零細事業での労働条件の引き上げを図ることによって、企業規模を問わずに労働コストの最低基準を設定し、もって、企業規模の異なる事業者相互間での公正競争の基盤を整備する必要があった。

ゼンセン同盟事件の場合、労働組合が組織化されている大手・中堅企業での労働条件向上を実現させこれを維持するためには、競争関係にある中小零細企業の労働条件引き上げが必要不可欠であった。

2 最低賃金協定による乱売防止効果

(1) 稲生石灰労組協議会事件

稲生(いなぶ)石灰労組協議会事件（No. 15 事件・拡張適用肯定）で地域的拡張適用が肯定された労働協約は、最低賃金を定めるものであり、最低賃金制度の確立という政策課題の実現を図る活動の一環であった。それと同時に、最低賃金協定を締結することは、使用者側にとって、乱売防止効果というメリットを生み出すものでもあった。

当該労働協約は、「事業主は時給 30 円以下では労働者を使用しない」という極めてシンプルなものであった。この協約が締結された時点で、協約締結当事者である稲生地区の経営者は、すべてこの協約を遵守しており、この協約の地域的拡張適用を望んでいた。この事情について高知地労委の報告には、「稲生地区以外の石灰業者は、石灰が売れなくなると業者間協定の価格を割って投売りをするという前例があり、これの防止策として最低賃金協定の拡張適用が期待されていたようである（石灰の製造コストをみるに、石炭代が約 5 割、人件費が約 3 割となっている）。しかも、協定された時間給最低 30 円は稲生地区にはこれに抵触する労働者は一人もなく、この地区の使用者には何らの負担なく、

地区外業者の乱売が防止できるとの期待から、地域的拡張をねらいとして締結されたようである。」と記載されている[31]。したがって、この事件で地域的拡張適用のための労働協約を労働組合と締結した使用者の動機・目的は、最低賃金協定によって乱売防止を図り、もって、使用者相互間での公正競争を実現させることにあったということができる。

使用者相互間の公正競争実現のために最低賃金制を確立するという動機や目的は、協約外の使用者にも理解と共感が広がり、前記の高知地労委の報告によれば、「この申立てに刺戟されたものらしく、申立て当時（注1957年4月）は時給30円以下の労働者のいた企業が、次々と賃上げを行い、5月末には2企業4名が抵触するのみとなっていた。」とされている。

使用者相互間での公正競争実現のために、使用者が自ら積極的に最低賃金制度を作る動きは、この当時、高知県の石灰業だけでなく、全国で見られ、最低賃金に関する業者間協定は広く普及し、1959（昭和34）年に最低賃金法が制定されて旧第9条に業者間協定による最低賃金制度が設けられるに至った。

高知県の石灰業における最低賃金を定める労働協約の地域的拡張適用は、最低賃金制を確立して乱売防止を図り、もって、使用者相互間での公正競争条件を整備するという全国的な大きな流れの中で、登場したものである。

(2) 滋賀亜炭鉱業労働組合連合会事件

滋賀亜炭鉱業労働組合連合会事件（No.17事件・拡張適用肯定）は、坑内夫（主に坑内での運搬作業に従事する男性労働者）・坑外夫・選炭婦（商品となる亜炭とそれ以外のボタを選別する作業に従事する女性労働者）の職種別に8時間当たりの最低賃金を定める労働協約の地域的拡張適用を肯定した事案である。この協約を経営者側も積極的に望んでいた。その事情に関して、滋賀地労委の解説には、「協定を定めるまでは、亜炭の需要が生産量を下回り、その打開の方策を販路の拡張に求めたため、各業者間では悪質な乱売が行われていたことおよび協定の交渉開始直後、滋賀労働基準局が行った業者間協定による最低賃金制の説明会で、企業の防衛をはたす最低賃金制の意義および必要性を深く感銘したこと等の理由により、亜炭鉱業は労務賃金の占める割合が高いため、協定を結ぶことにより過当競争を避け企業の防衛が計られることおよび亜炭労連の要求する最低賃金額は既に一般化されているものと考え、4会社はこれに抵触する

---

31 中央労働時報315号35頁。

労働者が少なく、経営者には大した負担とはならずに乱売の防止が出来るとの期待から締結されたようである。」と記載されている[32]。

したがって、滋賀県の亜炭採掘業における職種別の最低賃金を定める労働協約の地域的拡張適用も、最低賃金制度を確立することによって乱売防止を図り、もって、使用者相互間での公正競争を実現させるという全国的な流れの中で、登場したものである。

3　年間休日協定による生産量調整／ゼンセン同盟事件

ゼンセン同盟事件（No.22・24・26事件）は、いずれも、週休二日制の普及促進という政策課題の実現の一環として締結され、年間休日を最低86日と定める労働協約の地域的拡張適用が肯定された事案であるが、この協約には、使用者側にとって、生産量の調整を図ることができるというメリットがあった。

具体的に言えば、繊維産業のうち、糸を作る分野や糸から布を織る分野については、国内生産の減少に対応するために機械設備の計画的廃棄が行われていた。これに対し、糸染めの分野では機械設備の計画的廃棄による生産調整は困難であり、休日増による生産調整を図る必要があった。さらに、この尾西地域では、地盤沈下防止のために地下水汲み上げ禁止と工業用水の利用が義務付けられたところ、年間休日を増やすことにより水道料の軽減を図ることができるというメリットもあった。

4　新規参入企業による労働条件引き下げ・ダンピングの防止

(1)　全日本港湾労働組合九州地方唐津支部事件

全日本港湾労働組合九州地方唐津支部事件（No.11事件・一部拡張適用肯定の中間決議・取下）では、唐津港での港湾荷役を1企業が独占していたところ、新規参入企業が低労働条件の臨時雇の労働者を使用してダンピング受注を行なった事案である。地労委では、既存の企業の従来の労働条件を維持する必要を重視して、拡張適用を肯定する中間決議を行った[33]。

この事案については、労働条件維持の視点のみでなく、使用者相互の公正競争基盤の整備の視点で、必要性を肯定することも可能であった。

32　中央労働時報336号20頁。
33　中央労働時報190号23〜24頁。

第1部　沿革と実践

(2)　旭川ハイヤー労働組合協議会事件

　旭川ハイヤー労働組合協議会事件（No.21事件・取下）は、タクシー事業に関して、毎年10月15日から6ヶ月間の所定労働時間を8時間から7時間に短縮する内容の労働協約の拡張適用が求められた事案である。当該労働協約は、当該地域の全社（6社）と各社にある労働組合との間の統一的な交渉事項となっていたところ、そのうちの1社で、組合が時短要求を取下げて集団交渉に加わらない代わりに、会社は組合員1人1ヶ月当たり本給800円を増額させるとの合意が成立し、労働協約が締結された。その1ヶ月後に、残る5社の労使は時間短縮の労働協約を締結し、その3日後に、労働組合が当該労働協約の地域的拡張適用の申立を行った。拡張適用の対象事業所は、上記の時短要求取下の労働協約を締結した1社、申立の1ヶ月前に新たにタクシー事業の免許を取得した1社、及び、申立の12日後に新たにタクシー事業の免許を取得した1社の計3社であった[34]。この経緯に照らし、この地域的拡張適用申立は、集団的労働条件交渉から離脱した1社及び新規参入してくる2社に関して、労働条件を揃えさせて、公正競争の基盤を整えることを目的としてなされたものであるといえよう。

　なお、旭川ハイヤー労働組合協議会事件は、労働委員会の取下勧奨により取下を余儀なくされて終わった。

第3款　地域的拡張適用制度の具体的役割③
政策課題の実現

　労働条件の引き上げは相当程度社会的に普及した時点で法制化される。法制化がなされれば、法によって、社会全体に労働条件の引き上げが強制され、かつ、労働コストの最低基準が設定され、各事業分野における事業者相互間の公正競争、及び、複数の業種相互間（例えば、化繊と綿紡績、トラック輸送と鉄道輸送等）での公正競争の実現が図られる。

　労働条件を引き上げるための法制化は、当該引き上げが相当程度に社会的に普及し浸透した段階に至らなければ困難である。そこで、産業別組織、ナショナル・センター、又は、ローカル・センターが、労働条件に関する特定の政策課題を実現させ、最終的に立法化に至らせるという戦略目標を実現させるため

34　中央労働時報372号21頁。

に、法制化に至らない時点で、当該政策課題に関する労働条件の引き上げを社会的に普及させ、最終的に法制化を獲得するための戦術的な手段として、労働協約の地域的拡張適用の制度を利用して、特定の地域と事業分野で一斉に特定の分野での労働条件の引き上げを図ることがある。

具体的には、最低賃金制度の確立（→1）、週休二日制の実現（→2）がある。

1　最低賃金制度の確立

(1)　稲生石灰労組協議会事件

稲生石灰労組協議会事件（No.15事件・拡張適用肯定）は、1957（昭和32）年の時点で、最低賃金のみを定める労働協約の地域的拡張適用を肯定した事案である。この当時、最低賃金制度の確立を求める世論は大きく高まっていた。

具体的にいえば、使用者が自ら積極的に最低賃金制度を作る動きが、この当時、全国で見られた。すなわち、1956(昭和31)年に、静岡県の缶詰業者らが業者間協定による最低賃金制度を発足させ、これ以降、労働省の各都道府県労働局の積極的な指導助成もあって、鳥取県境港の塩干魚製造業、和歌山県新宮の鉄工業、横浜市・手捺染業などでも業者間協定による最低賃金制度が広がった。この結果、1959(昭和34)年に最低賃金法が制定され旧第9条により業者間協定による最低賃金制度についての法的根拠が付与された時点では、既に127の協定が存在していた[35]。

また、この当時、総評は、16項目の闘争目標の一つとして最低賃金制度を掲げた。この一環として、高知県下では、県総評及び民間労組の中核組合であった稲生石灰労働組合協議会（企業別の13組合の連合体）が、賃上げ交渉と平行して、最低賃金制度の確立を求める団体交渉を行い、賃上げ交渉の妥結後に最低賃金制度についての労働協約を締結するに至った。そして、労働協約の締結の1週間後に、県下一円に地域的拡張適用することを求める申立がなされた[36]。

これらの経緯に照らし、全国規模で最低賃金制度を法制化させるという政策課題の実現のための方法の一つとして、地域的拡張適用の申立がなされたということができる。

---

[35]　労働省労働行政史（三）700頁、労働省労働基準局賃金課『業者間協定一覧』（加除式　部内資料 1959）。

[36]　労働委員会年報12号〈昭32〉136頁、中央労働時報315号35頁。

⑵　滋賀亜炭鉱業労働組合連合会事件

　滋賀亜炭鉱業労働組合連合会事件（No.17事件・拡張適用肯定）は、亜炭鉱山における坑内夫・坑外夫・選炭婦の職種別に8時間当たりの最低賃金を定める労働協約の地域的拡張適用を肯定した事案であり、前記の稲生石灰労組協議会事件（No.15事件・拡張適用肯定）の翌年である1958(昭和33)年に滋賀地労委で決議がなされている。

　この滋賀亜炭鉱業労働組合連合会事件の場合、総評の最低賃金制度確立の方針の下で、県地評が積極的な指導を行い、亜炭労連が労働条件統一化の方針を打ち出し、その第一段階として最低賃金の統一を巡る労働協約の締結を取り上げて団体交渉を申し入れ、交渉が行われた。その結果、採炭夫（坑道の先端で亜炭を採掘する男性労働者）については各鉱山毎に坑内条件が異なるので一律に最低賃金を協定するのは困難であり今後の研究課題とされたが、それ以外の坑内夫・坑外夫・選炭婦については一律の最低賃金額について労使の意見の一致をみて、協約が締結されるに至った[37]。

　これらの経緯に照らし、この事件についても、稲生石灰労組協議会事件と同様に、単に当該地域の当該産業の労働者の賃金を引き上げるためだけでなく、全国規模での最低賃金法の制定を獲得するという政策課題の実現のために、地域的拡張適用の申立がなされたということができる。

2　週休二日制の実現／ゼンセン同盟事件

　欧米諸国では、1950年代以降、週休二日制が労働協約によって一般化した。日本においても、1965(昭和40)年以降、大企業を中心に月1回、月2回、隔週等の土曜休日制が採用されたが、中小企業では普及率が低かった。

　これは、ゼンセン同盟の組織する繊維産業でも同じであり、1970年代に中規模以上の企業では年間90日以上の休日を確保していたが、中小企業では普及率が低かった。この状況の下で、ゼンセン同盟は、1976(昭和51)年以降、繊維関係の中小企業でも土曜休日を普及させるために、労働協約の地域的拡張の方法を用いるという戦略的方針を立てた。この方針を具体化して、年間休日を最低86日とする労働協約の拡張適用を求めたのが、ゼンセン同盟事件（No.22・No.24・No.26事件）であり、いずれも、拡張適用が肯定された（その経緯の詳細については前掲第3節）。

---

[37]　労働委員会年報13号〔昭33〕163頁、中央労働時報336号20頁。

このように週休二日制を着実に普及させるための手段として、労働協約の地域的拡張適用制度が活用された。そして、日本社会全体で週休二日制の普及が進んだことを踏まえて、1987(昭和62)年の労働基準法改正により、週法定労働時間が48時間から40時間に改められ、時間短縮は10年間で段階実施された。これに伴い週法定労働時間が44時間となる時点で、年間休日に関する労働協約の地域的拡張適用はその歴史的使命を終えた。

この経緯に照らしても、ゼンセン同盟事件の申立は、週休二日制の普及促進を図り、週法定労働時間を40時間とするための社会的基盤を整備するという政策課題の実現のための方法の一つとして、製造業や流通産業等を産業横断的にカバーする単一労働組合の主導の下で行われたものであった。

第4款　地域的拡張適用申立に関する実務上の留意事項

過去の先例、及び、ゼンセン同盟の取組みの経緯に照らし、今後、労働組合あるいは使用者が労働協約の地域的拡張適用制度を活用しようとする場合における実務上の留意点として、政策課題実現のための戦略的視点（→1）、関係事業者の意向（→2）、拡張適用される条項の選択（→3）、「一の地域」と「同種の労働者」の特定（→4）について、以下のとおり指摘する。

なお、理論的な検討課題や留意点については後掲第2部で取り上げる。

1　政策課題実現のための戦略的視点

労働協約によって労働条件の引き上げを図ることは、労働組合の存在意義の根幹をなすものであり、そのこと自体に極めて重要な意味がある。

その上で、地域的拡張適用の申立をなすことを検討する際には、単に労働条件の引き上げを図ることだけを目的とするのでなく、労働組合が獲得しようとしている政策課題を実現させるための戦略的視点をもって、申立の内容について検討することも重要である。

過去の先例を見たとき、拡張適用が肯定された事案は、二つの類型に分けることができる。一つは、中小零細企業の労働条件の引き上げ、維持、引き下げ防止を目的として地域的拡張適用の申立がなされた事案である。もう一つの類型は、最低賃金制度の確立、週休二日制度の確立等の政策課題の実現を目的として掲げて申立がなされた事案である。

地域的拡張適用制度は、労働協約の当事者ではない使用者に、労働協約所定

の事項を遵守させ、経営上の負担を強いるものであるから、この負担を強いることを正当化できるだけの「大義名分」を目的として掲げている事案の方が、これを伴わない事案と比較して、結果として拡張適用が肯定されやすいと言うことができる。

例えば、もし、賃金に関する労働協約の拡張適用を検討するのであれば、単なる関係労働者の利益だけでなく、日本で深刻化している「ワーキング・プア問題」に歯止めを掛けること等の政策課題実現の必要性を強調することも重要である。また、もし、休憩・休息・休日に関する労働協約の拡張適用を検討するのであれば、自動車運転労働に関して連続11時間以上の休息時間を義務付けることによって過労運転による事故を予防する、深夜営業を規制することにより人間の生理に反する深夜労働を減らす、元旦営業を規制することにより国民的な一斉休日の実現を図る等々の政策課題実現の必要性や目的を明確にすることも重要であろう。

2　関係使用者の意向

過去の先例のうち、調査・審査の経緯が判明している事案においては、すべて、協約締結当事者である使用者の意向や、拡張適用の対象となる使用者の意向を確認するための調査が行われている。この関係使用者の意向の調査は、労働組合法の定めるものではないが、労働協約の拡張適用が拡張適用対象の使用者に経済的負担をさせることに鑑みれば、適正手続を確保する観点から、拡張適用対象使用者にも意見陳述の機会を付与する必要がある（→後掲第2部第4章第1節第5款）。

協約締結当事者である使用者又は拡張適用の対象となる使用者が拡張適用に反対する意見を陳述しても、労働組合法18条は、労働協約の拡張適用の要件として、協約締結当事者である使用者の意向や、拡張適用対象使用者の同意を挙げていないから、労働委員会は地域的拡張適用を肯定する決議をなすことが可能である。過去の先例を見ても、全日本港湾労働組合九州地方唐津支部事件（№11事件）では、低賃金を背景にダンピング受注を行おうとする新規参入企業の強い反対があったが、労働協約の一部拡張適用を肯定する中間決議がなされている。この例に照らしても、拡張適用の対象となる使用者の強い反対があっても、そのことは拡張適用を否定する決定的な障害要因とはならないことは明らかである。

ただ、過去の先例の全体的傾向を見ると、協約締結当事者である使用者や拡

張適用対象使用者が拡張適用に積極的に賛成している事案では、労働協約の拡張適用が肯定されている。これに対して、関係使用者が拡張適用に反対している事案では、最終的に労働協約の地域的拡張適用を肯定する決議がなされるに至らず、申立の取下で終わっている例が少なくない。

　これらの先例に照らし、地域的拡張適用の申立を行おうとする労働組合は、拡張適用対象の使用者とどのような関係を築くのかについて、予め十分な検討をする必要がある。すなわち、ゼンセン同盟事件（No. 22・24・26事件）のように、協約締結当事者である使用者や拡張適用対象となる使用者の理解を得るために約5年間をかけて、説得活動を行いながら、小規模事業場を組織化しつつ当該事業場の労働条件引き上げを実行させるモデル・ケースを作ることにより、「経営が圧迫されるので実行不可能」という反対論を克服し、拡張適用対象の使用者の反対論が盛り上がるのを防ぐのか、それとも、全日本港湾労働組合九州地方唐津支部事件（No. 11事件）のように、拡張適用対象となる使用者の反対論を正面突破するのかについては、申立をする労働組合が予め十分に検討しておく必要がある。

3　拡張適用される条項の選択

　労働協約の条項中のいかなる条項に関して地域的拡張適用を行い得るのか、とりわけ、労働協約の中の規範的部分（個別の労働契約の内容を設定・変更するもの）のみを拡張適用し得るのか、それとも債務的部分（労働組合と使用者との間の権利義務関係を設定・変更するもの）についても拡張適用が可能なのかについては、理論上重要な問題である。この問題について過去の先例の詳細な内容と理論的検討については、後掲第2部第5章第1節で行う。ここでは、拡張適用される条項の選択に関して、実務的な視点から、拡張適用の申立をする際の選択肢について論じる。

　選択肢の第一は、拡張適用の申立をする際に、賃金や労働時間等の労働条件の基本的な部分を網羅しかつ使用者との協議条項等を含むフルセットの詳細な労働協約の拡張適用を求めるものである。これを全面的に肯定した先例として吉野連合労働組合事件（No. 7事件）や函館製材労組事件（No. 12事件）がある。また、部分的に肯定したと推測される例として中吉野工場労組事件（No. 9事件）がある。これらの事件では、いずれも、使用者側が反対論を展開していない。これに対して、賃金や労働時間等の労働条件の基本的な部分を網羅しかつ使用者との協議条項等を含むフルセットの詳細な労働協約の拡張適用を求めて

いる事案であって、使用者側が反対論を展開している場合には、牛深地区漁民労働組合事件（No.10事件）のように拡張適用の必要性を労働委員会が全面否定する決議を行っている例があり、否定する決議に至らなくても、地域的拡張適用に至らずに申立を取り下げて終わっている例が少なくない。

選択肢の第二は、拡張適用の申立をする際に、地域での最低賃金や年間最低休日数等の特定のテーマに絞り込み、そのために通常の労働協約とは別に特定のテーマの労働協約を締結して、地域的拡張適用の申立をしている例である。稲生石灰労組協議会事件（No.15事件）、滋賀亜炭鉱業労働組合連合会事件（No.17事件）、ゼンセン同盟事件（No.22・24・26事件）が、その例である。拡張適用されるべき条項を特定のテーマに絞り込んでいる場合、絞り込まれているテーマは、前掲1で指摘した政策課題実現の視点を具体的に強調しやすく、結果的に地域的拡張適用が肯定されるに至っている。

この二つの選択肢のいずれをとるのかは、拡張適用申立の戦略にかかわる事項であり、慎重な検討が必要である。

なお、この二つの選択肢を融合させて、第一回目の申立は、地域での最低賃金や年間休日数等の特定の一つのテーマに絞り込んで、地域的拡張適用の申立を行い、これを獲得した後に、第二次、第三次申立の時点で、順次、拡張適用を求める事項を拡大していくことも考えられる。この先例はないが、ゼンセン同盟事件の第二次申立と第三次申立の場合には、年間休日以外の労働条件の拡張適用を求めることについて、可能性の追求がなされてよかったのではないかと思われる。

4 「一の地域」と「同種の労働者」の特定

労働組合法18条所定の拡張適用の要件、すなわち、「一の地域において従事する同種の労働者の大部分が一の労働協約の適用を受ける」の意義については、後掲第2部第3章で詳細に論じることとする。ここでは、この要件の中で、「一の地域」と「同種の労働者」を特定することの重要性について指摘する。

ゼンセン同盟事件（No.22・24・26事件）の申立に至る経緯をみると、「一の地域」「同種の労働者」をどのように設定するかについて、長期間にわたる慎重な検討がなされている。それは、「一の地域」と「同種の労働者」を客観的に明瞭な基準で設定することが、「大部分」の要件を充足する前提だからである。ゼンセン同盟事件の場合には、「一の地域」と「同種の労働者」について、申立以前の段階で客観的かつ明瞭に絞り込んでいたことから、申立後の労働委

第3章　労働協約の地域的拡張適用の実践

員会における調査では、「一の地域」と「同種の労働者」については実質的な審査の対象とはならずにゼンセン同盟の申立がほぼそのまま肯定され、労働委員会での調査の重点は「大部分」の要件を数字として充足するか否かであった。地域的拡張適用が肯定された他の事件においても、「一の地域」と「同種の労働者」の範囲が明確に設定されている。

　これに対し、地域的拡張適用に至らなかった事件の中には、申立内容において、「一の地域」と「同種の労働者」について明確さを欠くものがある。特に、総同盟朝霞金属労組事件（No.20事件）の場合には、申立段階で「一の地域」「同種の労働者」について明確さを欠いていたため、労働委員会の調査は迷走し、最終的には申立の取下に至っている。また、私鉄総連北海道地本事件・第二次（No.25事件）に関しても、労働協約の適用対象に臨時職員が含まれていないにもかかわらず、地域的拡張適用の対象にはこれを含めようとしたために「同種の労働者」を巡る混乱が生じたのではないかと推測される。

　したがって、労働協約の地域的拡張適用の申立に当たっては、予め、「一の地域」と「同種の労働者」を客観的な基準により明確にした上で、これに該当する全事業場のリストを作成し、各事業場毎に、そこに就労する労働者の構成、特に、「同種の労働者」の数、労働協約の適用を受ける労働者の数、及び、拡張適用対象となる「他の同種の労働者」の数を集約した表（資料編Ⅱ・資料(10)参照）を作成することが重要である。

第 2 部　理論的考察

第 1 章　労働協約法理の再構成

第 2 章　地域的拡張適用制度の意義・趣旨・目的

第 3 章　地域的拡張適用の実質的要件

第 4 章　地域的拡張適用の決議及び決定

第 5 章　地域的拡張適用事項と効力・範囲

第1章　労働協約法理の再構成

第1節　問題の所在

　労働組合法は、労働協約に関して、14条（労働協約の効力の発生）、15条（労働協約の期間）、16条（基準の効力）、17条（一般的拘束力）、18条（地域的の一般的拘束力）の五つの条文を定めている。
（労働協約の効力の発生）
　第十四条　労働組合と使用者又はその団体との間の労働条件その他に関する労働協約は、書面に作成し、両当事者が署名し又は記名押印することによつてその効力を生ずる。
（労働協約の期間）
　第十五条　労働協約には、三年をこえる有効期間の定をすることはできない。
　2　三年をこえる有効期間の定をした労働協約は、三年の有効期間の定めをした労働協約とみなす。
　3　有効期間の定がない労働協約は、当事者の一方が、署名し、又は記名押印した文書によつて相手方に予告して、解約することができる。一定の期間を定める労働協約であつて、その期間の経過後も期限を定めず効力を存続する旨の定があるものについて、その期間の経過後も同様とする。
　4　前項の予告は、解約しようとする日の少くとも九十日前にしなければならない。
（基準の効力）
　第十六条　労働協約に定める労働条件その他の労働者の待遇に関する基準に違反する労働契約の部分は、無効とする。この場合において無効となつた部分は、基準の定めるところによる。労働契約に定がない部分についても、同様とする。
（一般的拘束力）

第十七条　一の工場事業場に常時使用される同種の労働者の四分の三以上の数の労働者が一の労働協約の適用を受けるに至つたときは、当該工場事業場に使用される他の同種の労働者に関しても、当該労働協約が適用されるものとする。

(地域的の一般的拘束力)

第十八条　一の地域において従事する同種の労働者の大部分が一の労働協約の適用を受けるに至つたときは、当該労働協約の当事者双方又は一方の申立てに基づき、労働委員会の決議により、厚生労働大臣又は都道府県知事は、当該地域において従事する他の同種の労働者及びその使用者も当該労働協約（第二項の規定により修正があつたものを含む。）の適用を受けるべきことの決定をすることができる。

2　労働委員会は、前項の決議をする場合において、当該労働協約に不適当な部分があると認めたときは、これを修正することができる。

3　第一項の決定は、公告によつてする。

　この中の、労働協約の地域的拡張適用制度（18条）に関する理論的検討を行うためには、その前提として、第一に、労働協約全体の理論的検討を行い、第二に、地域的拡張適用制度と並ぶもう一つの拡張適用制度である、工場事業場単位の拡張適用制度（17条）の理論的検討を行うことが必要である。

　そこで、本章においては、まず、労働協約について、①労働協約の意義・機能・法的性質、②労働協約の効力の発生、③労働協約の期間、④労働協約の対象事項、⑤労働協約の法的効力と効力の及ぶ範囲、⑥労働協約による労働条件の変更、⑦労働協約の終了と権利義務関係、⑧拡張適用制度の意義を検討する（→第2～9節）。

　次に、工場事業場単位の拡張適用制度について、①拡張適用制度の意義・趣旨・目的、②拡張適用の要件、③拡張適用の期間、④拡張適用される事項と効力、⑤拡張適用の法的効力と効力の及ぶ範囲、⑥拡張適用による労働条件の変更、⑦拡張適用の終了と権利義務関係を明らかにし、地域的拡張適用制度（第2章以下）との異同を明確にする（→第10節）。

　なお、第2部においては、「労働者」とは、労働組合法3条の労働者（労働組合法上の労働者）（川口(2011)、古川(2009)参照）を言う。また、「使用者」とは、労働組合法の適用される使用者であり、労働組合法上の労働者の労務供給契約の相手方等を言う（川口（2011）21～22頁参照）。

第2節　労働協約の意義・機能・法的性質

1　労働協約の意義

(1)　団結権保障の意義

　労働者個人は、一人では使用者と実質的に対等な立場で交渉することができず、その雇用保障及び労働条件の維持・向上を実現することは困難である。そこで、労働者の労働権を保障するために、憲法27条及びこれを具体化する個別的労働関係法の領域の法律は、労働条件の最低基準及び労働契約に関するルールを設定し、直接、労働契約の内容、労働条件の決定・変更、懲戒処分、労働契約の終了等を規律する。

　これに対して、憲法28条及びこれを具体化する労働組合法は、労働者（勤労者）に団結権、団体交渉権、団体行動権を保障し、労働者が自らこれらの権利を行使することによって、使用者と実質的に対等に交渉し、その雇用の保障と労働条件の維持・向上を実現することを可能とするものである。団結権等は集団的に行使される権利であるので、労働者が他の労働者と連帯して権利を行使することは当然であるが、団結権、団体交渉権、団体行動権の保障は、自ら団結権等を行使する労働者の雇用の保障と労働条件の維持・向上を目的とするもので、自ら権利を行使しようとしない他の労働者の雇用の保障と労働条件の維持・向上が目的ではない。

　なぜなら、自ら団結権を行使する労働者の雇用を保障し労働条件を維持・向上させなければ、労働者が自ら団結権を行使しようとする意欲を減退させ、労働者の団結活動が低下し、労働者全体の雇用・労働条件も低下することにつながるからである。

　したがって、団結権等の保障の目的は、団結権等を行使する労働者の雇用を保障し労働条件の維持・向上を図ることであると解することは、自ら団結権を行使する労働者を増大させ、団結活動を活発化・強化し、労働者全体の雇用の保障と労働条件の維持・向上へとつながるのであって、労働者全体の雇用の保障と労働条件の維持・向上という労働法全体の目的と矛盾するものではない。

(2)　労働協約の意義

　労働協約は、労働協約を締結した労働者代表組織（労働組合）の構成員（組

合員）であり、自ら団結権、団体交渉権等を行使し、当該労働組合のために費用（組合費）を負担し、労力（組合の組織運営に参画し、組合活動をなし、団体交渉に出席し、組合役員として活動する等）を提供する労働者の雇用を保障し、その労働条件を維持・向上させることを目的とするものである。

すなわち、労働協約の意義・目的は、協約当事者[1]である労働組合の組合員の雇用保障と労働条件の維持・向上である。そして、このように解することにより、自ら団結権を行使し労働組合に加入する労働者が増大し、団結活動が活発化・強化され、団体交渉が活発に行われ、よりよい労働条件を定める労働協約の締結へと結実していくのであり、労働協約の定める労働条件が高くなり、労働協約の適用される労働者（組合員）の範囲が拡大されれば、やがて、労働者全体の雇用の保障と労働条件の維持・向上へと発展していくのである。

労働協約が協約当事者である労働組合の組合員の雇用保障と労働条件の維持・向上を目的とすることは、労働者全体の雇用保障と労働条件の維持・向上という労働法全体の目的と矛盾するものではない。

2 労働協約の具体的機能

労働組合の組合員の雇用保障と労働条件の維持・向上という労働協約の目的を実現するために、労働協約は具体的にどのような機能を有するものであろうか。

従来、企業別・事業場別労働協約、及び、企業横断的・業種横断的な労働協約が果たしてきた機能の分析（→前掲第1部第2章）をふまえて検討するならば、労働協約の具体的役割・機能は、①雇用・労働条件保障、②団結の強化、③集団的労使関係ルールの設定、④紛争処理システムの補充、⑤使用者相互間及び労働者相互間の公正競争の実現の五つに大別することができる。

---

[1] 本書では、労働組合法14条所定の「労働協約」の「両当事者」である「労働組合と使用者又はその団体」を「労働協約当事者」「協約当事者」又は「協約の当事者」と呼ぶ。労働協約には、「労働協約当事者」だけでなく、これ以外の者が、「労働協約当事者」と連名で、署名又は記名押印することがある。例えば、複数の使用者の窓口となった事業者団体が『立会人』等の立場で、使用者と並んで署名又は記名押印することがある。また、争議解決のための労働協約の調印の際に、労働組合法に適合しない争議団又は争議団員個人が『確認者』等の立場で、労働組合と並んで署名又は記名押印することがある。しかし、これらの者は、本書でいう「労働協約当事者」等には含まれないことを念のために確認しておく。

第1章　労働協約法理の再構成

(1) 雇用・労働条件保障

　労働協約の機能の一つめは、労働者の雇用・労働条件保障である。具体的には、以下のとおりである。
　第一は、労働協約の適用対象となる労働者の具体的な労働条件について、法律上定められた労働条件の上積みを行い、あるいは、詳細化することである（個別的労働関係法の領域の法律の上積み・補充）。
　第二は、労働協約の適用対象となる労働者の労働契約の終了（解雇、雇止め等）、労働条件の変更（配転・出向、降職・降格・降給、時間外労働、定年後の再雇用等）、懲戒等について、これを行う上での要件と手続を明確化し、異議申立機関の設置と手続の明確化を行い、当該手続への労働組合の関与等を定めることにより、使用者の権利の行使等について実質的要件と手続的要件を明確化し、これを合理的な範囲に限定することである（労働契約法の上積み・補充）。
　第三は、第二とも関係するが、労働協約の適用対象となる使用者について、工場・事業場の新設・移転、新しい生産設備の導入、外注等、労働条件にも影響を与える経営判断・方針を使用者が決定する前に組合と協議すること等を定めることにより、労働者の雇用・労働条件を保障することである（経営判断・方針への関与）。

(2) 団結の強化のための措置の拡大・具体化

　労働協約の機能の二つめは、労働協約の適用対象となる使用者において、組合事務所・掲示板の貸与、チェック・オフなどの便宜供与、組合専従休職などの組合活動、ユニオン・ショップなどの組織強制等、労働組合の団結を強化するための措置を定めることにより、憲法28条の団結権保障の内容を具体化し、労働組合法で定められた団結権保障の内容について上積みを行い、あるいは、具体化することである（労働組合法の上積み・補充）。

(3) 集団的労使関係ルールの具体化

　労働協約の機能の三つめは、団体交渉や労使協議、争議行為の開始の手続等、法律で定められていない集団的労使関係のルールを具体化することである（労働組合法等の補充）。企業を超えたレベルでの労働協約においては、使用者団体と労働組合の集団的労使関係のルール化も可能である。

(4) 労使紛争処理システムの補充

労働協約の機能の四つめは、一つめや三つめとも関連するが、個別の労使紛争や集団的労使紛争の処理のための手続等を定めることにより、法律の定める労使紛争処理システム（裁判所、労働委員会、紛争調整委員会等）に加えて、労使の紛争処理システムを整備することである（紛争処理システムの補充）。企業を超えたレベルでの労働協約では、使用者団体と労働組合の集団的紛争処理システムの設定も可能である。

(5) 公正競争の実現

労働協約の機能の五つめは、公正競争の実現である。

具体的には、第一に、労働協約の適用対象となる労働者の労働条件基準を設定することにより、労働者間の労働条件引き下げ競争を阻止し、労働者間の公正競争を実現することである。企業別・事業場別労働協約では、当該企業・事業場における労働者間の公正競争に限定されるが、企業を超えたレベルでの労働協約では、企業を超えたレベルでの労働者間の公正競争を実現することが可能である。

第二に、労働協約の適用対象となる労働者の労働条件基準を設定し、また、労働協約の適用対象となる使用者に対して労働組合の団結の強化のための措置を義務付けること等により、使用者の人件費等のコスト引き下げ競争を阻止し、使用者間の公正競争を実現することである。企業別・事業場別労働協約では使用者間の公正競争を実現することはできないが、企業を超えたレベルの労働協約では、使用者間の公正競争も実現することができる。

3 労働協約の法的性質と労働組合法

(1) 債務的効力と規範的効力

労働協約は、①労働協約当事者である労働組合と使用者又はその団体との間の一種の契約であるとともに、②労働協約の中の「労働条件その他の労働者の待遇に関する基準」を定めた部分は、労働協約の当事者ではない第三者である労働者の労働契約を規範的効力（強行的・直律的効力）により規律することが労働組合法に定められている（16条）。したがって、現行法において、労働協約は、当事者間の契約であるとともに一種の法規範でもあるという二重の法的性質を有する。

労働協約の当事者間の契約としての効力（いわゆる債務的効力）については、

第1章　労働協約法理の再構成

特に労働組合法に規定がなくても契約の一般原則より肯定することができる。それでは、労働協約の規範的効力（強行的・直律的効力）は、労働組合法16条により創設されたものであろうか、それとも、別の法的根拠から導き出すことが可能であろうか。換言すれば、労働組合法16条は、労働協約の規範的効力を創設する規定であろうか、それとも、別の法的根拠から導かれる労働協約の規範的効力を確認する規定であろうか。

(2) 規範的効力の意義

まず、前提として確認しなければならないのは、規範的効力の意義である。具体的には、「労働協約がその規範的効力により労働契約の内容を規律する」ということと、「労働協約が定めた基準と同じ基準が労働契約の内容となる」ということは、区別されなければならないということである。

「労働協約が定めた基準と同じ基準が労働契約の内容となる」ことについては、その法的効果は、仮に労働協約に規範的効力がなくても、次の①から③のいずれかの法的根拠により導くことができる。

①　労働契約の内容は労働協約の定めによるという民法92条の「事実たる慣習」が存在する。
②　労働協約を使用者と労働組合の「第三者のための契約」と解する。
③　労働協約の定めと同じ定めを労働契約の内容とする労働者と使用者の「合意」が存在する。

上記①の場合には、当該慣習によるという労働者と使用者の合意、上記②の場合には、利益享受の労働者の意思、上記③の場合には、労働者と使用者の合意を媒介に、労働協約の定めと同じ内容を労働契約の内容とすることができる。

しかし、これらは、あくまで、労働契約当事者の合意または意思を媒介として労働協約の定めと同じ内容が労働契約の内容となるものである。

また、上記①の「事実たる慣習」については労働契約の当事者はこれと異なる合意が可能であり、上記②の「第三者のための契約」については労働者はこれを享受しないことが可能であり、上記③の「合意」については、労働者と使用者は、合意しないことも、また、労働協約の定めとは異なる合意をすることも可能であり、いずれにせよ、労働契約当事者の合意または意思により、労働協約の定めを労働契約の内容としないことが可能である。

これに対して、「労働協約がその規範的効力により労働契約の内容を規律す

る」ということは、労働協約の規範的効力（強行的・直律的効力）が、労働契約当事者の合意あるいは一方当事者の意思による逸脱を認めない限り（労働協約自身が逸脱を認めた場合は、それが労働協約の定める基準となるから、労働協約の規範的効力と矛盾しない）、労働契約当事者の合意又は意思とは無関係に、労働協約の定めた基準に違反する労働契約の部分を無効とし、無効となった部分については労働協約の基準と同じ内容に修正し、労働契約に定めのない部分については、労働協約の基準と同じ内容で労働契約の内容を補充するものである。

(3) 確認規定説① 慣習説

労働組合法16条は確認規定であり、別の法的根拠から労働協約の規範的効力を導くことができるという説の一つとして、「労働協約は法例2条（現行法では、法の適用に関する通則法3条）にいう法律と同一の効力を有する慣習であり、かつ、強行的・直律的効力を有する法律と同一の効力を有する」という「慣習説」が存在する[2]。

しかし、当該労働協約が関係当事者（使用者及び労働者）にとって「法律と同一の効力を有する慣習」であるといえるかどうか、しかも、「強行的・直律的効力を有する法律と同一の効力を有する」といえるかどうかは、事実認定の問題であり、裁判官の判断に委ねられるところ、労働組合法14条の要件を充足する労働協約であっても、全ての労働協約が労働協約締結時から規範的効力を有する慣習であると認められるかどうか、特に、人的・地理的適用範囲が狭い労働協約について「慣習」であることが肯定されるかは疑問である。

(4) 確認規定説② 憲法28条説

また、労働組合法16条は確認規定であるという説の一つとして、「労働協約の規範的効力は憲法28条から導かれる」という「憲法28条説」がある[3]。

労働組合法は憲法28条の団結権等の保障を具体化するものであり、憲法28条が労働協約の規範的効力を認める労働組合法16条の根底にあることは疑いない。しかし、憲法28条の団結権・団体交渉権保障の定めから労働協約の規範的効力が直ちに導かれると解すると、憲法28条の団結権・団体交渉権の享

---

[2] 末弘、前掲第1部第1章3款1(4)。
[3] 盛労働法総論・労使関係法(2000)325頁等。

受主体には労働組合法2条本文のみを充足する自主性不備組合（憲法組合）や一時的団結体も含まれ、また、特に要式行為であることは必要とされていないから、「自主性不備組合や一時的団結体と使用者との間の書面によらない合意」にも規範的効力が発生することになる。そして、労働組合法14条が、労働協約の効力の発生を、協約当事者が労働組合法上の労働組合であり所定の要式を充足している場合に限定していることは憲法28条と矛盾することになる。

しかし、労働協約の規範的効力は、それが協約当事者ではない労働者の労働契約を労働者の意思とは無関係に規律するという重大な効力であることに鑑みると、憲法28条の団結権・団体交渉権保障から直ちに導かれるものではなく、一定の要件を充足した「労働協約」について、労働組合法16条の補充により認められる法的効力であると考えるべきであろう。

(5) まとめ

以上述べたように、労働協約の規範的効力は、憲法28条の団結権・団体交渉権保障を根底に有し、また、慣習として規範的効力を認められる場合もあると解されるから、労働組合法16条によって全く新しく創設され「天から降ってきた」効力ではない。

しかし、労働協約の規範的効力は、憲法28条から直ちに導かれるものではなく、「強行的・直律的効力を有する法律と同一の効力を有する慣習」に該当しなくても、一定の要件を充足した「労働協約」について、労働組合法16条が補充し明確化した法的効力であると考えるべきであろう。

第3節　労働協約の効力の発生

1　労働協約の当事者

(1)　「労働組合と使用者又はその団体」

労働協約の効力の発生は、労働協約の当事者が、「労働組合と使用者又はその団体」（労組法14条）であることを要件とする。

(2)　「労働組合」

労働組合法においては、同法2条が労働組合法でいう「労働組合」（「労働組合法上の労働組合」）を定義している以上、同法における「労働組合」という文

言は、同法2条を充足する「労働組合法上の労働組合」[4]であると解される。したがって、具体的には、労働組合法2条と5条2項を充足する「法適合組合」、及び、労働組合法2条を充たすが5条2項を充たさない「規約不備組合」が、「労働組合法上の労働組合」であり、労働協約の当事者となり得る。

　これに対し、労働組合法2条本文を充たすが但書1・2号に該当する「自主性不備組合（憲法組合）」は、憲法28条の保障する団結権・団体交渉権等の享受主体ではある。しかし、労働協約の規範的効力は憲法28条からは直ちに導かれず、労働組合法16条により補充・明確化されたものであるところ（→前掲第2節3）、規範的効力をも有する「労働協約」の当事者となりうるのは、労働組合法2条を全て充足する「労働組合法上の労働組合」に限定されるので、「自主性不備組合（憲法組合）」は労働協約の当事者にはなり得ない[5]。また、労働組合内の社団的組織を整えていない職場集団[6]や一時的労働者集団・争議団も、労働協約の当事者にはなり得ない[7]。

(3) 「労働組合」以外の組織と使用者の合意

　労働組合法上の労働組合以外の、「自主性不備組合（憲法組合）」、職場集団、一時的労働者集団・争議団は、労働協約の当事者にはなり得ないので、使用者又は使用者団体との合意は、書面によるかどうかにかかわらず、労働協約ではない。したがって、労働者側に社団性がある限り、当該合意に、当事者間の「契約」としての効力を肯定することはできるが、労働契約に対する規範的効力はなく、労働契約の内容を規律するものではない。

　しかし、当該合意については、労働協約としての効力が認められなくても、代表者が各労働者から代理権を付与され一括して労働契約を締結したと解されるときは、その合意の内容は各労働契約の内容となる。

---

[4] 「労働組合法上の労働組合」は、単位労働組合のみならず、単位労働組合の上部団体である連合体、または、単位労働組合内の下部組織である支部・分会も該当しうる。

[5] 同じ結論のものとして菅野労働法(2010)591-592頁等。形式的に労組法2条但書に該当しても実質的に同条本文の要件を充足する場合は協約当事者となりうるという見解として、盛労働法総論・労働関係法(2000)150、152、327頁、西谷労組法(2006)80-81頁等。

[6] ただし、当該職場集団の職場委員が、労働組合法上の労働組合から労働協約締結の代表権限を付与された場合は、当事者は当該労働組合である（菅野労働法(2010)592頁）。

[7] 同じ結論のものとして西谷労組法(2006)335頁、菅野労働法(2010)592頁等。

(4) 団体交渉の当事者と労働協約の当事者

　憲法 28 条の団結権・団体交渉権等の享受主体は、労働組合法上の労働組合のみならず、「自主性不備組合（憲法組合）」及び一時的労働者集団・争議団も含まれるから、「自主性不備組合（憲法組合）」及び一時的労働者集団・争議団は、団体交渉の当事者となることはできるが、労働協約の当事者となることはできない。

　しかし、団体交渉は個別労働者と使用者との紛争も対象とし得るし（組合員の解雇撤回等）、労働協約化しなくても紛争が解決する場合もある。また、前記(3)で検討したように、「自主性不備組合（憲法組合）」や一時的労働者集団・争議団と使用者の合意は、労働者側に社団性がある限り、協定当事者間の「契約」としての効力を肯定できるし、代表者が各労働者から代理権を付与され一括して労働契約を締結したと解してその合意の内容を各労働契約の内容とすることも可能である。

　したがって、団体交渉の当事者が労働協約の当事者となれないとしても、憲法 28 条の団体交渉権を享受していることの意義がなくなるわけではない。

(5)　「使用者又はその団体」

　労働協約の当事者たる「使用者」は、個人企業であればその個人事業主、法人企業であればその法人である。

　団体交渉が工場事業場単位で行われ、工場事業場の責任者（工場長、支社長等）が労働協約の一方当事者となって、労働協約が締結される場合があるが、この場合、工場事業場の責任者は、「使用者」である個人事業主又は法人から当該工場事業場に適用される労働協約に関する交渉・妥結・協約締結の権限を授権された代理人であり、締結された労働協約の当事者たる「使用者」は委任者である個人事業主又は法人である。

　労働協約の当事者たる「使用者団体」は、構成員たる使用者のために統一的団体交渉を行い協約を締結し得ることが規約又は慣行上予定され、その締結のために意思統一と統制をなし得る団体である。このような団体以外の使用者団体が、一時的に交渉権限・協約締結権限を委任され代理人として労働協約書を作成し、署名又は記名押印した場合は、協約当事者は個々の使用者となる[8]。

---

[8]　菅野労働法(2010) 592-593 頁。

2 労働協約の要式

(1) 書面作成と署名又は記名押印
　労働組合法は、労働協約は、①書面に作成し、②両当事者（労働組合と使用者又は使用者団体）が署名し又は記名押印することによってその効力を生ずると定める（14条）。書面に作成されていれば、その書面の表題、形式を問わない。

(2) 書面性を欠く労使合意の規範的効力
　書面性を欠く労使合意の効力については、都南自動車教習所事件の最高裁判決[9]が判示するように、「書面に作成され、かつ、両当事者が署名または記名押印しない限り、仮に労働組合と使用者との間に労働条件その他に関する合意が成立したとしても、これに労働協約としての規範的効力を付与することはできない」と解すべきである。けだし、同判決がその理由として判示しているように、労働協約は、①規範的効力（労組法16条）、②一般的拘束力（労組法17条、18条）、③就業規則に対する規制（労基法92条）等の法的効力を付与されているので、その存在及び内容は明確なものでなければならないところ、労働協約は複雑な交渉過程を経て団体交渉が最終的に妥結した事項につき締結されるものであり、口頭による合意又は必要な様式を備えない書面による合意のままでは後日合意の有無及びその内容につき紛争が生じやすいので、意味内容の解釈やその履行をめぐる不必要な紛争を防止するために、団体交渉が最終的に妥結し労働協約として結実したものであることをその存在形式自体において明示する必要があるからである。

(3) 同一書面に記載されていない労使合意の規範的効力
　労使の合意内容が同一書面に記載されていない場合の労使合意の効力について、医療法人南労会事件の大阪地裁判決[10]は、「労組法14条が労働協約につき書面化を要求する趣旨が労使間の合意を明確化し、後日の紛争を防止することに尽きるとすれば、労使間の妥結内容が当事者間で明確化されている限り、一通の書面によらなければならない必然性はない。しかし、書面性の趣旨は、右に尽きるものではなく、ほかにも、例えば、労使間の将来を律する重要な行為

---

[9] 最三小判平成13・3・13民集55巻2号395頁、労判805号23頁。
[10] 大阪地判平成9・5・26労判720号74頁。

をなす場面であること（労働協約には規範的効力があるほか、組合員以外の第三者に対しても一般的拘束力が及ぶ場合がある。）を両当事者に自覚させ、慎重な判断の下に協約が締結されることを手続面から担保しようとした点も挙げることができるのであって、右の点にかんがみれば、………往復文書による協約締結は、労組法14条の予定しないものというべきであ」と判示し、その労働協約としての規範的効力を否定する。

しかし、労使間の妥結内容が当事者間で明確化されている場合[11]（ただし、その証明責任は規範的効力を主張する側が負う）、労働協約としての規範的効力を否定すべき理由はなく、肯定すべきであろう。

(4) 規範的効力を否定される「労使合意」の法的効力

それでは、法所定の要式を欠くために労働協約としての規範的効力を否定される「労使合意」については、どのような法的効力を認めることができるであろうか。

まず第一に、当該「労使合意」は、契約の成立要件を充足している限り、当事者である労働組合と使用者との間の契約としての効力が認められる。

第二に、労働組合が各労働者から代理権を付与され一括して使用者と労働契約を締結したと解されるときは、その労使合意と同じ内容が個別労働者と使用者の合意により個別労働契約の内容となる。また、当該労使合意に労働協約としての効力が認められなくても、当該労使合意による一時金支払いの約定等について、労働協約が締結されていないとの理由による使用者の支払拒絶の主張が信義則違反であると解される場合もある[12]。

3 手続

労働組合法14条は、労働協約の効力発生要件として、当事者及び要式のみを定めており、それ以外の労働協約締結手続については、組合自治に委ねている。

したがって、当該労働協約が、組合規約所定の手続を履行したことが必要であり、特に、労働協約の規範的効力に不利益変更効を認め、労働条件の不利益変更を肯定し得るためには、所定の手続の厳格な履践と、組合内部の民主的手

---

[11] 具体的には、労働協約締結のための案文等の提示ではなく、労働協約締結の申込みである旨が書面上明記され、これに対する承諾が別文書でなされる場合が想定される。

[12] 秋保温泉タクシー事件仙台高決平成15・1・31労判844号5頁。

続と意思形成を経て締結されることが必要である[13]。

第4節　労働協約の期間

　労働協約は、第一に、有効期間の定めをする場合は、3年を限度とし、3年を超える有効期間の定めをした労働協約は3年の期間の定めをした労働協約とみなされる（労組法15条1、2項）。

　第二に、有効期間の定めをしない場合、又は、有効期間の定めをするが期間経過後も期限を定めず効力を存続する旨の定めがある場合は、当事者の一方が署名又は記名押印した文書により、少なくとも90日前に相手方に予告することによって、解約することができる（労組法15条3、4項）。

　合意による解約はいつでも可能である。

　労働協約に協約当事者のいずれかまたは双方から協約を終了させる旨の意思表示がなければ協約を更新する旨の自動更新条項があり、自動更新後の協約の有効期間を定める場合、更新後の協約の有効期間の上限は3年である。自動更新条項に再更新条項がない場合には自動更新は1回のみである。自動更新条項に再更新条項（例「1回目の自動更新期間の満了時までに協約当事者の一方又は双方から協約を終了させる意思表示がない場合には、さらに〇年間自動的に更新されるものとし、2回目以降も同様とする。」）があれば、自動更新を反復させることが可能である。

　これに対して、期間が満了しても新協約の締結に至らない場合に、新協約の締結に至るまでの暫定的措置として、新協約締結まであるいは一定期間、協約の有効期間を延長する旨の自動延長条項がある場合は、協約の有効期間は自動延長された期間を併せて3年が上限となる。

13　中根製作所事件の東京高裁判決（東京高判平成12・7・26労判789号6頁）は、①当該労働組合の組合規約上、労働協約の締結と改廃については、全組合員によって構成され、最高の決議機関である大会の付議事項とされていたこと、②昭和50年代以降、労働協約締結等のために臨時組合大会が開催されたことはなく、労働協約の締結も含め、職場会における意見聴取、代議員会における決議によって組合の意思決定がなされてきたが、このような手続で意思決定をしてきた労働協約は、賃金等重要な労働条件について不利益に変更することを内容とするものではないので、従来とは異なり労働条件の不利益変更を内容とする本件労働協約締結につき、組合大会の付議事項としない扱いを肯定することはできないことを理由に、労働協約の効力（両面的規範的効力による労働条件の不利益変更）を否定している。

第5節　労働協約の対象事項

1　協約自治の原則

　労働組合法は、労働協約の内容について、「労働条件その他の労働協約」（14条）と表現しているのみで、労働協約の対象事項を特に限定していない。したがって、労働協約の対象事項は、協約当事者である労働組合と使用者又は使用者団体の自治に委ねられ、これを協約自治の原則と呼んでいる。

　労働組合法が「労働条件その他の労働者の待遇に関する基準」は規範的効力を有すると定めていること（16条）、及び、同法14条の文言からも、労働協約が「労働条件その他の労働者の待遇に関する基準」を含み得ることは明らかである。

　また、義務的団交事項については、労働組合と使用者との合意に至れば多くは労働協約化されることを労働組合法は予定していると解されるところ、義務的団交事項は、団体交渉を申し入れた労働者の団体の構成員たる労働者の「労働条件その他の待遇、又は、当該団体と使用者の間の団体的労使関係の運営に関する事項であって、かつ、使用者が決定することができるもの」である[14]。したがって、①構成員たる労働者の労働条件その他の労働者の待遇に関わる事項（構成員たる労働者の労働条件そのものではないがその労働条件に影響を与え得る他の労働者の労働条件等も含まれる[15]）、②集団的労使関係の運営に関する事項（組合員の範囲、組合活動への便宜供与、団体交渉の手続、労使協議制、苦情処理手続、争議行為の手続・制限等）、③経営、生産に関する事項（事業所の新設・移転、下請・外注等）であるが雇用・労働条件に関連するものであって、協約当事者たる使用者が決定することができるものは、労働協約の内容とすることができる。

　また、直ちに義務的団交事項とはいえないもの、例えば、株主総会での報告

---

[14]　INAXメンテナンス事件・最二小判平成23・4・12労判1026号27頁。
[15]　根岸病院事件東京高裁判決（東京高判平成19・7・31労判946号58頁）は、「非組合員である労働者の労働条件に関する問題は、………それが将来にわたり組合員の労働条件、権利等に影響を及ぼす可能性が大きく、組合員の労働条件との関わりが強い事項については、これを団交事項に該当しないとするのでは、組合の団体交渉力を否定する結果となるから、これも……団交事項にあたると解すべきである」と判示している。

事項を開示すること、会社の生産計画や、建物・施設の改廃、合併等の組織変更等について一定期日までに情報を開示すること等も、労働協約の内容とすることができる。

2　協約自治の限界

しかし、労働協約当事者が労働協約の対象事項を自由に決定するという、協約自治には、一定の限界がある[16]。

(1)　強行法規違反・公序違反

第一に、強行法規に違反する定めは当然に無効であり、公序違反（民法90条）の定めも無効である。たとえば、法令上認められた労働者の権利の行使（有給休暇、生理休暇、産前産後休業、育児時間等）を抑制し、実質的にその趣旨を失わせる定めは、公序違反で無効である[17]。

また、合理的理由なく、労働者個人の基本的権利や自由（思想・信条、表現、政治活動の自由等）を制約したり、訴権の行使を制約する定め[18]も公序違反で無効と解される。

また、すでに発生している労働者の賃金請求権を消滅・減額させる定めは、労働基準法24条に違反し無効である[19]。

---

[16]　菅野労働法(2010)598-601頁は、「労働条件を不利益に変更することができるかどうか」も「協約自治の限界」の問題として取り扱っているが、本書では、労働条件不利益変更の可否は協約の効力の問題（→後掲第6節2）として取扱い、「協約自治の限界」は、「協約で規制対象とできる事項かどうか」の問題に限定して取扱う。

[17]　たとえば、日本シェーリング事件の最高裁判決（最一小判平成元・12・14民集43巻12号1895頁）は、有給休暇、生理休暇、産前産後休業、育児時間、ストライキなどの組合活動の時間を不就労時間として賃金引き上げ基準の稼働率を算定する労働協約の規定は、「労基法又は労組法上の権利を行使したことにより経済的利益を得られないこととすることによって権利の行使を抑制し、ひいては右各法が労働者に各権利を保障した趣旨を実質的に失わせるものというべきであるから、公序に反し無効である」と判示している。

[18]　ただし、労災補償などで、損害賠償請求権を放棄して労働協約の定める上積み補償を受領することについて使用者と合意するか、それとも、かかる合意をせず使用者に損害賠償を請求するかを個別労働者又は遺族に選択させる労働協約の定めは、労働者の訴権を制限するものではないから、労働協約の内容としうると解される。

[19]　香港上海銀行事件の最高裁判決（最一小判平成元・9・7労判546号6頁）は、すでに発生した具体的な権利としての退職金請求権を事後に締結された労働協約の遡及適用

(2) 特定の労働者の労働条件と契約終了

　第二に、労働協約は、基本的には、適用対象となる労働者の雇用・労働条件（使用者の労働条件変更権、懲戒権、解雇権等の行使を含む）の「基準」を設定することにより、労働者個人及び労働者集団全体の雇用と労働条件を保障することを目的とするものである。したがって、労働協約は、具体的労働条件（賃金額の決定方法、労働時間、定年年齢等）の「基準」のみならず、使用者の形成権行使の「基準」（降格・降給、配転・出向、休職、時間外労働、懲戒処分、解雇等を行うことができる事由、対象者の選定基準、手続、不利益緩和措置等）も設定・変更することができる。そして、その適用により、個別労働者の具体的労働条件が決定され、また、使用者の形成権（降格・降給権、配転命令権、懲戒権、解雇権等）の行使により、当該労働者の労働条件が変更され、もしくは、労働契約が終了することがある。

　しかし、特定の労働者の労働条件の決定・変更や労働契約の終了そのものは、当該労働者の同意または委任がある場合でなければ、労働協約の内容とはできないと解すべきである。

　また、協約上、労働条件の決定・変更と労働契約の終了についての一般的な「基準」を定めずに、労働組合の同意があれば同意のあった労働者の労働条件の決定・変更又は労働契約の終了の効力が生じる旨を定めることについても、労働組合が特定の労働者の労働条件の決定・変更や労働契約の終了そのものを自由に決定することができることになり、特定の労働者の労働条件の決定・変更や労働契約の終了そのものを労働協約に定めることと等しい結果となるから、労働協約の内容とはできないと解すべきである。

　ただし、特定の労働者に関するものでも、労働条件の有利な変更（昇格・昇給）や、使用者の形成権行使の撤回（配転命令、解雇、懲戒処分等の撤回）等についての確認（地位確認、義務の不存在確認等）は、今後の他の労働者の雇用と労働条件保障にも資するものであるから、当該労働者の同意があれば、積極的に労働協約の内容とすることにも意義があろう。

(3) 退職金・定年年齢の不利益変更の可否

　第三に、退職金の計算方法の不利益変更や定年年齢の引き下げについて、既得の権利の侵害とまではいえないが、長期の期間にわたって成立・定着した期

　により処分・変更することは許されないと判示している。

待的利益の侵害として、既得権の侵害と同じく協約自治の範囲を超えると解することもできるとの見解[20]も存在する。

　しかし、同見解には賛同できない。退職金の計算方法の不利益変更や定年年齢の引き下げも、労働者全体の雇用の維持等のためにやむをえず必要な場合もある。また、不利益の程度を緩和させるために、労働組合が交渉し労働協約において確認する必要のある場合もある。したがって、これらを協約自治の限界として労働協約の対象から除外するべきではなく、労働協約の内容とし得るとした上で、労働協約の効力の肯否について判断すべきである。

(4)　個別的労働条件変更権創設の可否

　第四に、使用者の配転・出向命令権や時間外労働命令権等、個別的労働条件変更権を創設する規定について、出向は、民法625条1項の趣旨からその都度の労働者の同意が必要で、包括的出向命令権は労働協約、就業規則、労働契約のいずれによっても設定できず、配転は、労働基準法2条1項の労働条件対等決定の原則や契約自由・自己決定の実質化という理念から、包括的な配転命令権を定める労働協約の規定も就業規則の定めも規範的効力をもたず、時間外労働は、一旦労働者のために確保された私生活時間を再び労務のために使用者に譲り渡すという意味をもつので、その都度の労働者の同意が必要であるとの見解[21]や、労働協約は使用者の一方的命令権限とそれに対する労働者の服従義務を新たに創設することはできず、労働契約上そのような権利義務が労使間に存在することを前提としてそれを条件づけることに意義があるとの見解[22]も存在する。

　しかし、これらの見解には賛同できない。その理由は以下の通りである。
出向については、民法625条1項との関係が問題となるが、労働者の労働組合の加入意思の中に、労働組合が組合規約の定める手続を経て労働協約を締結し出向命令権を創設した場合はそれに従うという同意も含まれていると解することも可能である。また、同項にいう労働者の「承諾」は、包括的な事前の「承諾」も含み、かつ、それと同一視し得る場合も含むものと解される[23]から、労働契約上の根拠があれば使用者は出向命令権を有する。そして、現行法におい

20　西谷労組法(2006)361-362頁。
21　西谷労組法(2006)362-364頁。
22　盛労働法総論・労使関係法(2000)358頁。
23　新日本製鐵（日鐵運輸）事件・福岡高判平成12・11・28労判806号58頁。

ては、出向命令権に関する就業規則の規定は、労働契約締結時に存在する就業規則の規定であれば労働契約法7条所定の要件の充足及び労働基準法89・90・106条所定の手続の履践により［非有利設定効］[24]、労働契約締結後に新設・変更された就業規則の規定であれば（就業規則変更権についての労働者の同意と）労働契約法10条所定の要件の充足及び労働基準法89・90・106条所定の手続の履践により［不利益変更効］[25]、労働契約の内容となる（ただし、「合理性」の要件及び手続的要件等は信義則に基づき厳格に解される）。したがって、合理性要件・手続的要件等が付されているとはいえ、使用者が一方的に作成・変更することができる就業規則が創設し得る出向命令権を、労働組合と使用者の合意に基づく労働協約が創設できないと解することに、論理的整合性はなく、また、労働組合の労働条件全体についての交渉力・規制力を弱め、労働協約の意義を減殺することになる。

　配転や時間外労働命令等の他の個別的労働条件変更についても、先に述べたように、現行法においては、個別的労働条件変更権に関する就業規則の規定は、所定の要件の充足により労働契約の内容となるから、就業規則が創設し得る権利を労働協約が創設できないと解することに論理的整合性はなく、また、労働組合の交渉力・規制力を弱め、労働協約の意義を減殺する。

　また、たしかに、労働協約の意義は、使用者の個別的労働条件変更権の行使を合理的な範囲に限定することにあり、労働者と使用者の合意により、又は、労働契約法7条もしくは10条所定の要件等の充足により労働契約の内容となった就業規則により創設された使用者の個別的労働条件変更権を、労働協約が限定する場合も多いであろう。しかし、少なくとも、労働者と使用者の合意により使用者の個別的労働条件変更権が創設されるのを否定することはできないから、労働協約が、使用者の個別的労働条件変更権を認める代わりに、権利の行使を限定する規定（労働条件変更を命じ得る事由、手続、不利益緩和措置等）をおき、使用者の個別的労働条件変更権を実質的に制限することも想定される。

　したがって、使用者の個別的労働条件変更権の創設も、協約自治の範囲内と解すべきである。

24　川口・古川(2009)165-167頁。
25　川口・古川(2009)167-171頁。

第6節　労働協約の法的効力と効力の及ぶ範囲

1　債務的効力

　労働組合法には、労働協約の法的効力と効力の及ぶ範囲についての一般的・全体的規定はない。

　しかし、労働協約は、協約当事者である使用者又は使用者団体と労働組合の間の契約である。

　したがって、労働協約の全ての定めは、協約当事者である使用者又は使用者団体と労働組合の間では、契約としての効力を有する。この労働協約の契約としての効力が、「債務的効力」である。

2　規範的効力

(1)　労働組合法16条の定め

　労働組合法16条は、労働協約の定めのうち、「労働条件その他労働者の待遇に関する基準」を定めた部分は、①それに違反する労働契約の部分に対しては、これを無効とし、無効となった部分は基準の定めるところによることとなり、②労働契約に定がない部分についても、基準の定めるところによると定めている。

　すなわち、「労働条件その他労働者の待遇に関する基準」を定めた部分は、①違反する労働契約の部分については、強行的直律的効力により、労働協約の定める基準へと修正し、②労働契約に定がない部分については、直律的効力により、労働協約の定める基準がこれを補充することを定めている。

　このように、労働協約が、①強行的直律的効力により、労働協約の定めに違反する労働契約の部分を修正する効力、及び、②直律的効力により、労働契約に定めのない部分を補充する効力が、「規範的効力」である。

(2)　問題の所在①　規範的効力の内容

　労働協約の規範的部分の規範的効力については、①最低基準効であるのか、それとも、②両面的規範的効力であるのか、換言すれば、①労働協約の定めよりも有利な労働契約は有効であるのか（有利原則の肯定）、あるいは、②労働協約の定めよりも有利な労働契約も無効であるのか（有利原則の否定）という論

点設定が一般になされる。近年の学説は、両面的規範的効力を肯定する根拠と肯定しうる要件は異なるものの、労働協約が両面的規範的効力を有する（場合がある）ことを肯定している[26]。

　労働組合法16条は、「労働協約の定める……基準」に「違反する」労働契約の部分に対する強行的直律的効力と、「定めがない」労働契約部分に対する直律的効力を定めているところ、労働協約当事者が「労働条件その他の労働者の待遇」に関して定める「基準」は、①「最低基準」であって、協約の定めよりも不利な労働契約は許容しないが有利な労働契約を許容する場合、②「上回ることも下回ることも許容しない基準」であって、協約の定めよりも不利な労働契約も有利な労働契約も許容しない場合、③「任意法規的な基準」であって、労働契約に定めがなければ契約内容を補充して規律するが、労働契約当事者がこれと異なる定めをし特約により逸脱することを認める場合等、様々である。

　したがって、問題は、労働協約当事者が設定し得る「基準」の内容であって、労働条件その他の労働者の待遇に関して、①最低基準を設定することができるのか、②上回ることも下回ることも許容しない基準を設定することができるのか、あるいは、③それ以外の基準も含め原則として自由に設定できるのかが、正確な論点設定である。

(3) 協約当事者による選択　労使自治・協約自治

　結論を先に述べるならば、協約自治の限界を超えるのでない限り（→前掲第5節2）、労働協約当事者は、労働条件その他の労働者の待遇に関して、①最低基準を設定するか、②上回ることも下回ることも許容しない基準を設定するか、③それ以外の任意法規的な基準を設定するかを、自由に選択することがで

---

[26] 盛労働法総論・労働組合法(2000)335-337頁は、労働協約よりも有利な労働契約内容が許容されるかそれとも労働契約内容が労働協約の基準まで引き下げられるかは、個々の労働協約基準の内容や性質、協約当事者の意思等にしたがって個別的に判断されるとする。西谷労組法(2006)348-350頁は、協約当事者の意思が有利原則を排除する趣旨であることが明確でない場合は有利原則を肯定し、協約当事者の意思が有利原則を否定する趣旨であったとしても、有利な条件に関する個別合意が合理的根拠をもつ場合には協約当事者はそれを否定する趣旨ではなく、合理的根拠をもつ有利な労働条件をも排除する協約当事者の意思は無効であるとする。荒木労働法(2009)515頁は、当該協約の意思解釈の問題として処理すべきであるとする。菅野労働法(2010)598頁は、企業別協約の場合、協約は一般的には両面的に規範的効力をもつが、最低基準の設定もありうるとする。

き、その結果、労働協約の規範的効力を、最低基準効とするか、両面的規範的効力とするか、任意法規的効力とするか、自由に選択することができ、この点は労使自治・協約自治に委ねられている。この結論は、当該労働協約が、企業別・事業場別労働協約であっても、企業横断的労働協約であっても同じである。

　したがって、協約当事者が、第一に、「最低基準」を設定した場合、最低基準を下回る労働契約の部分は当該基準に「違反」し、労働協約の強行的直律的効力により労働協約の定める基準と同じ内容に修正される。これに対し、最低基準を下回らない労働契約は当該基準に違反しないので、有効である。また、労働契約に定めがない場合は、労働協約の直律的効力により労働協約の定める基準が労働契約を補充する。いずれの場合も、労働協約よりも有利であれば、労働契約の内容を変更することが可能である。この場合、当該労働協約の定めは最低基準効を有することになる。

　第二に、「上回ることも下回ることも許容しない基準」を設定した場合、当該基準と異なる労働契約の部分は当該基準に「違反」し、労働協約の強行的直律的効力により労働協約の定める基準と同じ内容に修正される。また、労働契約に定めがない場合は、労働協約の直律的効力により労働協約の定める基準が労働契約を補充する。いずれの場合も、労働協約の効力が及ぶ限り、労働契約の内容を変更することはできない。この場合、当該労働協約の定めは両面的規範的効力を有することになる。

　第三に、任意法規的基準を設定した場合、これと異なる労働契約の部分は、当該基準に違反していないから有効である。また、労働契約に定めがない場合は、労働協約の定めが労働契約を補充する。いずれの場合も、契約当事者の合意により労働契約の内容を変更することができる。この場合、当該労働協約の定めは任意法規的効力を有することになる。

　ただし、例外的に、労働協約に関する組合規約所定の手続等が履践されていない場合、又は、特定のもしくは一部の組合員を殊更不利益に取り扱うことを目的として締結されたなど労働組合の目的を逸脱して締結された場合は、労働協約の両面的規範的効力による労働契約内容の引き下げは否定される。

　その理由は、次の(4)〜(5)で述べるとおりである。なお、特に、労働協約の両面的規範的効力による労働条件の不利益変更の可否については、後掲第7節「労働協約による労働条件の変更」で検討する。

第1章　労働協約法理の再構成

(4) 対等性の確保と労使自治・協約自治の尊重

　労働者個人と使用者との間では、実質的交渉力の格差が大きく、労働条件を対等に決定することは困難である。そのため、憲法28条は、勤労者の団結権及び団体交渉権（労働協約締結権を含む）を保障し、労働組合法はこれを具体化し、労働組合等が労働者を代表して使用者と団体交渉を行い、労働条件を実質的に対等に決定することを可能にした。

　このように、勤労者（労働者）に団結権・団体交渉権を保障し、労働組合等と使用者の間の実質的対等性を確保したことに伴い、国家は、具体的な労働条件決定を集団的労使自治に委ね、団体交渉及びその帰結たる労働協約の内容に原則として介入せず、労使自治・協約自治を尊重することとしたと解される。

　裁判所も国家の機関であるから、団体交渉や労働協約の内容に原則として介入せず、労使自治・協約自治を尊重することが憲法及び労働組合法上要求されている。この労使自治・協約自治に介入することが許されるのは、憲法上、法律上、労働協約上、又は、労働組合規約上の根拠がある場合、すなわち、労働協約の定めが憲法の保障する基本的人権の尊重や労働基準法の定める最低基準、民法90条の公序等の強行規定に違反している場合、労働組合制度の本来の目的から逸脱し労働協約締結権の濫用である場合、労働協約や組合規約で定める手続を履践していない場合等に限られる。

　それゆえ、労働協約の対象事項が、憲法の保障する基本的人権の尊重や労働基準法の定める最低基準、民法90条の公序等の強行規定に違反し、協約自治の限界を超えるのでない限り（→前掲第5節）、協約当事者は、労働条件その他労働者の待遇に関する基準の内容、基準の法的性質（最低基準か、上回ることも下回ることも許容しない基準か、任意法規的基準か）を自由に設定することができ、その結果、その規範的効力を最低基準効とするか、両面的規範的効力とするか、任意法規的効力とするかを決定することができる。

　そして、例外的に、労働組合の本来の目的を逸脱し労働協約締結権の濫用である場合、又は、労働協約や組合規約で定める手続を履践していない場合は、その両面的規範的効力による労働契約内容の引き下げが否定されるものと解すべきである。

(5) 具体的事情を考慮した選択の必要性

　労働協約は、協約当事者である労働組合の組合員の雇用保障と労働条件の維持向上を目的とするものであるが、そのために、労働条件に関する基準を、最

161

低基準として設定するか、それとも、上回ることも下回ることも許容しない基準として設定するか、どちらがその目的に適合的であるかは、労働協約締結時の状況及び労働条件に関する基準の内容等により異なる。

たとえば、1つの労働協約が複数の企業に適用される企業横断的な労働協約の場合、各企業に共通の基準のみを設定し、賃金額や休日数等を定める場合は、当該基準を最低基準とし、各企業毎に就業規則等で上積みすることを許容する方が、協約当事者である組合員の雇用保障と労働条件の維持・向上のために適合的である場合が多いであろう。

しかし、たとえば、企業別・事業場別労働協約や、企業横断的労働協約でも各企業毎に個別に基準が定められている場合、協約の定める各基準の規範的効力が及ぶ労働契約の当事者である使用者は単一であり、「財布は一つ」であるから、具体的労働条件や労働条件決定基準が同一事業場内あるいは同一企業内の各労働者で異なることに合理的理由がない場合も多い。また、使用者が特定の労働者を有利に取り扱い労働組合の切り崩しを行うことを防止する必要がある場合もあろう。それゆえ、労働協約の定めを、上回ることも下回ることも許容しない基準とし、両面的規範的効力により労働協約の定めよりも有利な労働契約も認めないこととする必要性を肯定し得る場合も少なくない。

そして、具体的事情を考慮して、労働条件に関する基準をどのように設定するのが長期的・全体的視点も踏まえて協約当事者である労働組合の組合員の雇用保障と労働条件の維持・向上につながるのかを判断しうるのは、基本的には労働組合であり、労働組合が、その内部で十分に民主的議論を行った上で判断し、使用者との交渉と取引を経て、協約当事者により最終的に決定される。

したがって、労働条件に関する基準の法的性質と規範的効力の内容は、労働組合の判断に委ね、当事者の合意に基づき労働協約が定めることを原則とし、当該労働協約が労働組合の目的を逸脱して締結された場合や所定の手続等が履践されていない場合にのみ、例外的にその両面的規範的効力による労働契約内容の引き下げを否定すべきである。

(6) 問題の所在② 協約の定めと労働契約の関係

それでは、労働協約の規範的効力は、①労働協約の定めが外部から労働契約を規律する効力であろうか（外部規律説）、それとも、②労働協約の定めが労働契約の内部に入ってその内容となる効力であろうか（内容化体説）。

この両説の違いは、特に、労働協約の失効後の労働契約の内容の帰結に見ら

第1章　労働協約法理の再構成

れ、①外部規律説であれば、協約の規律はなくなるので、協約失効後の労働契約の内容は、労働契約の合理的意思解釈等に委ねられることになるが、②内容化体説であれば、労働協約が失効しても、労働協約の定めは労働契約の内容として残ることになる。

(7)　外部規律説と信義則に則した契約解釈

内容化体説をとると、賞与や退職金に関する定めであれば、労働協約失効後も労働者は労働契約上の請求権を維持することになり、妥当な結論となる場合も多いように思われる。しかし、使用者の時間外労働命令権についての定めや、配転・出向命令権、降格・降給命令権についての定めであれば、労働組合が使用者の権利を消滅させるために労働協約を解約したり更新を拒否して労働協約を終了させても、労働契約上使用者の権利が残ることになり、労働組合は、当該使用者の権利を終了させることを使用者に対する交渉の武器とすることができず、妥当な結論とはならない場合も多い[27,28]。

したがって、外部規律説[29]をとり、労働組合法16条の定める規範的効力は、労働協約が労働契約の内容を外部から規律する効力であって、労働協約の規範的部分がそのまま労働契約の内容となるという効力ではない（ただし、協約の

---

[27] 使用者の個別的労働条件変更権を創設することは協約自治の限界を超えるという立場であれば、この点については問題とならないとも言えるが、筆者は前掲第5節2(4)で述べたとおり、個別的労働条件変更権の創設も協約自治の範囲内であると解する。

[28] たとえば、労働組合が労働条件等についての団体交渉を行う場合、労働組合の交渉力を高める手段の第一は争議権の確立であるが、第二は労働基準法36条に基づく労使協定（いわゆる「三六協定」）としての法的性質も併せ持ち、かつ、時間外労働命令権の法的根拠を定める労働協約の「破棄」（解約・更新拒否）である（当該労働組合が当該事業場における過半数組合であることが前提である）。使用者は、「三六協定」及び時間外労働命令権の根拠となる労働協約がないと生産計画等に大きな影響を受けるため、「三六協定」の法的性質を併せ持つ労働協約の継続と引換えに、労働組合の要求事項の一部を受け容れることがある。しかるに、もしも時間外労働命令権の法的根拠を定める労働協約の解約又は更新拒否後も、使用者の時間外労働命令権が個別労働契約の内容として残ると解し、かつ、労使協定としての「三六協定」（一般的には解約規定はない）はその有効期間中は存続すると解するならば、労働組合は、時間外労働命令権の法的根拠を定める労働協約の解約又は更新拒否を使用者との交渉の武器とすることができず、その交渉力を高めるための手段の一つを失うことになる。

[29] 外部規律説をとる裁判例として、京王電鉄事件・東京地判平成15・4・28労判851号35頁等、学説として菅野労働法（2010）619頁等。これに対して、内容化体説をとる学説として西谷労組法（2006）401頁等。

163

定めが、労働契約当事者の合意、事実たる慣習、又は就業規則の効力により労働契約の内容となる場合はある）と解した上で、労働協約失効後の労働契約の内容については、信義則に則した労働契約の解釈により決定し、結果的妥当性を図るべきであろう。

3　規範的効力の及ぶ「労働契約」の範囲

(1)　問題の所在

　労働協約の適用対象となる労働契約は、労働協約当事者が決定することになるが、労働組合法16条は、労働協約の規範的効力が及ぶ「労働契約」の範囲を定めていない。

　このため、第一に、協約当事者は、規範的効力が及ぶ「労働契約」の範囲を、協約当事者である使用者（又は使用者団体の構成員である使用者）と、協約当事者である労働組合の組合員との間で締結された労働契約に限定し得るのか、さらに、その一部の労働契約に限定し得るのかが問題となる。

　第二に、逆に、協約当事者は、規範的効力が及ぶ「労働契約」の範囲を、協約当事者である使用者（もしくは使用者団体の構成員である使用者）が、協約当事者である労働組合の組合員以外の労働者と締結した労働契約、又は、協約当事者である労働組合の組合員が、協約当事者である使用者（もしくは使用者団体の構成員である使用者）以外の使用者と締結した労働契約にも及ぼし得るのか、さらに、協約当事者である使用者（又は使用者団体の構成員である使用者）以外の使用者と、協約当事者である労働組合の組合員以外の労働者との間で締結された労働契約にも及ぼし得るのかが問題となる。

　第三に、協約当事者は、協約締結後に協約当事者である労働組合に加入した労働者又は協約当事者である使用者団体に加入した使用者の労働契約を適用対象とすることができるかどうかが問題となる。

　第四に、労働協約締時又は有効期間中に協約当事者である労働組合の組合員であった者が、脱退、除名、退職、配転・昇進などにより組合員資格を喪失した場合、当該労働者の労働契約を労働協約の適用対象とすることができるかどうかが問題となる。

　以下、順に(2)～(5)で検討する。

(2)　協約当事者・構成員間の労働契約への限定

　協約当事者は、規範的効力が及ぶ「労働契約」の範囲を、協約当事者である

使用者（又は使用者団体の構成員である使用者）と、協約当事者である労働組合の組合員との間で締結された労働契約に限定することができ、さらに、その一部の労働契約に限定することもできる。その理由は以下の通りである。

第一に、労働協約は、協約当事者である労働組合の組合員の雇用保障と労働条件の維持・向上を目的とするものである。協約当事者の側、特に、労働組合及びその組合員の側から見ると、労働協約の規範的効力による最低基準の設定（両面的規範的効力も最低基準効も含む）を組合員以外の労働者の労働契約にも認めることは、間接的に組合員の労働条件の引き下げを防ぐ場合もあるが、組合に加入しない労働者の「ただ乗り」を助長し、労働組合の組織化の阻害要因となる場合もある。したがって、規範的効力が及ぶ「労働契約」の範囲を、労働協約当事者である使用者（又は使用者団体の構成員である使用者）と、労働協約当事者である労働組合の組合員との間で締結された労働契約に限定することは、労使自治・協約自治の範囲内であり、協約当事者の自由に委ねられている。

第二に、労働協約の定めを協約当事者である労働組合の組合員の中の一部のカテゴリーの労働者に対してのみ（例：正社員のみ、現業労働者のみ、事務職員のみ等）適用する必要性と合理性が認められる場合も当然あり得るから、やはり、対象となる労働契約をさらに限定することは、労使自治・協約自治の範囲内であり、協約当事者の自由に委ねられている。

(3) 協約当事者・構成員間の労働契約以外への拡大

協約当事者がその設定した基準の規範的効力を及ぼし得る範囲は、労働協約当事者である使用者（又は使用者団体の構成員である使用者）と、労働協約当事者である労働組合の組合員との間で締結された労働契約だけであり、労働組合法17条又は18条に基づく拡張適用が肯定される場合を除き、それ以上に拡大することはできないと解すべきである。その理由は以下のとおりである。

第一に、協約当事者である労働組合以外の労働組合の組合員の労働契約については、協約当事者組合以外の労働組合、及び、その組合員の団結権、団体交渉権を尊重しなければならないから、労働協約の適用対象とすることはできない。

第二に、未組織労働者の労働契約について、手続を考えると、労働協約当事者である使用者（又は使用者団体の構成員である使用者）以外の使用者、あるいは、労働協約当事者である労働組合の組合員以外の労働者は、当該労働協約の内容について一切関与する機会がない。したがって、労働協約当事者である使

用者（又は使用者団体の構成員である使用者）以外の使用者にとっては、労働協約の規範的効力により当該使用者が締結する労働契約の最低基準が設定されることについては、直ちに正当化しえない。また、未組織労働者にとっては、労働協約の規範的効力のうち最低基準効は問題ないとしても、両面的規範的効力により労働契約の内容が決定され、場合により労働条件が不利益に変更されることについて、直ちに正当化しえない。

　第三に、未組織労働者の労働契約について、実質的内容を考えると、労働協約当事者は、当事者である労働組合も、使用者側当事者が使用者団体である場合の使用者団体も、その構成員であり組織の結成・維持のための費用及び労力等を負担している組合員または使用者の利益に配慮して労働協約を締結するのであって、構成員以外の労働者または使用者の利益に配慮して労働協約を締結するわけではない。このため、第一に指摘した手続上の問題（関与の機会がない）は何ら解決されず、労働協約当事者である使用者（又は使用者団体の構成員である使用者）以外の使用者、あるいは、未組織労働者の側から見て、協約の規範的効力を及ぼすことを正当化できない。

(4) 協約締結後加入した使用者・組合員の労働契約

　労働協約締結後に、労働協約当事者である使用者団体に加入した使用者、あるいは、労働協約当事者である労働組合に加入した労働者は、当該労働協約締結時にその内容決定に関与したわけではなく、また、当該使用者又は労働者の具体的存在を考慮して労働協約が締結されたわけではないが、当該使用者又は労働者は、当該労働協約の存在を前提として、当該組織の統制（労働協約の適用を受けることを含む）に服することを約して、使用者団体又は労働組合に加入したのであるから、手続上及び実質的内容上の問題は生じない。

　したがって、当該使用者又は労働者が、協約当事者である労働組合の組合員又は協約当事者である使用者（もしくは使用者団体の構成員である使用者）と労働契約を締結し（あるいは締結しており）、協約当事者が適用対象として選択した労働契約に該当すれば、規範的効力が及ぶことになる。

(5) 組合員資格を喪失した労働者の労働契約

　脱退、除名、退職、配転・昇進等により労働協約当事者である労働組合の組合員資格を喪失した労働者については、前掲(2)で検討したように、労働協約当事者は、規範的効力の及ぶ労働契約を協約当事者組合の組合員に限定し得るか

第 1 章　労働協約法理の再構成

ら、労働協約が適用範囲を組合員に限定していれば、労働協約の規範的効力は、組合員資格を喪失した労働者の労働契約に対しては組合員資格を喪失した時点から及ばない[30]。この場合、その後の当該労働者の労働契約の内容については、外部規律説と信義則に則した労働契約の解釈により決定される（→前掲2(6)(7)）。

それでは、協約当事者が、協約締結時又は有効期間中協約当事者である労働組合の組合員であった者については、組合員資格喪失後も労働協約の適用対象とする旨を定めた場合、その規範的効力は組合員資格を喪失した労働者の労働契約にも及ぶのであろうか。

当該労働者は、協約の内容決定に関与し、考慮され、あるいは、当該労働協約の存在を前提に当該労働組合に加入したのであるから、組合員資格喪失後も協約の適用対象とすることに、手続上も実質的内容上も問題はない。ただし、当該労働者が他の労働組合を結成又は他の労働組合に加入した場合は、当該労働組合及び当該労働者の団結権、団体交渉権を尊重しなければならない。

したがって、協約当事者が、協約締結時又は有効期間中協約当事者である労働組合の組合員であった者は組合員資格喪失後も労働協約の適用対象とした場合、その規範的効力は、組合員資格を喪失した労働者が他の労働組合を結成し又は他の労働組合に加入しない限り、その労働契約にも及ぶ。

30　阪和銀行事件の和歌山地裁判決（和歌山地判平成13・3・6労判809号67頁）は、「労働組合は、使用者と労働協約を締結するに当たって、当該協約締結時における組合員ないし個々の協約有効期間における組合員の利益を擁護することを第一義的使命として労働協約を締結し、使用者も右の通りの組合員を対象とすることを前提に労働協約を締結するものであるから、労働協約は、原則として、その締結時ないし協約有効期間における労働組合の組合員を対象とするものというべきである。したがって、特段の事情がない限り、退職し組合員たる資格を失った者が、退職後に締結された労働協約による利益を享受しえなくなることは、当然のことである。」と判示し、京王電鉄事件の東京地裁判決（東京地判平成15・4・28労判851号35頁）も、「労働組合法6条は、『労働組合の代表者又は労働組合の委任を受けた者は、労働組合又は組合員のために使用者又はその団体と労働協約の締結その他の事項に関して交渉する権限を有する』としているのであるから、同法17条、18条の適用がある場合を除いては、労働協約の適用を受けるのは、労働組合側にあっては、当該協約当事者たる労働組合の組合員のみであり、協約当事者たる労働組合を脱退等により離脱した者に対しては、原則として、離脱の時点より労働協約の適用はないものと解する」と判示しているが、当該労働協約の適用対象についての協約当事者の意思解釈であれば妥当である。

167

(6) まとめ

以上をまとめると、労働協約の規範的効力が及ぶ「労働契約」は、協約当事者である使用者（又は使用者団体の構成員である使用者）と、協約当事者である労働組合の組合員との間で締結された労働契約であって、協約当事者が適用対象として選択した労働契約であると解すべきである。ただし、協約当事者である労働組合の組合員資格を喪失したが他の労働組合の組合員となった労働者の労働契約は適用対象とすることができない。

4　規範的部分と債務的部分

(1) 規範的部分

労働協約の定めのうち、「労働条件その他労働者の待遇に関する基準」（労組法16条）を定めた部分は、債務的効力のみならず、規範的効力も有するので、一般に「規範的部分」と呼ばれている。

「労働条件その他労働者の待遇に関する基準」は、賃金額や労働時間等の具体的労働条件に関する一定の「水準」のみならず、労働条件の決定・変更、懲戒処分、労働契約の終了に関するルールや使用者の権利の行使要件等、労働者の労働条件・労働環境・処遇に関するもの全てを含むものである。

したがって、第一に、特定の労働者の処遇に関する具体的取り扱いも、労働協約の対象とし得る場合（→前掲第5節2⑵）は、これに該当する。第二に、配転・出向、懲戒、解雇等を行うにあたって、使用者が労働組合と事前協議をすること、あるいは、労働組合の同意を得ることが労働協約に定められている場合、当該協議条項・同意条項が「基準」に該当するかどうか論点となり得るが、これらの協議条項・同意条項の充足は、使用者の配転・出向命令権、懲戒権、解雇権の行使要件であるから、「労働条件その他労働者の待遇に関する基準」に該当する。それゆえ、当該条項は規範的効力を有し、労働契約の内容を規律するので、協議条項・同意条項に違反する配転・出向、懲戒、解雇等は、労働契約違反で無効である[31]。

その理由は、次の(2)で述べる通りである。

31　協議条項・同意条項に違反する解雇、懲戒、配転等は、権利濫用でもあるが、解雇等の効力に関する証明責任分配を考慮するならば、まず労働契約違反と構成すべきである。

(2) 「労働条件その他労働者の待遇に関する基準」の意義

第一に、労働協約は、適用対象となる労働契約に規範的効力を及ぼすことにより、協約当事者である労働組合の組合員の雇用保障と労働条件の維持・向上を目的とする制度であるところ、組合員の雇用保障と労働条件の維持・向上のためには、単に、賃金額や労働時間等の労働条件の一定の水準を規制するだけではなく、労働条件の決定・変更、懲戒、労働契約の終了についても規制し、使用者の労働条件変更権、懲戒権、解雇権等の行使を限定する必要がある。

したがって、規範的効力を有する「労働条件その他労働者の待遇に関する基準」は、労働条件の一定の「水準」のみならず、労働条件の決定・変更、懲戒、労働契約の終了等に関する「規範」、すなわち、配転・出向、懲戒、解雇等を行うことができる事由、配転・出向先の範囲や懲戒処分の種類・程度、手続、不利益緩和措置等に関する定めも含み、配転・出向、懲戒、解雇等を行うにあたって、使用者が労働組合と事前協議をすること、あるいは、労働組合の同意を得ることが労働協約に定められている場合は、当該協議条項・同意条項も、「規範」の一部として含むものとしなければならない。

第二に、旧労働組合法22条で「基準」ではなく「規準」の語が用いられ、現行法がこれを承継していること、及び、現行の団体協約関連法の中で「基準」の語と「規準」の語が混在していることに照らせば[32]、労働組合法16条で

---

[32] 1945（昭和20）年制定の旧労働組合法には、現行16条とほぼ同趣旨の22条がおかれ、「労働協約ニ定ムル労働条件其ノ他ノ労働者ノ待遇ニ関スル規準………」との文言が用いられていた（→前掲第1部第1章第3節第3款1(2)、2(1)）。1949（昭和24）年の全面改正の際に、労働協約の効力に関する旧法22条の条文は、現行法16条に移され、旧法の「規準」という文言は、「基準」という文言に置き換えられたが、この旧法22条の改正に関する提案理由説明では、文語体を口語体に改め、旧法22条にあった括弧書きの部分（規準決定のための機関）を削除する以外には実質的な変更はないとされている（→前同3(1)）。旧法で用いられていた「規準」とは、「規範となる標準ということで、基準の語と大差はないが、『規準』の語は規範性のニュアンスを多少とも強く出そうとする場合に用いられるもの」とされている（元内閣法制局参事官梅田晴亮「規準」吉国一郎他『法令用語辞典第9次改訂版』（学陽書房・2009）125頁）。しかも、現行法には団体協約に関する法文が少なからずあり、その中で「基準」の語と「規準」の語が混在している。水産業協同組合法16条2項、及び、農業協同組合法11条2項では、団体協約について「規準」の語が使用されているのに対し、中小企業等協同組合法9条の2第15項では団体協約について「基準」の語が使用されている。また、「規準」の語は、国家公務員倫理規定1条でも使われており、単なる標準ではない規範の意味が強く込められている。

いう「基準」という文言は、旧法22条の「規準」の語と同じく「規範」という意味をも含み、労働組合法16条の「労働条件その他労働者の待遇に関する基準」という文言は、賃金額や労働時間等の具体的労働条件に関する「基準」のみならず、労働条件の決定・変更、懲戒処分、労働契約の終了に関する「規範」もこれに含まれる。

(3) 債務的部分

労働協約の定めのうち、債務的効力のみを有する部分は、一般に「債務的部分」と呼ばれている。労働協約の全ての定めは債務的効力を有するから、「債務的部分」は、労働協約の定めのうち、「規範的部分」以外の全ての定めである。

「債務的部分」に該当する事項としては、集団的労使関係に関するルール、具体的には、組合事務所・掲示板の貸与、在籍専従、ユニオンショップ条項、平和義務に関する定め、団体交渉の手続、争議行為の手続、苦情処理手続等が挙げられる。

また、労働協約当事者である使用者（又は使用者団体の構成員である使用者）が労働協約当事者である労働組合の組合員以外の労働者と労働契約を締結するときには、当該使用者は当該労働者との関係でも労働協約の定める基準を遵守しなければならないと労働協約で定めた場合、当該労働協約の定めは、当該労働契約に対し規範的効力を有するものではないが、労働協約当事者間の債務的効力は有し、協約当事者の協約違反に対する損害賠償請求等は可能であると解されるので、労働協約の債務的部分に属する[33]。

---

[33] 労働組合法17条の要件を充足して工場事業場単位の拡張適用がなされる場合には、労働協約は拡張適用対象の労働契約に対して規範的効力をもつ（→後掲第10節第5款2）。労働組合法17条の要件を充足しない場合、特に、「4分の3以上」の要件を充足しない場合であっても、労働協約の中で、協約締結当事者である使用者に対して、非組合員への協約条項適用を義務付けることは可能である。但し、この場合には、協約当事者相互間の債務的効力しか生じない。

第7節　労働協約による労働条件の変更

1　問題の所在

　労働協約の効力を肯定するためには、労働組合法14条所定の当事者要件と要式要件、及び、労働協約に関する組合規約所定の手続等の履践が必要である（→前掲第3節）。

　また、労働協約の定めのうち、「協約自治の限界」を超え、労働協約が規制対象とすることのできない事項（→前掲第5節2）に関する規定は、何ら法的効力を有さない。

　それでは、当事者と要式、手続の要件を充足する労働協約において、労働協約が規制対象とし得る事項について、労働協約の新たな締結または改訂により、規範的部分に属する労働協約の定めが新設又は変更され、労働条件が変更された場合、当該新設または変更された労働協約の規定により、規範的効力の及ぶ労働契約、すなわち、協約当事者である使用者（又は使用者団体の構成員である使用者）と協約当事者である労働組合の組合員の間で締結され、協約の適用対象とされた労働契約の契約内容（労働条件）は、当然に変更されるのであろうか。

2　組合員である労働者にとって有利な労働条件変更

(1)　最低基準として設定されている場合

　労働協約による労働条件変更が労働者にとって有利であること、すなわち、新設・変更後の労働協約の定めが、労働契約の定め又は労働契約に定めのない状態よりも労働者にとって有利であることを前提とすると、第一に、労働協約の定める基準が最低基準であるときは、その最低基準効により、労働者と使用者の合意の有無にかかわらず、労働契約の内容は労働協約の定める基準と同じ内容へと有利に修正され、あるいは、労働協約の定める基準により補充される。労働協約の規範的効力（最低基準効）が及んでいる期間は、労働協約よりも有利であれば、契約当事者が合意によりさらに労働契約の内容を変更することも可能である。

(2) 上回ることも下回ることも許容しない基準として設定されている場合

　労働協約による労働条件変更が労働者にとって有利であることを前提とすると、第二に、労働協約の定める基準が上回ることも下回ることも許容しない基準として設定されているときは、その両面的規範的効力により、労働者と使用者の合意の有無にかかわらず、労働契約の内容は労働協約の定める基準と同じ内容へと有利に修正され、あるいは、労働協約の定める基準により補充される。ただし、労働協約の規範的効力（両面的規範的効力）が及んでいる期間は、契約当事者が合意により労働契約の内容を変更することはできない。

3　組合員である労働者にとって不利な労働条件変更

(1) 最低基準として設定されている場合

　労働協約による労働条件変更が労働者にとって不利であること、すなわち、新設・変更後の労働協約の定めが、労働契約の定め又は労働契約に定めのない状態よりも労働者にとって不利であることを前提とすると、第一に、労働協約の定める基準が最低基準として設定されているときは、労働協約の定めは最低基準効しか有さないから、労働契約の内容は修正または補充を受けず、労働協約の規範的効力（最低基準効）によっては変更されない。ただし、労働協約の定めを労働契約の内容とすることについて労働契約当事者の合意がある場合は、労働契約法8条により、労働契約の内容は変更される。

(2) 上回ることも下回ることも許容しない基準として設定されている場合

　労働協約による労働条件変更が労働者にとって不利であることを前提とすると、第二に、労働協約の定める基準が上回ることも下回ることも許容しない基準であるときは、その両面的規範的効力により、労働者と使用者の合意の有無にかかわらず、労働契約の内容は、原則として、労働協約の定める基準と同じ内容へと不利に修正され、あるいは、労働協約の定める基準により補充される。

　すなわち、労働協約当事者は、労働条件その他の労働者の待遇に関して、①最低基準を設定するか、②上回ることも下回ることも許容しない基準を設定するか、③それ以外の任意法規的な基準を設定するかを、自由に選択することができ、その結果、労働協約の規範的効力を、最低基準効とするか、両面的規範的効力とするか、任意法規的効力とするか、自由に選択することができ、この

第1章　労働協約法理の再構成

点は労使自治・協約自治に委ねられている（→前掲第6節2）ところ、協約当事者が設定し得る労働協約の両面的規範的効力は、有利変更効だけではなく不利益変更効も含むものであり、労働協約による労働条件の不利益変更も原則として肯定されると解すべきである[34]。そして、労働協約の規範的効力（両面的規範的効力）が及んでいる期間は、契約当事者が合意により労働契約の内容を変更することはできない。その理由は、次の(3)で述べるとおりである。

(3) 原則　労使自治・協約自治の必要性

労働協約当事者は、労働条件その他の労働者の待遇に関する基準について両面的規範的効力を有する基準を設定し、労働者の労働条件を不利益に変更することが可能であるという見解は、一見すると、労働組合が労働者の「労働条件の維持改善その他経済的地位の向上を図ること」を主たる目的とすること（労組法2条本文）と矛盾しているようにも思われる。

しかし、労働組合に対しては、使用者との団体交渉（労使自治）の中で、長期的・全体的・総合的に雇用保障も含め労働条件を維持改善していくことが期待されており、労働条件の交渉は、多くの場合、長期的視野も含め複数の労働条件についての取引としてなされるものである。したがって、労働組合の締結する労働協約の内容につき、長期的視点を持たずに短期的な視点で、あるいは、雇用の維持等を含む複数の労働条件を総合的にみるのではなく個々の労働条件の変化のみに着目して、有利・不利を問題とすることは必ずしも適当ではない。企業の倒産を回避し労働者の雇用を確保するために、労働条件の不利益変更を受け入れる場合もある。また、団体交渉を通じた労働条件決定は、少なくとも個別交渉による労働条件決定よりも有利であることが前提であるところ、個別に交渉していれば、もっと不利益な労働条件変更に合意せざるをえなかったが、団体交渉により労働条件の不利益変更の度合いが軽減されたという場合も多いであろう。

34　朝日火災海上保険（石堂）事件の最高裁判決（最一小判平成9・3・27労判713号27頁、判時1607号131頁）も、「労働協約に定める基準が上告人（注：組合員）の労働条件を不利益に変更するものであることの一事をもってその規範的効力を否定することはできないし（最高裁平成5年（オ）第650号同8年3月26日第三小法廷判決・民集50巻4号1008頁）、また、上告人の個別の同意又は組合に対する授権がない限り、その規範的効力を認めることができないものと解することもできない」と判示し、労働協約の規範的効力（両面的規範的効力）による労働条件の不利益変更を原則として肯定している。

このように、長期的・全体的・総合的視点から、協約当事者である労働組合の組合員の雇用保障と労働条件の維持・向上を図るという目的のために、ある労働条件について不利益に変更することが必要となる場合もある。そして、その判断をなしうるのは、基本的には労働組合であり、労働組合は内部での十分な民主的議論を踏まえて判断し、使用者との交渉と取引を行い、使用者との合意により協約の内容が最終的に決定されることになるのであるから、労働組合の判断と協約当事者の合意に基づき労働協約で定められた内容は尊重されるべきである。

したがって、労働協約の規範的効力（両面的規範的効力）を肯定し、労働協約により組合員の労働条件（労働契約内容）を不利益に変更することも、例外的な場合を除き、集団的労使自治・協約自治の範囲内として評価されるべきである。

(4) 例外　労働組合の目的を逸脱して締結された場合

ただし、朝日火災海上保険（石堂）事件の最高裁判決[35]が判示するように、例外的に、当該協約が、「特定の又は一部の組合員を殊更不利益に取り扱うことを目的として締結されたなど労働組合の目的を逸脱して締結されたとき」は、その不利益変更効は否定される。

「労働組合の目的を逸脱して締結されたとき」に該当するかどうかは、同最高裁判決が判示するように「当該労働協約が締結されるに至った経緯、当時の使用者の経営状態、同協約に定められた基準の全体としての合理性」に照らして判断すべきである。

換言すれば、労働協約により組合員の労働条件（労働契約内容）を不利益に変更し得る要件は、「当該労働協約が締結されるに至った経緯、当時の使用者の経営状況、労働協約に定められた基準の全体としての合理性に照らし、特定の又は一部の組合員を殊更不利益に取り扱うことを目的として締結されたなど労働組合の目的を逸脱して締結されたものでないこと」である。

(5) 証明責任

前掲(3)(4)で検討したように、労働協約当事者が「労働条件その他の労働者の

35　朝日火災海上保険（石堂）事件・最一小判平成9・3・27労判713号27頁、判時1607号131頁。

待遇に関する基準」として、上回ることも下回ることも許容しない基準を設定した場合、原則として、その不利益変更効による組合員の労働条件の不利益変更は肯定される。したがって、例外的に不利益変更が否定されるという法的効果を導く事実である「特定の又は一部の組合員を殊更不利益に取り扱うことを目的として締結されたなど労働組合の目的を逸脱して締結されたものであること」の証明責任は、当該労働条件変更の効果を否定する労働者が負担する。

第8節　労働協約の終了と権利義務関係

1　労働協約の終了事由

労働協約は、①有効期間（→前掲第4節）の満了、②目的の達成（一時金の支払い、合理化・人員整理に関する協約等、一時的問題の処理のための協約）、③当事者の消滅（使用者（自然人）の死亡・企業の解散（清算終了時）、労働組合の解散）、④反対協約の成立、⑤労働協約の解約により終了する。また、例外的に、事情変更の原則により失効することもあり得る。

合意による労働協約の解約はいつでも可能であり、期間の定めのない労働協約又は期間を定めずに自動延長された労働協約は、一方が署名または記名押印した文書で少なくとも90日前に予告にすれば解約できる（労組法15条3項・4項）。

労働協約は、これを一体として解約するのが原則であるが、協約自体の中に客観的に他と分別することのできる部分があり、かつ分別して扱われることもあり得ることを当事者としても予想し得たと考えるのが合理的であると認められる場合には、協約の一部分を取り出して解約することもできると解する裁判例もある[36]。

しかし、当事者の合意により部分解約できるのは当然のこととして、当事者の合意に基づかない一方的な部分解約は、一方的部分解約権が留保されている場合を除き、できないと解する。なぜなら、労働協約は、当事者双方がお互いに譲歩を積み重ね、労働協約の定め全体を評価した上で妥結に至るものであるからである。また、解約される側が不利益を被らないように、客観的に、当事者双方の譲歩等を配慮して協約の一部を解約することは不可能に等しいからで

---

[36] これを認めた裁判例としてソニー事件・東京高決平成6・10・24労判675号67頁等。

ある。

　合併の場合は、被合併会社の協約は合併会社の協約として承継される。これに対し、事業譲渡の場合は、譲渡会社の労働協約は特約なしには譲受会社に承継されない。会社分割の場合、分割会社の労働協約の承継会社等への承継については労働契約承継法6条がこれを定めている。

　労働組合の組織変更、合同の場合は、当該労働組合の労働協約は変更後の労働組合に承継される。

2　労働協約終了後の権利義務関係

(1)　債務的部分

　労働協約の終了により、債務的部分は失効し、労働組合への便宜供与、事業場内組合活動の取扱い、団交の手続・ルール等は法的根拠を失うことになる。ただし、合理的理由のない従来の取扱いの廃止、変更は不当労働行為（労組法7条）と判断されることがあり得る。

(2)　規範的部分

　当該労働協約の定める労働条件が、労働契約当事者の合意、事実たる慣習（民法92条）により労働契約の内容となっている場合、又は、就業規則に同じ定めがあり就業規則の効力（労契法12条、7条、10条）により労働契約の内容となっている場合は、規範的部分の失効後も、労働協約の定めと同じ労働条件が労働契約の内容として残る。

　しかし、そうでなければ、労働協約の規範的効力は労働契約を外部から規律する効力である（外部規律説）（→前掲第6節2(6)(7)）ので、規範的部分の失効後は、当該労働協約により規律されていた労働契約は規律されていた部分については空白となる。この場合、労働契約の内容については、信義則に則した契約解釈により決定されることになる[37]。

---

[37]　香港上海銀行事件の最高裁判決（最一小判平成元・9・7労判546号6頁）は、就業規則に退職金は支給時の退職金協定（労働協約）によると定められ、退職日に退職金協定が失効している場合は、労働契約、就業規則等の合理的な解釈により退職時にその額が確定されるべきものと判示し、就業規則の届出時に添付された退職金協定は就業規則の一部となっており、就業規則に取り入れられこれと一体となっている退職金協定の支給基準は、退職金協定が有効期間の満了により失効しても当然には効力を失わず、よるべき退職金協定のない労働者については、その支給基準により退職金額が決定されると

(3) 単年度の労働協約

　賞与については毎年会社の経営状況に照らして支給基準を異にする労働協約が締結され、昨年までは労働協約が締結されたが、今年は労働協約が締結されなかったというような場合、従来労働協約に基づき賞与を支給されていた労働者は、今年の賞与につき、請求権を有しないのであろうか。

　第一に、賞与につき労働協約が締結されない場合は、前回の労働協約の支給基準で支給する、もしくは、従来の労働協約で同じような経営状況であった場合の支給基準に基づき賞与を支給する、といったような個別労働契約上の合意が認定できる場合、または、賞与につき労働協約が締結されない場合は、少なくとも従前の労働協約の支給基準の一定部分に該当する額が支給される（たとえば、必ず一定額は支給しそれに上積みするかどうかは経営状況による）、といったような個別労働契約上の合意が認定できる場合は、労働契約に基づき賞与請求権を肯定することができる。

　第二に、賞与につき労働協約が締結されない場合は、前回の労働協約の支給基準で支給する、もしくは、従来の労働協約で同じような経営状況であった場合の支給基準に基づき賞与を支給する、といったような労使慣行があり、それが事実たる慣習として労働契約の内容となっていると解される場合、または、賞与につき労働協約が締結されない場合は、少なくとも従前の労働協約の支給基準の一定部分に該当する額が支給される（たとえば、必ず一定額は支給しそれに上積みするかどうかは経営状況による）、といったような労使慣行があり、それが事実たる慣習として労働契約の内容となっていると解される場合は、労働契約に基づき賞与請求権を肯定することができる。

判断している。また、鈴蘭交通事件の札幌地裁判決（札幌地判平成11・8・30労判779号69頁）は、「本件協約自体が失効しても、その後も存続する原告と被告間の労働契約の内容を規律する補充規範が必要であることに変わりはなく、就業規則等の右補充規範たり得る合理的基準がない限り、従前妥当してきた本件協約の月例賃金及び一時金の支給基準が、原告と被告間の労働契約を補充して労働契約関係を規律するものと解するのが相当であり、他に補充規範たり得る合理的基準は見出し難い。」と判示している。

第9節　拡張適用制度

1　拡張適用制度の必要性

　労働協約は、協約当事者である労働組合の組合員の雇用保障と労働条件の維持・向上を目的とするものである（→前掲第2節1）。そして、この目的を実現するために、労働協約は、①協約適用対象者である組合員の雇用保障と労働条件の維持・向上、②協約当事者である労働組合の団結の強化のための措置の拡大、③協約当事者間の集団的労使関係ルールの設定、④協約当事者間の集団的紛争、及び、協約当事者である使用者と協約当事者である労働組合の組合員の個別的紛争の処理システムの補充、⑤協約当事者である使用者相互間、及び協約当事者である労働組合の組合員相互間の公正競争の実現という具体的機能を果たすものである（→前掲第2節2）。

　しかし、その債務的効力が及ぶのは、協約当事者である使用者（又は使用者団体の構成員である使用者）、及び、協約当事者である労働組合の間の権利義務関係だけであり、規範的効力を及ぼし得るのは、協約当事者である使用者（又は使用者団体の構成員である使用者）と、協約当事者である労働組合の組合員との間で締結された労働契約だけであり、その適用範囲には限界がある（→前掲第6節1、3）。

　したがって、労働協約を維持し、協約当事者である労働組合の組合員の雇用を保障し労働条件を維持・向上させるためには、さらに、労働協約の適用対象を拡大し、雇用を保障し労働条件を維持・向上させる方向で、使用者相互間及び労働者相互間の公正競争の基盤を拡大することが必要となる場合がある。

　労働組合法においては、労働協約の適用対象を拡大する拡張適用制度として、①工場事業場単位の拡張適用制度（労組法17条）、及び、②地域的拡張適用制度（労組法18条）が定められている。

2　工場事業場単位の拡張適用制度

　労働組合法17条の定める工場事業場単位の拡張適用制度は、当該労働協約を保護し、協約当事者である労働組合の組合員の雇用を保障し労働条件を維持・向上させるために、雇用・労働条件を公正な労働条件で統一し、もって、同一の工場事業場内における労働者相互間の公正競争を実現するものである。

具体的には、一定の要件のもとで、労働協約の規範的部分の規範的効力が及ぶ「労働契約」の範囲を、協約当事者である労働組合の組合員以外の労働者と協約当事者である使用者（又は使用者団体の構成員である使用者）の労働契約にも拡張する制度である。

同制度の意義及び内容の詳細については、後掲第 10 節で検討する。

3　地域的拡張適用制度

労働組合法 18 条の定める地域的拡張適用制度は、当該労働協約を保護し、労働協約当事者である労働組合の組合員の雇用を保障し労働条件を維持・向上させることを目的として、労働協約の定める基準を最低基準として労働条件を維持・向上させ、又、集団的労使関係のルール等についても協約当事者である労働組合の団結権を強化する措置を拡大する方向で、使用者相互間、及び、労働者相互間の公正競争を実現し、協約当事者である使用者の経営を維持し安定化させるものである。

具体的には、一定の要件のもとで、労働協約の債務的効力の及ぶ範囲を、使用者側について、協約当事者である使用者（又は使用者団体の構成員である使用者）以外の使用者にも拡張し（労働組合の側については拡張はない）、また、規範的効力の及ぶ「労働契約」の範囲を、協約当事者である労働組合の組合員と協約当事者である使用者（又は使用者団体の構成員である使用者）の労働契約以外の労働契約にも拡張する制度である。

同制度の意義及び内容の詳細については、後掲第 2 章〜第 5 章で検討する。

第 10 節　工場事業場単位の拡張適用制度

第 1 款　意義・趣旨・目的

1　「労働者」の適用範囲の拡張

労働組合法 17 条の定める工場事業場単位の拡張適用制度は、「一の工場事業場に常時使用される同種の労働者の四分の三以上の数の労働者が一の労働協約の適用を受けるに至つたとき」に、「当該工場事業場に使用される他の同種の労働者に関しても、当該労働協約が適用される」という制度である。

したがって、協約の適用範囲が拡張されるのは、「労働者」だけであり、協

約当事者である労働組合以外の「労働組合」や協約当事者である使用者（又は使用者団体の構成員である使用者）以外の「使用者」については、適用範囲は拡張されない。これは、当該労働協約が、事業場別労働協約であっても、企業別労働協約であっても、企業横断的労働協約であっても同じである。

　第一に、事業場別労働協約であれば、所定の要件の充足を前提として、当該事業場の協約当事者である労働組合の組合員以外の労働者に対しても、当該労働協約が適用される。

　第二に、企業別労働協約であれば、協約当事者である使用者の各事業場において、所定の要件の充足を前提として、協約当事者である労働組合の組合員以外の労働者に対しても、当該労働協約が適用される。

　第三に、企業横断的労働協約であれば、協約当事者である使用者（又は使用者団体の構成員である使用者）、すなわち、複数の使用者の各事業場において、所定の要件の充足を前提として、協約当事者である労働組合の組合員以外の労働者に対しても、当該労働協約が適用される。

2　組合員の雇用保障と労働条件の維持・向上

　工場事業場単位の拡張適用制度の意義としては、組合員以外の労働者にも組合員と同じ労働条件を保障することにより、組合員以外の労働者の労働条件を保護するものとの見解もありうる。

　また、工場事業場単位の拡張適用制度は、同種の労働者の間に公正労働基準を実現する公益的政策であり、一工場事業場において同種の労働者の4分の3以上を組織する労働組合が協定した労働条件の基準をその単位内の社会的公正労働基準とみなし、当該労働組合の意見とは別個独自の観点から、これを協約外の労働者に対しても保障するものであるとの見解[38]も存在する。

　しかし、そもそも、労働協約は、自ら団結権を行使して組合員となり、当該労働組合のために費用（組合費）及び労力（組合の組織・運営、組合活動、団体交渉、組合役員としての仕事等）を負担する労働者の雇用を保障し、その労働条件を維持・向上させることを目的とするものであって、自ら権利を行使しようとしない他の労働者の雇用保障や労働条件の維持向上を目的とするものではなく、組合員以外の労働者の「ただ乗り」を肯定するものでもない（→前掲第2節1）。

38　東大労研注釈労組法(1982)844頁・860頁等。

労働協約制度の一環である工場事業場単位の拡張制度も、労働協約の当事者である労働組合の組合員の雇用保障と労働条件の維持・向上という観点から位置づけられるべきであり、そのように位置づけることによって、労働者が自ら団結権を行使することを促進し、団結活動を活発化・強化し、団体交渉を活発化させ、よりよい労働条件の労働協約の締結へと結実し、労働者全体の雇用・労働条件の維持・向上へと発展する。

　したがって、工場事業場単位の拡張適用制度は、当該労働協約が一定の要件を充足する場合に、その規範的効力を協約当事者である労働組合の組合員以外の労働者の労働契約にも及ぼすことを可能にすることにより、協約当事者である労働組合の組合員の雇用・労働条件についての基準を、当該工場事業場における同種の労働者の公正労働基準として設定し、当該工場事業場における労働者相互間の公正競争を実現し、企業横断的労働協約であれば、企業横断的な労働者相互間の公正競争も実現し、もって、当該労働協約を保護し、協約当事者である労働組合の組合員の雇用保障と労働条件の維持・向上を図ることを目的とするものと解すべきである。

　結果として、協約当事者である労働組合の組合員以外の労働者の労働条件が引き上げられ、組合員以外の労働者が当該労働協約の恩恵を受けることもあろうが、それは、あくまで結果であって、組合員以外の労働者の労働条件の向上が直接の目的ではない。また、労働協約の拡張適用により、組合員以外の労働者の労働条件が引き下げられることもありうる（→後掲第6款3(2)〜(5)）。

　そして、工場事業場単位の拡張適用の意義・趣旨・目的を、協約当事者である労働組合の組合員の雇用保障と労働条件の維持・向上とすることは、労働者全体の雇用を保障し労働条件の維持・向上を図るという労働法の目的と矛盾するものではない。

　朝日火災海上保険（高田）事件の最高裁判決[39]は、労働組合法17条の「規定の趣旨は、主として一の事業場の四分の三以上の同種労働者に適用される労働協約所定の労働条件によって当該事業場の労働条件を統一し、労働組合の団結権の維持強化と当該事業場における公正妥当な労働条件の実現を図ることにある」と判示しているが、上記のように補充して解釈されるべきである。

39　最三小判平成8・3・26民集50巻4号1008頁、労判691号16頁。

第2款　拡張適用の要件

1　実質的要件

　労働組合法17条は、工場事業場単位の拡張適用の要件として、「一の工場事業場に常時使用される同種の労働者の四分の三以上の数の労働者が一の労働協約の適用を受けるに至つたとき」であることを定める。17条が定めるのは、実質的要件だけであって、手続的要件はない。したがって、17条所定の実質的要件の充足により、特別の手続を要せず自動的に、拡張適用の法的効力が発生することになる。

　以下、2～4で、実質的要件に関して、順に、①「一の工場事業場」（拡張適用の場所的範囲）、②「常時使用される同種の労働者」（拡張適用の人的範囲）、③「四分の三以上の数の労働者」が「一の労働協約」（拡張適用事項）の「適用を受けるに至ったとき」の内容を概観する。

2　「一の工場事業場」（場所的範囲）

　事業場単位の拡張適用の場所的範囲は、「一の工場事業場」である。

　同一企業でも、工場事業場毎に、地理的気候的条件、経営・生産活動の内容、労働環境等は異なり、労働条件も異なりうる。そのため、労働組合法17条の拡張適用の場所的範囲は、「企業」ではなく「一の工場事業場」とされていると思われる。

　したがって、「一の工場事業場」とは、個々の工場事業場であって、一つの企業に複数の工場事業場がある場合は、個々の事業場の各々が労働組合法17条にいう「一の工場事業場」である[40]。

　「一の工場事業場」は、労働基準法及び労働契約法にいう「事業場」と同じ概念であり、法文の解釈により客観的に定まると解される。けだし、「一の工場事業場」は、「一の労働協約」の定める基準が公正基準として法的効力を及ぼす場所的範囲であり、労働基準法及び労働契約法上の「事業場」は、就業規則が作成・変更され、就業規則の定めが法的効力を及ぼす場所的範囲であるところ、いずれも、一つの統一的基準が法的効力を及ぼすべき場所的範囲という

---

[40]　東大労研註釈労組法(1949)160頁、昭和29・4・7労発第111号、東大労研注釈労組法(1982)845～845頁等。

3 「常時使用される同種の労働者」（人的範囲）

工場事業場単位の拡張適用の人的範囲は、「常時使用される同種の労働者」である。

第一に、「常時使用される」とは、職員、日雇、臨時夫等、当該労働者の名称の如何を問わず、実質的に常時使用される者をいうと解される[41]。

第二に、「同種の労働者」とは、当該労働協約が適用対象とする（規範的効力を及ぼす対象としている）労働者であり、協約当事者の合意により労働協約において定められる。当該労働協約が、工場事業場の「従業員全体」を対象としているのであれば、当該工場事業場の「従業員」である者、「工員」を対象としているのであれば、当該工場事業場の「工員」である者、「旋盤工」を対象としているのであれば、当該工場事業場の「旋盤工」である者が、それぞれ「同種の労働者」であると解される[42]。

労働協約において、適用対象労働者の範囲が明記されていない場合は、現実に当該労働協約が適用されている人的範囲、当該労働協約の内容、協約の締結に至る経緯、協約当事者たる労働組合が組織化している労働者の職種等を考慮して、協約当事者の意思を合理的に解釈する。特に適用対象労働者の範囲を限定していないと解される場合もある。

協約当事者の意思を合理的に解釈しても「同種の労働者」の範囲を確定することができない場合は、「同種の労働者」は同じ工場事業場に勤務している全労働者であるとの見解[43]もあるが、これは証明責任の問題であり、労働組合法17条の要件が充足され当該労働者が同条の拡張適用の対象となると主張することに利益を有する側が「同種の労働者」の範囲と当該労働者が「他の同種の労働者」に該当することにつき証明責任を負うことになる。

協約当事者が適用対象とすることができ、あるいは、適用対象から除外することができ、その結果、拡張適用の対象となる労働者、あるいは、拡張適用の

---

[41] 東大労研註釈労組法(1949)161～162頁、昭和24・10・24労収第8180号、東大労研注釈労組法(1982)846頁等。

[42] 昭和24・10・24労収第8180号（→後掲第3章第4節3(2)）、東大労研注釈労組法(1982)847～848頁等。

[43] 東大労研注釈労組法(1982)848頁。

対象とはならない労働者の範囲については、後掲第5款3で検討する。

4 「四分の三以上の数の労働者」が「一の労働協約の適用を受けるに至つたとき」

「四分の三以上の数の労働者が一の労働協約の適用を受けるに至つたとき」は、他の組合員も含めて分母となる「一の工場事業場に常時使用される同種の労働者」の中で、その四分の三以上の労働者が、当該協約当事者である労働組合の組合員として、一つの労働協約の適用を受けるに至ったときと解すべきである。

「一の労働協約」について、「労働協約」は労働組合法14条所定の要件を充足していることが必要であり、「一の」労働協約は単一の労働協約であることが必要である。けだし、「一の労働協約」は少なくとも同一内容の労働協約であることが必要とされるところ、工場事業場単位の拡張適用の場合は、労働組合法18条の地域的拡張適用とは異なり、実質的要件の充足により自動的に拡張適用の効果が発生し、申立人の申立による「一の労働協約」の特定や労働委員会による「一の労働協約」該当性の審査という手続が存在しないので、労働組合法17条にいう「一の労働協約」は、同一内容の労働協約であることが客観的に明らかな単一の労働協約に限定されると解すべきだからである。複数の労働協約である場合は、たとえ全く同じ文面の条項であったとしても、労使慣行や具体的状況によりその文面の解釈は異なる可能性があり、同一内容であることが客観的に明らかではない。したがって、労働組合側の協約当事者が複数の労働組合であっても、一つの労働協約に協約当事者として連署している単一の労働協約である場合は、「一の」労働協約の要件を充足するが、複数の労働組合が別々に労働協約を締結し複数の労働協約が存在している場合は、各労働協約に共通の定めを「一の」労働協約と解すことはできない[44]。

「適用を受けるに至つたとき」について、非組合員が「事実上当該労働協約の適用を受けるに至った」場合、すなわち、当該労働協約の定めが、使用者と非組合員の合意もしくは事実たる慣習（民法92条）により労働契約の内容となっている場合、又は、就業規則に同じ定めがあり就業規則の効力（労契法12条、7条、10条）により労働契約の内容となっている場合はこれに該当しな

---

[44] 結論が同じものとして、東大労研注釈労組法(1982)850頁。

い[45]。けだし、工場事業場単位で拡張適用された労働協約の規範的効力は両面的規範的効力も含む（→後掲第5款2）ものであり、当該効力を組合員以外の労働者に及ぼすことを肯定するためには、当該労働協約の当事者である労働組合が、常時使用される同種の労働者の4分の3以上を組織し、4分の3以上の労働者を代表しているという正当化根拠が必要であるからである。

5　存続要件

労働組合法17条の定める「一の工場事業場に常時使用される同種の労働者の四分の三以上の数の労働者が一の労働協約の適用を受けるに至つたとき」という要件は、拡張適用の発生要件であるのみならず、拡張適用の存続要件でもあると解される。

したがって、拡張適用後、組合員として労働協約の適用を受ける同種の労働者の比率が下がり、「四分の三以上」という要件を充足しなくなった場合は、その時点で拡張適用は終了し、労働協約は、拡張適用の対象者との関係では失効する[46]。

第3款　拡張適用の期間（時間的範囲）

労働組合法17条に基づく事業場単位の拡張適用の期間、すなわち、時間的範囲は、同条所定の「一の工場事業場に常時使用される同種の労働者の四分の三以上の数の労働者が一の労働協約の適用を受けるに至つたとき」という要件を充足した時点から、この要件を充足しなくなった時点、又は、当該労働協約自体が終了し失効した時点までである。

第4款　拡張適用事項

1　規範的部分

労働組合法17条に基づく工場事業場単位の拡張適用は、労働協約の適用される「労働者」の適用範囲を拡張するものであって、協約当事者である労働組合以外の「労働組合」や協約当事者である使用者（又は使用者団体の構成員であ

45　結論が同じものとして、東大労研注釈労組法(1982)850頁等。
46　東大労研註釈労組法(1949)164頁、東大労研注釈労組法(1982)851頁等。

る使用者）以外の「使用者」に適用範囲を拡張適用するものではない。

したがって、拡張適用の対象事項は、当該労働協約の「債務的部分」ではなく、「労働条件その他労働者の待遇に関する基準」を定めた「規範的部分」である。

2　協議・同意条項

労働協約の「規範的部分」には、具体的な労働条件（賃金、労働時間等）のみならず、配転・出向、懲戒、解雇等を行うにあたって、使用者が労働組合と事前協議をすること、あるいは、労働組合の同意を得ること等を定めた協議条項・同意条項も含まれる（→前掲第6節4⑴⑵）。

このような協議・同意条項を拡張適用の対象としない見解もあるが、協議・同意条項に基づく協議の履践又は同意の存在は、配転・出向、懲戒、解雇を行い得る事由、その他の手続等とともに、使用者の権利の行使要件の一つであり、これだけ拡張適用の対象から除外することは合理的ではないこと、また、拡張適用の対象となる労働者は、後に述べるように（→後掲第5款3）協約当事者である労働組合以外の労働組合の組合員を除外した未組織労働者に限定されると解されるところ、未組織労働者について、協約当事者である労働組合との協議・同意等を配転・出向等の有効性要件とすることは、特に未組織労働者の団結権を侵害したり、不利益を被らせるものではないから、拡張適用の対象事項となると解される。

ただし、労働組合の同意がなければ配転・出向等は無効とする労働協約の定めは有効であるが、労働組合の同意があればそれだけで配転・出向を有効とする労働協約の定めは、適用対象が組合員であれ、組合員以外の労働者であれ、労働協約の自治の限界を超えるもので法的効力を有さない（→前掲第5節2⑵）。

第5款　拡張適用の法的効力と効力の及ぶ範囲

1　債務的効力

工場事業場単位の拡張適用において、拡張適用事項は規範的部分である（→前掲第4款1）が、規範的部分は、規範的効力のみならず債務的効力も有する。

したがって、協約当事者である使用者は、協約当事者である労働組合に対して、拡張適用の対象となった労働者、すなわち、「他の同種の労働者」との間の「労働契約」についても、労働協約で定めた基準を遵守する義務を負うこと

第1章　労働協約法理の再構成

になる。

2　規範的効力

(1)　労働組合法17条の定め

労働組合法17条は、「一の工場事業場に常時使用される同種の労働者の四分の三以上の数の労働者が一の労働協約の適用を受けるに至つたとき」という拡張適用の要件が充足された場合、「当該工場事業場に使用される他の同種の労働者に関しても、当該労働協約が適用されるものとする」と定めるのみで、「当該労働協約が適用される」という文言の具体的意味は定めていない。

この点につき、拡張適用の対象となるのは規範的部分であるので、「他の同種の労働者」が拡張適用の対象労働者となることにより、規範的部分の規範的効力は、協約当事者である使用者と「他の同種の労働者」との間の「労働契約」にも及ぶことになる。

そして、規範的部分の規範的効力については、労働組合法16条が、「労働条件その他労働者の待遇に関する基準」を定めた部分は、①それに違反する労働契約の部分については、強行的直律的効力により、労働協約の定める基準と同じ内容へと修正し、②労働契約に定めがない部分については、直律的効力により、労働協約の定める基準がこれを補充することを定めている（→前掲第6節2）。

したがって、拡張適用された労働協約の規範的部分は、その規範的効力として、①強行的直律的効力により、労働協約の定めに違反する労働契約の部分を修正する効力、及び、②直律的効力により、労働契約に定めのない部分を補充する効力を有することになる。

(2)　問題の所在　規範的効力の内容

労働組合法16条が定める労働協約の規範的部分については、協約自治の限界（→前掲第5節2）を超えるのでない限り、労働協約当事者は、労働条件その他の労働者の待遇に関して、①最低基準を設定するか、②上回ることも下回ることも許容しない基準を設定するか、③それ以外の任意法規的な基準を設定するかを、自由に選択することができ、その結果、労働協約の規範的効力を、最低基準効とするか、両面的規範的効力とするか、任意法規的効力とするか、自由に選択することができる。そして、例外的に、労働組合の目的を逸脱し労働協約締結権の濫用である場合、あるいは、労働協約や組合規約で定める手続等を履践していない場合に該当しない限り、その規範的効力が肯定される（→

187

前掲第6節2(1)〜(5))。

　それでは、労働協約の規範的部分が、労働組合法17条に基づき工場事業場単位で拡張適用される場合、拡張適用される事項と規範的効力の内容は、当該労働協約の定める事項と規範的効力の内容と同じであろうか。それとも、拡張適用される事項は、労働協約の定める事項のうち、最低基準を設定するものだけであろうか、あるいは、拡張適用される事項は最低基準効しか有さないのであろうか。

(3) 結　論

　結論を先に述べるならば、労働組合法17条は、労働協約の規範的部分の規範的効力の適用範囲を組合員以外の労働者にも拡大する規定であり、拡張適用される事項と規範的効力の内容は、拡張適用される労働協約の定める事項及び規範的効力の内容と同じである。

　したがって、当該労働協約が、労働条件に関して、①最低基準を設定している場合は、当該基準は最低基準効を有し、②上回ることも下回ることも許容しない基準を設定している場合は、当該基準は両面的規範的効力を有し、③任意法規的な基準を設定している場合は、当該基準は任意法規的効力を有する。ただし、例外的に、特段の事情がある場合は、両面的規範的効力による労働条件の引き下げは否定される。その理由は、次の(4)〜(6)で述べるとおりである。

(4) 拡張適用制度の意義

　工場事業場単位の拡張適用制度は、当該労働協約が一定の要件を充足する場合に、その規範的効力を協約当事者である労働組合の組合員以外の労働者の労働契約にも及ぼすことを可能にすることにより、協約当事者組合の組合員の雇用・労働条件についての基準を、当該工場事業場における同種の労働者の公正労働基準として設定し、当該工場事業場における労働者相互間の公正競争を実現し、企業横断的労働協約であれば、企業横断的な労働者相互間の公正競争をも実現し、もって、当該労働協約を保護し、協約当事者組合の組合員の雇用保障と労働条件の維持・向上を図ることを目的とするものである(→前掲第2節2)。

　労働組合法17条は、労働協約の規範的効力の適用範囲を組合員以外の労働者に拡大するものであり、朝日火災海上保険（高田）事件の最高裁判決[47]も述

47　最三小判平成8・3・26民集50巻4号1008頁、労判698号16頁。同判決は、労組

べているように、それ以外の点を変更するものではなく、拡張適用の対象を最低基準を設定する条項のみとする、あるいは、拡張適用の規範的効力を最低基準効のみとするといった限定は何ら行っていない。

したがって、同最高裁判決が、結論として「未組織の同種労働者の労働条件が一部有利なものであることの故に、労働協約の規範的効力がこれに及ばないとするのは相当でない」と述べているように、労働協約が拡張適用される場合、当該労働協約の定める事項と規範的効力の内容はそのまま拡張適用され、拡張適用される協約事項が最低基準を設定するものに限定されたり、規範的効力の内容が最低基準効に限定されることはない。

(5) 協約自治と積極的団結権の尊重
① 学　説

学説においては、工場事業場単位の拡張適用について、その両面的規範的効力により拡張適用対象労働者の労働条件を引き下げることを肯定する見解[48]もあるが、否定する見解も多い。

否定する見解としては、(a)労働協約の規範的効力自体が最低基準効である（したがって、組合員の労働条件を引き下げることも否定される）という見解[49]もあるが、(b)労働組合法 16 条の規範的効力については両面的規範的効力を（少なくとも一定の要件を充足する場合は）肯定しつつ、工場事業場単位の拡張適用については両面的規範的効力を否定する見解も多い。そして、その理由としては、

法 17 条の「適用にあたっては、労働協約上の基準が一部の点で未組織の同種労働者の労働条件よりも不利益であるとみられる場合であってもそのことだけで右の不利益部分の効力を未組織労働者に及ぼし得ないと解することは適当ではない。けだし、同条は、その文言上、同条に基づき労働協約の規範的効力が同種労働者にも及びうる範囲について何らの規定もしていない上、労働協約の締結に当たっては、その時々の社会的経済的条件を考慮して、総合的に労働条件を定めていくのが通常であるから、その一部をとらえて有利、不利をいうことは適当でないからである。また、右規定の趣旨は、主として一の事業場の 4 分の 3 以上の同種労働者に適用される労働協約所定の労働条件によって当該事業場の労働条件を統一し、労働組合の団結権の維持強化と当該事業場における公正妥当な労働条件の実現を図ることにあると解されるから、その趣旨からしても、未組織の同種労働者の労働条件が一部有利なものであることの故に、労働協約の規範的効力がこれに及ばないとするのは相当でない。」と判示している。

[48] 一定の要件の下に肯定する見解として、沼田労働法(1975) 236 頁、菅野労働法(2010) 611 頁等。

[49] 吾妻編労組法(1959) 387～388 頁等。

(i)有利原則を否定すると、拡張適用労働者はより低い労働条件を定める協約の拘束から免れる手段を失うこと[50]、(ii)労働組合法17条の立法趣旨は、協約の適用を受けない未組織労働者による不当な労働力の安売りを防止することにより団結の維持強化を図ることにあり、統一的な労働条件の設定が直接的な目的でないこと[51]、(iii)非組合員は組合の意思形成に参加しておらず、労働協約の締結に関与する可能性がないこと[52]等が主張されている。

② 労働条件の引き下げを否定する見解への批判

しかし、労働条件の引き下げを否定する見解は支持できない。

(a)の見解について、協約当事者は、労働協約の定める基準を、最低基準とすることも、上回ることも下回ることも許容しない基準とすることもでき、その規範的効力を、最低基準効とすることも、両面的規範的効力とすることもできることは、既に述べた通りである（→前掲第6節2(2)～(5)）。

(b)の見解について、その理由として述べられている(i)～(iii)は、いずれも失当である。

(i)について、筆者は、協約当事者組合以外の労働組合（別組合）の組合員を労働組合法17条の拡張適用の対象とすることはできないと解する（→後掲3(2)）ので、労働者は、団結権を行使し別組合を結成し又は別組合に加入していれば、拡張適用の対象とならず、その規範的効力は及ばない。

(ii)について、拡張適用される事項は、労働協約の定める事項のうち、最低基準を設定するものだけである、あるいは、拡張適用される事項は最低基準効しか有しないとすると、協約当事者である労働組合の組合員は、労働協約が上回ることも下回ることも許容しない基準を定めている場合はその両面的規範的効力により労働条件が不利益に変更される場合もあるのに対し（→前掲第7節3(2)～(5)）、拡張適用の対象となる労働者（未組織労働者）は労働協約による労働条件の有利変更のみを享受することになり、常に協約当事者組合の組合員よりも有利な労働条件を享受することになる。

「同種の労働者」であるのに、団結権を行使し費用と労力を負担している組合員よりも、団結権を行使せず何の費用も労力も負担していない未組織労働者

---

50 山口労組法(1996)198頁等。
51 外尾労働団体法(1975)647頁等。
52 下井労使関係法(1995)162頁、西谷労組法(2006)387頁等。西谷労組法(2006)387頁は、自ら全く関与する可能性のない他人相互の協定により労働条件の引き下げを甘受せねばならないという結論は、労働者の自己決定＝契約意思を軽視するものと述べる。

の方が、常に有利な労働条件を享受するという帰結は、当該労働組合からの労働者の脱退と当該労働組合の弱体化につながるものであり、協約当事者組合とその組合員の団結権等を侵害する。また、工場事業場単位の労働協約の拡張適用制度の意義、すなわち、当該労働協約を保護し、協約当事者組合の組合員の雇用保障と労働条件の維持・向上を図ること（→前掲第１款２）に相反することは明らかである。

(iii)について、たしかに、協約当事者組合の組合員でない労働者は、労働協約の締結に関与する機会はないので、拡張適用による労働条件の不利益変更を肯定すれば、自ら全く関与する可能性のない労働協約による労働条件の引き下げを甘受させ、当該労働者の自己決定＝契約意思を軽視することになる。

しかし、第一に、先に述べたように、筆者は、協約当事者組合以外の労働組合（別組合）の組合員を拡張適用の対象とすることはできないと解するので、別組合の組合員の団結権・団体交渉権は保障され、その自己決定も尊重される。

第二に、筆者は、労働組合法２条但書一号が定める「使用者の利益代表者」、及び、これに該当しないが協約当事者組合の組合加入資格を有しないとされている労働者を拡張適用の対象とすることはできないと解する（→後掲３(4)(5)）。したがって、組合加入資格を有さず、自ら団結権を行使して協約当事者組合に加入したくても加入することができない労働者については、その自己決定が尊重される。なお、組合加入資格を有しない労働者は、拡張適用の対象とならないので、労働条件の有利変更を享受することもないが、よりよい労働条件を獲得したいのであれば、別組合を結成し又は別組合に加入すべきであろう（労働組合法２条但書一号に該当する者も自主性不備組合（憲法組合）の結成・加入は可能である）。

第三に、協約当事者組合の組合加入資格を有しているが当該労働組合にも別組合にも加入していない未組織労働者は、拡張適用の対象となる。しかし、先に(ii)についての批判で述べたように、拡張適用される事項は、労働協約の定める事項のうち、最低基準を設定するものだけである、あるいは、拡張適用される事項は最低基準効しか有しないとすると、費用も労力も負担しない未組織労働者の方が、協約当事者組合の組合員よりも常に有利な労働条件を享受するという帰結となり、協約当事者組合の組合員の脱退を促進する効果を生じるので、協約当事者組合及びその組合員の団結権等を侵害する。協約当事者組合の団結権、及び、協約当事者組合の組合員の団結権（積極的団結権）は、当該労働組合の組合加入資格があるのに組合員とならず、別組合の組合員でもなく、団結

権を行使しようとしない未組織労働者の自己決定よりも尊重されるべきである。そして、そのように解することが、労働者が自ら団結権を行使することを促進し、団結活動を活発化・強化し、団体交渉を活発化させ、よりよい労働条件の労働協約の締結へと結実し、労働者全体の雇用・労働条件の維持・向上へと発展する。

③　まとめ

　したがって、労働協約が拡張適用される場合、当該労働協約の定める事項と規範的効力の内容はそのまま拡張適用され、当該労働協約が上回ることも下回ることも許容しない基準を定めている場合は、原則として、その両面的規範的効力により、拡張適用の対象となる労働者の労働条件が不利益に変更される。しかし、拡張適用の対象となる労働者は、協約当事者組合の組合加入資格を有しているが当該労働組合にも別組合にも加入していない未組織労働者に限定され、別組合の組合員又は協約当事者組合の組合加入資格を有していない労働者は除外される。そして、このように、団結権を行使しない労働者の自己決定ではなく、協約自治と労働者の積極的団結権を尊重する解釈が、憲法28条と労働組合法16条・17条の整合的な解釈である。

⑹　例　外

　しかし、朝日火災海上保険（高田）事件の最高裁判決[53]が述べているように、組合員以外の労働者は、労働組合の意思決定に関与する機会を有さず、したがって、当該労働協約の内容についても関与する機会はない。また、労働組合は、組合員の雇用保障と労働条件の維持・向上を目的とする組織であるから、組合員以外の労働条件を改善し、その他の利益を擁護するために活動する立場にはなく、当該労働協約が組合員以外の労働者に適用された場合の帰結について十分に考慮していないこともあり得る。

---

[53] 最三小判平成8・3・26民集50巻4号1008頁、労判698号16頁。同判決は、「未組織労働者は、労働組合の意思決定に関与する立場になく、また逆に、労働組合は、未組織労働者の労働条件を改善し、その他の利益を擁護するために活動する立場にないことからすると、労働協約により特定の未組織労働者にもたらされる不利益の程度・内容、労働協約が締結されるに至った経緯、当該労働者の労働組合の組合員資格を認められているかどうか等に照らし、当該労働協約を特定の未組織労働者に適用することが著しく不合理であると認められる特段の事情のあるときは労働協約の規範的効力を当該労働者に及ぼすことはできないと解する」と判示している。

第1章　労働協約法理の再構成

　同最高裁判決は、組合加入資格を有しない労働者を必ずしも拡張適用の対象から除外していないので、これを一部修正し、「労働協約により特定の未組織労働者にもたらされる不利益の程度・内容、労働協約が締結されるに至った経緯等に照らし、当該労働協約を特定の未組織労働者に適用することが著しく不合理であると認められる特段の事情のあるときは労働協約の規範的効力を当該労働者に及ぼすことはできない」と解すべきである。

(7)　協約の定めと労働契約の関係
　労働協約の規範的効力は、労働協約の定めが外部から労働契約を規律する効力であり（外部規律説）、労働協約の規範的部分がそのまま労働契約の内容となるという効力ではない。ただし、協約の定めが、労働契約当事者の合意、事実たる慣習、又は就業規則の効力により労働契約の内容となる場合はある（→前掲第6節2(6)(7)）。したがって、拡張適用終了後の労働契約の内容については、協約の定めが労働契約の内容とならない場合は、信義則に則した労働契約の解釈により決定される。

3　規範的効力の及ぶ範囲

(1)　問題の所在
　労働組合法17条は、「一の工場事業場に常時使用される同種の労働者の四分の三以上の数の労働者が一の労働協約の適用を受けるに至つたとき」という拡張適用の要件が充足された場合、「当該工場事業場に使用される他の同種の労働者」に関しても、当該労働協約が適用されると定める。
　この「当該工場事業場に使用される他の同種の労働者」の範囲、すなわち、拡張適用された労働協約の規範的効力が及び、拡張適用の対象となる労働者の範囲については、①協約当事者である労働組合以外の労働組合（別組合）の組合員は拡張適用の対象となるか、②協約当事者が労働協約にその人的適用範囲を協約当事者である労働組合の組合員に限定する旨を定めた場合、当該組合員以外の労働者は拡張適用の対象とならないか、③労働組合法2条但書一号が定める「使用者の利益代表者」は拡張適用の対象となるか、④労働組合法2条但書一号が定める「使用者の利益代表者」以外の者で協約当事者組合の組合加入資格を有しないとされている労働者は拡張適用の対象となるか、⑤協約当事者が労働協約にその人的適用範囲をたとえば「正社員」に限定する旨を定めた場合、「正社員」以外の有期契約労働者やパートタイマーは拡張適用の対象とな

193

らないか、等が重要な論点である。

(2) 別組合員

　結論を先に述べるならば、協約当事者組合以外の労働組合（別組合）の組合員は、当該労働協約の定める人的適用範囲の基準（職種・地位・職務内容等）に照らしてその人的適用範囲に含まれ、労働組合法 17 条の定める「同種の労働者」に含まれる場合であっても、労働協約の拡張適用の対象とすることはできず、したがって、同条の定める「他の同種の労働者」の中には別組合の組合員は含まれず、拡張適用された労働協約の規範的効力は、最低基準効であれ、両面的規範的効力であれ、一切及ばないと解するのが、憲法 28 条及び労働組合法 17 条の整合的な解釈である[54]。その理由は以下の通りである。

　第一に、別組合が独自に労働協約を締結している場合であっても労働組合法 17 条に基づく拡張適用が可能であるとの見解もありうる。しかし、当該工場事業場における少数組合であっても、憲法 28 条により独自の団結権・団体交渉権（労働協約締結権を含む）を保障されている以上、多数組合（協約当事者組合）の労働協約を拡張適用することはこれらの別組合の権利を実質的に侵害することになり許されない。

　第二に、別組合が独自に労働協約を締結している場合は、それより有利な部分についてのみ拡張適用できるとの見解もありうる。しかし、別組合の組合員は、拡張適用される労働協約のうち自分に有利な部分のみが適用され、したがって、拡張適用される労働協約の当事者組合の組合員よりも常に有利な労働条件を享受しうることになる。このような帰結は、協約当事者組合からの労働者の脱退と別組合への加入、及び、協約当事者組合の弱体化につながるものであり、協約当事者組合とその組合員の団結権等を侵害することになる。

　第三に、別組合が独自に労働協約を締結している場合は拡張適用できないが労働協約を締結していない場合は拡張適用できるとの見解もあり得る。使用者が協約当事者組合とは労働協約を締結し別組合が求めているにもかかわらず別

---

[54] 同じ結論として、菅野労働法(2010) 612 頁、西谷労組法(2006) 388 頁等。近年の裁判例の採用する見解でもある。中労委（ネスレ日本）事件の東京地裁判決（東京地判平成 12・12・20 労判 810 号 67 頁）は、「事業場において従業員総数の 4 分の 1 未満の者が別に自ら労働組合（以下「少数組合」という）を結成していた場合には、その少数組合の団結権・団体交渉権を保障する必要があるから、労働協約についての事業場単位の拘束力は、少数組合には及ばない」と判示している。

組合とは労働協約を締結しない場合は共鳴しうる主張であるが、他方、別組合が反対している労働条件についても、使用者が協約当事者組合と労働協約を締結することにより拡張適用されることになり、別組合の団結権・団体交渉権が侵害されるという問題が生じることになる。

第四に、別組合員に対する労働協約の拡張適用の場合は、その規範的効力を最低基準効に限定するという見解もあり得る。しかし、別組合員は、拡張適用される労働協約の当事者組合の組合員よりも常に有利な労働条件を享受し得ることになり、このような帰結は、協約当事者組合からの労働者の脱退と別組合への加入、及び、協約当事者組合の弱体化をもたらし、協約当事者組合とその組合員の団結権等が侵害されることになる。

以上の第一から第四までの理由により、拡張適用される労働協約の当事者組合及びその組合員の団結権・団体交渉権、及び、別組合とその組合員の団結権・団体交渉権を共に尊重し保障するためには、別組合の組合員に対しては、いかなる場合でも労働協約を拡張適用できないと解すべきである。

そして、使用者が協約当事者組合とは労働協約を締結し別組合とは労働協約を締結しない場合、未組織労働者は労働協約を拡張適用されるのに別組合の組合員には拡張適用されず、未組織労働者よりも低い労働条件となる場合もありうるという問題については、使用者が合理的な理由なく協約当事者組合と締結した労働協約と同じ内容の労働協約を別組合と締結しないということは、労働組合法7条1号の「不利益取扱い」及び3号の「支配介入」の不当労働行為に該当しうるので、当該別組合としては不当労働行為救済を求めるという方法で対応することになろう[55]。

(3) 適用対象を組合員に限定することの可否
① 論点の整理

まず、前提として確認しなければならないのは、「協約当事者が労働協約にその人的適用範囲を協約当事者組合の組合員に限定する旨を定めた場合、当該組合員以外の労働者は拡張適用の対象とならないか」という論点は、「協約当事者が労働協約に労働組合法17条の適用を排除する旨を定めた場合、同条は適用されず当該労働協約は拡張適用の対象とならないか」とは別の論点であるということである。

---

55 菅野労働法(2010)612頁。

後者について言えば、労働組合法17条は強行規定であるから、同条は適用されない旨を労働協約に定めても当該定めは無効であろう[56]。また、「同種の労働者」に含まれる者であっても一定の者については適用対象から除外する旨を労働協約に定めても無効であろう[57]。

しかし、前者の論点、すなわち、「協約当事者が労働協約にその人的適用範囲を協約当事者組合の組合員に限定する旨を定めた場合、当該組合員以外の労働者は拡張適用の対象とならないか」という論点は、このような定めがおかれた場合、労働組合法17条の定める「同種の労働者」は当該組合員に限定されることになるのかどうかであり、同条の解釈の問題である。

② 結　論

結論を先に述べるならば、協約当事者は、労働協約の人的適用範囲を画する基準として、職種、職務内容、職位、雇用形態等を定めることができるだけでなく、「協約当事者組合の組合員であること」を基準として設定し、当該労働協約の適用対象を協約当事者組合の組合員に限定するか、それともしないかを選択し、その旨を労働協約に定めることができる。

その結果、協約当事者が、労働協約の人的適用範囲を協約当事者組合の組合員に限定せず、そのような定めを労働協約におかない場合は、未組織労働者は、当該労働協約が定める人的適用範囲の基準（職種・地位・職務内容等）に照らして、当該労働協約の定める人的適用範囲に含まれ、「同種の労働者」に該当すれば、「他の同種の労働者」として、拡張適用の対象となる。

しかし、協約当事者が、労働協約の人的適用範囲を「協約当事者組合の組合員」に限定し、その旨を当該労働協約に定めている場合は、未組織労働者は、「協約当事者組合の組合員」ではなく、当該労働協約の定める人的適用範囲に含まれないから、労働組合法17条の定める「同種の労働者」ではなく、当然「他の同種の労働者」にも含まれず、拡張適用の対象とはならない。また、別組合の組合員は、いずれにせよ拡張適用の対象とすることはできないから（→前掲(2)）、結局、拡張適用は行われない。

したがって、協約当事者は、労働協約の内容により、当該労働協約の人的適

56　東大労研注釈労組法(1982)860頁等。反対、吾妻編労組法(1959)388〜389頁等。
57　昭25・5・8労発第153号は、「同種の労働者として協約の適用を受くべき労働者について、労働協約によってその者については協約を適用しない旨を規定し、協約の適用範囲を限定しても、法第十七条の規定に基づき、協約はその者に対して当然に適用される」とする。

第1章　労働協約法理の再構成

用範囲を協約当事者組合の組合員に限定するかしないかを選択することができ、上回ることも下回ることも許容しない基準を定める労働協約については、協約の人的適用範囲を協約当事者組合の組合員に限定せず未組織労働者も対象とし、最低基準を定める労働協約については、協約の人的適用範囲を協約当事者組合の組合員に限定してその旨を当該労働協約に定め、未組織労働者を対象としないことも可能である。

ただし、労働協約はそれ全体が一つのまとまりであり、特に規範的部分は、たとえば賃金と労働時間のように複数の項目が全体として一つの労働条件となっているので、一つの労働協約の規範的部分の中で一部の条項は適用対象を協約当事者組合の組合員に限定し、一部の条項は組合員のみならず未組織労働者も適用対象とするということはできないと解すべきである。

その理由は次の③で述べるとおりである。

③　理　由

工場事業場単位の拡張適用制度は、当該労働協約が一定の要件を充足する場合に、その規範的効力を協約当事者である労働組合の組合員以外の労働者の労働契約にも及ぼすことを可能にすることにより、協約当事者である労働組合の組合員の雇用・労働条件についての基準を、当該工場事業場における同種の労働者の公正労働基準として設定し、当該工場事業場における労働者相互間の公正競争を実現し、企業横断的労働協約であれば、企業横断的な労働者相互間の公正競争も実現し、もって、当該労働協約を保護し、協約当事者である労働組合の組合員の雇用保障と労働条件の維持・向上を図ることを主たる目的とするものである（→前掲第1款2）。

しかし、特に、有利な労働条件を定めた労働協約を未組織労働者に拡張適用すると、自ら団結権を行使せず、当該労働協約を締結した労働組合に対して費用（組合費）も、労力（労働組合の組織運営、組合活動、団体交渉、組合役員としての仕事等）も負担しない未組織労働者の「ただ乗り」を許し、労働組合の組織化を妨げ、団結活動を停滞させる危険性がある。

他方、上回ることも下回ることも許容しない基準を定めた労働協約については、未組織労働者にも拡張適用しないと、未組織労働者が協約当事者である労働組合の組合員よりも有利な労働条件を享受すること許容し、使用者が未組織労働者を優遇することを可能にし、労働組合の組織化を妨げ、団結活動を停滞させる危険性がある。

したがって、労働組合は、使用者との合意により、当該労働協約の適用対象

を組合員に限定するかしないかを選択し、労働協約に定めることができる。

なお、このように解すると、未組織労働者は労働条件を不利益に変更する労働協約だけ拡張適用の対象とされることにもなりかねず、妥当ではないという批判もありうるが、労働条件の不利益変更の場合、組合員と同じく不利益に変更されるだけで、組合員よりもさらに不利益に変更されるわけではない。

また、協約の拡張適用の対象を組合員に限定することができず、いかなる労働協約でも、有利な労働条件の場合も不利な労働条件の場合も未組織労働者に拡張適用されると解すると、未組織労働者の労働条件は常に組合員と同じになる。すなわち、労働協約が上回ることも下回ることも許容しない基準を定めている場合は、組合員と同様、労働協約と同じ労働条件となり、労働協約が最低基準を定めている場合は、組合員と同様、労働協約よりも有利な労働条件を定め得る。にもかかわらず、未組織労働者は組合員と異なり、組合費を払い組合活動等に時間を費やす必要がないから、金銭的にも時間的にも労力的にも負担が軽くなることになり、不公平であるとともに、フリーライダーを増大させ、労働組合への団結の抑止的効果を有することになる。このような解釈は、憲法28条と労働組合法の趣旨・目的と矛盾するというべきである。

以上をまとめると、労働組合は使用者との合意により、当該労働協約の適用対象を「組合員」に限定することができ、この場合、未組織労働者は「組合員」ではなく「同種の労働者」ではないから、拡張適用の対象とならない。当該労働組合は、使用者との合意により、たとえば、有利な労働協約は未組織労働者に拡張適用しないが不利な労働協約は未組織労働者に拡張適用し、フリーライダーの増大を阻止することが可能である。ただし、特に労働協約の拡張適用による未組織労働者の労働条件の不利益変更については、例外的にその不利益変更効が否定される場合がある（→後掲第6款3⑷））。

⑷ 「使用者の利益代表者」

労働組合法17条所定の「同種の労働者」（拡張適用の人的範囲）は、拡張適用の対象となる労働協約の適用対象となる労働者、すなわち、当該労働協約の人的適用範囲に該当する労働者である（→前掲第2款3）。

ところで、労働組合法2条但書一号が定める「使用者の利益代表者」に該当する間は、当該労働者は組合加入資格を有さず（厳密に言えば、当該労働者が加入している組織は労働組合法上の労働組合ではない）、組合加入資格を有する労働者とは異なるカテゴリーの労働者である。

また、労働協約の本来の適用対象労働者は、協約当事者である労働組合の組合員に限定されているので、労働協約が設定する人的適用範囲に使用者の利益代表者は含まれない。けだし、組合加入資格を有しない使用者の利益代表者は組合員になることはできないので、使用者の利益代表者を労働協約の人的適用範囲に含めても当該労働協約が適用されることはありえず、使用者の利益代表者は労働協約の規制対象とする労働者ではないからである。

したがって、当該労働協約の人的適用範囲が組合加入資格を有する労働者の全てのカテゴリーであろうと一部のカテゴリーであろうと、組合加入資格を有しない使用者の利益代表者は、当該労働協約の人的適用範囲に含まれず、労働組合法17条所定の「同種の労働者」に含まれない。

そして、使用者の利益代表者が「同種の労働者」（拡張適用の人的範囲）に含まれないということは、当然、「他の同種の労働者」（拡張適用の対象労働者）にも含まれないということであるから、拡張適用の対象とはならず、拡張適用された労働協約の規範的効力は及ばない。

⑸　組合加入資格を有しない者

労働組合法2条但書一号が定める「使用者の利益代表者」に該当しなくても、協約当事者である労働組合において組合加入資格を有しないこととされている労働者[58]は、組合加入資格の内容が、職種、職務内容、職位、雇用形態その他何であれ、組合加入資格を有する労働者とは異なるカテゴリーの労働者である[59]。

また、労働協約の本来の適用対象労働者は、協約当事者である労働組合の組合員に限定されているので、労働協約が設定する人的適用範囲は、職種、職務内容、職位、雇用形態その他どのような基準で画定されているものであれ、組合加入資格を有する労働者のカテゴリーの全部又は一部であって、組合加入資

---

[58] 組合規約又は労働協約の中には、①社長室・役員室の秘書、②警備保安要員、③消防要員、④労務課・人事課の職員などにつき、「使用者の利益代表」か否かという実体的審査を行わずに、一律に組合加入資格を有しないものと定めている例がある。

[59] 行政解釈（昭和25・9・29労収第6184号）は、労組法2条但書一号の使用者の利益代表者は「同種の労働者」ではなく労組法17条の拡張適用の対象とならないが、労組法2条但書一号に該当しない者は、労働協約においてその者を非組合員としていても、その者が常時使用され、かつ「組合員たる従業員と同種の労働者である限り」労組法17条の拡張適用の対象となるとする（→後掲第3章3⑵）が、組合加入資格を有しない者が「組合員たる従業員と同種の労働者である」ことはありえない。

格を有しない労働者のカテゴリー（例えば一定以上の管理職）は含まれない。け
だし、組合加入資格を有しない労働者が組合員になることはありえないので、
組合加入資格を有しない労働者を労働協約の人的適用範囲に含めても当該労働
協約が適用されることはあり得ず、組合加入資格を有しない労働者は労働協約
の規制対象とする労働者ではないからである。

　したがって、組合加入資格を有しない労働者は、労働協約の人的適用範囲に
含まれず、労働組合法17条の所定の「同種の労働者」に含まれない。そして、
組合加入資格を有しない労働者が「同種の労働者」（拡張適用の人的範囲）に含
まれないということは、当然、「他の同種の労働者」（拡張適用の対象労働者）
にも含まれないということであるから、拡張適用の対象とはならず、拡張適用
された労働協約の規範的効力は及ばない。

(6)　適用対象を「正社員」に限定することの可否

　協約当事者である労働組合が、労働組合加入資格を「正社員」に限定してい
る場合は、それ以外の労働者は、組合加入資格を有していないから、労働組合
法17条所定の「同種の労働者」（拡張適用の人的範囲）には含まれず、「他の同
種の労働者」（拡張適用の対象労働者）でもない（→前掲(5)）。したがって、「正
社員」以外の労働者は、労働協約の拡張適用の対象とはならない。

　これに対し、協約当事者である労働組合が、労働組合加入資格を「正社員」
に限定しておらず、「正社員」以外の労働者も組合加入資格を有しているが、
当該労働協約がその人的適用範囲を「正社員」に限定している場合、原則とし
て、組合員のどの労働者を労働協約の人的適用範囲とするかは協約自治に委ね
られている（→前掲第6節3(2)）から、「正社員」以外の労働者は、労働組合法
17条所定の「同種の労働者」に含まれず、「他の同種の労働者」にも該当せず、
拡張適用の対象とはならない。しかし、「正社員」以外の労働者を適用対象と
しないことが差別的取扱いに該当し強行規定に違反するなど、例外的な場合は、
当該労働協約の定める人的適用範囲が修正され、「正社員」以外の労働者も拡
張適用の対象となりうる。

4　協約自治と積極的団結権の尊重

　以上、前掲2・3で検討したことを総括するならば、工場事業場単位の拡張
適用における規範的効力の内容と規範的効力の及ぶ範囲は、次のように整理さ
れる。

第一に、協約当事者は、労働協約の定める基準を、最低基準とすることも、上回ることも下回ることも許容しない基準とすることもでき、その規範的効力を、最低基準効とすることも、両面的規範的効力とすることもできる。そして、労働協約が拡張適用される場合、当該労働協約の定める事項と規範的効力の内容はそのまま拡張適用され、当該労働協約が上回ることも下回ることも許容しない基準を定めている場合は、その両面的規範的効力による拡張適用の対象となる労働者の労働条件の不利益変更も原則として肯定される（→前掲2）。

　第二に、協約当事者は、当該労働協約の人的適用範囲を自由に決定することができ、「協約当事者である労働組合の組合員」に限定すること、あるいは、労働者の一部のカテゴリーに限定することも原則として可能である。その結果、労働組合法17条所定の「他の同種の労働者」として拡張適用の対象となる労働者は存在せず、あるいは、限定される（→前掲3(3)(6)）。

　第三に、拡張適用の対象となる労働者は、協約当事者である労働組合の組合加入資格を有しているが当該労働組合にも別組合にも加入していない未組織労働者に限定され、別組合の組合員、又は、協約当事者組合の組合加入資格を有していない労働者は除外される（→前掲3(2)(4)(5)）。

　そして、このように、協約自治と積極的団結権を尊重する解釈が、労働者全体の雇用・労働条件の維持・向上につながるものであり、憲法28条と労働組合法16条・17条の整合的な解釈である。

第6款　拡張適用による労働条件の変更

1　問題の所在

　当事者要件と要式性（労組法14条）を充足し、組合規約所定の手続等を履践し、協約自治の範囲内で定められた労働協約が拡張適用された場合、当該拡張適用された労働協約の規範的効力により、拡張適用の対象となる労働契約の契約内容（労働条件）は当然に変更されるのであろうか。

　協約当事者である労働組合以外の労働組合の組合員（別組合員）又は協約当事者組合の組合加入資格を有しない労働者は、拡張適用の対象とすることができず、労働協約の規範的効力は最低基準効であれ両面的規範的効力であれ一切及ばず、したがって、労働協約の拡張適用によりその労働条件が変更されることはない（→前掲第5款3(2)(4)(5)）。そこで、以下、対象労働者を協約当事者組合の組合加入資格を有する未組織労働者に限定して検討する。

2 未組織労働者にとって有利な労働条件変更

(1) 最低基準として設定されている場合

拡張適用された労働協約の定めが未組織労働者にとって有利であること、すなわち、当該労働協約の定めが、労働契約の定め又は労働契約に定めのない状態よりも未組織労働者にとって有利であることを前提とすると、第一に、労働協約の定める基準が最低基準であるときは、その最低基準効により、労働者と使用者の合意の有無にかかわらず、労働契約の内容は労働協約の定める基準と同じ内容へと有利に修正され、あるいは、労働協約の定める基準により補充される。労働協約の規範的効力（最低基準効）が及んでいる期間は、労働協約よりも有利であれば、契約当事者が合意によりさらに労働契約の内容を変更することも可能である。

(2) 上回ることも下回ることも許容しない基準として設定されている場合

労働協約の定めが未組織労働者にとって有利であることを前提とすると、第二に、労働協約の定める基準が上回ることも下回ることも許容しない基準として設定されているときは、その両面的規範的効力により、労働者と使用者の合意の有無にかかわらず、労働契約の内容は労働協約の定める基準と同じ内容へと有利に修正され、あるいは、労働協約の定める基準により補充される。ただし、労働協約の規範的効力（両面的規範的効力）が及んでいる期間は、契約当事者が合意により労働契約の内容を変更することはできない。

3 未組織労働者にとって不利な労働条件変更

(1) 最低基準として設定されている場合

労働協約の定めが未組織労働者にとって不利であること、すなわち、当該労働協約の定めが、労働契約の定め又は労働契約に定めのない状態よりも未組織労働者にとって不利であることを前提とすると、第一に、労働協約の定める基準が最低基準として設定されているときは、労働協約の定めは最低基準効しか有さないから、労働契約の内容は修正または補充を受けず、労働協約の規範的効力（最低基準効）によっては変更されない。ただし、労働協約の定めを労働契約の内容とすることについて労働契約当事者の合意がある場合は、労働契約法8条により、労働契約の内容は変更される。

(2) 上回ることも下回ることも許容しない基準として設定されている場合

　労働協約の定めが未組織労働者にとって不利であることを前提とすると、第二に、労働協約の定める基準が上回ることも下回ることも許容しない基準であるときは、その両面的規範的効力により、労働者と使用者の合意の有無にかかわらず、労働契約の内容は、原則として、労働協約の定める基準と同じ内容へと不利に修正され、あるいは、労働協約の定める基準により補充される。すなわち、拡張適用された労働協約の両面的規範的効力は、不利益変更効も含むものであり、労働協約の拡張適用による労働条件の不利益変更も原則として肯定されると解すべきである[60]。そして、労働協約の規範的効力（両面的規範的効力）が及んでいる期間は、契約当事者が合意により労働契約の内容を変更することはできない。その理由は、次の(3)で述べるとおりである。

(3) 原則　協約自治と積極的団結権の尊重

　労働組合の組合員の雇用保障と労働条件の維持・向上を図るという目的のために、労働条件の基準の内容、法的性質、法的効力をどのようなものとするかは、労働組合の判断に委ねられ、協約当事者の合意により労働協約で定められるものであり、協約自治は尊重されなければならない。

　そして、工場事業場単位の拡張適用制度は、当該労働協約が一定の要件を充足する場合に、その規範的効力を協約当事者である労働組合の組合員以外の労働者の労働契約にも及ぼすことを可能にすることにより、協約当事者である労働組合の組合員の雇用・労働条件についての基準を、当該工場事業場における同種の労働者の公正労働条件基準として設定し、当該工場事業場における労働者相互間の公正競争を実現し、企業横断的労働協約であれば、企業横断的な労働者相互間の公正競争をも実現し、もって、当該労働協約を保護し、協約当事者である労働組合の組合員の雇用保障と労働条件の維持・向上を図ることを主たる目的とするものである（→前掲第1款2）。

---

[60] 朝日火災海上保険（高田）事件の最高裁判決（最三小判平成8・3・26民集50巻4号1008頁、労判698号16頁）も、労働協約により特定の未組織労働者にもたらされる不利益の程度・内容、労働協約が締結されるに至った経緯、当該労働者の労働組合の組合員資格を認められているかどうか等に照らし、当該労働協約を特定の未組織労働者に適用することが著しく不合理であると認められる特段の事情のあるときを除いては、労働協約の拡張適用による未組織労働者の労働条件の不利益変更を肯定している。

したがって、労働協約が工場事業場単位で拡張適用される場合、協約自治と積極的団結権尊重の観点から、拡張適用事項と規範的効力の内容に変更はなくそのまま拡張適用すべきであり（→前掲第 5 款 2 (2)〜(5)）、労働協約の定めが未組織労働者にとって不利である場合、労働協約の定める基準が上回ることも下回ることも許容しない基準であるときは、労働契約の内容は、原則として、労働協約の定める基準と同じ内容へと不利に修正され、あるいは、労働協約の定める基準により補充される。

(4) 例外　特段の事情があるとき

しかし、朝日火災海上保険（高田）事件の最高裁判決[61]が判示しているように、組合員以外の労働者は、労働組合の意思決定に関与する機会を有さず、したがって、当該労働協約の内容についても関与する機会はない。また、労働組合は、組合員の雇用保障と労働条件の維持・向上を目的とする組織であるから、組合員以外の労働条件を改善し、その他の利益を擁護するために活動する立場にはなく、当該労働協約が組合員以外の労働者に適用された場合の帰結について考慮が十分ではないこともあり得る。

したがって、同最高裁判決が判示しているように、例外的に、「当該労働協約を特定の未組織労働者に適用することが著しく不合理であると認められる特段の事情のあるとき」は、当該未組織労働者に対する労働協約の両面的規範的効力と不利益変更効は否定される。「特段の事情があるとき」に該当するかどうかは、「労働協約により特定の未組織労働者にもたらされる不利益の程度・内容、労働協約が締結されるに至った経緯等」に照らして判断すべきである。

換言すれば、労働協約の拡張適用により未組織労働者の労働条件（労働契約内容）を不利益に変更しうる要件は、「労働協約により特定の未組織労働者にもたらされる不利益の程度・内容、労働協約が締結されるに至った経緯等に照らし、当該労働協約を特定の未組織労働者に適用することが著しく不合理であると認められる特段の事情がないこと」である。

(5) 証明責任

前掲(3)(4)で検討したように、拡張適用された労働協約の定める基準が上回ることも下回ることも許容しない基準であるときは、原則として、その不利益変

---

[61] 最三小判平成 8・3・26 民集 50 巻 4 号 1008 頁、労判 698 号 16 頁。

更効による未組織労働者の労働条件の不利益変更は肯定される。したがって、例外的に不利益変更が否定されるという法的効果を導く事実である「当該労働協約を特定の未組織労働者に適用することが著しく不合理であると認められる特段の事情のあること」の証明責任は、当該労働条件変更の効果を否定する労働者が負担する。

(6) 組合員の労働条件の不利益変更との関係

①労働協約による組合員の労働条件の不利益変更と、②工場事業場単位の労働協約の拡張適用による未組織労働者の労働条件の不利益変更は、いずれも原則として肯定される。

しかし、労働協約による組合員の労働条件の不利益変更については、組合員は労働協約の内容決定に関与する機会を有し、また、労働組合も組合員の雇用保障と労働条件の維持・向上のための組織であるから、組合員に適用される労働協約の内容の合理性が担保されている可能性は高い。

これに対して、工場事業場単位の労働協約の拡張適用による未組織労働者の労働条件の不利益変更については、未組織労働者は労働協約の内容決定に関与する機会がなく、また、労働組合も組合員以外の労働者の雇用を保障し労働条件の維持・向上を図ることを目的とする組織ではないから、未組織労働者に拡張適用される労働協約の内容の合理性は、前者ほどには担保されていない。

したがって、労働協約による組合員の労働条件の不利益変更については、「特定の又は一部の組合員を殊更不利益に取り扱うことを目的として締結されたなど労働組合の目的を逸脱して締結されたとき」に限定して、その不利益変更効が否定されるのに対し、労働協約の拡張適用による未組織労働者の労働条件の不利益変更については、「当該労働協約を特定の未組織労働者に適用することが著しく不合理であると認められる特段の事情のあるとき」にその不利益変更効が否定され、不利益変更効が否定される範囲は、組合員の労働条件の不利益変更の場合と比較して、より広く解されるべきである。

第7款　拡張適用の終了と権利義務関係

1　拡張適用の終了事由

労働組合法17条に基づく事業場単位の拡張適用は、同条所定の「一の工場事業場に常時使用される同種の労働者の四分の三以上の数の労働者が一の労働

協約の適用を受けるに至つたとき」という要件を充足しなくなった時点、あるいは、当該労働協約自体が終了し失効した時点（→前掲第8節1）で終了する。

2　拡張適用終了後の権利義務関係

　拡張適用の対象となるのは、労働協約の規範的部分だけである。

　拡張適用された労働協約の定める労働条件が、労働契約当事者の合意もしくは事実たる慣習（民法92条）により労働契約の内容となっている場合、又は、就業規則に同じ定めがあり就業規則の効力（労契法12条、7条、10条）により労働契約の内容となっている場合は、拡張適用終了後も、労働協約の定めと同じ労働条件が労働契約の内容として残る。

　しかし、そうでなければ、労働協約の規範的効力は労働契約を外部から規律する効力である（外部規律説）（→前掲第6節2(6)(7)）ので、拡張適用終了後は、当該労働協約により規律されていた労働契約は規律されていた部分については空白となる。この場合、労働契約の内容については、信義則に則した契約解釈により決定されることになる。

第2章　地域的拡張適用制度の意義・趣旨・目的

第1節　問題の所在

　1945(昭和20)年に地域的拡張適用制度が制定された歴史的背景事情として、二点指摘することができる。第一点は、第一次大戦後の日本に存在した労働協約のうち賃金条項に関しては、協約当事者である使用者が協約当事者である労働組合の組合員以外の労働者にも「適用」あるいは「準用」したり、協約当事者以外の使用者が準用していた実例が存在していたことである（→前掲第1部第1章第2節第2款3(2)）。すなわち、労働協約の定める労働条件を遵守しようとする規範意識が労働協約当事者のみならず労働協約当事者以外の使用者の中にも存在し、具体的に実行されていたことである。第二点は、1940(昭和15)年の賃金統制令により法制化された業者間協定による協定賃金制度の下では、業者間協定の拘束力が協定当事者以外の業者に及ばないために、実効性を欠くばかりか、協定当事者が企業間競争に敗退する等の問題点が浮き彫りになったことである。旧労働組合法案の起草者は、このことから教訓を引き出し、アウトサイダーを許さず公正競争を実現させ、労働協約を遵守する者が競争で敗退することを防ぐためには、地域的拡張適用制度が必要であると考えていた（→前掲第1部第1章第3節第2款1(3)）。

　かかる歴史的事情を背景として、労働協約の定める労働条件[1]を「一の地域」における「同種の労働者」の最低基準とすることによって、労働者の労働条件その他労働者の待遇を維持・向上させ、使用者相互間及び労働者相互間の公正競争を実現させ、協約当事者である使用者の経営の維持と安定化を図り、もって、当該労働協約を保護し、協約当事者である労働組合の組合員の雇用・労働条件の維持・向上を図り、その労働権と生存権を保障することを目的として、地域的拡張適用制度が設けられた。

---

[1] 　賃金、労働時間等の労働条件の「水準」のみならず、労働条件の決定・変更、懲戒、労働契約の終了に関する「規範」・ルールや使用者の権利の発生要件や行使要件も含まれる。

本章においては、まず、地域的拡張制度が制定された後に申立のなされた個別の事案を通覧して、地域的拡張制度の意義・趣旨・目的を分析する（→第2節）。この作業を踏まえて、地域的拡張適用に関する従前の行政解釈（→第3節）、従前の学説（→第4節）を批判的に検討し、労働協約の地域的拡張制度の意義・趣旨・目的を明らかにする（→第5節）。

第2節　地域的拡張適用制度の役割

本節においては、地域的拡張適用制度に基づいてなされた全申立先例を通覧し、地域的拡張適用制度が現実に果たした具体的な役割を分析し、地域的拡張適用制度の意義・趣旨・目的を検討する。

結論を先に述べるならば、申立先例から析出される労働協約の地域的拡張適用制度の意義・趣旨・目的は、「一の地域」における「同種の労働者」の労働条件の維持・向上、及び、団結権強化のための措置の拡大（→第1款）によって、使用者相互間及び労働者相互間での公正競争を実現させ、労働協約当事者である使用者（又は使用者団体の構成員である使用者）の経営の維持・安定化を図り（→第2款）、もって、当該労働協約を保護し、協約当事者である労働組合の組合員の雇用を保障し労働条件の維持・向上を図り、その労働権・生存権を図ること（→第3款）を、その役割として指摘することができる。さらに、労働条件に関する立法課題の実現のため条件整備（→第4款）も重要な役割であるといえよう。

第1款　労働条件の維持・向上、及び、 団結権強化のための措置の拡大

労働協約の地域的拡張適用制度の役割として、過去の申立先例に共通するものは、第一に「一の地域」における「同種の労働者」の労働条件の維持・向上である。

そして、過去の申立先例の全部に共通するものとは言えないが、「一の地域」における「同種の労働者」の団結権強化のための措置も、労働協約の地域的拡張適用制度の役割の一つと位置づけられる。

第2章　地域的拡張適用制度の意義・趣旨・目的

1　労働条件の維持

　従来、労働協約の地域的拡張適用が果たす役割として、労働条件の向上はしばしば指摘されているが、向上だけに限定するのでは労働協約の地域的拡張適用が労働条件に及ぼす影響を狭く捉えることになる。

　過去の先例をみたとき、労働協約の拡張適用は、適用対象事業場の労働条件を直接引き上げる効果をもつ場合もあれば（→前掲第1部第3章第4節第1款1、No.12事件、No.22・24・26事件）、既存の労働条件と同水準の労働協約の拡張適用を行うことによって、既存の労働条件の水準を維持し、労働協約の水準以下に引き下げられるのを防止する効果をもつ場合（→前同2、No.7事件、No.9事件）もある。

　この後者の、既存の労働条件の維持は、労働条件の悪化に歯止めを掛けるとともに、将来、労働条件を更に向上させこれを引き上げるための下支えの役割をもつ。

　しかるに、紀州砥石労働組合事件（No.16事件・取下）[2]は、労働委員会の調査の過程で、「拡張適用を受ける従業員の賃金が協約当事者たる従業員の賃金を上回っていること」が指摘され、結果として組合の取り下げに至っている。拡張適用を受ける従業員の賃金が協約当事者たる従業員の賃金を上回っていても、この賃金水準を協約水準以下に引き下げることを許容しないことには意味があるにもかかわらず、地労委の小委員会の見解は、これを認めずに、拡張適用の必要性を否定して、申立を取り下げさせたと思われるのであり、もし、そうであればかかる判断は失当である。

2　拡張適用対象事業場の規模との関係

　従来の労働組合法18条を巡る解説の中には、同条の目的について、零細事業場の労働条件の引き上げを強調するものがある（→後掲第4節2）。しかしながら、かかる見解は、労働協約の地域的拡張が肯定された事例の特徴点にのみ着目したものである。労働組合法18条に基づく労働協約の地域的拡張制度の重要な役割の一つとして、労働条件を維持し引き上げることがあるが、これは適用対象事業場の規模のいかんを問わないというべきである。その理由の詳細は次のとおりである。

---

[2]　労働委員会年報14号（昭32）137頁。

(1) 拡張適用決定に至った事件の対象事業場の規模

　労働条件の維持又は向上を目的とする申立がなされ、拡張適用が肯定された8件の先例では、いずれも、拡張適用の対象とされた事業場の規模が小さく、事業場一箇所当たりの平均労働者数は、4人から十数人の範囲内にある。拡張適用肯定事例で拡張適用対象とされた労働者が所属する事業場の規模は、労働基準法に基づく就業規則作成義務のない労働者10人未満の事業所が圧倒的な割合を占めている。過去の先例をみる限りでは、労働協約の地域的拡張適用は、こうした零細事業場の労働条件を向上させる役割を担ってきた。

(2) 拡張適用決定に至らない事件の対象事業場の規模

　労働条件の維持又は向上を目的とする申立であって拡張適用決定に至らなかった事案の中には、拡張適用が求められた労働者の所属する事業場の規模が零細と言えないものが少なからず含まれている。申立内容に照らし、拡張適用を求められた労働者が所属する事業場の規模が労働者10人以上であろうと推定されるものは、少なくとも次の7件存在する。

　　　　　日本鉱山労働組合長崎県連合会事件（No. 1事件）
　　　　　福岡県教職員組合事件（No. 3事件）
　　　　　全日本港湾労働組合九州地方唐津支部事件（No. 11事件）
　　　　　日本炭鉱労働組合福岡地方本部事件（No. 13事件）
　　　　　全港湾日本海地本事件（No. 19事件）
　　　　　総同盟朝霞金属労組事件（No. 20事件）
　　　　　私鉄総連北海道地本事件（No. 23、25事件）

　これらの7件の中には、申立内容が労働組合法18条の要件を充足しているか疑問があり申立それ自体に問題のある事案もあるが、それだけでなく、労働委員会の調査や審査に疑問があり、地域的拡張適用に否定的な判断を行ったことの妥当性に問題がある事案も含まれている。

　したがって、労働条件の維持又は向上を目的とする申立であって、拡張適用決定に至らなかった事案の内容をみるなら、零細事業場だけでなく中規模以上の事業場の労働者とその使用者に対しても、労働協約の地域的拡張適用の必要性があること、そして、労働組合法18条の要件を充足する申立がなされ、適正な調査と審査がなされれば、これらの中規模以上の事業場の労働者とその使用者に対しても地域的拡張適用が肯定される可能性は十分にあったということができる。

よって、地域的拡張適用制度の果たす役割の一つとして、労働条件の維持又は向上があるところ、これは拡張適用対象労働者が所属する事業場の規模のいかんを問わないというべきである。

3　労働条件引き下げ目的の不存在

労働協約については、労働協約の規範的効力により、適用対象労働者の労働条件（労働契約の内容）を不利益に変更できるかどうかが重要な論点の一つである。

しかるに、過去の申立例の中に、労働条件の引き下げや不利益変更を求めている例は見当たらない。

過去に地域的拡張適用を求める申立がなされた労働協約の文言それ自体だけを見ると、労働条件の最低限を画する趣旨なのか、それとも、労働協約を上回る水準の既存の労働条件を引き下げる趣旨も含むのか判然としない曖昧なものもある。しかし、過去の申立書のいずれにおいても、申立の目的に関する記述の中に、既存の労働条件を引き下げる意図を有していることを窺わせる記述はなく、すべての申立は、労働協約の地域的拡張により労働条件の最低基準を設定することを目的としている。

したがって、過去の申立例では、いずれも、労働協約の拡張適用によって、適用対象労働者の労働条件について、労働協約の水準を上回るものについては労働協約の水準を下回ることを防ぎ、労働協約の水準を下回るものについては、少なくとも労働協約の水準まで引き上げることを目的としていたのであり、適用対象労働者の労働条件を引き下げることを目的とする事案は見当たらない。

4　「世間相場」の明確化

さらに、労働協約の地域的拡張適用の申立自体が、拡張適用の決定以前に、当該地域の当該産業の事業者に対して、労働協約の定める労働条件が「世間相場」の水準であること、この水準を下回ることは「世間並み」の労働条件確保をしていないことを意味することを周知し、もって、当該地域の当該産業における労働条件の「世間相場」を明確にして、地域内の各事業者に対して自発的に労働条件を最低でも「世間相場」まで引き上げるよう促す役割を担う。

その典型例は、稲生石灰労組協議会事件（№ 15 事件）である。同事件の場合、最低賃金制度の確立（時間給 30 円以上）のための申立がなされた直後から地域的拡張適用の対象とされた労働者の所属する事業場で時間給の引き上げが相次

いで自発的になされ、地域的拡張適用が決定される直前の時点で、抵触するのは2企業4名にまで減少していた（→前掲第1部第3章第4節第1款3）。

5　団結権強化のための措置の拡大

　申立先例の中には、労働協約の中の団結権強化のための条項について、拡張適用を求めて申立がなされた例がある。具体的には、次のとおりである。
　　　労働条件変更等に関する協議条項
　　　　　吉野連合労組事件（No.7事件・拡張適用肯定）
　　　　　函館製材労組事件（No.12事件・拡張適用肯定）
　　　漁獲量確認のための労働者代表の立ち会い権
　　　　　牛深地区漁民労働組合事件（No.10事件・拡張適用否定）
　　　苦情処理委員会の設置
　　　　　牛深地区漁民労働組合事件（No.10事件・拡張適用否定）
　　　クローズド・ショップ協定
　　　　　全港湾四国地方宇和島支部事件（第二次）（No.18事件・取下）
　　　ユニオン・ショップ協定
　　　　　牛深地区漁民労働組合事件（No.10事件・拡張適用否定）
　これらのうち、労働条件変更等に関する協議条項の地域的拡張適用が求められていた二件について、労働委員会は、地域的拡張適用を肯定する決議を行った。

　したがって、拡張適用が求められた労働協約の当事者である労働組合の団結権強化のための措置の拡大を図ることについても、労働協約の地域的拡張適用制度の役割の一つとして、位置づける必要がある。

第2款　使用者相互間・労働者相互間での公正競争の実現

　労働協約の地域的拡張適用が果たした役割として、指摘できる第二の事項は、「一の地域」における「同種の労働者」の労働条件の維持・向上、及び、団結権強化のための措置の拡大（→第1款）によって、使用者相互間及び労働者相互間での公正競争を実現させることである。
　日本の労働協約の中には、形式上は企業別労働協約であっても、その実質は企業横断的又は業種横断的なものが少なからず存在し、これらの労働協約は、使用者相互間及び労働者相互間での公正競争の基盤を整備する役割を担ってい

る（→前掲第1部第2章第3節）。

　しかし、企業横断的又は業種横断的な労働協約は、協約当事者である使用者相互間、及び、協約当事者である労働組合の組合員相互間（工場事業場単位の拡張適用がなされる場合は適用対象労働者を含む）での公正競争基盤の整備に限定される。これに対して、労働協約の地域的拡張適用の場合においては、労働協約の当事者である使用者（又は使用者団体の構成員である使用者）以外の使用者、及び、協約当事者である労働組合の組合員以外の労働者も含めて、使用者相互間及び労働者相互間での公正競争基盤の整備が図ることが可能である。

　使用者相互間及び労働者相互間の公正競争の実現は、具体的には3つの方法で行われる。その第一は、労働条件の最低基準の設定であり、これにより労働者相互が低い労働条件で仕事を奪い合うのを防ぎ、労働者相互の公正競争を実現させる（→1）。その第二は、労働条件引き下げを背景として行われる使用者の価格ダンピング競争の抑制である（→2）。その第三は、使用者による一方的な労働時間配分と長時間労働を前提とした過剰な受注競争の抑制である（→3）。

　使用者相互間の公正競争の実現は、協約当事者である使用者の経営の維持と安定化にも資するものであり、使用者側の利益でもある（→4）。

1　労働条件の最低基準の設定

(1)　労働条件の引き下げ目的ではないこと

　過去の申立例においては、労働協約の地域的拡張適用による労働条件の引き下げは意図されておらず、既存の労働条件の維持又はその引き上げを目的としている（→前掲第1款3）。

　この点において、労働協約の地域的拡張適用は労働基準法と同様の役割を果たしている。

　これに伴い、労働協約の地域的拡張適用は、協約の定める基準を当該地域の当該事業における労働条件の最低基準とすることによって、労働者相互が低い労働条件での仕事を奪い合うのを防ぎ、労働者相互の公正競争を実現させるとともに、使用者相互間での公正競争の基盤を整備する役割を担う。

(2)　労働条件の引き上げ効果

　過去の申立例においては、拡張適用の対象である労働者の労働条件は、労働協約の定める労働条件の水準以上である場合もあれば、下回る場合もある。

この状況において、労働協約の地域的拡張適用が決定されると、労働条件の変更は、拡張適用対象労働者であって協約水準を下回る労働条件である者についてのみ生じ、この労働者の労働条件の引き上げが図られ、従来、労働者相互が労働力を安売り競争していたのを改めさせ、労働コストの引き上げがなされ、もって、当該地域と当該産業における労働コストの最低基準が設定される。

2　製品や役務の価格のダンピングの抑制

賃金の最低基準の設定は、それ自体が当該地域の当該産業における公正競争基盤の整備という役割を担うが、さらに、製品や役務の価格のダンピングを抑制する役割をも担い、この点でも、使用者相互間での公正競争の基盤を整備する役割を果たす。

製造業であって中小零細企業が多い分野を例にとれば、賃金に関する労働協約の地域的拡張適用がない場合、製品が過剰生産状態になり、価格切り下げ競争が発生すると、資金繰りに余裕のない中小零細企業では賃金引き下げによりこれを乗り切ろうとすることが少ない。この場合の賃金引き下げの下限は、最低賃金法所定の最低賃金額である。これに対して、労働協約の地域的拡張適用により最低賃金額が定められている場合には、製品価格引き下げと賃金引き下げを繰り返す悪循環に、早い段階で歯止めが掛かる。これは、製造業以外の他の事業分野でも同様である。

したがって、労働協約の地域的拡張適用による最低賃金制度の確立は、製品や役務の価格のダンピング競争を抑制する。

それなるがゆえに、稲生石灰労組協議会事件（No.15 事件・拡張適用肯定）、及び、滋賀亜炭鉱業労働組合連合会事件（No.17 事件・拡張適用肯定）では、労働協約当事者である使用者、及び、拡張適用対象である使用者のいずれもが、地域的拡張適用に積極的に賛成したのである（→前掲第1部第3章第4節第2款2）。

また、全日本港湾労働組合九州地方唐津支部事件（No.11 事件・一部拡張適用肯定の中間決議・取下）でも、新規参入業者のダンピング受注を防止するために、労働協約当事者である使用者は、労働協約の地域的拡張適用に積極的に賛成したのに対し、ダンピング受注を行おうとする新規参入業者と荷主はこれに強く反対したのである（→前同4）。

3　長時間労働を前提とした過剰な受注競争の抑制

労働時間の最低基準の設定は、それ自体が当該地域の当該産業における公正

競争基盤の整備という役割を担うが、さらに、長時間労働を前提として行われる過剰な受注競争や価格ダンピング競争を抑制する役割をも担い、この点でも、公正競争の基盤を整備する役割を果たす。

なぜなら、製造業で、発注者全体から出される発注総量に比して、総生産能力が過剰である場合、製造事業者は、過剰な受注競争に走り、価格ダンピング競争に陥り易い。この場合、総生産能力が、機械設備の生産能力によって規定される割合が高いときは、総生産能力を下げる方法の一つとして、機械設備の廃棄がある。これに対して、総生産能力が、機械設備の能力に規定されるのではなく、総労働時間によって規定される割合が高い業種の場合には、総生産能力を引き下げる方法の一つとして、年間総労働時間を短縮する方法がある。労働時間短縮により総生産能力を引き下げることにより、生産能力の過剰状態を解消し、過剰な受注競争や価格ダンピング競争を抑制することが可能になる。

また、生産量の季節変動が大きく、発注内容と発注量が当該生産時期の直前にならないと決まらない業種の場合、使用者が一方的に労働時間配分を決定し特定の時期に長時間労働が可能な事業場であれば、発注者の都合に沿って受注することが可能であるのに対し、一日・一週・一月当たりの労働時間規制を厳しくすることにより、特定の時期に長時間労働を行って受注することを抑制し得る。

したがって、労働協約の地域的拡張適用による労働時間規制が確立されれば、生産能力全体が過剰なことに起因する過剰な受注競争やダンピング受注を抑制し、さらに、繁忙期における長時間労働を前提とした過剰な受注競争を抑制することも可能となる。

それなるが故に、ゼンセン同盟事件（No.22、24、26事件・拡張適用肯定）において、労働協約当事者である使用者は地域的拡張適用に積極的に賛成し、拡張適用対象である使用者も積極的に反対はしなかったのである（→前掲第1部第3章第3節第2款、同第4節第2款3）。

4　協約当事者である使用者の経営の維持・安定化

労働協約を締結したことにより、労働条件が他企業よりも相対的に高くなり、労働コストが高くなっている企業が、他企業と対等な立場で競争し、その経営を維持し安定化させるためには、他企業の労働条件を引き上げさせ、公正競争の基盤を整備することが必要である。

労働協約の地域的拡張により、労働条件を維持・向上させる方向で使用者相

互間及び労働者相互間の公正競争の基盤を整備することは、協約当事者で相対的に高い労働条件を維持している使用者の経営を維持し安定化させる役割も果たすことになる。

第3款　労働協約の保護、組合員の雇用の保障と労働条件の維持・向上、及び、労働権・生存権保障

　労働条件の維持・向上、及び、団結権強化のための措置の拡大という方向で、使用者相互間・労働者相互間での公正競争の実現を図り、また、労働協約当事者である使用者（又は使用者団体の構成員である使用者）の経営の維持と安定化を図ること（→前掲第2款）により、当該労働協約は保護され、協約当事者である労働組合の組合員の雇用の保障と労働条件の維持・向上が図られ、その労働権・生存権が保障される。

1　ゼンセン同盟の組織化の教訓

　ゼンセン同盟常任執行委員であった岡本邦夫氏は、労働協約の地域的拡張適用を活用する方針を提起した動機について、「ゼンセン同盟が中小企業の従業員を組織化し団体交渉によって良好な労働条件を獲得すると、企業のコスト増となり競争力が低下し、企業が企業間競争に敗れて退場し組合も消滅するという現象が多くとまではいえないが、少なからず生じていた。使用者側は、『組合ができると会社が潰れる。』と主張して、組合結成に強く抵抗するが、それは、ある意味で当たっていることもある。」と指摘し、この悪循環を断ち切るための方策として、地域的拡張適用を提起したと述べている（→前掲第1部第3章第3節第1款4）。

　この岡本氏の発言は、一部の企業だけで突出して組合員の労働条件の向上を実現させた場合には、当該企業の競争力を低下させ、最終的に組合員の雇用喪失の結果をもたらすことさえあるので、労働協約を維持し、組合員の雇用を保障しつつその労働条件を維持・向上させるためには、地域的拡張適用により使用者相互間及び労働者相互間の公正競争を実現することが必要であることを、運動上の経験に基づき率直に指摘したものである。

2　ゼンセン同盟の年間休日闘争の教訓

　ゼンセン同盟は、染色業において、大手・中堅企業については一旦年間休日

数116日の週休二日制を獲得するが、中小企業との受注競争で劣位に立たされたことから、大手・中堅企業の経営者が危機感を抱き、休日数の引き下げを強く求めたため、年間休日数を「106日以上」の水準に引き下げざるを得なくなる。大手・中堅企業の経営を維持して雇用を守るために、一旦獲得した労働条件を手放さざるを得なかったのである（→前掲第1部第3章第3節第1款3）。

かかる経緯を踏まえ、ゼンセン同盟は年間休日に関する労働協約の地域的拡張適用を申し立てたのであり、この申立は、労働協約を維持し、大手・中堅企業での組合員の雇用を守りながら、労働条件のさらなる向上を図るためには、中小零細企業の労働条件の引き上げが必要不可欠であり、そのために、労働協約の地域的拡張適用により使用者相互間及び労働者相互間の公正競争を実現することが必要であることを示すものであった。

3　まとめ

労働協約の地域的拡張適用により、「一の地域」における「同種の労働者」の労働条件の維持・向上、及び、協約当事者である労働組合の団結権強化のための措置の拡大という方向で、使用者相互間及び労働者相互間の公正競争が実現し、労働協約の当事者である使用者（又は使用者団体の構成員である使用者）の経営の維持と安定化が図られることにより、当該労働協約を保護し、当該協約の他方当事者である労働組合の組合員の雇用を保障し、労働条件の維持・向上を図ることが可能となる。

したがって、労働協約の地域的拡張適用は、労働組合が未組織労働者のために恩恵的に労働条件引き上げを行うための制度ではなく、協約当事者である労働組合の組合員自身の雇用を保障しつつ労働条件の維持・向上を図り、その労働権・生存権を保障するための制度として機能してきた。

しかし、結果として、拡張適用の対象となる労働者の労働条件の維持・向上という効果ももたらし、協約当事者である使用者をはじめ、相対的に高い労働条件を維持している使用者の経営の維持・安定化にも資することになり、使用者からも必要とされてきた制度であるといえよう。

第4款　労働条件に関する立法課題の実現のため条件整備

稲生石灰労組協議会事件（No.15事件・拡張適用肯定）、及び、滋賀亜炭鉱業労働組合連合会事件（No.17事件・拡張適用肯定）は、最低賃金法の制定を促進す

ることを目的とし、県評組織が中心となって申立のなされた事件である。そして、この決定後に、最低賃金法が制定された。

また、ゼンセン同盟事件（№ 22、24、26 事件・拡張適用肯定）は、週休二日制の普及のために、産別組織が申立人となった事件である。そして、労働基準法の改正により週 48 時間労働が週 40 時間労働に短縮されることにより、その歴史的使命を終えた。

よって、労働協約の地域的拡張適用の制度は、労働条件を向上させることを目的とする法律の制定に至るまでの過程で、労働条件向上を社会に浸透させ、社会的な定着を図り、法律制定のための客観的条件を整える役割をも担うものといえよう。

第 3 節　行政解釈

1　1946 年以降

1949 年の労働組合法改正と同時に、賀来(かく)労組法詳解(1949)が刊行された。賀来は労働省労政局長の地位にあり、同書のはしがきには、改正法の内容と趣旨に関して「労働省としての解釈を明らかにし、本法の真意の徹底を図り、又労働行政の指針を明確にする」目的で刊行されたものであることが明記されており、同書は当時の労働省の公式解釈を示すものであって、その後に労働省が刊行するコンメンタールの前身ということができる。

賀来労組法詳解(1949)105 頁では、労働組合法 18 条の地域的拡張適用制度の趣旨・目的を説明するために、まず、同条が存在しない場合には、二つの弊害が生じることを指摘する。その第一は、18 条が存在しない場合には、労働協約の当事者ではない使用者は、労働協約に定められた基準以下の労働条件で労働者を雇用しても差し支えないことから、労働協約の適用を受ける使用者は、適用を受けない使用者との競争において不利な立場に立ち、公正なる競争の基盤が失われることである。そして、指摘の第二は、18 条が存在しない場合、一定の職業又は職種の範囲内において最低労働条件を統一的に規整するという労働協約の本質的目的を阻害し、最低労働条件を統一的に規整するために労働組合法が認めている労働協約の直律強行性の意味を没却させる虞があることである。

その上で、同書 105〜106 頁において、18 条の目的は、① 18 条が存在しな

い場合に生じる上記の弊害を是正し、②一定の地域における同種の労働者の労働条件の均衡を図り、③未組織労働者を保護し、④真の意味における公正なる競走（ママ）の基盤を確立することであるという。

かかる18条の趣旨・目的に関する記述は、立法過程における末弘委員の説明（→前掲第1部第1章第3節第2款1(3)）と概ね一致しており、これを踏襲するものである。

2　1964年以降

労働省労組法コンメ(1964)569頁では、労働協約の地域的拡張適用制度の「趣旨」について、①「工場事業場単位の一般的拘束力と同様、多数労働者を代表する労働組合が締結した労働協約の存立の確保及びその団結権の擁護を直接の目的とし」、②「間接的に少数労働者の労働条件の保護をも期するものであることはいうまでもないが」、③「当該地域における事業の公正な競争の確保をも間接的目的の一つとするものである。」とする。

ここでは、末弘委員の説明、及び、かつての労働省の公式解釈を示す賀来労組法詳解(1949)で、強調されていた「事業の公正な競争の確保」は、間接的な目的の一つに格下げされ、「労働協約の存立の確保及びその団結権の擁護を直接の目的」とするものとされる。

かかる行政解釈の大幅な変更は、次の第4節記載の学説の影響によるものと思われる。

第4節　学　説

労働協約の地域的拡張適用制度の趣旨・目的について、学説では複数の項目を並べた上で、複数の項目に序列付けをしているものが大半である。そこで、これらの複数の項目の何を筆頭に挙げ、その余の項目についていかなる序列で扱っているかに留意しながら、学説を整理する。

1　「公正競争の実現」論

東大労研註釈労組法(1949)167頁は、労働協約の地域的拡張適用制度の意義・趣旨・目的に関して、まず、労働条件の引き下げ等によって製品の価格を下げて他の企業と競争することを封ずることを挙げる。そして、こうした競争の必要から労働条件を引き下げることを避けることができるために、労働者の

219

生活安定の目的が達せられることを指摘する。森長(1951)3頁も、これと同じ指摘を行い、これを「協約当事者の利益」として筆頭に挙げる。

峯村労働法(1958)122頁は、労働協約の地域的拡張適用制度の意義・趣旨・目的について、複数の項目を挙げることなく、もっぱら同一職種または産業間における不正競争の防止することが狙いであるという。

中山(1962)441頁は、ILO第91号勧告第5項[3]で地域的拡張適用制度を定めている根拠と理由に関して、ILO事務局の見解を紹介し、第一に、最も主要な理由は不正競争の防止、第二に、労働協約の安定性の確保（協約水準より劣る雇用の存在が労働協約自体の安定を害する）、第三に、国内及び国際法規の実施を担保するものとしての労働協約の重要性を挙げている。

外尾労働団体法(1975)646頁は、労働組合が、同一産業内での他の企業の労働者が安い労働力で働くことにより作られた商品との競争を通じて、足をひっぱられることの防止を挙げる。

菅野労働法(2010)613頁は、一定地域において支配的意義を有する労働協約上の労働条件をその地域の同種労働者のための公正労働基準とみなすことによって、使用者間及び労働者間の労働条件切下げ競争を排除することにあるとする。

2 「協約外労働者の保護」論

労働協約の地域的拡張適用制度の意義・趣旨・目的に関して、森長(1951)3頁は、前掲1記載の事業者相互間での公正競争の実現という「協約当事者の利益」を挙げるだけでなく、その次に「国家的利益」として、中小家内工業の労

---

[3] 労働省編「ILO条約・勧告集第6版」労務行政研究所(1993)881頁の仮訳

5(1) 適当な場合には、確立された団体交渉の慣行を考慮して、労働協約の産業上及び領域上の適用範囲内に含まれるすべての使用者及び労働者に対しその協約の全部又は一部の規定の適用を拡張するため、国内の法令によつて決定され、且つ、国内事情に適する措置をとるべきである。

(2) 国内の法令は、特に、次の諸条件に従つて、労働協約の拡張を行うことができる。
  (a) 労働協約が既に権限のある機関が充分に代表的であると認める数の使用者及び労働者に適用されていること。
  (b) 一般原則として、協約の当事者である労働者又は使用者の一又は二以上の団体がその協約の拡張を要求すること。
  (c) 協約の拡張に先立ち、拡張によつてその適用を受ける使用者及び労働者にその意見を提出する機会が与えられること。

働条件をその地域並みに引き上げ労働者の地位を向上させるという労働基準法的な目的もあり、本来、労働組合法18条の規定は労働基準法に規定されるべきという。

　この森長の指摘は、この時点で既に結論が出ていた和歌山県木材労働組合日高支部事件（No.5事件・取下）、吉野連合労組事件（No.7事件・拡張適用肯定）、深日瓦職工労組事件（No.8事件・取下）、中吉野工場労組事件（No.9事件・拡張適用肯定）、及び、牛深地区漁民労働組合事件（No.10事件・拡張適用否定）の5事件、並びに、この時点で審査中であった全日本港湾労働組合九州地方唐津支部事件（No.11事件）、及び、函館製材労組事件（No.12事件）の2事件の合計7事件の分析から導かれている。これらの7事件のうち、全日本港湾労働組合九州地方唐津支部事件（No.11事件）を除く6事件はいずれも、事業場の規模が小さい中小零細の地場産業の事件であり、これらの事件の特徴から、地域的拡張適用の目的や性質について労働基準法類似の「国家的利益」という視点を抱くに至ったものといえる。

　そして、森長は、これらの事件の分析から、地域的拡張適用の役割は、労働基準法の場合と同様に、労働協約の最低基準効を地域全体に及ぼすことにあることを指摘していた。

　これに対し、峯村(1969)149頁は、未組織労働者の保護は、制度の効果であって、目的ではないと批判する。

3　「協約内労働者の保護」論

　正田(1952)55〜57頁は、ドイツの「一般的拘束力宣言」の社会的経済的目的に関するドイツの学説を整理して、筆頭に、協約内労働者の低賃金・失業よりの保護、二番目に協約内の使用者の不正競争からの保護、三番目に労働協約の存立の確保を挙げ、日本の労働組合法18条に基づく地域的拡張適用制度の目的も同じであるとする。その上で、正田は、地域的拡張適用制度の日本的な特徴として、協約外労働者の保護を指摘し、労働基準法的な性格を有するという。

4　「団結権擁護」論

　片岡(1957)17頁は、ドイツとフランスにおける労働協約の一般的拘束力の沿革について論じた上で、「協約基準を第三者たる非組合員ないし使用者に適用する関係」は、「労働組合の側からすれば、組合の統制力の外的表現に外なら

ない。」とし、「使用者はかような労働組合の圧迫と、使用者相互間の不正競争の危機を除去しようとする打算から、自己の雇用するすべての労働者に協約基準を適用しようとする。」とする。

そして、片岡(1957)26頁は、日本における労働組合法18条に基づく地域的拡張適用制度に関して、「非組合員の労働関係をも統一的に規制しようとする団結権本来の機能、ないし労働協約の内在的性格を基礎として、それを助成するという見地から解釈運用せらるべきもの」という。

この片岡理論では、労働協約の拡張適用を推進する主体は労働組合である。使用者は、労働組合の「圧迫」により拡張適用を押し付けられ、「打算」によって拡張適用を受容させられる受働的ないし受け身の存在として位置づけられている。

5　「労働協約そのものの存在確保」論／純粋説

菊池・林労組法(1954)190頁では、冒頭で、労働組合法18条の規定は、ドイツの労働協約令2条以下の一般的拘束力の宣言の制度にならったものであるから、日本法の趣旨もドイツ法にならって理解すべきであると明記した上で、「労働協約の機能をまもって労働者の生活を安定させ、労使関係の安定性を確保するという協約の一般的拘束力の制度の目的」を挙げ、使用者の不公正競争防止の「作用」もあるとして、「目的」と「作用」とを使い分けて表現している。

吾妻編労組法(1959)391～392頁も、ドイツにおける制度趣旨・目的が拡張適用される労働協約の存在を維持しその当事者たる労働組合の存在を確保することにあることを指摘し、日本においてもこれと同様に解すべきとする。

安屋(1966)330～332頁も、18条の規定の立法趣旨について、労働協約の存立を確保し、労働組合の統制力を確保することにあるとし、不正競争の防止や少数労働者保護の積極的意図はなく、これらは拡張適用の「副次的な所産」というべきとする。

これらと結論同旨のものとして近藤(1963)154頁がある。

6　「労働協約そのものの存在確保」論／複合的・併存説

横井(1957)1005～1008頁は、ドイツの地域単位の一般的拘束力制度の立法趣旨に関して、ドイツの通説では、労働協約そのものの存立を確保し、一方では協約関係者たる労働者を低賃金、失業から保護して、組合の強化を図り、他

方では使用者を同業者間での不正競争から保護することに求めると紹介した上で、このドイツの見解は「基本的には、わが労組法 18 条にもあてはまると考える。」とする。そして、日本において労働協約法制が法定化されるに至った立法主体の立法目的（ソシャルダンピングの基礎となった前近代的労使関係の打破、国際的労働基準までの労働条件の引き上げ等）をも考慮して、最終的に、日本における地域的拡張適用制度の存在理由について、「労働協約の存立の確保」「労働組合の団結の強化」「同業者間の不正競争からの使用者の保護」の三点にまとめ、この順に並べている。

　久保(1963)127～137 頁も、ドイツの一般的拘束宣言の制度の政策目的は労働組合の主導的地位を確認し協約制度を保障しようとすることにあり、日本の労働組合法 18 条の立法趣旨もドイツと同じく協約の存立を保障することにあるが、これと同時に、日本的特質として、協約外の未組織労働者の保護があるという。

7　事案に応じた合目的解釈論

　東大労研注釈労組法(1982)862～869 頁は、日本における労働協約の地域的拡張適用申立のうち 9 例を取り上げこれを 4 類型に分けて分析した上で、労働組合法 18 条の趣旨として、次の①から③の諸目的を挙げ、これらは相互に同位の目的であり、いずれがより強調されなければならないかは、具体的事案の性質を離れて議論することはできないのであり、労働委員会がこれらの目的のいずれか一つの観点のみにたって判断を下したとしても、裁量権の逸脱とは言えないとする。

①　未組織労働者であるか協約当事者の組合員であるかにかかわらず、低い労働条件を協約水準まで引き上げ、そのことを通じて、当該未組織労働者又は組合員を保護・救済すること。
②　公正労働基準を提供している労働協約自体の社会的実効性を確保し、協約当事者たる労働組合を強化すること。
③　労働協約自体の社会的実効性を確保することにより、その基準で一定範囲内の労働条件を均一化して、使用者間に公正な自由競争の原理を実現させること。

8　「労働者一般の地位の向上」論

　西谷労組法(2006)389 頁は、地域単位の効力拡張制度は、安価な労働力を入

手しようとして賃金・労働条件を引き下げようとする使用者の意図を封じることによって、労働者一般の地位の向上を図ることにあるとした上で、協約当事者となった使用者にも不当な競争を制限しうるという「メリット」があると指摘する。

第5節　検　討

第1款　制度の意義・趣旨・目的に関する結論と根拠

　第1部で詳細に検討した労働協約制度及びその地域的拡張制度の沿革、第2部第1章で明らかにした労働協約制度と拡張適用制度の意義、本章で順次明らかにした地域的拡張制度が現実に果たしてきた機能と役割、及び、行政解釈と学説を検討するならば、地域的拡張適用制度の意義・趣旨・目的は、「一の地域」における「同種の労働者」の労働条件の維持・向上と協約当事者である労働組合の団結権強化のための措置の拡大により、使用者相互間及び労働者相互間での公正競争を実現させ、協約当事者である使用者（又は使用者団体の構成員である使用者）の経営を維持し安定化させ、もって、当該労働協約を保護し、協約当事者である労働組合の組合員の雇用の保障と労働条件の維持・向上を図り、その労働権と生存権を保障することである。

　その根拠は、次のとおりである。

1　労働協約制度の意義・趣旨・目的と機能

　憲法28条及びこれを具体化する労働組合法は、労働者（勤労者）に団結権、団体交渉権、団体行動権を保障し、労働者がこれらの権利を行使することによって、労働者代表を通じて、使用者と実質的に対等に交渉し、雇用を保障し労働条件の維持・向上を図ることを可能とするものであり、自ら団結権等を行使する労働者の雇用保障と労働条件の維持・向上を図ることを目的とする。

　したがって、労働者の団結権、団体交渉権行使の結果締結された労働協約は、当該労働者代表組織（労働組合）の構成員（組合員）であり、自ら団結権、団体交渉権等を行使し、当該労働組合のために費用（組合費）及び労力（組合の組織運営、組合活動、団体交渉、組合役員としての仕事等）を負担する組合員の雇用を保障し、その労働条件を維持・向上させることを目的とするものである

(→前掲第１章第２節１)。

　そして、労働協約は、協約当事者である労働組合の組合員の雇用の保障と労働条件の維持・向上という目的を実現するために、①協約適用対象者である組合員の雇用・労働条件保障、②協約当事者である労働組合の団結の強化、③協約当事者間の集団的労使関係ルールの設定、④協約当事者間の集団的紛争、及び、協約当事者である使用者（又は使用者団体の構成員である使用者）と協約当事者である労働組合の組合員の間の個別的紛争の処理システムの補充、⑤協約当事者である使用者相互間、及び、協約当事者である労働組合の組合員相互間の公正競争の実現という、具体的機能を現実に果たしてきたものであり（→前掲第１部第２章）、また、このような具体的機能を果たすものとして位置づけることができる（→前掲第１章第２節２）。

２　拡張適用制度の必要性

　労働協約は前掲１記載の①から⑤の具体的機能をもつが、その債務的効力が及ぶのは、協約当事者である使用者（又は使用者団体の構成員である使用者）、及び、協約当事者である労働組合だけであり、規範的効力を及ぼしうるのは、協約当事者である使用者（又は使用者団体の構成員である使用者）と協約当事者である労働組合の組合員との間で締結された労働契約だけであり、その適用範囲には限界がある。

　そのため、労働協約の適用を受けない使用者及び労働者は、協約の定める基準を下回る労働条件を設定することができ、このような協約基準を下回る労働契約の存在は、協約の適用を受ける労働者と受けない労働者の間の公正競争を阻害し、協約の適用を受ける組合員の雇用の確保や維持を妨げ、組合員のさらなる労働条件の維持・向上を阻害する。また、協約の適用を受ける使用者と受けない使用者の間の公正競争を阻害し、協約の適用を受ける使用者の協約の適用を受けない使用者に対する競争力を低下させ、その経営の維持・安定化を妨げる。そして、協約当事者である使用者が競争に敗れ倒産するならば、その労働者は組合員も含め雇用を喪失する結果となる。

　したがって、労働協約を維持し、組合員の雇用を保障し労働条件を維持・向上させるためには、労働協約の適用対象を拡大し、雇用・労働条件を基本的に維持・向上させる方向で、使用者相互間及び労働者相互間の公正競争を基盤を拡大することが必要となる場合がある（→前掲第１章第９節１）。

　そのため、労働組合法は、事業場単位の拡張適用制度（17条）（→前掲第１章

第10節)、及び、地域的拡張適用制度（18条）を定めている。

3 　地域的拡張適用制度の目的と機能

　以上の検討から、労働組合法18条の定める地域的拡張適用制度は、労働協約制度の一環として、当該労働協約の保護、及び、協約当事者である労働組合の組合員の雇用の保障と労働条件の維持・向上とその労働権・生存権保障を図ることを目的とする制度である。

　そして、地域的拡張適用制度は、この目的を実現させる過程において、①協約の定める基準を最低基準とし労働条件を維持・向上させる方向で、又、②集団的労使関係のルール等についても労働組合の団結権を強化する方向で、③使用者相互間及び労働者相互間の公正競争をより広い範囲で実現し、④協約当事者である使用者（又は使用者団体の構成員である使用者）の経営の維持・安定化を図るという具体的機能を果たすと解すべきである。

　同制度の①から④の具体的機能の詳細は、次の4～7で述べる通りである。

4 　具体的機能①　労働条件の維持・向上

　日本の労働協約制度を巡る重要論点の一つは、労働協約の規範的効力の内容として両面的規範的効力も肯定し、労働者に有利でない労働条件を設定し、あるいは、労働条件を労働協約の定める水準まで引き下げることを認めるのか否かである。

　協約当事者である労働組合の組合員に対する労働協約の効力、及び、工場事業場単位での拡張適用制度（労組法17条）に基づき拡張適用された労働協約の未組織労働者に対する効力については、判例は原則として、両面的規範的効力を肯定し、筆者も原則として肯定する（→前掲第1章第6節2、同第10節第5款2）。

　しかし、地域的拡張適用された労働協約の効力については、立法の沿革、行政解釈、及び、学説のいずれをみても、最低基準効のみを認め、両面的規範的効力を否定する点で一致している。また、過去の先例を見ても、全ての事件において、申立の目的は労働条件の維持又は向上である。

　この点について検討するに、労働協約は、協約当事者である労働組合の組合員の雇用を保障し労働条件の維持・向上を図ることを目的とするものであるところ、この目的のために、労働協約の定める基準を、最低基準として設定するか、あるいは、上回ることも下回ることも許さない基準として設定するかは、

労働組合の判断に委ねられ、協約当事者の合意により労働協約で定められる。すなわち、協約自治に委ねられるのが基本である（→前掲第1章第6節2）。

しかし、地域的拡張適用制度により、規範的効力の及ぶ労働契約は、①協約当事者である使用者（又は使用者団体の構成員である使用者）と、協約当事者である労働組合の組合員以外の労働者との間の労働契約、②協約当事者である使用者（又は使用者団体の構成員である使用者）以外の使用者と、協約当事者である労働組合の組合員との間の労働契約、③協約当事者である使用者（又は使用者団体の構成員である使用者）以外の使用者と、協約当事者である労働組合の組合員以外の労働者との間の労働契約であり、これを図示すれば、次の図11のとおりである。

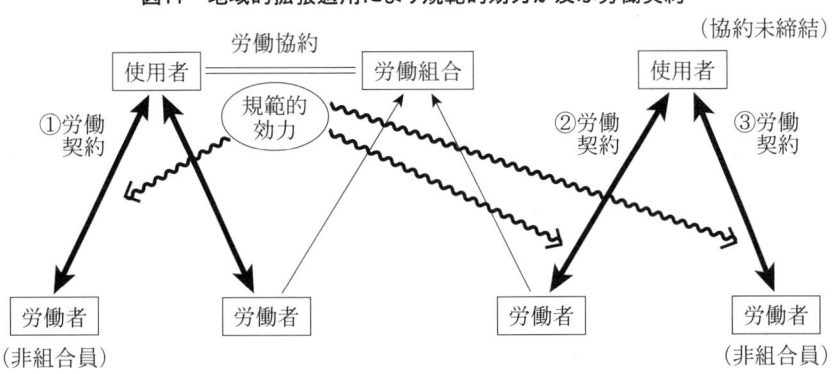

図11　地域的拡張適用により規範的効力が及ぶ労働契約

これらの労働契約のうち、①は、工場事業場単位の拡張適用（労組法17条）の要件を充足するよう労働組合が組織化を図り、同制度による拡張適用を実現させることにより対応することが可能であり、②は、協約当事者である労働組合が直接当該使用者と労働協約を締結すべく努力することにより対応することが可能であるので、地域的拡張適用が当該労働組合の組合員の雇用の保障と労働条件の維持・向上のために特に重要な役割を果たすのは③であるといえよう。

③の労働契約の場合、協約当事者である労働組合の組合員の雇用の保障と労働条件の維持・向上にとって重要であるのは、協約の定める水準まで労働条件を引き上げることであって、協約の定める水準に労働条件を引き下げる必要性と合理性は存在しない。むしろ、③の労働契約の場合、協約当事者である使用者以外の使用者と協約当事者である労働組合の組合員以外の労働者の労働契約において、協約水準よりも高い労働条件が設定されている方が、協約当事者で

227

ある労働組合の組合員の労働条件を向上させる契機と原動力になる。

　したがって、地域的拡張適用制度においては、規範的部分のうち拡張適用される協約事項は最低基準を設定する定めだけであり、その規範的効力は最低基準効に限定されると解すべきである（→後掲第5章第2節第2款）。

5　具体的機能②　団結権強化のための措置の拡大

　労働協約に、便宜供与等、団結権強化のための措置が定められている場合、協約当事者である使用者にとっては、そのコストを負担することになり、協約の適用を受けない使用者に対する競争力の低下につながり、公正競争が阻害されるおそれもある。また、そのために、労働組合も便宜供与等の維持・拡充を要求することが困難になり、団結力と交渉力が低下し、組合員の雇用の保障と労働条件の維持・向上の妨げとなる場合がある。

　したがって、労働協約の地域的拡張適用により、労働協約の債務的部分の債務的効力が及ぶ使用者の範囲を拡大することは、使用者相互間の公正競争の基盤の整備につながり、協約当事者である労働組合の団結力を強化し、組合員の雇用保障と労働条件の向上につながることになるので、労働協約の債務的部分も地域的拡張適用の対象となり、債務的効力を有すると解すべきである（→後掲第5章第1節、同第2節第1款）。

6　具体的機能③　使用者相互間・労働者相互間の公正競争の実現

　労働組合法18条は、第一に、規範的効力の及ぶ労働契約の範囲を、協約当事者である使用者（又は使用者団体の構成員である使用者）と協約当事者である労働組合の組合員が締結する労働契約以外の労働契約へと拡張する制度である（→前掲4）。また、第二に、債務的部分の債務的効力の及ぶ使用者の範囲について、協約当事者である使用者（又は使用者団体の構成員である使用者）以外の使用者に拡張する制度である（→前掲5）。

　したがって、労働協約の地域的拡張適用制度は、適用地域・業種において、協約当事者である使用者（又は使用者団体の構成員である使用者）と協約当事者である労働組合の組合員の労働契約以外の労働契約について協約の定める基準を最低基準として設定し、便宜供与や集団的労使関係のルールについても協約当事者である使用者（又は使用者団体の構成員である使用者）以外の使用者にもその遵守を義務付け、もって、協約当事者である労働組合員とそれ以外の労働者の公正競争、及び、協約当事者である使用者（又は使用者団体の構成員である

使用者）とそれ以外の使用者の公正競争を実現するものである。

7　具体的機能④　協約当事者たる使用者の経営の維持と安定化

　使用者相互間と労働者相互間での公正競争が実現されること（→前掲6）は、労働協約の当事者である使用者（又は使用者団体の構成員である使用者）の経営を維持させ安定化させる。このことは、当該労働協約の維持、及び、労働協約の当事者である労働組合の組合員の雇用の維持と安定化につながる。

　労働協約の地域的拡張適用は、結果として、「協約外労働者の保護」（→前掲第4節2）や「労働者一般の地位の向上」（→前掲第4節8）等の現象を生じさせることがあるが、これらの現象は、結果として生じるものにすぎず、労働協約の地域的拡張適用制度の本来の意義・趣旨・目的というべき性質のものではない。

第2款　地域的拡張適用制度の使用者にとっての意義

　従来の地域的拡張適用制度に関する学説（→前掲第4節）の中には、地域的拡張適用制度の必要性ないし存在意義について、労働組合の側での必要性や存在意義を重視し、他方、使用者の側での必要性や存在意義をやや軽視し、使用者相互の公正競争の実現については、拡張適用の「作用」「副次的な所産」または使用者の「打算」や「メリット」としての位置づけしか与えないものもある。

　すなわち、これらの学説においては、労働協約の地域的拡張適用は、労働者と労働組合が使用者に押しつけて獲得する性質のものであり、使用者は押しつけられた協約をやむなく受け容れさせられる存在であって、使用者側には自ら積極的に労働協約の地域的拡張適用を推進する内在的な必然性が乏しいことになる。

　しかし、使用者相互と労働者相互の公正競争の実現、及び、協約当事者である使用者の経営の維持と安定化は、労働協約の地域的拡張適用制度の重要な機能であり（→前掲第1款6、7）、公正競争の実現を求める使用者は労働協約の地域的拡張適用を必要とし、この実現のために、労働組合と協力しながら、労働協約の地域的拡張適用のために積極的に行動する必然性を有する。

　ゼンセン同盟の地域的拡張適用の実践の経緯、及び、それ以外の少なくない先例（No.7事件、No.8事件、No.9事件、No.11事件、No.15事件、及び、No.17事件）

229

は、労働協約の地域的拡張の実現は、公正競争の実現による経営基盤の安定化を求める使用者の側の要求にも根ざすものであることを実証している。

さらに、ゼンセン同盟の地域的拡張適用の実践の経緯から明らかなことは、日本において労働協約の地域的拡張適用だけに限らず、労働協約制度の存在そのものが、労働条件の維持・向上を求める労働者と労働組合の側の要求に基礎を持つだけでなく、公正競争の実現を通じて経営基盤の安定化を求める使用者の側の要求にも基礎を持つことである。すでに、ゼンセン同盟の地域的拡張適用の実践に至る過程で、繊維産業全体で業種横断的に週休二日制の実施に関する労働協約が集団的に締結されたことを詳細に指摘した（→前掲第1部第2章第3節第1款）。かかる労働協約が存在することは、労働協約制度そのものが、労働条件の維持・向上を求める労働者と労働組合の要求に根ざすだけでなく、公正競争の実現を求める使用者の側の要求にも基礎を持つことを実証している。

換言すれば、労働協約制度は、労働者・労働組合側の必要性と使用者側の必要性の双方によって支えられているのであり、労働者・労働組合の側の必要性にのみに着目してその存在意義を論じることは失当と言わざるを得ない。

第3款　使用者以外の事業者をも含む公正競争

労働協約の拡張適用の対象となる労働者の労働力を直接又は間接的に利用しているが、当該労働者と労務供給契約を締結していない事業者（例えば、派遣労働者を使用する派遣先事業者、下請労働者を利用する元請事業者等）は、例外的場合を除き、拡張適用の対象となる「使用者」ではない（→後掲第5章第3節第7款）。

しかし、労働協約の地域的拡張適用により労働者と労務供給契約を締結している使用者（派遣元事業者や下請事業者）の労務コストの引き上げが実現すると、当該労働者の労働力を利用している事業者（派遣先事業者や元請事業者）の労務コスト（派遣料や請負代金）も引き上げられる。その結果、労働協約の地域的拡張適用は、「同種の労働者」が従事している事業分野において、「同種の労働者」の「使用者」相互間の公正競争を実現させるだけでなく、「同種の労働者」を利用している「使用者以外の事業者」をも含めて、事業者相互間の公正競争を実現させる機能を持つ。

第3章　地域的拡張適用の実質的要件

　労働組合法18条が定める労働協約の地域的拡張適用の実質的要件は、「一の地域において従事する同種の労働者の大部分が一の労働協約の適用を受けるに至つたとき」であり、この要件が充足された場合、当該労働協約の当事者の双方又は一方の申立に基づき、労働委員会の決議により、厚生労働大臣又は都道府県知事は、当該地域（一の地域）において従事する他の同種の労働者及びその使用者も当該労働協約（一の労働協約）の適用を受けるべきことの決定をすることができる。
　この法文の定める地域的拡張適用制度の実質的要件は、次の図12で示すように三層構造となっている。

図12

```
──── 地域的拡張適用の実質的要件の三層構造 ────
            「　　」＝18条所定の実質的要件
  ①　地域的拡張適用に関する基礎的三要素
        ⅰ　拡張適用される労働協約の条項／「一の労働協約」
        ⅱ　拡張適用の地理的範囲／「一の地域」
        ⅲ　拡張適用の人的範囲／「同種の労働者」
  ②　地域的拡張適用が肯定されるための判断要素
        ⅳ　ⅱにおけるⅲの人数
        ⅴ　ⅳのうちⅰの「適用を受ける」者の人数
  ③　地域的拡張適用の判断基準
            ⅳの中でⅴが「大部分」
```

　すなわち、地域的拡張適用の実質的要件を充足しているかどうかの判断は以下の順序で行われる。第一に、地域的拡張適用に関する基礎的三要素として、(ⅰ)拡張適用される労働協約の条項である「一の労働協約」、(ⅱ)拡張適用の地理的範囲に関する「一の地域」、及び、(ⅲ)拡張適用の人的範囲に関する「同種の労働者」が決定される。第二に、地域的拡張適用が肯定されるための判断要素として、(ⅳ)上記の「一の地域」における上記の「同種の労働者」の総数、及び、

231

(v)この総数の中で上記の「一の労働協約」の「適用を受ける」者の人数が確定される。そして、第三に、上記(iv)の総数の中で上記(v)の人数が「大部分」であれば、地域的拡張適用が肯定される。

また、その前提として、労働協約の地域的拡張適用の申立を行い、地域的拡張適用の決議を受けることのできる労働組合の要件も論点となる。

そこで、本章では、まず、①申立を行い、決議を受けることのできる労働組合の要件を検討し（→第1節）、次に、②拡張適用される協約条項である「一の労働協約」（対象労働協約）（→第2節）、③拡張適用の地理的範囲である「一の地域」（地理的範囲）（→第3節）、④拡張適用の人的範囲である「同種の労働者」（人的範囲）（→第4節）、⑤「大部分」（→第5節）、⑥「適用を受ける」（→第6節）の内容を検討した上で、⑦主要な判断プロセスを総括する（→第7節）。

第1節　労働組合の資格要件

1　問題の所在

労働組合法5条1項は、「労働組合は、労働委員会に証拠を提出して第二条及び第二項の規定に適合することを立証しなければ、この法律に規定する手続に参与する資格を有せず、……」と定める。

行政解釈では、この条文にある「この法律に規定する手続」に、労働協約の地域的拡張適用の申立も含まれ、この申立を行う労働組合は、労働組合法2条所定の要件（主体・自主性・目的・団体性）及び同法5条2項所定の要件（民主性）を充足し、資格証明を受けなければ、労働協約の地域的拡張適用の決議を受けることができないとする。

これに対し、学説の中には、「この法律に規定する手続」に労働協約の地域的拡張適用の申立は含まれず、この申立を行う労働組合は、労働組合法2条所定の要件を充足すれば足り、同法5条2項所定の要件を充足する必要はないとの見解がある。

よって、労働協約の地域的拡張適用の申立を行う労働組合は、労働組合法2条所定の要件（主体・自主性・目的・団体性）及び同法5条2項所定の要件（民主性）を充足する法適合組合であり、労働委員会において法適合組合であることの資格審査を受け資格証明を得る必要があるのか否かが問題となる。

さらに、使用者又は使用者団体が地域的拡張適用の申立をした場合には、労

働組合の資格審査に関する規定がないことから、この場合において、協約の相手方たる労働組合が労働組合法2条及び5条2項に適合していなければ、労働委員会は拡張適用の決定をなし得ないのか否かが問題となる。

2　先例と議論状況

労働組合の資格要件が問題となった先例は見当たらない。

3　行政解釈

次の解釈例規が存在し、労働組合が労働協約の地域的拡張適用の申立手続をなすには、労働組合法2条と5条2項に適合することの審査が必要であるとする。

> 労働委員会による労働争議のあっ旋、調停及び仲裁の手続に参与する際には、争議の早期解決のために、労働組合法に基づく資格審査は不要とされているが、不当労働行為救済の申立、法人登記、及び、労働協約の地域的拡張適用の申立の手続については、労働組合法2条及び5条2項に適合することについての労働委員会の資格審査を必要とする。
> （解釈通牒「労働関係調整法等の一部を改正する法律の施行等について」昭和27年8月1日、労発第133号、労政局長発各都道府県知事宛)[1]。

4　学　説

(1)　労働組合の資格審査必要論

菊池・林労組法(1954)75〜76頁、吾妻編労組法(1959)397頁、西谷労組法(2006)85頁、荒木労働法(2009)481頁、菅野労働法(2010)523頁は、労働協約の地域的拡張の申立を行い決議を受けることができる労働組合は資格審査と資格証明が必要であるとするが、その理由については特に明らかにされていない。

(2)　労働組合の資格審査不要論

石井(1949)499頁、510〜511頁は、労働組合法2条の定める自主性確保のための要件は充足しているが、労働組合法5条2項所定の組合規約の内容に関する要求事項に適合する規約を有しない労働組合を「非民主的組合」と呼び、労働組合法及び労働関係調整法が非民主的組合に手続参加と救済を与えないこ

---

[1]　労働省労働関係法令解釈総覧634〜644頁。

とによって、労働組合の民主性を確保しようとしていることについて、労働組合法の指導的・啓蒙的な性格の表れであるとして否定的な評価を行い、組合の民主性の確保は行政的な方法で上からなされるべきことではなく、組合自らが自主的に行うべきことであるとする。その上で、工場事業場単位での拡張適用に関しては組合の資格証明は問題とならず自動的に効力が生じるとの理由で、労働組合法5条が定める「手続の参与」には労働協約の地域的拡張適用の手続は含まれず、労働協約の地域的拡張の申立と決議について、資格審査と資格証明は不要であるとする。

結論同旨のものとして、東大労研註釈労組法(1949)168頁、菊池・石川(1950)135頁、横井(1957)1042頁、東大労研注釈労組法(1982)872頁がある。

なお、森長(1953)292頁は、労働組合法2条及び5条のいずれの要件についても申立組合がこれを充足している必要はなく、資格審査を不要とする。

(3) 使用者又は使用者団体の申立の場合の労働組合の要件

吾妻編労組法(1959)397頁は、労働組合法2条本文の要件を充たさない完全な御用組合は、労働協約締結能力を有しないから、使用者又は使用者団体との間で労働協約と題する文書を締結しても、労働組合法上の労働協約として扱われないが、労働組合規約が労働組合法5条2項の組合規約の必要的記載事項を残らず記載していない場合には、当該労働組合が協約の地域的拡張適用の申立人にはなることはできないが、使用者又は使用者団体が協約の拡張適用の申立を行えば、協約の拡張適用の利益を受けることができるとする。

5　検　討

労働委員会が労働協約の拡張適用を肯定する決議をなすためには、労働組合の申立の場合、又は、使用者若しくは使用者団体の申立の場合のいずれであれ、協約当事者である労働組合は、労働組合法2条及び5条2項を充足する「法適合組合」であることが必要である。そして、労働組合の申立の場合には、5条1項の労働委員会の資格審査の申立がなされ、「法適合組合」であることの確認を受ける必要がある。その理由は以下のとおりである。

第一に、労働組合法においては、同法2条が労働組合法上の労働組合を定義している以上、同法における「労働組合」という文言は、同法2条を充足する労働組合法上の労働組合を意味する。そして、労働組合法14条は、労働協約の当事者が「労働組合と使用者又はその団体」であることを労働協約の効力の

発生要件とするから、労働協約としての効力を有し、労働組合法18条により地域的拡張適用の対象となる労働協約の当事者は、少なくとも、労働組合法2条を充足する労働組合法上の労働組合であることが必要である。

　第二に、労働協約の地域的拡張適用は、協約当事者である労働組合に所属していない労働者と協約当事者である使用者（又は使用者団体の構成員である使用者）以外の使用者にも労働協約の効力を及ぼす制度である。したがって、労働協約の協約当事者である使用者（又は使用者団体の構成員である使用者）と労働組合、及び、当該労働組合の組合員に対する効力を認める場合と同様、協約当事者たる労働組合については、労働組合法2条所定の自主性等が確保されていることが必要であるが、それだけでは足りず、さらに、労働組合法5条2項所定の組合規約の整備がなされ民主的な意見反映のための手続が整備され、労働協約の内容の合理性及び正統性を裏付ける担保措置があり、かつ、このことについて、労働委員会が確認することが必要である。

　第三に、第二で検討したように、地域的拡張適用の対象となる労働協約は、法適合組合が締結した労働協約であることを必要とし、労働組合法18条1項の定める労働協約の地域的拡張適用の要件のうち「一の労働協約」という文言も、法適合組合が締結した労働協約を意味する。そして、このことは、協約当事者である労働組合が申立をした場合のみならず、使用者が申立をなした場合も同様である。しかし、労働組合法5条1項が労働組合の資格審査を義務付けているのは、地域的拡張適用の申立を労働組合がする場合だけである。したがって、使用者又は使用者団体が地域的拡張適用の申立をする場合には、労働組合法5条1項所定の資格審査の申立は不要であるが、労働委員会は、申立の審査の過程で、申立にかかる労働協約が労働組合法2条及び5条2項を充足する法適合組合が締結したものであるか否かの審査をしなければならない。

第2節　「一の労働協約」

第1款　「一の」の意味内容

1　問題の所在

　「一の労働協約」という要件の「一の」という文言は、数量的な意味での「一本の」あるいは「一個の」という意味であり、調印された労働協約は単一

でなければならないのであろうか。それとも、複数の労働協約であっても「一の労働協約」に該当するのであろうか。

2　先例と議論状況

(1)　単一の労働協約

拡張適用を求める労働協約に使用者全員と労働組合が連署し、形式上も単一の労働協約として締結されているものとして次の先例がある。

　　　稲生石灰労組協議会事件（No. 15事件・拡張適用肯定）
　　　旭川ハイヤー労働組合協議会事件（No. 21事件・取下）
　　　ゼンセン同盟事件（No. 22、24、26事件・拡張適用肯定）

(2)　複数の使用者団体との間の同一内容の複数の労働協約

使用者団体が複数存在し、単一の労働組合がそれぞれと同一内容の複数の労働協約を締結している先例としては次のものがある。

　　　中吉野工場労働組合事件（No. 9事件・拡張適用肯定）

(3)　各事業者との間の同一内容の複数の労働協約

函館製材労組事件（No. 12事件・拡張適用肯定）では、単一の労働組合が各事業者と個別に労働協約を締結しており、その締結日についても若干の相違があったが、地労委決議では、元々業者側組合と労働協約が締結されていた歴史的経緯があること、及び、内容的に同一であることから、「一の労働協約」であることを肯定し、拡張適用の期間については、全協約の中で有効期間が最短のものによることとした。

他方で、牛深地区漁民労働組合事件（No. 10事件・拡張適用否定）では、各事業者毎に同一内容の労働協約が締結されていたが、労働委員会の決定では「一の労働協約」に該当するか疑問としている。

3　行政解釈

特記すべきものは見当たらない。

4　学　説

横井(1957)1042頁は、単一の労働協約に限らず、形式的には複数の労働協約であっても内容が同一であれば、「一の労働協約」に該当するという。吾妻編

労組法(1959)396 頁は、ある一つの職業別労働組合が個々の使用者との間に別々に協約を締結し、協約が複数ある場合でも、その内容が同一であれば、「一の労働協約」に該当するとする。同旨、沼田労働法(1975)238 頁。

安屋(1966)333 頁は、上記の横井の説について、組合の統制力の保障という観点から疑問があるとし、複数の協約であっても、その内容が同一であるほか、協約当事者である労働組合が同一組織であるか、あるいは組織的連携を有していることが必要であるとする。

東大労研注釈労組法(1982)871 頁もまた、単一の労働組合が一の地域内の各使用者と同一内容の労働協約を締結している場合、及び、地域内で活動上の連携関係にある複数の労働組合が組織上一個の使用者団体又は各使用者と同一内容の労働協約を締結している場合は、法形式上は複数の労働協約であっても、「一の労働協約」であることが肯定できるとする。そして、その理由として、内容の同一性は、当該協約当事者の双方の組織上又は活動上の連携関係ないし実質的一体関係を基盤にして実現されたものであり、偶然の所産ではないことを挙げる。

5 検 討

ゼンセン同盟事件で拡張適用された労働協約（資料編Ⅱ資料(9)）のように、単数の労働組合と複数の使用者が一本の労働協約を作成し連署すれば、当該協約が「一の労働協約」に該当することは明らかであり、実践的にはリスクの少ない方法として望ましい形式であろう[2]。

しかし、理論的には、労働組合法 18 条の法文にある「一の労働協約」の「一の」という文言は、「一個の」「一本の」という意味ではなく、「一定の」、

---

[2] 複数の労働協約を「一の労働協約」として地域的拡張適用を求める場合、「実質的に同一内容」といえるかどうかに関する労働委員会の審査は容易ではない。

例えば、労災上積補償協定に関して、死亡時の上積補償額について、企業毎に数百万円の差がある場合には、その中で最も低い額をもって最低基準とすることが可能である。しかし、死亡時上積額の支給対象者や支給要件について差異がある場合には、支給対象者や支給要件の共通する範囲が明確でない限り、「実質的に同一内容」とはにわかに言い難い。

このため、拡張適用の申立のなされた複数の労働協約の中で拡張適用が求められている条項について「実質的に同一内容」か否かについての労働委員会の審査は、各労働協約の全条項が同文でない限りは、相当に労力と時間を要することになり、「実質的に同一内容」と評価されないリスクがあることに留意する必要があろう。

すなわち、「同一内容の」を意味し、「一の労働協約」は、「同一内容の労働協約」、すなわち、「単一の労働協約、又は、同一内容の複数の労働協約」を意味する。

このため、複数の労働協約が存在している場合、すなわち、①単一の労働組合が複数の使用者又は使用者団体と別々に労働協約を締結している場合、②活動上の連携関係にある複数の労働組合がそれぞれ別の使用者又は使用者団体と労働協約を締結している場合、③単一の使用者又は使用者団体が複数の相互に連携関係のない労働組合と別々に労働協約を締結している場合、④相互に連携関係のない複数の労働組合がそれぞれ別の相互に連携関係のない使用者又は使用者団体と労働協約を締結している場合のいずれであっても、地域的拡張適用の申立が申立人の側（労働組合側、使用者側、又は双方の側）で連名で一括してなされ、各労働協約の条項中の同一内容で最低基準を定める条項に関して拡張適用の申立がなされ、かつ、労働協約中に有効期間の定めがある場合にはその中で最も早く失効時期が到来するものを終期として地域的拡張適用の申立がなされたときには、当該同一内容で最低基準を定める条項が「一の労働協約」に該当することを否定し得ない。

その理由は次の(1)～(3)のとおりである。

(1) 地域的拡張適用が肯定される根拠

労働組合法18条は、「一の地域において従事する同種の労働者の大部分が一の労働協約の適用を受けるに至つたとき」、例外的に、「他の同種の労働者及びその使用者」にも「一の労働協約」の適用を拡張する制度である。では、なぜ、この要件を充足すると、拡張適用が認められるのであろうか。

「一の労働協約」が、一定の地理的・人的範囲において、大部分の労働契約に適用されている場合、当該地理的・人的範囲における大部分の労働契約における労働条件は、少なくとも「一の労働協約」の定める基準と同じであり、すでに、大部分の労働契約に関して、「一の労働協約」の定める基準により、使用者相互間及労働者相互間の公正競争が実現されている。したがって、「一の労働協約」の定める基準を公正基準として、当該地理的・人的範囲における全ての使用者相互間及労働者相互間の公正競争を実現すべきであり、これは実現可能でもある。

以上が、「一の地域において従事する同種の労働者の大部分が一の労働協約の適用を受けるに至つたとき」という要件を充足するときに「一の労働協約」

の地域的拡張適用を認める理由であるとすれば、「一の労働協約」は、労働契約の形式上単一の労働協約である必要はなく、「同一の労働条件基準」であることで足りる。複数の労働協約が存在し、使用者側及び労働組合側で労働協約締結時に組織的連携がとれていなくても、同一内容の労働協約であれば問題はない。

ただし、拡張適用事項である「一の労働協約」は、その内容と基準が特定され明確化されている必要がある（→後掲第2款）から、労働協約締結後に労働協約の地域的拡張適用の申立をなす時点で、申立が労働組合側又は使用者側で連名で一本化して行われ、かつ、申立書において、各協約の全てに共通する最低基準を定める条項を「一の労働協約」として具体的に特定することが必要である。

(2) 立法者意思

労働組合法の制定過程をみれば、審議会が作成した草案（1945年11月15日）、原案（1945年11月19日）、法案（1945年11月21日）のいずれにおいても「一定の労働協約」という言葉が使用されていたところ、これが国会に提出される前に政府内で文言修正がなされ、「一の労働協約」という文言に置き換えられた（→前掲第1部第1章第3節第2〜3款）。したがって、現行の条文にある「一の労働協約」は、立法者意思としては、単一の労働協約に限定する趣旨ではなく、「一定の労働協約」すなわち「単一の労働協約又は同一内容の複数の労働協約」を意味するものと解される。

(3) 形式的判断ではなく実質的判断をなすべきこと

日本における労働協約は、形式上は、企業別又は事業場別労働協約であるが、その実質的内容に着目すれば、企業横断的又は業種横断的に、同一内容の労働協約が締結されている例が少なくない（→前掲第1部第2章第3節）。しかも、この企業横断的又は業種横断的に同一内容の労働協約は、企業相互間や労働組合相互間で組織的連携をとりながら作られるだけでなく、事実上の「情報交換」の中で作られるものもある。その典型例の一つは、労災事故に関する各企業の労災上積補償協定であり、業種内での「情報交換」を通じて、「各企業横並び」で死亡時や重度障害に関する上積補償額が決められている。

この日本における労働協約締結の実情に照らしても、「一の労働協約」か否かは、単に形式的に労働協約が一つの書面で作られているか否かで判断される

のではなく、「同一内容の労働協約」と評価し得るか否かで決する必要がある。
　かかる視点で見たとき、複数の労働協約が存在し、複数の使用者もしくは使用者団体の相互間、又は、複数の労働組合の相互間において、労働協約締結時に組織的連携がとれていなくても、労働協約締結後に労働協約の地域的拡張適用の申立をなす時点で、申立が、労働組合側又は使用者側で連名で一本化して行われ、かつ、申立書において、各協約の全てに共通する最低基準を定める条項を具体的に特定しているときには、「一の労働協約」に関する地域的拡張適用の申立として扱うべきである。

第2款　労働協約の内容

1　問題の所在

　過去の先例を見ると、企業横断的な労働協約で、労働条件の内容が各社毎に異なり、かつ、最低基準が協約上明記されていないため、何が拡張適用される労働条件であり、何が協約の定める最低基準であるかが不明であり、拡張適用される「一の労働協約」の特定の可否が問題となった事案がある。

2　先例と議論状況

(1)　日本炭鉱労働組合福岡地方本部事件

　日本炭鉱労働組合福岡地方本部事件（№13事件・取下）[3]の申立では、労働協約が3本存在し、協定の定める賃金の決定方法や内容は炭鉱毎に異なり、申立書添付資料をみても少なくとも8種類のものが存在する。そして、これらの中のどれが「一の労働協約」であり、その中のいかなる条項の拡張適用を求める趣旨であるのか、申立書で特定がなされていない。
　この事案に関して、もしも仮に、全炭鉱に適用される最低労働条件を定める統一的な労働協約が締結され、その上で、各炭鉱毎に労働条件の上乗せ部分を定める労働協約を締結していれば、全炭鉱に適用される最低労働条件を定める統一的な労働協約をもって、労働組合法18条所定の「一の労働協約」とすることが可能であった。

---

[3]　中央労働時報209・210号26頁。

(2) 全港湾日本海地本事件

全港湾日本海地本事件（No.19事件・取下）[4]は、地本と港湾荷役7社との間の集団交渉の結果、地本と各社が連名で作成された一通の統一労働協約の地域的拡張適用が求められた事案である。しかるに、締結された労働協約の書面は一通であるが、勤続年数と支給月数を定める附属別表は、各社毎別々に定められており、例えば勤続年数3年の場合の支給月数は、1ヶ月（2社）、1.8ヶ月（1社）、2.5ヶ月（1社）3ヶ月（2社）、3.5ヶ月（1社）とまちまちであった。

この事案に関して、もしも仮に、統一労働協約の総論部分で全社に適用される統一的最低基準を定め、各論部分で各社毎の上積みを定めた上で、全社に適用される統一的最低基準についてのみ地域的拡張適用を求める申立がなされていれば、当該統一的最低基準が「一の労働協約」であることは明らかであった。

(3) 私鉄総連北海道地本事件（第二次）

私鉄総連北海道地本事件（第二次）（No.25事件・取下）は、ワンマンバス協定、労災見舞協定の拡張適用が求められた事案であるところ、申立にかかる労働協約には、少なくとも二つの問題があった。第一点は、適用対象についての明文の定めがなく、実際の適用対象は各支部毎に区々で、臨時の労働者に適用している例もあれば、適用していない例もあることであり、第二点は、ワンマンバス協定には慣行優先条項が含まれていることであった。このため、労働委員会に設けられた小委員会を構成する公益委員は、「拡張適用されるべき労働協約は、地域内において最低基準を設定する目的からみて、その内容はあますところなく明確であるとともに、最低基準としての完全な規範性を有することが必要である」にもかかわらず、申立にかかる協約は、この最低基準としての完全な規範性を有しないと指摘し、当該協定は拡張適用されるべき協定としての適格性を欠くと主張し、拡張適用に反対した[5]。

3　行政解釈・学説

道幸(1986)(上)578号7頁が私鉄総連北海道地本事件（第二次）（→前掲2(3)）の労働協約の問題を指摘している以外には、見当たらないと思われる。

4　労働委員会年報14号(昭34)176頁、労働委員会年報15号(昭35)137頁。
5　道幸(1986)(上)578号7頁。

4　検　討

　地域的拡張適用制度の機能としてまず指摘すべきは、「一の地域において従事する同種の労働者」の労働条件の維持と向上である。そして、拡張適用される労働協約の定める労働条件の基準は、拡張適用対象者である労働者とその使用者の労働契約に対して最低基準効を有する（→後掲第5章第2節第2款）。

　このため、拡張適用される労働協約においては、拡張適用の対象となる労働条件と最低基準が一義的かつ明瞭に定められていなければならない。

　よって、拡張適用の対象となる労働条件と最低基準が一義的かつ明瞭に定められていない協約条項については、労働委員会は申立人に対し、具体的理由を丁寧に説明した上で、これを明らかにするよう求める必要があり、申立人が補正を行わない場合は、この条項を地域的拡張適用することができない。

第3款　労働協約の締結当事者たる労働組合

　労働組合法18条の地域的拡張適用の対象となる「労働協約」は、労働組合法2条及び5条2項に適合する法適合組合であり、かつ、法適合組合であることを労働委員会により確認された労働組合が締結した労働協約でなければならない。その理由は、既に述べたとおりである（→前掲第1節5）。

　したがって、使用者又は使用者団体が地域的拡張適用の申立を行った場合には、労働委員会は、当該労働協約に関して労働組合法2条及び5条2項に適合する労働組合が締結したものであるか否かを審査しなければならない。

第4款　労働協約の条項の範囲内での部分的な拡張適用

1　問題の所在

　地域的拡張適用の申立をなす際に、申立人が労働協約の定める条項の全部の拡張適用を求めるのではなく、次の①から③のように、労働協約の条項の範囲内で、部分的な拡張適用を求めることは可能であろうか。
　① 　協約条項を選別して拡張適用を求める。
　　例：協約中の退職金規定に限定して拡張適用を求める。（実例／No. 8事件）
　② 　協約条項の定める範囲内で最低基準を引き下げて拡張適用を求める。
　　例：協約で定める最低賃金は時給1000円であるが、地域の実情を勘案して、拡張適用の際の最低賃金額は時給900円以上とする。

③　協約条項の定める範囲内で激変緩和のための経過措置を設けて拡張適用を求める。
　　例：拡張適用の公告の日から半年間は猶予期間とし、6カ月経過時点から1年目までは協約条項の定める最低基準より緩和した基準を適用する。

2　検　討

　上記①〜③のように、申立人が労働協約の条項の範囲内で拡張適用する事項を部分的に選択した場合、労働委員会は当該条項について拡張適用することを決議できると解する。なぜなら、第一に、かかる部分的拡張適用を妨げる法文が存在せず、協約条項の中の如何なる範囲について拡張適用を求めるかは、原則として、申立人の自主的な判断に委ねられるべきだからである。第二に、このような部分的拡張適用の申立により、拡張適用の対象となる使用者に不利益が生じるわけではなく、拡張適用の対象となる労働者の労働契約に及ぼされる効力は最低基準効のみであり（→後掲第5章第2節第2款）、当該労働者に特に不利益が生じるわけではないからである。

　そして、これらの労働協約の条項の範囲内で部分的な拡張適用の申立がなされたときには、この申立にかかる条項が、労働組合法18条1項の「一の労働協約」に該当する。

第3節　「一の地域」（地理的範囲）

1　問題の所在

　労働組合法18条は、地域的拡張適用の地理的範囲である「一の地域」をどのように設定するかについて、特に定めていない。したがって、「一の地域」をどのように設定するかが問題となる。

　この点につき、先例において、地域的拡張適用の申立人は、拡張適用を求める労働協約がその地理的適用範囲を定めているときは、この地域をもって地域的拡張適用の地理的範囲（「一の地域」）とし、当該労働協約において地理的適用範囲が明記されていない場合は、申立人が一定の地理的範囲を選択し、この地理的範囲について地域的拡張適用を求めている。

　しかし、労働委員会は、申立人が適用を求める地理的範囲について「一の地域」に該当するか否かを判断するのではなく、申立人が適用を求める地理的

囲とは無関係に、労働市場としてのまとまり、当該産業の基礎となる資源の分布、事業場の分布、労働条件統一の必要性等の基準により「一の地域」を画定することを試み、申立人の選択を尊重していない例が見られる。

また、学説においても、協約関係者の経済的基盤と地域的広がり、労働市場としてのまとまり、労働組合の組織的範囲等の基準により「一の地域」を画定しようとするものがあるる。

よって、労働委員会は、申立人が拡張適用を求める地理的範囲（当該労働協約の定める地理的適用範囲又は申立人の選択した地理的範囲）が拡張適用の地理的範囲である「一の地域」に該当するか否かを判断すればよいのか、それとも、申立人の選択とは無関係な別の基準により「一の地域」を定めることができるのかが問題となる。

2　先例と議論状況

(1)　一つの港湾又は日本海沿岸を地理的範囲とする申立

港湾運送事業の港湾荷役作業の従事者で組織された全港湾労働組合傘下の下部組織が行った申立の中には、一つの港湾だけを適用対象地域とする労働協約について拡張適用の申立のなされた先例（No.11 事件、No.14 事件、No.18 事件）もあれば、新潟県から鳥取県までの日本海沿岸を適用対象地域とする労働協約について拡張適用の申立がなされた先例（No.19 事件）もある。

① 　全港湾四国地方宇和島支部事件（第二次）

全港湾四国地方宇和島支部事件（第二次）（No.18 事件・取下）の地労委の解説によれば、拡張適用の申立のあった「宇和島港一円」（愛媛県港湾管理条例第2条所定の「港湾区域」及び「港湾施設」の意味）に関して、「労働市場としてまとまりを見せているかどうかという点から判断する」としている。具体的には、まず、この地区の木材業者は、総て上記の『港湾区域』内の『港湾施設』を利用しているとの事実を認定している。その上で、さらに、宇和島港に隣接する岩松港、吉田港、御荘港等他の港湾も考慮にいれる必要の有無について検討し、その結論として、「労働協約が宇和島港においてのみ代表するものであること、他港湾における木材荷役労働者の就労態様がそれぞれ異なる」との理由で、他港湾を考慮にいれる必要性を否定し、「宇和島港一円」をもって「一の地域」とすることを肯定する結論を導いている[6]。

6　中央労働時報340号26頁。

第3章 地域的拡張適用の実質的要件

② 全港湾日本海地本事件

前記①事件とは対照的に、日本海沿岸にある港湾運送事業法の指定港湾を束ねて「一の地域」として拡張適用の申立がなされた事案として、全港湾日本海地本事件（No.19 事件・取下）[7]がある。この申立を行った全港湾日本海地本は、支部・分会の団体交渉権を認めず、地本で団体交渉権を一本化して、関係各社と統一退職金協定を締結し、港湾運送事業法に基づく指定港湾のうち日本海地本の組織対象である新潟港（新潟県）から境港（鳥取県）までの港湾荷役労働者に対する地域的拡張適用を求めた。中労委は、検討すべき問題点の筆頭に、かかる申立にかかる地域が「一の地域」と認められるか否かを挙げていたが、審議開始前に、組合が申立を取り下げたことから、この問題についての検討に至らなかった[8]。

(2) 産業や資源の分布する地域を地理的範囲とする申立

労働協約が現実に適用されている事業場は特定の狭い地域に集中しているが、産業や資源の分布する地域は、労働協約が現実に適用されている労働者と使用者が存在する事業場の分布する地域より広い場合がある。この場合において、協約当事者が労働協約を締結する際に、産業や資源の分布する地域全体を労働協約の適用範囲と定めた上で、この広い地域全体について拡張適用を求める申立がなされた先例が2件ある。

① 稲生石灰労組協議会事件

稲生（いなぶ）石灰労組協議会事件（No.15 事件・拡張適用肯定）[9]では、高知県下での石灰製造業における最低賃金に関する労働協約の地域的拡張適用が肯定されている。高知県には、ほぼ全域にわたって広く良質の石灰石層が分布しており、この石灰石を原料として石灰あるいは炭酸カルシウムを製造する工場・事業場は広く県下に散在しているが、企業数で約半数、労働者数にして7割以上が高知県長岡郡香長村稲生（いなぶ）に集中していた。当該労働協約は稲生地区の全企業13企業と稲生石灰労働組合協議会との間で締結されたものである。申立書では「高知県下一円の石灰製造業」を対象に拡張適用の申立がなされた。高知地労委は、拡張適用の地理的範囲に関して、高知県の東端と西端の4市2郡（安芸市と安芸郡、中村市・宿毛市・土佐清水市・幡多郡）を除く2市5郡（高知市、須崎市、

---

[7] 労働委員会年報14号〈昭34〉176頁、労働委員会年報15号〈昭35〉137頁。
[8] 労働委員会年報15号〈昭35〉137頁。
[9] 労働委員会年報12号〈昭32〉136頁、中央労働時報315号35頁。

245

香美郡、長岡郡、土佐郡、吾川郡、高岡郡）をもって「一の地域」とした。その理由について、地労委決議では、石灰石の分布、及び、現実の石灰製造事業場の分布の2点を指摘している。具体的には、まず、「石灰製造業は、地下資源にまって成り立つ産業であって、良質石灰石分地帯を著しく隔絶しては起こり得ない産業である」として、岩質の劣る3市1郡（中村市・宿毛市・土佐清水市・幡多郡）を除外し、さらに、岩質が劣る地域とは言えないが石灰製造事業場が存在しない地域として1市1郡（安芸市と安芸郡）を除外対象に加え、これら4市2郡に関して、輸送条件その他の地理的経済的立地条件からみて他地区と著しい差異が認められるとの判断を示した。そして、結論として、「前記4市2郡を除けば、産業立地条件及び労働者の労働並びに経済的諸条件において、稲生地区とそれ以外の地区の間には著しい差異は認められない。」との判断を示した。

② 滋賀亜炭鉱業労働組合連合会事件

滋賀亜炭鉱業労働組合連合会事件（No.17事件・拡張適用肯定）[10]の地労委解説によれば、「一の地域」に関して、「現に稼働する企業の存在する地域（日野町及びその周辺のみ）に限定するか、あるいは亜炭の分布する地域（滋賀県一円）とするかで、論議が交わされ、「従来の各取扱事例および昭32・10・10中労委審一発収第492号、中労委事務局長発群馬地労委事務局長宛の法18条の『地域的一般的拘束力』に関する疑義について等により、最終的には亜炭の分布する地域すなわち申立のあった滋賀県一円に適用することとした。」とされている[11]。なお、これらの通牒等の内容は掌握するに至っていない。

(3) 労働組合の組織化地域又は協約適用地域を地理的範囲とする申立

産業分布や資源分布に着目すると複数行政区画にまたがる広域的な「一の地域」が存在するのに対し、労働組合の組織化されている地域や労働協約の適用対象地域はその中の一部の地域に限定されており、拡張適用の対象地域をこの一部の地域だけに限定して申立がなされた先例が5件ある。

① 深日瓦職工労組事件

深日瓦職工労組事件（No.8事件・取下）での主要な論点の一つは、深日町が

10　労働委員会年報13号〈昭33〉163頁、中央労働時報336号20頁。
11　中央労働時報336号23頁。

「一の地域」に該当するか否かであった。これが争点となったのは、大阪府南部の深日町と多奈川町の二つの町にまたがって行政区画とは無関係に瓦製造業者が密集し、この地域の瓦は「多奈川産」として販売され、賃金はほぼ同一であり、瓦製造工程も同質であるところ、労働組合の組織化は深日地区でのみ行われ、地域的拡張適用の申立対象地域も深日町だけであった。このため、深日町を「一の地域」とし得るかが問題となった。深日町のみを「一の地域」とすれば「大部分」の要件が充足され、深日町と多奈川町を「一の地域」とすれば、「大部分」の要件を充足しないため、「一の地域」の設定次第で、地域的拡張適用の可否が左右された。

上記事案における「一の地域」に関して、三つの見解が存在した。

第一の見解は、現地調査を行った慶谷法務府事務官の見解であり、労働組合が組織化されている深日町だけを「一の地域」として拡張適用することを肯定する見解であった[12]。

第二の見解は、大阪地労委の中間的な結論である。労働委員会は、調査に基づき、「本条の趣旨である労働条件の安定と公正な競争関係の確立を確保するためには深日地区のみでなく多奈川地区も含めて労働条件が同一であることが必要ではなかろうかとの一応の結論に到達」していた[13]。

第三の見解は、大阪地労委事務局の担当者の個人的意見である。この意見では、深日町、多奈川町だけでなく、瓦製造販売が競合している北方の中泉地区や海を隔てた対岸の兵庫県淡路地区をも包含させなければ、深日町の販売上の競争条件が不利となり、労働条件の安定を達成することができないとの個人的な意見を明らかにしている[14]。

この事件では、協約当事者は深日町だけに分布し、かつ、申立人たる組合は深日町だけに地域的拡張適用することを求めていた。にもかかわらず、労働委員会は、敢えて、拡張適用の対象とされた労働協約の本来の地理的適用範囲や当事者の申立とは無関係に、独自の基準により「一の地域」を判断しようとした。

② 総同盟朝霞金属労組事件

総同盟朝霞金属労組事件（No.20事件・取下）[15]は、埼玉県北足立郡朝霞町（現

---

12 慶谷(1951)26頁、労働時報（大阪府地方労働委員会事務局監修）第37号20頁。
13 中央労働時報201号21頁。
14 労働時報（大阪府地方労働委員会事務局監修）第37号21頁。
15 労働委員会年報15号〈昭35〉137頁、中央労働時報372号21頁。

在は朝霞市、以下同じ)、新座町(新座市)、大和町(和光市)、足立町(志木市)の4町にある伸銅・伸管業者8社とこれに雇用される未組織労働者210名に対して、労働協約の拡張適用を求める申立がなされた事案である。伸銅品の大半は黄銅製品であり、丸棒・平パイプ等が生産され、製品は主として建築材料として使用される。中心地である朝霞町は、埼玉県の南端に位置して東京都と県境を接する位置にあり、徳川時代から中央を流れる黒目川の水力を利用して伸銅産業が発達し、その後には、東京都板橋区や練馬区とも連接する金属加工の工業地帯の一環として発展した。

　この事件において、労働協約当事者である労働組合(総同盟朝霞金属労働組合)と使用者団体(朝霞金属工業会)が組織されている地域はいずれも埼玉県内の朝霞町を中心とする地域であり、労働協約はこの地域で適用され、拡張適用の申立もこの地域に関してなされた。にもかかわらず、労働委員会の審査の過程では、埼玉県内の4町だけでなく隣接する東京都練馬区及び板橋区をも含めて「一の地域」とみるべきかが論点となった。労働委員会の調査の過程では、「一の地域」に関して、隣接する東京都内と企業の配置状況がまたがっており中労委において扱うべき事案ではないかとの意見も出されたが、最終的に東京都内の経済条件・労働条件と埼玉県のそれとの間に格差のあること、及び、埼玉県内で伸銅産業が独自に発達した歴史的事情のあることから、朝霞町を中心とする4町をもって「一の地域」とすることとされた[16]。

　さらに、この事件においては、埼玉県内の4町のうち朝霞町だけを「一の地域」として扱うことができるか否かも論点となった。地労委の調査の結果、「同種の労働者」の範囲に関して問題があり、朝霞市を中心とする4町内で適用労働者が「大部分」ということはできず、朝霞市だけであれば適用労働者が「大部分」である可能性もあったが、地労委は「朝霞一町のみに対して協約拡張申立をなしても、それは恣意的申立」との見解であった[17]。

③　ゼンセン同盟事件(第一次、第二次、第三次)

　ゼンセン同盟事件(No. 22、24、26事件・拡張適用肯定)の場合、労働協約が適用される労働者の所属する事業所は、愛知県西部の一宮市を中心とする「尾西(尾州)地域」に分布していた。しかし、地域的拡張適用の申立書で拡張適用を求める対象者として記載されていたのは、日本標準産業分類の「F2066

16　中央労働時報372号26頁。
17　中央労働時報372号26頁。

綿状繊維・糸染色整理」に従事する労働者と使用者であり愛知県と岐阜県にまたがる広い地域に分布していた。このように、産業分布は愛知県から岐阜県にまたがる広い地域であったのに対し、当該協約の適用地域、及び、地域的拡張適用の申立の対象地域は、愛知県西部の「尾西（尾州）地域」に限定されていた。

愛知地労委の審査の過程で、愛知県と岐阜県にまたがる産業分布地域を「一の地域」として扱うか否かを検討した形跡は、見当たらない。そして、地労委は、上記の「尾西（尾州）地域」を適用対象地域として地域的拡張適用を行うことを肯定する決議を行った。

3　行政解釈

労働省労組法コンメ(1964)571頁は、一つの地域に関して、①面積の広狭に関係ないが、②連続した地域であることを要し、全く飛び離れた二つの地域をあわせて「一の地域」とすることはできず、③必ずしも行政区画による必要はないが明瞭でなければならない、とする。

上記見解は、厚労省労組法コンメ(2006)660頁でも踏襲されている。

4　学　説

学説を通覧したとき、「一の地域」に関する判断基準ないし判断要素を積極的に掲げるものは、地域的拡張適用制度の意義・趣旨・目的に関するそれぞれの見解に対応させて、「一の地域」に関する判断基準ないし判断要素を掲げている。

(1)　協約関係者の経済的基盤と地域的広がり

正田(1952)64頁は、吉野連合労組事件（№.7事件・拡張適用肯定）の決議を援用して、もとになる労働協約が現在適用されている対象である協約関係者を中心として、これらの協約関係者と経済的な基盤を同じくしているか否か、及び、協約関係者の地域的な広がりに対応しているか否かにより、「一の地域」を決定すべきであるという。

この正田の掲げる「一の地域」に関する判断基準ないし判断要素は、地域的拡張適用制度の意義・趣旨・目的に関して、正田(1952)55〜57頁で、一番目に協約内労働者の低賃金・失業よりの保護、二番目に協約内の使用者の不正競争からの保護、三番目に労働協約の存立の確保を掲げて、協約関係者の保護を

(2) 労働市場としてのまとまり

　横井(1957)1041頁は、「一の地域」に該当するか否かは、一の労働市場としてのまとまりをみせているかどうかという点から判断すべきという。横井(1957)1005～1008頁は、日本における地域的拡張適用制度の存在理由について、「労働協約の存立の確保」「労働組合の団結の強化」「同業者間の不正競争からの使用者の保護」の3点にまとめており、この存在理由に即して、労働協約と労働者の存立の基盤である労働市場をもって「一の地域」と解するのである。

　また、安屋(1966)332頁も、労働協約の地域的拡張適用が肯定されるべき地域は、その労働協約が支配的意義を有している地域でなければならず、協約部外者たる未組織労働者が協約当事者たる労働者と同一の労働市場に属していることを要するとの理由で、「一の地域」は労働市場としてのまとまりを見せる地域すなわち、協約関係者と同一の経済的地域をさすという。同書330～332頁で、18条の規定の立法趣旨について、労働協約の存立を確保し、労働組合の統制力を確保することにあるとしていることに対応させて、「一の地域」に関する解釈に当たっても、協約関係者と同一の経済的地域であることを重視するのである。

(3) 労働組合の組織的範囲

　吾妻編労組法(1959)394頁は、当該労働協約当事者たる労働組合の組織範囲を筆頭にあげ、これに続いて、組合員の労働条件に影響を及ぼす労働者の存在範囲、協約当事者の他方当事者ないしその構成員たる使用者と競争関係にたつ使用者の存在範囲を挙げる。

　同書391～392頁では、ドイツにおける制度趣旨・目的が拡張適用される労働協約の存在を維持しその当事者たる労働組合の存在を確保することにあることを指摘し、日本においてもこれと同様に解すべきとする。このため「一の地域」の判断基準ないし判断要素に関しても、筆頭に労働組合に所属する労働者の存在範囲があり、その次に使用者の存在範囲を挙げることになる。

5　検　討

(1)　適用対象地域に関する基本原則①
協約自治の尊重

　労働協約は契約の一種であり、協約当事者は、当該労働協約の地理的適用範囲を自由に設定することができ、また、特に限定しないこともできる。協約当事者は、様々な事情を考慮しつつ地理的適用範囲につき合意するのであるが、何を考慮し、地理的適用範囲をどのように決定するかは、当事者の合理的判断と選択に委ねられている[18]。そして、協約当事者の合理的判断と選択は最大限尊重すべきである。

　協約当事者の意思（当該労働協約の地理的適用範囲）、あるいは、拡張適用の申立人の意思（拡張適用の地理的範囲の選択）とは無関係に、拡張適用の地理的範囲を設定しうる客観的・合理的基準を見いだすことはできない。従来、労働委員会あるいは学説で提唱されてきた「労働市場としてのまとまり」「資源分布」「産業分布」「協約関係者の経済的基盤・地域的広がり」等は、いずれも、その基準でなければ拡張適用の地理的範囲を決定してはならないという基準ではない。

　したがって、拡張適用の対象となった労働協約が当該協約の地理的適用範囲を定めている場合においては、当該地理的適用範囲を拡張適用の地理的範囲とすることが後掲(3)記載の特段の事情・理由に該当するのでない限り、この定めをもって拡張適用の地理的範囲とすること、すなわち、「一の地域」であることを肯定することを基本とすべきである。

　なお、労働協約の中で当該労働協約の地理的適用範囲を明文で定めていない

18　それゆえ、前掲2(1)記載の先例のように、港湾運送事業の港湾荷役作業に関して、一つの港だけを労働協約の地理的適用範囲とすることも、新潟県から鳥取県までの日本海沿岸の港を包括して地理的適用範囲とすることもできる。広範囲の適用対象地域の中に複数の企業や事業場が存在し、それぞれの労働条件が異なる場合には、一つ一つの企業や事業場毎に労働条件を記載して、全体として一つの労働協約を締結することも可能である。また、協約締結の時点で当事者である使用者（又は使用者団体に所属する使用者）の事業場が存在する地域だけではなく、将来事業場が存在する可能性のある地域をも含めて地理的適用範囲とし、前掲2(2)記載の先例のように、協約当事者の分布する地域よりも広い、資源分布地域・産業分布地域全体を地理的適用範囲と定めることも可能である。

場合には、その地理的適用範囲は、現に協約が適用されている地域を基礎として、協約の内容、協約の締結経緯、協約当事者である使用者（又は使用者団体の構成員である使用者）の事業場の存在場所等を考慮して、合理的に解釈される（地理的適用範囲を限定していないと解される場合もある）。

(2) 適用対象地域に関する基本原則②
地域選定に関する申立人の判断の尊重

　労働組合法18条1項は、「一の地域」の範囲を限定しておらず、当該労働協約の地理的適用範囲の一部において、「同種の労働者の大部分が一の労働協約の適用を受ける」という要件を充足している場合に、この一部の地域だけを拡張適用の地理的範囲（「一の地域」）として拡張適用をなすことを禁じていない。

　また、当該労働協約の定める地理的適用範囲の中で、その一部の地域について拡張適用を求めることは、協約当事者の合意の範囲内であり、協約自治に反するものではない。

　したがって、労働協約の地域的拡張適用の申立をなす者は、当該労働協約の地理的適用範囲全部を拡張適用の地理的範囲とすると労働組合法18条1項の要件を充足しないが、一部を拡張適用の地理的範囲とするならば同項の要件を充足するような場合、当該労働協約の地理的適用範囲の一部の地域について地域的拡張適用を求めることができる。また、当該労働協約が特に地理的適用範囲を限定していない場合は、「大多数」の要件を充足する一定の地域を選択して地域的拡張適用を求めることができると解すべきである。

　これに対して、当該労働協約が地理的適用範囲を定めている場合に、その定める地理的適用範囲を超えて地域的拡張適用を求めることは、協約当事者の合意を超えるものである。

　したがって、当該労働協約の定める地理的適用範囲を超えない限りにおいては、拡張適用を求める地理的範囲をどのように選定するかは、申立人の判断に委ねられており、この判断は、次の(3)記載の特段の事情・理由に該当する場合を除き、「一の地域」に該当するものとして尊重される必要がある。

(3) 適用対象地域に関する基本原則③
制度趣旨・目的に適合しない恣意的地域設定の排除

　労働協約の地域的拡張適用制度の意義・趣旨・目的は、「一の地域」における「同種の労働者」の労働条件の維持・向上、及び、協約当事者である労働組

合の団結権強化のための措置の拡大によって、使用者相互間及び労働者相互間の公正競争を実現させ、労働協約の一方当事者である使用者（又は使用者団体の構成員である使用者）の経営の維持と安定化を図り、もって、当該労働協約を維持し、協約当事者である労働組合の組合員の雇用を保障し労働条件を維持・向上させることにある（→前掲第2章第5節）。

したがって、当該労働協約の定める地理的適用範囲内の一定の地域（「一の地域」）において申立人が地域的拡張を求めた場合でも、当該地理的範囲が、地域的拡張適用制度の意義・趣旨・目的に適合しない特段の事情・理由が存在する場合には、例外的に、「一の地域」に該当することが否定される。

(4) 適用対象地域に関する基本原則④
明確な地域設定

労働協約の地域的拡張適用の対象となる使用者には拡張適用による義務と負担が課され、また、拡張適用の対象となる労働契約には労働協約の規範的効力が及ぶ（→後掲第5章第2節第2款）のであるから、拡張適用の地理的範囲は明確で一義的に確定できるものでなければならない。このため、「一の地域」は、行政区画によって表示され、拡張適用対象となる地域の外縁が明確でなければならない。但し、この行政区画の単位は共通である必要はなく、「一の地域」の中に、県単位、市区町村単位、字単位等が混在しても差し支えない。

労働協約の地域的拡張適用の申立において、拡張適用の地理的範囲が明確でない場合は、労働委員会は、申立人に対し具体的理由を丁寧に説明した上で補正を求める必要がある。それでもなお、申立人が補正をしない場合には、労働委員会は、判断対象が特定されていないことを理由に申立を却下することになろう。

(5) 先例に関する具体的検討

ゼンセン同盟事件（No.22、24、26事件・拡張適用肯定）の場合、愛知県から岐阜県にかけて広く分布している「綿状繊維、糸染色整理業を営む者」の中で、「尾西（尾州）地域」と呼ばれる地域に存在する者のみを対象にする地域的拡張適用が肯定されたのは、①労働協約の当事者がこの地域に分布し、労働協約の適用される地理的適用範囲がこの地域であり、②この地域における地域的拡張適用を求める申立がなされ、③この地域を「一の地域」として扱うことに関して、地域的拡張適用制度の意義・趣旨・目的に反する特段の事情・理由は認

められず、④地域設定の明確性に欠けることはなかったからである。
　このゼンセン同盟事件における「一の地域」に関する地労委の判断に照らしても、産業分布や企業分布よりも申立人の定める拡張適用の地理的範囲が狭いことは、特段の事情がない限り、地域的拡張適用を否定する事情とはなり得ない。産業ないし企業が広い地域に分布している状況下で、協約当事者がその中の一部の地域に限定して労働協約を締結し、この労働協約の拡張適用を求めるのは、特段の事情がない限り、妨げられないのである。にもかかわらず、前記の深日瓦職工労組事件では深日町だけを地域的拡張適用の地理的範囲とすることに否定的な意見が労働委員会の中に存在し、また、総同盟朝霞金属労組事件でも、隣接する東京都練馬区・板橋区を含めて「一の地域」とするべきであるとの意見や朝霞町だけを地域的拡張適用の対象とすることに否定的な意見が労働委員会の中に存在した。これらの事件においては、前掲(3)記載の制度趣旨・目的に適合しない特段の事情や理由の存在を認定できないのであれば、申立人の選択を尊重して、申立人が地域的拡張適用を求めた地理的範囲を「一の地域」として肯定すべきであった。

第4節　「同種の労働者」（人的範囲）

1　問題の所在

　労働組合法18条1項は、地域的拡張適用の人的範囲である「同種の労働者」をどのように設定するかについて、特に定めていない。よって、「同種の労働者」をどのように設定するかが問題となる。
　この点につき、先例において、地域的拡張適用の申立人は、拡張適用を求める労働協約が明文で定めている人的適用範囲又は協約が現実に適用されている人的範囲と同一の人的範囲での拡張適用を求めている。
　しかし、労働委員会の審査例の中には、申立人が拡張適用を求める人的範囲が「同種の労働者」に該当するか否かを判断するのではなく、この申立とは無関係に、事業規模、労組の組織対象、従事する事業等の基準により「同種の労働者」を画定しようとする等、申立人の選択を尊重していない例が見られる。
　また、学説においても、協約当事者の意思と無関係に、産業・職種や労働組合の組織状況等により、「同種の労働者」の範囲を定めようとするものが見られる。

「同種の労働者」の範囲を、労働協約が定めている人的適用範囲、協約が現実に適用されている人的範囲、又は、申立人が拡張適用を求めている人的範囲よりも広く設定した場合には、「同種の労働者」の中で当該協約の「適用を受ける」者の比率が低下し、「大部分」の要件を充足しない可能性が高くなる。

よって、労働委員会は、申立人が拡張適用を求める人的範囲が「同種の労働者」に該当するのか否かを判断するのか、それとも、申立人の選択とは無関係な別の基準により「同種の労働者」の範囲を定めることができるのかが問題となる。

なお、「同種の労働者」を巡っては、拡張適用の対象者を労働組合に所属する労働者のみに限定することができるかという問題があるが、これは、主として拡張適用の効果に関する問題であるので、後掲第5章第3節第4款で扱う。

2 先例と議論状況

(1) 事業規模等による区別の要否
　　　　／和歌山県木材労働組合日高支部事件

和歌山県木材労働組合日高支部事件（No.5事件・取下）では、協約当事者である労働組合が組織化していたのは、建設用材を主とする製材業に従事する労働者であり、協約の適用対象もこれらの労働者であった。労働組合が地域的拡張適用を求めた動機は、組合員を使用する使用者の中の1～2名の者が第二組合を組織して労働協約による規制から離脱しようとする動きを見せていることに対抗するためであった。しかるに、拡張適用の申立書に記載されていた適用対象者は、建設用材を主とする製造業に従事する労働者とその使用者だけに限定されず、箱板などの小割製材に従事する小規模経営の労働者とその使用者が少なからず含まれていた。

小委員会の調査結果報告書では、協約締結工場は、建築用材を主とする製材業者であるのに対し、未締結工場は、箱板などの小割製材であり、家内工業的なものや同族営業のものが多く、小規模経営であって、電力設備の規模も異なり作業能率も異なることの指摘がなされ、これらをまとめて「同種の労働者」と扱うことの可否についての検討が提起されていた。

当該事件は、最終的に申立人が取下げて終了した。

(2) 協約当事者とは別の業種を含むことの可否
① 中吉野工場労働組合事件

中吉野工場労働組合事件（No. 9事件・拡張適用肯定）では、当該労働協約の現実の適用対象は製材及び製材木工に従事する労働者であり、家具・神具・割り箸製造等の雑多な木工業に従事する労働者を含んでおらず、拡張適用申立の対象も同じであった。しかも、雑多な木工業に従事する労働者は別組合を組織し、労働協約を有していた。

　しかし、労働委員会は、労働協約の内容、及び、申立の趣旨から離れて、拡張適用対象となる労働者の範囲を雑多な木工業の分野の労働者に拡げることを検討していた。そして、地労委決議では、縷々理由を挙げた上で「混乱を引き起こすのみで実益がないと思われる。」との理由で、雑多な木工業に従事する労働者を「同種の労働者」に含ませないこととした。

② 函館製材労組事件

　函館製材労組事件（No. 12事件・拡張適用肯定）は、労働協約の適用対象は製材業を営む事業場で製材業務に従事する労働者であり、造船業や建築業を営む事業場で製材業務に従事する労働者を含んでいなかった。また、拡張適用の申立で拡張適用対象とされた労働者の人的範囲も同じであった。

　しかし、使用者委員は、「同種の労働者」の意義に関して、「企業目的に関係なく、職種的に同種の労働者」をもって「同種の労働者」と解すべきことを主張し、これを根拠に、当該事案に関して、造船業や建築業を営業目的とする事業場の中の一部門である製材部門に就労する者も「同種の労働者」に含まれると主張した。そう解すべき理由について、使用者委員は、「一人でも多くの労働者を保護せんとすることが本条の精神」と主張した。労働委員会は、この使用者委員の主張を採用せず、製材作業それ自体を営業目的とする事業主の下で就労する者をもって「同種の労働者」とした。

(3) 「同種の労働者」の範囲に関する労使合意の尊重
　　　／稲生石灰労組協議会事件

　稲生石灰労組協議会事件（No. 15事件・拡張適用肯定）[19]は、石灰製造業に従事する労働者の最低賃金（時間給30円以上）を定める労働協約の地域的拡張適用に関する事案である。当該労働協約は、その適用対象に関して「全従業員」と記載していたが、地域的拡張適用の申立後（地労委決議の約2週間前）に、上記労働協約の適用対象者に関する「了解事項」を「確認」する「覚書」が作られ、

---

[19] 労働委員会年報12号〈昭32〉136頁、中央労働時報315号35頁。

「風呂番・小使・掃除夫等従来の慣行で一般工員並の工賃を支払われざる者、試の使用期間中の工員、見習工、雇用期間の定めてある臨時工及び事務所職員は含まれない。」こととされた。地労委決議では、この覚書にほぼ準じて「同種の労働者」の範囲を判断し、決議の定める「適用される使用者及び労働者」の但書で、覚書記載の者を除外した。

3　行政解釈

(1)　労働組合法17条の「同種の労働者」との関係

労働省労組法コンメ(1964)571頁は、同種の労働者の意義について、17条の工場事業場単位での拡張適用の要件である「同種の労働者」と同じであるとする。厚労省労組法コンメ(2006)661頁も同旨である。

(2)　労働組合法17条の「同種の労働者」の意義

労働組合法17条の「同種の労働者」の意義については、次の二つの通牒が存在する。

① 1949年通牒

次の1949年の通牒では、「同種の労働者」の範囲について、当該労使が労働協約により定めたものとする。

【同種の労働者】
　問　労働組合法第十七条にいう「同種の労働者」の意義如何。
　　　　　　　　　　　　　　　　　　　（昭24・9・29　佐賀県知事発）
　答　「同種の労働者」とは、労働協約の適用せられ得べき範囲によって決定される。例えば、当該労働協約が工場事業場の全従業員に適用され得るものであれば、当該工場事業場の従業員たるもの、工員のみについて適用され得るものであれば、工員たるもの、旋盤工のみに適用され得るものであれば、旋盤工たるものが夫々（それぞれ）「同種の労働者」である。
　　　　　　　　　　（昭24・10・24労収第8180号労政局長発佐賀県知事宛)[20]

② 1950年通牒

次の1950年通牒のなお書きの部分で、労働協約で非組合員としていても、その者が常時使用され、かつ、組合員たる従業員と同種の労働者であれば拡張適用の対象となるとの行政解釈が示された。この通牒の前後に、臨時工に工場

---

[20] 労働省労働関係法令解釈総覧(1954)823頁。

事業場単位での拡張適用の効力が及ぶか否かを論点とする裁判例が複数登場し、学説上も様々な議論が展開される。

【同種の労働者】
　問　一の工場事業場において、使用者の利益代表者を除く全従業員をもって組織される一の労働組合があり、且つ一の労働協約の適用を受けている場合、当該協約は非組合員である使用者の利益代表者に対して拡張適用（労組法第十七条）されることとなるかどうか御見解をお示し願いたい。

（昭 25・9・2　東京都労働局長発）

　答　労組法第二条但書第一号の該当者として労働組合に加入していない者については、一般に労働組合の組合員たる従業員と同種の労働者とは解されないから労組法第十七条の規定による協約の拡張適用はない。

　なお、労組法第二条但書第一号該当者以外の者については、労働協約においてその者を非組合員としていても、その者が常時使用され、且つ、組合員たる従業員と同種の労働者である限り、労組法第十七条の規定による協約の拡張適用があることはいうまでもない。

（昭 25・9・29 労収第 6184 号労政局長発東京都知事宛）[21]

4　学　説

(1) 産業・職種との関係

　東大労研註釈労組法(1949) 167 頁は、地域的拡張適用を定める 18 条の場合には、工場事業場単位での拡張適用を定める 17 条の場合と異なってある地域という広い単位の取り方をしていることを指摘し、18 条の「同種の労働者」の範囲に関して、「一定の職種（機械工）とか、一定の産業（金属工業労働者）とかについて、同種の労働者を考える場合が多いであろう。」と指摘している。

(2) 労働協約の適用対象者

　森長(1951) 4 頁は、労働協約が、金属工業・電気工業・鉄道交通等の産業内の工員にも職員にも適用されている場合には、その産業に属する労働者は職種が違っていても「同種の労働者」であり、また、新聞事業の印刷工のみに適用される労働協約であるならば、その印刷工のみが「同種の労働者」であるとして、「同種の労働者」の範囲は、労働協約によって決定されるべきことを指摘

21　労働省労働関係法令解釈総覧(1954) 823 頁。

する。
　沼田労働法(1975)28頁は、労働協約との関係で同種か否かが決まるとする。

(3)　労働組合の組織態様
　菊池・林労組法(1954)191頁及び横井(1957)1042頁は、作業態様や労働協約の趣旨（適用客体）を中心として労働組合の組織形態をも考慮しながら判断されるべきとする。
　吾妻編労組法(1959)394頁も、協約当事者たる労働組合の組織を筆頭にあげ、二番目に労働協約の趣旨とりわけ協約の職業的適用範囲等を挙げる。
　これらの労働組合の組織態様を重視する説の下においては、労働協約の適用対象者から臨時工等が除外されている場合には、これらは「同種の労働者」に該当しないとして、拡張適用の効力が及ぶことを否定する。

(4)　複合論
　東大労研注釈労組法(1982)896頁は、「同種の労働者」の意義について、上記(2)と(3)の複合的な解釈を行う。すなわち、第一義的には、上記(2)の考え方を採り、労働協約の本来的適用を受ける労働者とその種類及び内容において同種の労働に従事している労働者と解すべきとする。その上で、協約の規定それ自体から「労働部門別適用範囲」が判明しないときには、上記(3)の考え方を採り、協約当事者の労働組合と同種の産業部門に属する労働者か否かを基準に判断するべきとする。

5　検　討

(1)　適用対象者に関する基本原則①
　　　労働協約の人的適用範囲と協約自治の尊重
　労働協約当事者は、当該労働協約の人的適用範囲を自由に設定することができ、また、特に限定しないこともできる。協約当事者は、様々な事情を考慮しつつ人的適用範囲につき合意するのであるが、何を考慮し、人的適用範囲をどのように決定するかは、当事者の合理的判断と選択に委ねられている。そして、協約当事者の合理的判断と選択は最大限尊重すべきである。
　協約当事者の意思（当該労働協約の人的適用範囲）、あるいは、拡張適用の申立人の意思（拡張適用の人的範囲の選択）とは無関係に、拡張適用の人的範囲を設定しうる客観的・合理的基準を見いだすことはできない。従来、労働委員会

あるいは学説で提唱されてきた、事業規模、労組の組織対象、従事する事業、産業・職種等については、いずれも、その基準でなければ拡張適用の人的範囲を決定してはならないという理由を見出すことができない。

したがって、拡張適用される労働協約の人的適用範囲を、拡張適用の人的範囲とすること、すなわち、「同種の労働者」とすることを基本とすべきであり、地域的拡張適用の申立人が、当該労働協約の人的適用範囲と同一の人的範囲で地域的拡張適用を求めるときには、後掲(3)記載の特段の事情・理由がない限り、これが「同種の労働者」に該当することを否定する理由はなく、原則として「同種の労働者」であることが肯定されるべきである。

なお、労働協約の中で当該労働協約の人的範囲が明文で定められていない場合には、その人的適用範囲は、現実に労働協約が適用されている人的範囲を基礎にして、協約の内容、協約の締結経緯、協約当事者である使用者（又は使用者団体の構成員である使用者）の事業、組合の組織状況等を考慮して、合理的に解釈される（特に人的範囲を限定していないと解される場合もある）。

(2) 適用対象者に関する基本原則②
申立人の選択の尊重

労働組合法18条1項は、「同種の労働者」の範囲を限定しておらず、当該労働協約の人的範囲の一部において、「大部分」の要件が充足されている場合に、この一部の労働者だけを拡張適用の人的範囲（「同種の労働者」）として拡張適用をなすことを禁じていない。

また、当該労働協約の人的適用範囲を縮小して、その一部について拡張適用を求めることは、協約当事者の合意の範囲内であり、協約自治に反するものではない。

したがって、労働協約の地域的拡張適用の申立をなす者は、当該労働協約の人的適用範囲全部を拡張適用の人的範囲とすると労働組合法18条1項の要件を充足しないが、その一部を拡張適用の人的範囲をするならば同項の要件を充足するような場合、原則として、当該労働協約の人的適用範囲の一部に地域的拡張適用をなすことを求めることができる。また、当該労働協約が特に人的適用範囲を限定していない場合は、一定の範囲の労働者を選択してこれに地域的拡張適用を求めることができると解すべきである。

これに対して、当該労働協約の人的適用範囲を超える範囲を拡張適用の人的範囲とすることは、協約当事者の合意を超えるものである。

また、当該労働協約が協約の適用対象者を協約当事者である労働組合の組合員に限定していないのに、拡張適用の人的範囲を協約当事者である労働組合の組合員に限定するなど、当該労働協約の人的適用範囲を画する基準を本質的に変更することは、協約当事者の合意を超えるものである。
　したがって、当該労働協約の人的適用範囲を超えない限り、あるいは、人的適用範囲を画する基準を本質的に変更しない限りにおいては、拡張適用の人的範囲である「同種の労働者」をどのように選択するかは、申立人の判断に委ねられており、この判断は、次の(3)記載の恣意的な人的範囲設定の場合を除き、尊重される必要がある。

(3) 適用対象者に関する基本原則③
制度趣旨・目的に適合しない恣意的設定の排除

　当該労働協約の人的適用範囲内において申立人が地域的拡張適用を求めた場合でも、当該人的範囲が、地域的拡張制度の意義・趣旨・目的（→前掲第2章第5節）に適合しない特段の事情・理由が存在する場合には、例外的に、「同種の労働者」に該当することが否定される。

(4) 適用対象者に関する基本原則④
「同種の労働者」の範囲に関する明確性の確保

　労働協約の地域的拡張適用対象者である使用者には、労働協約の拡張適用による義務と負担が課され、また、拡張適用の対象となる労働契約には労働協約の規範的効力が及ぶ（→後掲第5章第2節第2款）のであるから、拡張適用の人的範囲は明確で一義的に確定できるものでなければならない。
　労働協約の地域的拡張適用の申立において、「同種の労働者」の範囲が明確でない場合は、労働委員会は申立人に対し具体的理由を丁寧に説明した上で補正を求める必要があり、それでもなお申立人が補正をしない場合には、労働委員会は、判断対象が特定されていないことを理由に、申立を却下することになろう。

第5節 「大部分」

1 問題の所在

　工場事業場単位での拡張適用（労組法17条）に関しては、法律で「4分の3」という比率を定めているのに対し、地域的拡張適用（労組法18条）に関しては、「大部分」と定めるだけで、具体的な比率を示していない。
　よって、「大部分」の要件を充足するのは、如何なる場合かについて明確にする必要がある。

2 先例と議論状況

(1) 牛深地区漁民労働組合事件
　「大部分」が否定された事案の中で、「同種の労働者」の中で労働協約の適用を受けている者の比率が最も高い事案は、牛深地区漁民労働組合事件（No.10事件・拡張適用否定）の第1協約に関する部分であり、その比率は66%である。

(2) 函館製材労組事件
　「大部分」が肯定された事案の中で、「同種の労働者」の中で労働協約の適用を受けている者の比率が最も低い事案は、函館製材労組事件（No.12事件・拡張適用肯定）であり、その比率は73%である。
　この函館製材労組事件での「同種労働者の比率」について、上記の73%ではなく、「71.4%」と紹介するものがある（資料編Ⅱ資料(4)「労働省労働法規課の見解」の「大部分の意義」に関する「過去の例でも5件中4件までは75%以上であり、1件のみがこれを下回っている（71.4%）」との記述）。しかしながら、この事件で地労委の認定した事実と計算式は次のとおりであった。
　　【北海道地労委の決議で認定されている事実】
　　　「組合員本工」　　　　　　　　　　　187人　(a)
　　　「協約の適用を受ける本工」　　　　　202人　(b)
　　　　（注：事実上協約の適用を受ける者を含む。この中に工場事業場単
　　　　　　　位での拡張適用を受ける者が含まれているのか否かは不明。）
　　　「協約の適用を受けない本工」　　　　 75人　(c)
　　【北海道地労委決議中の計算方式】

b ÷ （b＋c） ≒ 73%

これに対し、「71.4%」という数字が導かれた計算式は次のとおりである。

【「労働法規課の見解」を導く計算式】

　　　　a ÷ （a＋c） ≒ 71.4%

「大部分」に関する計算の際に、分子について、組合員だけでなく工場事業場単位の拡張適用を受ける者及び事実上協約の適用を受ける者を含ませるか否かは争いがあり、この点については後に詳論する（→後掲第6節第2款）。しかし、この計算の際の分母である「同種の労働者」については、どの説をとるにせよ、上記のケースにおいては（b＋c）でなければならず、71.4%という計算結果を導く計算式は誤りである。

3　行政解釈

1945（昭和20）年12月15日に開催された貴族院労働組合法案特別委員会で、芦田均国務大臣は、労働組合法案24条（現行18条）に関して、「四分の三」以上と明記せず「大部分」とぼやかした理由について質問をされた際に、「例へば横濱地域に於て同種の事業に従事して居る者が、あちらこちらに分れて仕事をして居る、さう云ふ際に之を正確に四分の三と云ふ數字に調べ上げることには、相當の時日を要する場合がありまして、事實四分の三と云ふ數字を含んで問題を決定する心持でありまするけれども、はつきり之を四分の三と書くことに多少の困難がありますので大部分と云ふ字を使つたのであります。」と答弁している（→前掲第1部第1章第3節第3款2(3)）。

労働省労組法コンメ(1964)571頁は、「個々の具体的事案について判断するほかない」としつつ、17条の4分の3という基準が「一応の参考」という。厚労省労組法コンメ(2006)661頁も同旨である。

4　学　説

(1)　制度適用が適当と考えられる程度

末弘労組法解説(1946)76頁は、「労働委員会をして実情を調査せしめ一般的拘束力を認むるを適当とすと考へられる程度に多数の労働者が当該協約の適用を受くるに至つてゐるや否やを判定せしめることゝしたのである。」とする。同旨、東大労研注釈労組法(1982)870頁。

(2) 当該地域での一般化・支配的地位

東大労研註釈労組法(1949)168頁は、「大部分とはどの程度か一概にはいえないが、労働協約で決めた基準が大体においてその地方で一般化したと見られる状態にあればよいと考える。」という。

吾妻編労組法(1959)395頁は、「大部分」については労働委員会が合目的裁量により決定すべきとした上で、ワイマール・ドイツの旧労働協約令2条を援用して、「地域内における支配的な意義を有すると認められれば足りる。」とする。

外尾労働団体法(1975)650頁は、その地域内で一般化し、支配的な地位を有しているかどうかで判断するとした上で、4分の3が一応の目安であるとする。

(3) 「4分の3以上」に準じて判断

菊池・林労組法(1954)191～192頁は、労働組合法17条の「4分の3以上」に準じて判断すべきとする。

(4) 66％以下もあり得る。

森長(1953)291頁は、大体70％前後以上を大部分というべきであるが、使用者の数の比率その他の事情も考慮して、66％以下でも大部分である場合があり得るとする。

5　検　討

(1) 17条で「4分の3」と定められた理由

行政解釈及び少なくない学説において、地域的拡張適用の要件である「大部分」の解釈につき、労働組合法17条の工場事業場単位の拡張適用の要件が「4分の3以上」であることを斟酌すべきであるとする。

工場事業場単位の拡張適用の要件が「4分の3以上」と定められた理由や根拠について合理的な説明が可能であれば、これを斟酌して地域的拡張適用の要件である「大部分」を解釈するという考えも傾聴に値する。しかし、工場事業場単位の拡張適用の要件が「4分の3以上」と定められた理由や根拠については、労働組合法の立法に至る労務法制審議委員会での審議及び衆議院と貴族院での審議の中に手がかりがない。また、学説を見ても、工場事業場単位の拡張適用の要件が「4分の3以上」と定められた理由や根拠を説明しているものは見当たらない。工場事業場単位の拡張適用の要件が「4分の3以上」と定められた理由や根拠について合理的な説明がないのに、これを斟酌すべきというの

は非論理的である。

　工場事業場単位での拡張適用の要件を「4分の3以上」と定めた理由について合理的説明を試みるとするならば、工場事業場単位の拡張適用の場合、その規範的効力として両面的規範的効力が認められ、未組織労働者の労働条件の引き下げも肯定される（→前掲第1章第10節第5款2）ので、未組織労働者にかかる重大な不利益を及ぼすことを正当化するためには、当該協約当事者である労働組合が当該事業場の中で支配的多数の労働者を組合員として組織している事実状態が存在する必要があり、少なくとも4分の3以上を必要とすると法が定めたと解するしかないのではないだろうか。

　これに対して、地域的拡張適用に関しては、労働協約の規範的効力は最低基準効だけであると解される（→後掲第5章第2節第2款）。したがって、最低基準効しか認められない地域的拡張適用の要件を、不利益変更効も肯定される工場事業場単位の拡張適用の要件と同じく「4分の3以上」にしなければならないということについて、合理的な説明は困難である。よって、「4分の3以上」でなければ、地域的拡張適用を認めないとの考え方には合理性がない。

(2)　18条の「大部分」の意味

　18条所定の地域的拡張適用の要件である「大部分」は、17条所定の工場事業場単位の拡張適用の要件である「4分の3以上」とは異なり、「労働協約で決めた基準が大体においてその地方で一般化したと見られる状態にあればよく、具体的数値としては概ね4分の3程度以上であるが、4分の3を若干下回り約70％前後となることもあり得る。」と解するべきである。その理由は次のとおりである。

　第一に、地域的拡張適用制度の下で、拡張適用が肯定されるのは、労働協約が一定の地理的・人的範囲において支配的な地位を占めて一般化したという事実状態が基礎にあるからであり、「大部分」の文言は、「労働協約で決めた基準が大体において一定の地理的・人的範囲において一般化したと見られる状態にあるか否か」を基準に解釈されるべきである。3分の2では、一般化したと見られる状態と即断しがたい。

　第二に、前掲3記載の芦田均国務大臣の答弁に示されるように、立法作業に従事する者が「大部分」という文言を使用したのは「四分の三と云ふ數字(すうじ)を含んで問題を決定する心持」であったことを考慮する必要があり、これとかけ離れた解釈をするのは妥当ではない。

第三に、前掲(1)記載のとおり、工場事業場単位の拡張適用では労働協約の不利益変更効の拡張適用も肯定されるのに対し、地域的拡張適用の場合には最低基準効しか認められない。このため、「大部分」の意義について、工場事業場単位の拡張適用と同一の「４分の３以上」と解する必要はない。

　第四に、前掲３記載の芦田均国務大臣の答弁に見られるように、地域的拡張適用に関して協約適用労働者の比率を算出する際には、技術的困難さが不可避的に伴う。工場事業場単位の拡張適用であれば、一つの工場事業場における「同種の労働者」の数と労働協約が「適用される」労働者の数が日々変動しても、これを毎日集計して、日々の比率を求めることが技術的に可能である。これに対し、地域的拡張適用の場合は、「一の地域」において日々変動し続ける「同種の労働者」の数と労働協約が「適用される」労働者の数を日々掌握する方法がない。しかも、地域的拡張適用の人的範囲が広いときには、全数調査ができず、サンプル調査によらざるを得なかったり、過去の統計資料に依拠して判断せざるを得ないこともあり得る。このため、労働委員会が地域的拡張適用に関する決議をなす時点では、過去のある特定の調査日における調査結果又は過去のある調査期間における調査結果等を判断材料にして、決議日の時点において「大部分」の要件を充足しているか否かを推測せざるを得ない。したがって、「大部分」の文言を解釈する際には、全数調査によらずサンプル調査によるための誤差、或いは、調査が一定期間にわたるための集計上の誤差等を許容できるものとしておく必要がある。

　第五に、工場事業場単位の拡張適用については、一旦「４分の３以上」の要件を充足して拡張適用が肯定されても、「４分の３以上」の要件を充足しなくなった瞬間に拡張適用の効力が消滅する。地域的拡張適用についても、「大多数」の要件を充足しなくなった時に、地域的拡張適用の効力が失われるが、厳密な一定の数値を切るか超えるかということで判断するのは適切ではないばかりか、「適用される」労働者の数を集計する作業には誤差が伴うから、この誤差を考慮する必要がある。

　第六に、工場事業場単位の拡張適用の効力発生要件については、審査機関が存在せず、当事者間で解釈の相違が生じないようにするために、客観的に明確で一義的な「４分の３以上」という基準を設ける必要があるのに対し、地域的拡張適用の場合には第三者機関である労働委員会による審査と決議があるので、常識的にみて労働委員会が「大部分」と判断できる場合には、拡張適用を肯定

しても支障が生じない[22]。

　以上の6つの理由により、地域的拡張適用の要件である「大部分」の意義については、「労働協約で決めた基準が大体においてその地方で一般化したと見られる状態にあればよく、具体的数値としては概ね4分の3程度以上であるが、4分の3を若干下回り70％前後となることもあり得る。」と解する。

第6節　「適用を受ける」

第1款　工場事業場単位の拡張適用者の扱い

1　問題の所在

　労働組合法18条（地域的拡張適用）は、拡張適用の効果が生じるための要件の一つとして、「同種の労働者の大部分が一の労働協約の適用を受けるに至ったとき」と定める。この中の「適用を受ける」労働者とは、当該労働協約の当事者である労働組合の組合員として当該労働協約の「適用を受ける」労働者に限定されるのであろうか、それとも、労働組合法17条の工場事業場単位の拡張適用により当該労働協約の「適用を受ける」に至った労働者も含まれるのであろうか。

2　先例と議論状況

　ゼンセン同盟事件（No.22、24、26事件・拡張適用肯定）の場合、地労委決議では、労働組合法18条の「適用を受ける」者の範囲について、申立にかかるゼンセン同盟に所属する組合員だけでなく、同法17条により工場事業場単位の拡張適用を受ける者をも含める取扱を行った。

3　行政解釈

　労働省労組法コンメ（1964）571頁、及び、厚労省労組法コンメ（2006）661頁は、労働組合法18条の「適用を受ける」者の範囲に関して、協約当事者である労

---

[22] 労働関係法令の中で、「大部分」の語が用いられている例としては、労働災害の障害等級表の第12級4号「1耳の耳かくの大部分を欠損したもの」がある。「大部分」の語は、確定的に数量的に決定することができず、常識をもって判断せざるを得ない場合に用いられる。

働組合に所属する労働組合員だけでなく、同法17条により工場事業場単位の拡張適用を受ける者も含まれるとする。

4　学　説

東大労研注釈労組法(1982)871頁も前掲3の行政解釈と同旨である。

5　検　討

　労働組合法18条は、「一の労働協約」が、「一の地域」における「同種の労働者」の「大部分」に「適用」されるに至ったとき、すなわち、「一の地域」の「同種の労働者」の「大部分」の労働契約に「適用」されるに至ったとき、例外的に、「他の同種の労働者」とその使用者の労働契約にもその適用を拡張する制度である。では、なぜ、この要件が充足される場合に、当該労働協約の拡張適用を認めるのであろうか。

　「一の労働協約」が、一定の地理的・人的範囲において、「大部分」の労働契約に「適用」される場合、当該地理的・人的範囲における大部分の労働契約における労働条件は、少なくとも「一の労働協約」の定める基準と同じであり、すでに、大部分の労働契約に関して、「一の労働協約」の定める基準により、使用者相互間及び労働者相互間の公正競争が実現されている。したがって、「一の労働協約」の定める基準を公正基準として、当該地理的・人的範囲における全ての使用者相互間及び労働者相互間の公正競争を実現すべきであり、また、これは実現可能でもある。

　以上が、「一の労働協約」の拡張適用を認める理由であるとすれば、労働者がどのような経緯で当該「一の労働協約」の「適用を受ける」に至ったのか、換言すれば、①協約当事者である労働組合の組合員として労働組合法16条により適用されるに至ったのか、②労働組合法17条の工場事業場単位の拡張適用制度により適用されるに至ったのか、それとも、③使用者と労働者の合意もしくは事実たる慣習（民法92条）により当該労働協約の定める基準が労働契約の内容となったのか、又は、労働協約と同じ内容を定める就業規則が労働契約法（12条、7条、10条）所定の要件を充足し労働契約の内容となったのかは無関係である。

　したがって、労働組合法18条1項の「適用を受ける」者の範囲には、協約当事者である労働組合の組合員のみならず、同法17条によって工場事業場単位の拡張適用を受ける者も含まれると解すべきである。

第2款　事実上労働協約が適用されている者の扱い

1　問題の所在

「大部分」の要件が充足されているか否かを判断する際に、当該労働協約を締結した労働組合の組合員、及び、工場事業場単位の拡張適用の対象者だけでなく、「事実上当該労働協約の適用を受ける者」に関しても、一の労働協約の「適用を受ける」に該当する者と解することの是非が問題となる。

厚生労働省の行政解釈はこれを否定する。他方で、過去の先例の中には、これを肯定した労働委員会決議が2件ある。

よって、「適用を受ける」は、事実上当該労働協約の適用を受ける者をも含むのか、含むとすれば、その範囲はいかなるものかが問題となる。

2　先例と議論状況

事実上労働協約の適用を受けている者についても「一の労働協約の適用を受ける」者として扱った先例は、次の2件である。

(1)　函館製材労組事件

函館製材労組事件（No.12事件・拡張適用肯定）では、「同種の労働者」の中で労働協約の適用を受けている者の範囲を組合員だけに限定せず、「非組合員たる本工員も事実上協約の適用を受けている」として、非組合員であって事実上協約の適用を受けている者の数を組合員数に加算した者の総数を「一の労働協約の適用を受けている者」の数とし、「大部分」の要件を充足するかどうかを判断していた（→前掲第5節2(2)）[23]。

(2)　旭川ハイヤー労働組合協議会事件

旭川ハイヤー労働組合協議会事件（No.21事件・取下）[24]は、労働委員会の中に設けられた小委員会の公労使の各側委員は「大部分」の要件を充足しているとの判断をしている。この際に、組合員であって労働協約の適用を受ける者だけでなく、非組合員であって事実上協約の適用を受けている労働者をも加えて、

---

[23]　中央労働時報190号24頁。
[24]　中央労働時報372号21頁、労働委員会年報15号〈昭35〉137頁、労働委員会年報16号〈昭36〉136頁。

「一の労働協約の適用を受けている者」の数とし、「大部分」の要件を充足するかどうかを算定している。

3　行政解釈

労働省労組法コンメ(1964)571頁・561頁は、労働組合法18条の「一の労働協約の適用を受ける」の意義について、同法17条の工場事業場単位での拡張適用の要件である「一の労働協約の適用を受ける」と同じであるとした上で、同法17条の「一の労働協約の適用を受ける者」の範囲について、厳格に解し、非組合員が事実上当該労働協約に定める労働条件と同一の労働条件をもって規律されている場合には、これに含まれないとする。

なお、厚労省労組法コンメ(2006)661頁も同旨である。

4　学　説

(1)　「適用を受ける」への算入肯定

吉川(1948)140頁は、労働者又は使用者の双方若しくは一方が協約非関与者であるにもかかわらず、事実上労働契約を締結するに当たり、協約規範を内容として約定している場合も、「適用ヲ受クル」(旧法)に該当するとし、その理由として、当該協約が同種の労働関係の大多数に適合する場合には、一般的拘束力を肯定すべきことをあげる。

横井(1957)1042頁は、事実上労働協約の適用を受けている非組合員も「一の労働協約の適用を受けるに至った」ものとして、「大部分」かどうかの判断の際に考慮すべきという。その解釈の根拠として、労働組合法17条の工場事業場単位の拡張適用が自動的な拡張適用であるのに対し、一定の手続を経ることを必要としていることから、決定に至る過程で合目的な判断がなされることを挙げる。

片岡(1957)27頁は、使用者が当該協約の当事者あるいは関与者であることは必要なく、事実上当該協約に従った労働契約が締結される場合も含むとし、その理由として、18条の趣旨は、協約が事実上一定の労働関係を規律することにより、労働条件の最低限を共通化している事実に基づいてその普遍的性質を承認し、これを助成するものであることを指摘する。

(2)　「適用を受ける」への算入否定、「大部分」で考慮

吾妻編労組法(1959)396頁は、協約非関与者であるが事実上当該労働協約に

従って労働契約を締結している者に関して、「一の労働協約の適用を受ける」に該当しないとした上で、この者の存在は、「大部分」という要件の判断、すなわち、当該協約がその地域内の同種の労働者間で支配的意義を有するか否かの判断に関しては影響を及ぼすとする。

さらに、同書395頁は、一地域内の使用者の大部分が同一の労働協約をある職業別労働組合との間で締結しても、その職業別組合の組合員が当該地域内における当該職業部門の労働者総数の「大部分」を占めていなければ、地域的拡張適用がないとしている。結論同旨、近藤（1963）155頁。

⑶　「適用を受ける」への算入否定

東大労研注釈労組法(1982)871頁は、前掲3の行政解釈と同じ見解をとる。

5　検　討

⑴　労働協約の「適用」を巡る日本での実情

昭和初期から1937(昭和12)年頃まで日本で普及していた労働協約は、協約当事者である労働組合の組合員と協約当事者である使用者との間の労働契約だけではなく、非組合員と当該使用者との間の労働契約をも規律するのが一般的であり、さらに、協約当事者以外の使用者によって準用されていた（→前掲第1部第1章第2節第2款）。

このことは、敗戦後の1945年以降も少なからず見られる。すなわち、地域的拡張適用の申立先例の中で、協約当事者が、協同組合その他の事業者団体である例が多数見られる。その中には、労働組合が組織化していない事業場の使用者と労働組合が組織化している事業場の使用者が混在する事業者団体が、労働組合と労働協約を締結している可能性のあるものがある。具体的に、事件名と労働協約を締結した事業者団体名を挙げれば次のとおりである。

　　和歌山県木材労働組合日高支部事件（No.5事件・取下）
　　　　／日高製材業者連合
　　那須北部木材産業労働組合同盟事件（No.6事件・取下）
　　　　／那須北部木材林業組合
　　吉野連合労組事件（No.7事件・拡張適用肯定）
　　　　／吉野製材工業協同組合
　　中吉野工場労組事件（No.9事件・拡張適用肯定）
　　　　／大淀木材協同組合、及び、下市木材林産協同組合

牛深地区漁民労働組合事件（No. 10 事件・拡張適用否定）
　　　／牛深町揚繰網組合
全港湾四国地方宇和島支部事件・第二次（No. 18 事件・取下）
　　　／宇和島木材事業主連盟会
総同盟朝霞金属労組事件（No. 20 事件・取下）
　　　／朝霞金属工業会

　この中で、労働協約の拡張適用を労働委員会決議で否定した牛深地区漁民労働組合事件（No. 10 事件）の熊本地労委の決定では、拡張適用を否定する理由として、使用者が事業者団体の締結した労働協約と同じ内容の就業規則を制定しているので、労働者は協約適用の有無にかかわらず、現に同一の扱いを受けており、労働協約の地域的拡張適用の必要がないと記載されている。事業者団体が労働組合と労働協約を締結した場合に、労働組合が組織化していない事業場の使用者であって事業者団体に加入している者が、労働協約と同じ内容の就業規則を定める例は、上記事件の場合だけでなく、ゼンセン同盟の中でも少なからず見られる。また、上記の事業者団体が労働協約の当事者となった地域的拡張適用申立事件では、未組織の事業場において、労働者数が 10 人未満であり就業規則の制定に至っていないが、労働協約の内容を労働契約の内容としていた可能性のあるケースもある（例えば、No. 5 事件、No. 7 事件）。

　このように、労働組合が組織化していない事業場の使用者が、その所属する事業者団体の締結した労働協約の定める労働条件を、就業規則や合意を媒介として、契約内容としている例は、少なからず存在していた。それなるが故に、ゼンセン同盟で地域的拡張適用を準備した担当者は、「使用者団体の側が当該地域の当該産業の使用者の大部分を包摂し、この使用者団体とゼンセン同盟が労働協約を締結しているが、ゼンセン同盟が組織化している労働者の数は大部分に到底及ばないケースが少なからず存在していた。こうしたケースで、労働協約の効力が拡張されないのはおかしいのではないかという問題意識が、労働組合側だけでなく、使用者団体側にもあった。」と述べているのである（→前掲第 1 部第 3 章第 3 節第 1 款 4(2)）。

　かかる労働協約の「適用」に関する実情を踏まえて、函館製材労組事件（No. 12 事件・拡張適用肯定）では、「同種の労働者」の中で労働協約の適用を受けている者の範囲を組合員だけに限定せず、「非組合員たる本工員も事実上協約の適用を受けている」として、非組合員であって事実上協約の適用を受けている者の数をも含めて、労働組合法 18 条の定める「適用を受ける」者として扱っ

たのである（→前掲2(1)）。

　また、使用者の中には、労働組合と労働協約を締結しているが、当該労働協約が労働組合法17条による工場事業場単位での拡張適用の要件を充足していない場合に、労働協約の定める労働条件を就業規則あるいは合意を媒介として非組合員の労働契約の内容とし、非組合員にも事実上労働協約を適用している者が存在する。

　よって、少なくとも、①労働組合が組織化していない事業場の使用者が、その所属する使用者団体の締結した労働協約の定める労働条件を、就業規則や合意等を媒介として労働契約の内容としている場合、又は、②使用者が、労働組合と締結した労働協約が工場事業場単位の拡張適用の要件を充足しない場合に、労働協約の定める労働条件を就業規則や合意等を媒介として労働契約の内容としている場合には、当該労働協約は、使用者の規範意識に支えられた規範として機能し、当該使用者と労働者との間の労働条件を規律しているのであるから、当該労働者は、労働組合法18条の定める一の労働協約の「適用を受ける」者に該当すると解すべきである。

(2) 地域的拡張適用が肯定される根拠

　先に述べたように、地域的拡張適用を肯定する根拠は、当該労働協約が当該地理的・人的範囲で支配的な影響力をもち、大部分の労働契約についてすでに使用者相互間及び労働者相互間の公正競争を実現しているという事実状態である。労働者がどのような経緯で当該労働協約の「適用を受ける」に至ったのか、換言すれば、①協約当事者である労働組合の組合員として労働組合法16条により適用されるに至ったのか、②労働組合法17条の工場事業場単位の拡張適用制度により適用されるに至ったのか、それとも、③使用者と労働者の合意もしくは事実たる慣習（民法92条）を媒介として、又は、労働協約の定めと同じ就業規則の定めが労働契約法（12条、7条、10条）所定の要件を充足することにより、労働協約の定める労働条件が労働契約の内容となり、事実上当該労働協約の適用を受けるに至ったのかは無関係であり、これを考慮する必要はない（→前掲第1款5）。

　したがって、上記③の事実上労働協約の適用を受けている労働者も「適用を受ける」に至った労働者に含まれる。

　そして、前掲第1款で検討したように、労働組合法17条により当該労働協約の拡張適用を受けるに至った労働者も労働組合法18条の定める一の労働協

約の「適用を受ける」者に含まれるから、労働組合法18条の定める一の労働協約の「適用を受ける」者の数は、次の①から③の合計数である。

① 当該労働協約の当事者である労働組合に所属する組合員として労働組合法16条により適用を受ける労働者数
② 労働組合法17条により工場事業場単位で拡張適用を受ける労働者数
③ ①と②のいずれにも属さないが、労働協約の定めが合意もしくは事実たる慣習又は就業規則を媒介として労働契約の内容となり、事実上労働協約の適用を受けている労働者数

　確かに、上記③については、いくつかの問題も想起される。たとえば、事実上労働協約の適用を受けている労働者には、協約条項の全部の適用を受けているのではなく部分的にしか適用を受けていない者があり得るところ、その者は地域的拡張適用に関して「適用を受ける」に算入するのか否かが問題となる。かかる労働者は、「適用を受ける」に該当しないと解すべきである。

　また、事実上労働協約の適用を受けている労働者の数の掌握は困難である。しかし、これらの問題は、事実上労働協約の適用を受けているか否かの事実認定を厳格に行うことにより解決し得る問題であり、事実上労働協約の適用を受けている者を労働組合法18条1項の定める「適用を受ける」者から除外する理由とはなり得ない。

第7節　主要な判断プロセス

　以上を総括すれば、地域的拡張適用が肯定されるまでの主要な判断プロセスは、図13記載のとおりである。

第3章 地域的拡張適用の実質的要件

図13 地域的拡張適用が肯定されるまでの主要な判断プロセス

```
┌第一段階（当事者の申立）─────────────────┐┌──────────┐
│ 協約当事者の一方または両方が基礎的三要素を協約の定める ││労組申立の │
│ 範囲内で選定                                          ││場合       │
│   i  拡張適用される労働協約の条項（「一の労働協約」）  ││資格審査申 │
│   ii 拡張適用を求める地理的範囲（「一の地域」）        ││立（法5条）│
│   iii 拡張適用を求める人的範囲（「同種の労働者」）     ││           │
└──────────────────────────┘└──────────┘
         ↓                                                    │
┌第二段階（労働委員会による─────────────┐                    │
│          基礎的三要素の審査）              │  【例外的】        │
│   i について、「一の労働協約」適合性       │→ 趣旨目的から逸脱 ×│
│     （使用者申立の場合、労働組合の         │  明確性の欠如 ×    │
│      法適合性も審査）                     │                    │
│   ii について、「一の地域」適合性          │                    │
│   iii について、「同種の労働者」適合性     │                    │
└─────────────────────────┘                    │
         ↓      【原則】                                        │
┌第三段階（労働委員会による判断要素の調査）──────┐              │
│   iv  ii「一の地域」におけるiii「同種の労働者」の総数          │
│   v   ivのうちi「一の労働協約」の「適用を受ける」者の人数     │
└──────────────────────────┘              │
         ↓                                                    │
┌第四段階（労働委員会の判断）──────────────┐              │
│   ivの中でvが「大部分」                                       │
└──────────────────────────┘              │
         ↓                                                    │
┌第五段階（労働委員会の決議）──────────────┐              │
│   労働組合法18条により次のとおり労働協約の地域的拡張適用      │
│ がなされるべきことの決議                    ←─────────────┘
│   i   拡張適用される労働協約の条項         │
│   ii  拡張適用される地域                   │
│   iii 拡張適用される労働者及び使用者        │
└──────────────────────────┘
```

第4章　地域的拡張適用の決議及び決定

　労働協約の地域的拡張適用の手続は、まず、当事者が拡張適用を求める申立を行い、労働委員会がこれについて審査の上で決議を行い、最後に大臣又は知事が決定をなすという順序で行われる。

　そこで、本章においては、手続の流れの冒頭に位置する申立と労働委員会の審査（→第1節）、中間に位置する労働委員会の決定（→第2節）、最後にある大臣又は知事の決定（→第3節）の順に論じ、その上で、決議・決定に対する不服申立（→第4節）について論じる。

第1節　申立と審査の手続

第1款　管　轄

1　問題の所在

　労働組合法18条1項は、「労働委員会の決議により……厚生労働大臣又は都道府県知事は、……決定をすることができる。」と規定し、同法25条は、「二以上の都道府県にわた（る事件）」か、又は、「全国的に重要な問題に係る事件」について、中労委が優先して管轄することを定める。

　具体的な管轄配分について、労働組合法施行令15条は、「法第十八条の決議及び決定は、当該地域が一の都道府県の区域内のみにあるときは、当該都道府県労働委員会及び当該都道府県知事が行い、当該地域が二以上の都道府県にわたるとき、又は中央労働委員会において当該事案が全国的に重要な問題に係るものであると認めたときは、中央労働委員会及び厚生労働大臣が行う。」と定める。さらに、同令27条の2は、中央労働委員会の管轄指定権について、「中央労働委員会の権限に属する特定の事件の処理につき、中央労働委員会が必要があると認めて関係都道府県労働委員会のうち、その一を指定したときは、当該事件の処理は、その都道府県労働委員会がする。」と定める。

　その上で、都道府県労委と中労委との間の管轄の調整のための具体的な手続

に関しては、労働委員会規則の「第三章　管轄に関する通則」で定められている。まず18条1項では、都道府県労働委員会に対して管轄に関する報告義務を課し、「都道府県労委は、その都道府県労委に申請若しくは請求のあった事件又は職権に基づいて取り扱う必要があると認める事件が、二以上の都道府県にわたり、又は全国的に重要な問題にかかると考える場合は、遅滞なく、その事件を中労委に報告しなければならない。都道府県労委が管轄の有無についてにわかに判断しがたい場合にも同様とする。」と定める。そして、中労委に報告のあった事件の処理に関して、19条は、「中労委会長は、都道府県労委から事件の管轄に関する報告（職権に基づいて取り扱う必要があると認める事件に係るものを除く。）を受けたときは、遅滞なく、総会、一般企業担当委員会議若しくは公益委員会議に付議し、又は第五条第四項（第七条の四の規定により準用する場合を含む。）の規定によって、中労委が自ら取り扱うこと、又は特定の都道府県労委を指定して取り扱わせることを決定し、その旨を関係都道府県労委に通知しなければならない。」と定める。

　これらの地域的拡張適用の申立・審査についての都道府県労委と中労委の管轄に関する定めに関しては、次の検討課題がある。

　第一は、中労委の管轄権の発生要件である「当該事案が全国的に重要な問題」とは如何なる意味かである。

　第二に、中労委の管轄権の発生要件である「当該地域が二以上の都道府県にわたる」に関して、その意味は何か、特に、労働者が一人でも「二以上の都道府県にわたる」場合には、中労委の管轄となるのかである。また、その運用に関し、都道府県労委又は知事宛に当該都道府県の範囲内での「一の地域」について地域的拡張適用を求める申立がなされたところ、都道府県労働委員会で、申立とは異なって、「一の地域」が「二以上の都道府県にわたる」と「考える場合」（労働委員会規則18条1項）に、中労委への報告義務が発生するのか否かである。

2　「全国的に重要な問題」

(1)　行政解釈

　労働組合法25条が定める「全国的に重要な問題に係る事件」とは、「地域的規模が一都道府県内のものであっても、その性質上全国的に影響を及ぼすも

のをいう」との行政解釈がある[1]。

(2) 運用の実情

地域的拡張適用に関して、「全国的に重要な問題」が論点となった事件は見当たらない。

労働委員会が行うあっせん、調停、仲裁及び処分に関して、労働組合法25条の定める「全国的に重要な問題に係る事件」に該当するとして、中央労働委員会が管轄した事件は、1954(昭和29)年の日鋼室蘭争議のあっせん事件[2]だけではないかと思われる。

また、労働委員会が行う不当労働行為救済手続に関して、「全国的に重要な問題に係る事件」に該当するとされ、中央労働委員会が管轄した事件は、1960(昭和35)年の合化労連事件までは少なからず見られるが、これ以降は、1973(昭和48)年の民放労連事件が1件あるだけである[3]。

3 「二以上の都道府県にわたる」

(1) 先例と議論状況

過去の先例の中で管轄が問題となった事案として、総同盟朝霞金属労組事件(№ 20事件・取下)がある。この事案では、埼玉県朝霞町外3町で伸銅業と伸管業に従事する労働者とその使用者に対する拡張適用を求める申立がなされたのであるが、埼玉地労委の調査の過程で、伸銅業と伸管業の分布する地域に着目して、埼玉県朝霞町外3町だけでなくこれに隣接する東京都練馬区と板橋区を併せて「一の地域」と評価すべきか否かが検討され、さらにもしこれが肯定される場合には「二以上の都道府県にわたる」事件として、中労委に報告して判断を仰ぐべきか否かについての検討もなされた。地労委は、最終的に、伸銅業と伸管業が形成された歴史的経緯、経済的基盤、労働条件の地域差等を理由に、埼玉県朝霞町外3町をもって「一の地域」ということが可能であるとの一応の結論に達した。

(2) 「二以上の都道府県にわたる」か否かの審査方法

前掲(1)記載の先例によっても明らかなように、「二以上の都道府県にわた

---

[1] 厚労省労組法コンメ(2006)745頁。
[2] 労使問題研労働委員会の知識(1995)347頁。
[3] 労使問題研労働委員会の知識(1995)56〜57頁。

る」か否かの審査の在り方は、労働組合法18条所定の「一の地域」に関する判断基準と判断方法に連動する。

　前記の総同盟朝霞金属労組事件の場合、埼玉地労委は、「一の地域」に関する労働委員会の審査権限を広く肯定し、当事者の申立にかかる「一の地域」とは無関係に、労働委員会が「一の地域」を決定し得ることを前提としていた。この考え方をとると、申立人が拡張適用を求める地域が一の都道府県の範囲内にある場合でも、労働委員会は、「一の地域」について二以上の都道府県に及ぶ広い地域を認定することが可能であり、この場合には、中労委に報告してその判断を求めなければならなくなる。

　これに対し、筆者は、労働協約の地域的拡張適用の地理的範囲（「一の地域」）は、協約当事者が、原則として自由に決定できるので、当事者の申立とは無関係に労働委員会が独自に認定判断する権限は認められず、労働委員会の審査においては、原則として、申立人が協約の拡張適用の対象として求めた地域を拡張適用の地理的範囲（「一の地域」）と判断し、拡張適用の地理的範囲（「一の地域」）の選定に恣意性があり地域的拡張適用の趣旨・目的に適合しない等の特段の事情・理由がある場合に、例外的に、労働組合法18条所定の「一の地域」に該当しないとの理由で申立を斥けるべきと解する（→前掲第3章第3節5）。したがって、協約当事者が協約の地域的拡張適用の地理的範囲を一都道府県内に設定している場合は、管轄を巡る問題は殆ど生じない。もしも、都道府県労委において、申立にかかる拡張適用の地理的範囲が恣意的である等特段の理由があると判断し、申立の趣旨の補正がなされて「二以上の都道府県にわたる」地域を拡張適用の地理的範囲（「一の地域」）とするのであれば、労働委員会は申立人に対して拡張適用の地理的範囲（「一の地域」）に関する申立補正を求め、申立人がこれに応じて補正をなせば中労委に報告して管轄に関する判断を求め、申立人が補正に応じない場合には労働組合法18条所定の「一の地域」に該当しないことを理由に申立を斥けることになる[4]。

4　なお、労働協約の地域的拡張については、「二以上の都道府県にわたる」か否かが問題となった前例はないが、労働争議調整事件については前例がある。すなわち、弘南バス争議の調停管轄に関して、青森県内に主たる路線があり、秋田県に伸びている路線は1本10㎞で、秋田県にある事業施設は運転手・車掌1名の宿泊所が1箇所があるだけであった。この事案について、青森地労委から管轄を巡る報告がなされたところ、中労委は、「管轄指定手続上、一県内のみの争議として扱うことが適当」として処理している（昭30・1・14　中労委調一発収213号）（労使問題研労働委員会の知識(1995)347

第2款　申立書の宛名と提出先

1　問題の所在

　労働組合法には地域的拡張適用の申立と審査の手続に関する規定がない。また、労働委員会規則には、拡張適用の決議を総会の付議事項とすること（5条1項一号と2項二号）、及び、事実調査と細目審議のための小委員会を設置できること（5条5～7項）についての規定しか存在しない。

　申立書の宛名とその提出先についても規定がなく、解釈に委ねられている。このため、申立書の宛名と提出先について、労働委員会宛になすべきか、それとも、大臣又は知事宛になすべきか、そして、いずれにも提出が可能である場合には労働委員会と大臣又は知事のどちらに申立をなすのが合理的かが問題となる。

2　先例と議論状況

　申立の宛名と提出先に関する過去の先例は、次のとおりであり、大臣又は知事宛と労働委員会宛のいずれでも受理されている。
　①　労働委員会宛申立
　　　　福岡県教職員組合事件（No.3事件・審査打切）
　　　　吉野連合労組事件（No.7事件・拡張適用肯定）
　　　　深日瓦職工労組事件（No.8事件・取下）
　　　　牛深地区漁民労働組合事件（No.10事件・拡張適用否定）
　②　知事宛申立
　　a　申立を受けた知事が労働委員会宛に申立書を回付・送付
　　　　和歌山県木材労働組合日高支部事件（No.5事件・取下）
　　　　中吉野工場労働組合事件（No.9事件・拡張適用肯定）
　　　　ゼンセン同盟事件（No.22、24、26事件・拡張適用肯定）
　　b　申立を受けた知事が労働委員会宛に対して審議方依頼
　　　　全日本港湾労働組合九州地方唐津支部事件
　　　　　　　　　　（No.11事件・一部拡張適用肯定の中間決議・取下）

　頁）。この事案の場合、事業施設である宿泊所が県外にあるが、この宿泊所は労働条件の管理や決定を行う事業所としての役割を有しておらず、事業活動が実質的に「二以上の都道府県にわたる」と評価し得ないとされている。

c　申立を受けた知事が労働委員会に決議を求める
　　　　函館製材労組事件（No.12 事件・拡張適用肯定）
　　　　日本炭鉱労働組合福岡地方本部事件（No.13 事件・取下）
　　　　紀州砥石労働組合事件　和歌山地労委（No.16 事件・取下）
　　　　滋賀亜炭鉱業労働組合連合会事件
　　　　　　　　　　　　　（No.17 事件・拡張適用肯定）
　　　　全港湾四国地方宇和島支部事件（第二次）
　　　　　　　　　　　　　（No.18 事件・取下）
　　　　旭川ハイヤー労働組合協議会事件（No.21 事件・取下）
③　知事及び労働委員会の両方宛に申立書を提出
　　　　稲生石灰労組協議会事件（No.15 事件・拡張適用肯定）
④　申立書の宛名は知事及び労働委員会、提出先は知事、知事が地労委に審議依頼
　　　　総同盟朝霞金属労組事件（No.20 事件・取下）
⑤　労働大臣宛に申立書を提出、大臣が中労委に審議依頼
　　　　全港湾日本海地本事件（No.19 事件・取下）
　　　　（なお、この事件では、取下書も労働大臣宛に提出され、労働大臣が中労委会長宛に取下通知を発し、中労委は総会で審査の打切措置を決定した。）[5]

3　行政解釈・学説

　労働省労組法コンメ(1964)572 頁は、申立の相手方について大臣又は都道府県知事に対してなすべきとするが、その根拠は示していない。
　厚労省労組法コンメ(2006)661 頁も同旨である。
　申立書の宛名と提出先について論じた学説は、見当たらない。

4　検　討

(1)　大臣又は知事と労働委員会との権限配分

　地域的拡張適用について大臣又は知事が決定をなすためには、これに先行して労働委員会の決議が必要であり、かつ、労働委員会の決議は、法令に違反しない限り大臣又は知事の決定を拘束する（→後掲第3節）。
　したがって、大臣又は知事が労働委員会に先行して調査や審査をしなければ

---

[5]　労働委員会年報 15 号〈昭 35〉137 頁。

⑵　知事宛又は大臣宛の申立の場合における手続遅延

中吉野工場労働組合事件（No. 9 事件・拡張適用肯定）では、奈良県知事宛に申立書が提出されてから地労委に回付されるまで約2ヶ月が経過している。当該地域での労働協約の有効期間は6ヶ月から1年であるのが通常であるのに、県知事からの地労委に回付されるまで2ヶ月間を徒過した理由が明らかではなく、地労委事務局が「二ヶ月もブランクになったということは余程の事情があったのであろう」と皮肉な指摘をしている[6]。この事件に関して、地労委では取扱開始から135日後に拡張適用肯定の決議を行っている。

また、全港湾日本海地本事件（No. 19 事件・取下）でも、労働大臣から中労委会長宛に審議依頼がなされるまで17日かかっている[7]。

⑶　手続上の合理性

現行制度上、労働委員会の審査に先立って大臣又は知事の下で行うべき特別の手続が存在する訳ではなく、大臣又は知事は、提出された申立書をそのまま労働委員会に送付し審査を求めるだけである。にもかかわらず、前掲⑵記載のとおり、申立書が労働委員会に送付されて審査が開始されるまでに相当な時間を空費することがある。このような時間の浪費を避けるためには、大臣又は知事宛に申立を行うのではなく、労働委員会宛に直接申立を行うのが合理的といえよう。

第3款　申立書の記載事項等

1　問題の所在

不当労働行為救済申立については、申立書に記載しなければならない事項（必要的記載事項）、申立の方式、申立の補正の方法等が労働委員会規則32条で定められているが、労働協約の地域的拡張適用申立については、かかる規定は存在しない。

それゆえ、申立書の必要的記載事項、申立の方式、申立の補正等について、

---

[6]　中央労働時報178号11頁。
[7]　労働委員会年報14号〈昭34〉176頁。

解釈で補う必要がある。

2 申立書の記載事項

(1) 拡張適用の要件の充足とその前提

労働組合法18条の地域的拡張適用を求める申立書に関しては、少なくとも、同条１項で定める要件、すなわち「一の地域において従事する同種の労働者の大部分が一の労働協約の適用をうけるに至つた」ことを充足する旨の記載が必要である。

また、その前提として、申立人が拡張適用を求める事項（「一の労働協約」）、拡張適用の地理的範囲（「一の地域」）、及び、人的範囲（「同種の労働者」）の記載が必要である。

(2) 申立書に記載すべき事項

上記の必要的記載事項、及び、過去の申立先例をみたとき、申立書に記載すべき具体的事項は、次の順序に記載するのが判りやすい。

ア　当事者等の表示
　(ア)　拡張適用を求める申立人
　　　　（労働組合が申立人である場合には、資格審査の申立を、地域的拡張適用の申立とは別に、同時に行う）
　(イ)　拡張適用の手続の開始を求める相手方
　　　　（労働委員会、又は、大臣・知事）

イ　申立の趣旨
　次のとおり労働協約の地域的拡張適用を求めること。
　(ア)　拡張適用を求める労働協約の条項
　　　　（協約条項の一部の拡張適用を求める場合は、その部分）
　(イ)　拡張適用の対象地域（地理的範囲）
　(ウ)　拡張適用の対象労働者（人的範囲）とその使用者
　(エ)　拡張適用の始期と終期
　　　　（始期、終期を記載しない場合には、労働委員会に判断を委ねることになるので、記載するのが望ましい。）

ウ　申立の理由
　(ア)　拡張適用を求める労働協約に関して、
　　　① 当事者、協約締結日、協約の名称

②　当該協約の定め

　　　（全文を末尾添付するのが望ましい。）

　③　②の労働協約の中で拡張適用を求める条項

　　　（協約条項の一部の拡張適用を求める場合は、その部分）

【「一の労働協約」】

　　　（債務的効力を有する条項のうち、当事者について、労働組合を「労働者代表」又は「従業員代表」に読み替えて地域的拡張適用を求める条項がある場合には、その条項を摘示し、読み替えを求める旨記述する。）

(イ)　拡張適用を求める人的範囲に関して

　①　当該労働協約で定める協約適用対象労働者の産業・職種・地位その他の人的範囲

　　　（当該協約で特に限定されていない場合は、a　その旨の記述、b　申立時点で協約が現実に適用されている産業・職種・地位その他の人的範囲、c　申立時点では、組合員が存在しないために協約が現実に適用されていないが、組合加入者が新たに生じれば、協約適用対象となり得る産業・職種・地位その他の人的範囲がある場合には、その旨と具体的な人的範囲）

　②　①の中で地域的拡張適用を求める産業・職種・地位その他の人的範囲【「同種の労働者」】

(ウ)　拡張適用を求める地域に関して

　①　当該労働協約で定める協約の地理的範囲

　　　（当該協約で特に限定されていない場合は、a　その旨の記述、b　申立時点で協約当事者たる使用者の事業場が存在し現実に協約が適用されている地理的範囲、c　申立時点では事業場が存在しないため現実に適用されていないが、資源分布や使用者の事業展開次第により、新たに事業場が作られて協約の適用がなされる可能性のある地域がある場合は、その地理的範囲）

　②　①の中で地域的拡張適用を求める地理的範囲【「一の地域」】

(エ)　(ウ)②の地域で、(イ)②の人的範囲において、(ア)③の条項に関して、

　①　当該労働組合に所属し当該協約の適用を受ける労働組合員数

　②　工場事業場単位の拡張適用を受ける労働者数

　③　事実上適用を受ける労働者数

　　　（a　事実上の適用を受ける労働者が所属する事業場の名称と所在地等、

b　使用者が事実上の適用を行っている理由や背景事情、例えば、(a)使用者が当該労働協約の当事者で協約当事者である労働組合の組合員以外の労働者についても、同じ労働条件とする必要があること、(b)使用者が当該労働協約当事者ではないが、事業者団体等に属し、事業主団体等またはこれの構成員等が労働協約を締結しており、使用者相互に「横並び」を行っていること、c　事実上の適用の方法に関して、就業規則によるものか、個別労働契約上の合意か）
　　④　①から③までの総数　【「適用を受ける（者）」】
　㈹　㈦②の地域で、㈥②の人的範囲に属する労働者の総数、及び、これに対する㈧④の比率　【「大部分」】

3　申立書の記載不備とこれに起因する混乱に関する先例

　申立書に必要的記載事項の記述がないにもかかわらず、申立人に申立内容の補正をさせることなく、漫然と調査を開始し、結果として調査が徒労に終わったと推測される事案として、総同盟朝霞金属労組事件（No.20事件）[8]がある。
　中央労働時報に記載されている申立書をみる限り、その本文には、組合と使用者との間で別紙労働協約を締結したので同種の全労働者に対する拡張適用を求めるとの記載しかなく、「一の地域」「同種の労働者」「大部分」に関する具体的記述がない。さらに、申立書に添付された「拡張される事業者名、業種、従業員数、所在地」の一覧表には、拡張適用対象を求める8事業者（労働者210人）の所在地に関して朝霞町外3町の記載があり、また、拡張適用の対象となる同種の事業者の業種として伸銅業と伸管業の記載があることから、この申立は、朝霞町外3町の伸銅業と伸管業について拡張適用を求める趣旨であることが推測される。しかし、申立書添付の「現在協定を締結している事業場名、業種、組合員数、所在地」の一覧表に掲載されている事業場の所在地は朝霞町と新座町の2町だけであり、業種に関しては伸銅業と伸管業以外の合金加工業と金属加工業を含んでいる。このため、同申立が求める拡張適用の地理的範囲、人的範囲が不明であり、したがって、「大部分」の要件が充足されているかどうかも明らかではない。
　しかるに、地労委において、申立人に対して、「一の地域」「同種の労働者」「大部分」を明確にさせることなく、総会で調査委員会を発足させ、調査を始

---

[8]　労働委員会年報15号〈昭35〉137頁、中央労働時報372号21頁。

4　検　討

　労働組合法18条に基づく地域的拡張適用を求める申立書に関して、申立人が拡張適用を求める協約の条項（又はその一部）、拡張適用の地理的範囲（「一の地域」）、拡張適用の人的範囲（「同種の労働者」）、及び、18条1項が定める拡張適用の要件（「一の地域において従事する同種の労働者の大部分が一の労働協約の適用を受けるに至つた」こと）を充足する旨の記載は、必要的記載事項であり、これについて記載のない、あるいは、明らかでない申立書が提出された場合には、労働委員会は具体的内容について理由を丁寧に説明した上で補正を命じ、申立人に対して相談に応じ、それでも補正がなされなければ、申立を却下すべきであろう。

第4款　労働委員会での事実調査・細目審議組織

1　問題の所在

　労働委員会規則は、拡張適用の決議を総会の付議事項とすること（5条1項一号と2項一号）を定める。総会は、労働委員会の公労使の委員全員で開く会議である（規則3条1項一号）。

　労働委員会は、決議をなすか否かについての自由裁量を有さず、労働組合法18条所定の「一の地域において従事する同種の労働者の大部分が一の労働協約の適用を受けるに至ったとき」という要件が充足され、協約当事者の双方又は一方が拡張適用の申立を行った場合は、拡張適用を否定する特段の理由がない限り、拡張適用の決議を行わなければならない（→後掲第2節第1款）。したがって、労働委員会は、地域的拡張適用の申立があれば、可能な限り速やかに事実調査と審査を行い、決議を行う必要がある。

　そこで、第一に、労働委員会は如何なる場合に、調査や審査を保留することができるか、第二に、申立事件の調査や審査をどのような方法で行うかが問題となる。

2　先例と議論状況

　地域的拡張適用の申立を受けた労働委員会が、調査や審査を行ったのか否か、また、如何なる方法で調査や審査を行ったのかについて、少なくとも次の15

第4章　地域的拡張適用の決議及び決定

件は詳細が判明している。このうち、地域的拡張適用の要件を充足しているか否かについての実質的な調査や審査を行った形跡が認められない事案は次の④の1件であり、その余の①から③の14件では、労働委員会は、公労使三者構成の総会に付議して事実調査と細目審議のための小委員会（労働委員会規則5条5～7項）を設けている。名称は次のように多様であるが、公労使各側1～2名で構成され、事実調査・細目審議事項に差異は見られない。

① 「小委員会」を設けた事案
　　　各側2名、計6名
　　　　　和歌山県木材労働組合日高支部事件（No.5事件・取下）
　　　　　滋賀亜炭鉱業労働組合連合会事件
　　　　　　　　　　　　　　　　（No.17事件・拡張適用肯定）
　　　　　ゼンセン同盟事件（No.22、24、26事件・拡張適用肯定）
　　　各側1名、計3名
　　　　　全港湾日本海地本事件（No.19事件・取下）
② 「調査委員会」を設けた事案
　　　各側2名、計6名
　　　　　全日本港湾労働組合九州地方唐津支部事件
　　　　　　　（No.11事件・一部拡張適用肯定の中間決議・取下）
　　　　　稲生石灰労組協議会事件（No.15事件・拡張適用肯定）
　　　　　紀州砥石労働組合事件　和歌山地労委（No.16事件・取下）
　　　　　総同盟朝霞金属労組事件（No.20事件・取下）
　　　各側1名、計3名
　　　　　深日瓦職工労組事件（No.8事件・取下）
　　　　　全港湾四国地方宇和島支部事件（第二次）
　　　　　　　　　　　　　　　　（No.18事件・取下）
③ 「調査小委員会」を設けた事案
　　　各側2名、計6名
　　　　　函館製材労組事件（No.12事件・拡張適用肯定）
　　　各側1名、計3名
　　　　　旭川ハイヤー労働組合協議会事件（No.21事件・取下）
④　小委員会の設置を留保し、事務局による実情調査をした事案
　　　　　日本炭鉱労働組合福岡地方本部事件（No.13事件・取下）

3　検　討

　前記の事件のうち、日本炭鉱労働組合福岡地方本部事件（№13事件・取下）では、地域的拡張適用の要件を充足しているか否かについて実質的な調査や審査を行った形跡が認められず、事務局による「実情調査」のみがなされているので、このような取扱が許されるのかについて、検討する必要がある。

　当該事件の申立書の内容をみると、多数の労働協約が並列的に並べられており、しかも、その協約の定める賃金体系・賃金水準は、協約毎に異なるばかりか、炭鉱毎に異なっており、どの協約条項について拡張適用を求めるのか、すなわち、労働組合法18条の定める「一の労働協約」が不明である[9]。

　この事件のように、申立書の記載内容からは、申立人が拡張適用を求める事項（「一の労働協約」）、地理的範囲（「一の地域」）、人的範囲（「同種の労働者」）自体が明らかでない場合は、不明な点について、すみやかに、申立人に補正を求めるべきである。

　これに対し、申立人が拡張適用を求める事項、地理的範囲、人的範囲が明らかである場合は、労働委員会は、速やかに事実調査を行い、労働組合法18条の定める要件を充足するか否かについての審査を開始しなければならない。

　そして、事実調査と審査の方法については、短時間で充実した内容のものとする必要があるから、過去の先例の大半でみられるように、労働委員会の総会で労働委員会規則の定める小委員会の設置を決議し、これに事実調査と細目審査を行わせることを決定し、その報告書に基づき労働委員会総会で検討を行い、最終的な結論を得るのが妥当な方法と言えよう。

第5款　意見陳述の機会付与

1　問題の所在

　地域的拡張適用制度は、協約当事者ではない使用者と協約当事者である労働組合の間の権利義務関係、及び、拡張適用の対象となる労働者とその使用者の労働契約に新たに法的効果を及ぼす。したがって、労働委員会の決議に先立ち、

---

[9] なお、申立書記載の申立の経緯によれば、福岡県の大手・中規模炭鉱で賃金に関する労働協約が締結された後、協約締結に至らない中規模以下の炭鉱での団体交渉の促進のために、協約未締結の使用者に圧力をかける狙いで申立がなされたことが窺われ、地域的拡張適用の決議・決定を得る目的で申立がなされたのか疑問である。

特に、負担を課されることになる使用者、及び、その他の関係者に意見陳述の機会を付与すべきか否かを検討すべきところ、法令上、行政手続法13条が不利益処分をしようとする場合の意見陳述手続を定めている以外には、定めがない[10]。

よって、関係者に意見陳述の機会を付与すべきか否か、そして、これを付与すべきであるとするなら、如何なる範囲の者に対し、如何なる方法により、如何なる事項についての意見陳述の機会を付与すべきかが問題となる。

その上で、関係者の意見陳述に関して、労働委員会が如何なる視点でこれを検討し評価すべきかが問題となる。

2　先例と議論状況

(1)　協約当事者たる使用者の意向

労働組合が申立人となり[11]、協約当事者たる使用者が協約の拡張適用に異議を述べていない事案においては、拡張適用が肯定されているものが多い。

① 協約当事者たる使用者が拡張適用に異議を述べなかった事案
　　吉野連合労組事件（No.7事件・拡張適用肯定）
　　深日瓦職工労組事件（No.8事件・取下）
　　中吉野工場労働組合事件（No.9事件・拡張適用肯定）
　　全日本港湾労働組合九州地方唐津支部事件
　　　　（No.11事件・一部拡張適用肯定の中間決議・取下）
　　稲生石灰労組協議会事件（No.15事件・拡張適用肯定）
　　滋賀亜炭鉱業労働組合連合会事件（No.17事件・拡張適用肯定）
② 協約当事者たる使用者各個人の賛否両論が併記された事案
　　函館製材労組事件（No.12事件・拡張適用肯定）
③ 協約当事者たる使用者が拡張適用に異議を述べた事案
　　和歌山県木材労働組合日高支部事件（No.5事件・取下）
　　牛深地区漁民労働組合事件（No.10事件・拡張適用否定）
　　全港湾四国地方宇和島支部事件（第二次）（No.18事件・取下）

---

[10]　東大労研注釈労組法(1982)下823〜824頁によれば、ドイツでは、一般的拘束力の決定にあたり、適用対象となる使用者と労働者、利害関係を有する労働組合と使用者団体に意見開陳の機会を与えなければならない。

[11]　先例において、申立人は全て労働組合である。

(2) 拡張適用の対象とされた使用者の意向

　労働組合が申立人となり、拡張適用の対象とされている使用者が協約の拡張適用に異議を述べた形跡が見当たらない事案においては、拡張適用が肯定されているものが多い。

① 拡張適用対象とされた使用者が異議を述べた形跡がない事案
　　　　吉野連合労組事件（No.7事件・拡張適用肯定）
　　　　中吉野工場労働組合事件（No.9事件・拡張適用肯定）
　　　　稲生石灰労組協議会事件（No.15事件・拡張適用肯定）
　　　　滋賀亜炭鉱業労働組合連合会事件（No.17事件・拡張適用肯定）

② 拡張適用対象とされた使用者各個人の賛否両論が併記された事案
　　　　函館製材労組事件（No.12事件・拡張適用肯定）

③ 拡張適用対象とされた使用者が異議を述べた事案
　　　　和歌山県木材労働組合日高支部事件（No.5事件・取下）
　　　　全日本港湾労働組合九州地方唐津支部事件
　　　　　　（No.11事件・一部拡張適用肯定の中間決議・取下）
　　　　全港湾四国地方宇和島支部事件（第二次）（No.18事件・取下）

(3) 商工会議所・経営者協会等の意見

　次の2件に関しては、商工会議所や経営者協会等から、拡張適用に反対する意見書等が提出されている。
　　　　全港湾四国地方宇和島支部事件（第二次）（No.18事件・取下）
　　　　旭川ハイヤー労働組合協議会事件（No.21事件・取下）

3　行政解釈

　関係者に対する意見陳述の機会付与の要否と意見陳述結果の評価の方法等に関する行政解釈は、調査した範囲では見当たらない。

4　意見陳述の機会付与の要否に関する検討

(1) 協約当事者である使用者等の扱い

　労働委員会は、労働組合法18条1項が定める「一の地域において従事する同種の労働者の大部分が一の労働協約の適用をうけるに至つている」という要件を充足しているか否か、また、申立の目的・趣旨が法に適合していない等、拡張適用を否定する特段の事情・理由が存在するか否かを調査し審査する必要

があるから、この調査と審査のために必要な限度で、協約当事者である使用者（又は使用者団体の構成員である使用者）に事情聴取する必要がある。

　協約当事者である使用者（又は使用者団体の構成員である使用者）のうち、意見陳述の機会を付与する必要があるのは、地域的拡張適用の決定により当該労働協約の拡張適用の対象となる労働者の使用者である。当該使用者は、拡張適用により契約自由（適用対象となる労働者との契約内容決定の自由）が制限されることになるから、当該使用者に対する地域的拡張適用決定は、「行政庁が、法令に基づき、特定の者を名宛人として、直接に、これに義務を課し、又はその権利を制限する処分」（不利益処分の定義、行政手続法2条四号）に該当し、意見陳述のための手続保障（同法13条1項）の対象となると解される。

　これに対し、協約当事者である使用者（又は使用者団体の構成員である使用者）のうち、その労働者が全て拡張適用事項（「一の労働協約」）の「適用を受けている」労働者（労組法16条・17条、あるいは就業規則や労働契約による事実上の適用）であり、地域的拡張適用の決定により拡張適用の対象となる労働者が存在しない使用者は、労働協約の拡張適用の決定がなされることにより、労働協約の基盤がより強化され、労働組合組織が切り崩されにくくなるという事実上の影響を受けるが、もちろんこれは上記の不利益処分に該当しない。したがって、意見陳述のための手続保障（同法13条1項）の対象とはならず、憲法16条で保障された行政機関への請願権の行使として、意見表明をなすことができるにとどまる。

(2)　拡張適用の対象者たる労働者の扱い

　地域的拡張適用された労働協約の規範的効力は、最低基準効だけに限定され、不利益変更効を含む両面的規範的効力はない（→後掲第5章第2節第2款）。このため、地域的拡張適用の対象たる労働者は、地域的拡張適用決定により、新たに義務を課されたり権利を制限されたり、労働条件を不利益に変更されたり、将来の労働条件の引き上げに制限を加えられることはない。したがって、不利益処分の対象に対する適正手続保障（行政手続法13条）の規定の適用を受ける者に該当せず、意見陳述の機会が付与される権利を当然に有するものではない。

　なお、この者が地域的拡張適用に関する意見表明をしたいのであれば、それは可能であるが、この意見表明には、憲法16条で保障された行政機関への請願権の行使ということ以上の意味はない。

⑶　拡張適用対象たる使用者の扱い

　地域的拡張適用の対象となる使用者は、地域的拡張適用の決定により、契約自由（契約内容決定の自由）が制約され、新たに義務を課され又は権利を制限されることがあるから、不利益処分の対象に対する適正手続保障（行政手続法13条）の見地から、かかる不利益な行政処分を受けるに先立って、意見陳述をなす機会を付与される権利を有する。

⑷　経営者団体等の扱い

　拡張適用される労働協約の当事者ではない経営者団体等は、地域的拡張適用の決定により、負担又は義務を課されるものではない。したがって、この経営者団体等は、不利益処分の対象者に対する適正手続保障（行政手続法13条）の規定の適用を受ける者に該当せず、地域的拡張適用の決定に先立つ意見陳述の機会を付与すべき対象とはならない。

　勿論、経営者団体等は、地域的拡張適用の決定がなされた場合の地域経済や地域の労働環境に対する影響等について意見表明することができるが、これらの意見表明には、憲法16条で保障された行政機関への請願権の行使ということ以上の意味はない。

5　関係者の賛否と労働委員会の判断との相互関係

⑴　協約当事者たる使用者の賛否の実情とその結果

　前掲2記載の先例をみると、協約当事者である使用者（又は使用者団体の構成員である使用者）及び拡張適用対象たる使用者が拡張適用に異議を述べた形跡が見当たらないケースにおいては、拡張適用を肯定する決議がなされる傾向が顕著に見られる。

　そもそも、地域的拡張適用制度の意義・趣旨・目的は、「一の地域」における「同種の労働者」の労働条件の維持・向上と団結権強化のための措置の拡大によって、使用者相互間及び労働者相互間での公正競争を実現させ、協約当事者である使用者の経営を維持・安定化させ、もって、当該労働協約を保護し、協約当事者である労働組合の組合員の雇用・労働条件の維持・向上を図ることにあるから、協約当事者である使用者は使用者間の公正競争と経営の維持・安定化の観点から、地域的拡張適用に賛意を示すのが一般的であり、過去の先例を見ても、その傾向が強く見られる。

　但し、例外的に、協約当事者である使用者において、労働協約の地域的拡張

適用が認められると、労働組合の地位が高まり、労働協約の定める労働条件の引き下げが困難となることを危惧する場合は、地域的拡張適用に消極的な態度をとる。過去の先例中、協約当事者である使用者（又は使用者団体の構成員である使用者）が地域的拡張適用に反対した３例は、この場合に該当すると思われる。そして、この３例では、いずれも労働協約の地域的拡張適用に至っていない。

(2) 協約当事者たる使用者の反対の原因とこれへの対応

　先例中で、協約当事者である使用者が地域的拡張適用に反対し、拡張適用に至らなかった３件をどのように評価するかは、労働協約の地域的拡張適用制度の本質を問う根源的な問題である。

　すなわち、協約当事者である使用者（又は使用者団体の構成員である使用者）又は使用者団体との間で安定的な労使関係が築かれて、労使が労働協約を通じて労働条件を規律することに積極的であるときに、労働協約を通じて労働条件を規律する関係を、当該労使の枠内にとどめずに、当該労使の枠の外の「一の地域」の「同種の労働者」とその協約当事者以外の使用者に広げるために、労働委員会が地域的拡張適用の決議を行うことについては、大方異論がないと思われる。

　これに対し、協約当事者の間で安定的な労使関係が築かれず、労働協約が存在していても、一方当事者である使用者が労働協約を『桎梏』ととらえ、これから離脱したいと考え、不承不承でこれを受け容れているにすぎず、労働協約を通じて労働条件を規律しようという積極性を有していないときに、労働委員会が、敢えて、地域的拡張適用の決議を行って、協約当事者以外に強制的に適用する必要があるのかが問題となる。

　筆者は、かかる場合こそ、地域的拡張適用をなすべきであると考える。なぜなら、使用者が労働協約を『桎梏』ととらえ、これから離脱したいと考え、不承不承でこれを受け容れている状態が生じる原因は、当該使用者の下にいる労働者の労働条件が競争相手より高く、このために企業間競争で不利な立場にたち、企業間競争に敗北することを恐れているためである。この企業間競争に敗北する不安を取り除かなければ、労働協約を中心とした安定的な労使関係の形成は困難である。

　したがって、労働協約を中心とした安定的な労使関係を将来に向けて形成することを任務とする労働委員会は、協約当事者の一方である使用者が労働協約

の地域的拡張適用に反対している場合において、労働組合法 18 条 1 項の定める要件が充足されているときは、地域的拡張適用制度の意義・趣旨・目的に合致しないことが明らかである等の特段の理由が存在しない限り、労働協約の地域的拡張適用を肯定する決議を行い、協約当事者の一方である使用者の不安（企業間競争に敗北する不安）を軽減する必要があると考える。

(3) 拡張適用対象者や経営者団体の反対について

　地域的拡張適用の申立で拡張適用の対象者とされた使用者、あるいは、関連する経営者団体等が拡張適用に異議を述べているケースにおいては、労働委員会が拡張適用に消極的な傾向が見られる。

　その背景として、労働委員会は労働組合法 18 条 1 項所定の要件が充足されている場合は、特段の理由がない限り、決議をしなければならないことについての理解が十分ではないこと、及び、公益委員の任命に関する労使委員の同意権が公益委員に無言の圧力となり、協約当事者ではない使用者や経営者団体等が強い異議を出している場合において、拡張適用を積極的に肯定することを躊躇させるよう作用していることを指摘することができる。

　すなわち、労働委員会の裁量権に関して、自由裁量であると解する場合には、「地域的拡張適用の対象たる使用者、又は、経営者団体が異議を唱えているのに、この異議を顧みることなく、敢えて、地域的拡張適用に積極的に賛成する公益委員に関しては、その公平性に疑問がある。」との批判を招きやすい。そして、公益委員に再任されるためには、予め、労働者委員及び使用者委員の同意を得る必要があるところ（労組法 19 条の 3 第 2 項、19 条の 12 第 3 項）、「裁量権の行使方法に問題がある」と評価された公益委員は、使用者委員の同意を得ることができずに再任されない可能性がある[12]。このため、同意制度は、公益委員に対し、畏縮効果を与えている。

　こうした弊害を除去するためにも、公益委員の選任に関する労働者委員と使用者委員の同意制度については、見直しがなされるべきである。しかし、この点はおくとしても、労働委員会のもつ裁量の性質に関して、自由裁量ではなく、労働組合法 18 条の定める要件が充足されている場合には、地域的拡張を肯定する決議を行う必要（義務）があり、例外的に、地域的拡張適用を行うと法の

12　労使の同意制のために公益委員が労使委員に対して遠慮し勝ちになるとの批判が存在することに関して、石川労組法(1978) 372 頁。

目的・趣旨から逸脱する結果を生じさせることが明らかである等の特段の事情・理由がある場合に限って、地域的拡張適用をしない旨の決議を行うことができることを明確にし（→後掲第2節第1款）、もって、公益委員においては、例外的な場合を除き、地域的拡張適用の決議をなすべき職責を負っていること、及び、この職責を尽くさない場合には公平性を疑われることはあっても、職責を尽くしたことをもって公平性を問題とすべきではないことを明確にし、この職責を尽くした公益委員に対する非難や圧力をかけるのは不当であることを、理論上明確にするべきである。

　公益委員の選任に関する労働者委員と使用者委員の同意権がなくても、上記の結論に変わりはないが、特に同意権が存在する現在の状況の下で、労働委員会のもつ裁量の性質について自由裁量であると解する見解は、経営者団体等の反対がある場合に、地域的拡張適用を肯定することを労働委員会の公益委員に躊躇させ、結果として、地域的拡張適用制度の活用を妨げる効果を生じさせるものである。

第2節　労働委員会の決議

第1款　拡張適用するか否かに関する自由裁量の有無

1　問題の所在

　労働組合法18条1項は、「……、労働委員会の決議により、厚生労働大臣又は都道府県知事は、……決定をすることができる。」と定める。

　この文言の意味内容・趣旨に関して、労働委員会は、労働組合法18条1項所定の「一の地域において従事する同種の労働者の大部分が一の労働協約の適用を受けるに至つたとき」という要件が充足されている場合であっても、地域的拡張適用の決議をしないことができるかどうかが問題となる。

2　先例と議論状況

(1) 労働委員会に自由裁量があることを前提とするもの
　　　／牛深地区漁民労働組合事件

　牛深地区漁民労働組合事件（No. 10 事件・拡張適用否定）[13] の熊本地労委の決議では、第2号協約について、「一の地域において従事する同種の労働者の大部分が一の労働協約の適用を受けるに至ったとき」という要件を充足していない旨の判断は一切示されていない。そればかりか、認定された事実及び申立書の記載によれば、この要件は充足されていたものと推測される。にもかかわらず、熊本地労委の決議では、「協約の内容は取り立てて云うほどのものはなく、労働条件その他労働者の待遇に関する基準において網元 39 名に共通する就業規則の定めるところと格別異同はない」との理由で拡張適用の必要性を否定し、拡張適用を斥ける判断を下した。

(2) 「法の趣旨への合致」がなければ拡張適用を否定するもの
　　　／旭川ハイヤー労働組合協議会事件

　旭川ハイヤー労働組合協議会事件（No. 21 事件・取下）[14] は、毎年 10 月 16 日から 6ヶ月間の所定労働時間を 8 時間から 7 時間に短縮するという内容の労働協約の拡張適用が求められた事案である。

　総会で選任された小委員会では、労働組合法 18 条所定の「一の地域において従事する同種の労働者の大部分が一の労働協約の適用を受けるに至つたとき」の要件を充足することについては、公労使の各側委員の意見が一致した。しかし、「労組法 18 条の趣旨に合致するか」という論点、及び、「時間短縮協定締結及び拡張適用申請の趣旨が協定締結の結果と合致しているか」という論点が提起され、この二つの論点に関して各側委員の意見の一致をみることができず、これらの論点について各側委員が夫々の意見を述べることとして、意見書が作成された[15]。この意見書で、公益委員は、労組法 18 条の立法趣旨及び当該申立の趣旨に合致しない結果が生じる恐れがあると指摘し、地域的拡張適用

---

[13]　中央労働時報 173 号 23 頁。
[14]　中央労働時報 372 号 21 頁、労働委員会年報 15 号〈昭 35〉137 頁、労働委員会年報 16 号〈昭 36〉136 頁。
[15]　中央労働時報 372 号 16 頁。

に反対した[16]。この小委員会報告書が上程された1961（昭和36）年3月以降の総会では、3回にわたって議論が重ねられたが、進展はなく、さらに、同年6月の委員交代の時点で、上記小委員会を構成する公益委員が辞任するに至り、審議は中断した[17]。そして、最終的に当該事件は申立人の取下で終わった。

(3) 「特別の事由」がない限り拡張適用を肯定するもの／滋賀亜炭鉱業労働組合連合会事件　他

稲生（いなぶ）石灰労組協議会事件（No.15事件・拡張適用肯定）[18] は、最低賃金制度（時間給30円以上）を定める労働協約の地域的拡張適用が肯定された事案である。この事件の高知地労委の決議では、「一の地域」「同種の労働者」「大部分」「一の労働協約」「適用される」に該当するか否かの判断を示した上で、拡張適用の必要性や目的については一切触れず、直ちに、「法第18条の適用を排除すべきなんら特別の事由は認められないので、主文のとおり決議する。」との結論を導いている。かかる判断を行った理由について地労委決議には書かれていない。

滋賀亜炭鉱業労働組合連合会事件（No.17事件・拡張適用肯定）[19] は、坑内夫・坑外夫・採炭婦の職種別に8時間当たりの最低賃金を定める労働協約の地域的拡張適用を肯定した事案である。この事案について地労委で検討がなされる審議過程で、地労委では、拡張適用される労働者の賃金額が協約所定の最低賃金額よりも高く実益がなく拡張適用の必要性がないとの意見と、将来設立される事業所及び既設事業所で新規採用される労働者の関係で拡張適用を肯定する必要があるとの意見との対立があったが、最終的に、「結論としては、法18条所定の各要件が満たされていれば、特別に拡張適用を排除する理由のない限り、拡張適用すべきであるという見解が支配的」となった[20]。この見解は、地労委の決議書の「理由」の項の記述形式に反映されており、「一『一の地域』について」「二『同種の労働者』について」「三『大部分』について」「四『一の労働協約』について」の標題の下に、労働組合法18条所定の要件が順番に並べられて、それぞれを充足するとの判断が示され、これに続く、結論の部分で、

16　中央労働時報372号17頁。
17　中央労働時報372号17〜18頁。
18　労働委員会年報12号〈昭32〉136頁、中央労働時報315号35頁。
19　労働委員会年報13号〈昭33〉163頁。
20　中央労働時報336号23頁。

「以上によれば、本件は滋賀県の地域において、亜炭鉱業に従事する同種の労働者について、その大部分が本件労働協約の適用を受けるに至ったものと認められ、他に労働組合法18条の適用を排除するなんらの特別の事由は認められないので、主文のとおり決議する。」と記載されている。

3　行政解釈

賀来労組法詳解(1949)164～167頁では、18条1項の労働委員会の決議に関して、労働委員会が自由裁量を有するのか否かについて触れていない。

労働省労組法コンメ(1964)では、18条2項所定の修正権限に関しては労働委員会の自由裁量（無制限なものではない）を肯定している（574～575頁）が、同条1項の決議に関して労働委員会が自由裁量を有するか否かについては明言していない。

4　学　説

東大労研註釈労組法(1949)168～169頁は、労働委員会の決議を巡る裁量権について「本条の条件がみたされている場合にも、必ずしも効力をひろげる旨の決議をしなければならない訳ではなく、労働委員会は諸般の事情を考慮して、宣言を行うべきか否かを自由に決定することができる。」とする。同旨、東大労研注釈労組法(1982)873頁。

5　検　討

(1)　自由裁量論の理論的誤り

労働組合法18条1項は、「……、労働委員会の決議により、厚生労働大臣又は都道府県知事は、……決定をすることができる。」と定める。労働委員会がこの決議に関して、決議をするか否かの自由裁量を有すると主張する論者は、いずれも、この法文の中の「できる」という文言を自由裁量と解し、大臣又は知事に決定するか否かの自由裁量があることを前提に、大臣又は知事に自由裁量がある以上、労働委員会にも自由裁量があるとの解釈を導く。しかし、かかる解釈は誤りである。

第一に、労働組合法18条1項は、「厚生労働大臣又は都道府県知事は、……決定をすることができる。」と定めているのであって、「できる」の主語は「厚生労働大臣又は都道府県知事」、目的語は「決定」である。筆者は、厚生労働大臣又は都道府県知事も決定をするかどうかにつき自由裁量を有していないと

解するが（→後掲第3節第1款）、その点はおくとしても、労働委員会が決議をすることができると定めてあるわけではなく、日本語の読み方として誤りである。

　第二に、地域的拡張適用制度は、一の地域の同種の労働者の労働条件の維持・向上及び協約当事者である労働組合の団結権強化の措置の拡大により、事業者相互間及び労働者相互間の公正競争をより広い範囲で実現し、協約当事者である使用者（又は使用者団体の構成員である使用者）の経営を維持・安定化させ、もって、当該労働協約を保護し、協約当事者である労働組合の組合員の雇用を保障し労働条件を維持・向上させるものであるが、この拡張適用を肯定するためには、①当該労働協約が協約の適用対象とする地理的範囲・人的範囲において実質的に支配的な労働条件を設定するものであること、すなわち、労働組合法18条1項所定の実質的要件を充足していること、②協約当事者双方又は一方がこれを拡張適用することを希望していること、すなわち、拡張適用の申立をしていること、③労働委員会が、第一と第二を確認したことで十分であり、これら三つの要件を充足している場合は、地域的拡張適用制度の趣旨・目的に適合しないことが明らかである等、特段の事情・理由がない限り、労働委員会が拡張適用の決議を否定する合理的理由はない。

　したがって、法所定の要件を充足していても、労働委員会に拡張適用するかどうかの自由裁量があるとの見解は、合理的理由なく、失当である。

(2)　自由裁量論の具体的弊害

　牛深地区漁民労働組合事件（№10事件・拡張適用否定）の熊本地労委の決議は、「(協約内容が)取り立てて云うほどのものはなく」との主観的な判断理由を挙げて、拡張適用を否定した（→前掲2(1)）。自由裁量論は、このような主観的な判断に制限を加えることができない。

　さらに、労働委員会の自由裁量を肯定した場合においては、使用者や使用者団体等から地域的拡張適用に対する反対意見がだされたとき、「公益委員には、地域的拡張適用を認めるか否かの自由裁量があるところ、使用者団体等の反対を押し切って敢えて地域的拡張適用の決議に賛成した公益委員については、公正さを欠いているとの評価を免れず、再任の際には、使用者委員の同意権を行使して、不採用とするのが相当である。」との公益委員に対する攻撃や圧力を防ぐ術がなく、結局のところ、使用者団体その他の反対がある事案について地域的拡張適用をするのが事実上困難となる。

(3) 拡張適用に関する原則と例外

　以上検討したように、労働組合法18条1項所定の「一の地域において従事する同種の労働者の大部分が一の労働協約の適用を受けるに至つたとき」という要件が充足されていることが確認された場合は、労働委員会は、原則として、当該労働協約の地域的拡張適用について決議をしなければならない。

　例外的に、法所定の要件が充足されていても、拡張適用を否定できるのは、地域的拡張適用をした場合に地域的拡張適用制度の趣旨・目的に反することが明らかである場合や、地域的拡張適用の申立の目的が専ら独占禁止法による規制の潜脱にあることが明白である場合等、拡張適用を排除する特段の事情・理由がある場合に限定されると解される。なお、「法の趣旨・目的に合致しない特段の理由がある場合」に「拡張適用が否定される」のであって、「法の趣旨・目的に積極的に合致する場合」に該当しなければ、拡張適用が否定されるわけではない。

　稲生石灰労組協議会事件、及び、滋賀亜炭鉱業労働組合連合会事件の各地労委決議においては、「特別の事由」がない限り拡張適用を肯定するとしており、かかる判断枠組みは、正当なものと評価できる。

　これに対し、旭川ハイヤー労働組合協議会事件で担当公益委員が主張した判断枠組の実質的内容は、申立の趣旨と地域的拡張適用の結果のいずれもが労組法18条の趣旨に合致することが完全に明白でなければ地域的拡張適用をなすべきではなく、この点に疑義があってグレーの心証形成しかできない場合には地域的拡張適用を否定すべきというものであり、原則と例外を逆転させるもので失当である。

(4) 自由裁量論とその影響

　滋賀亜炭鉱業労働組合連合会事件（No.17事件・拡張適用肯定）の地労委決議で示されている「法所定の要件を充足していれば、特別に拡張適用を排除する理由のない限り、拡張適用すべき」との判断枠組みの重要性が広く認識されていれば、旭川ハイヤー労働組合協議会事件（No.21事件・取下）において、上記公益委員の意見により総会での審議が迷走することもなく、地域的拡張適用の適用の場も広げられていたかもしれないが、現実にはそうはならなかった。

　旭川ハイヤー労働組合協議会事件（No.21事件）が1961(昭36)年8月に申立取り下げとなって以降、地域的拡張の制度は仮死状態に陥ったと言っても過言ではない。この制度が息を吹き返して、再び活用されたのは、実に20年後の

1981(昭56)年9月のゼンセン同盟事件(No.22事件)の申立である。しかも、ゼンセン同盟事件の場合、申立組合は、公益委員が拡張適用に反対しないように、使用者団体の賛成を得るよう努める等、周到に準備しなければならなかった。

　労働委員会の決議に関する自由裁量論は、地域的拡張適用制度の活用を妨げ、永年にわたり、地域的拡張適用制度を冬眠状態におく原因の一つとなったといえよう。

第2款　労働協約の修正権限の限界

1　問題の所在

　労働組合法18条2項は、「労働委員会は、前項の決議をする場合において、当該労働協約に不適当な部分があると認めたときは、これを修正することができる。」と定める。

　この文言の意味内容・趣旨に関して、労働委員会の修正権限に限界があるのか、それとも、修正権限に限定はなく、自由な修正が可能なのかが問題になる。

2　先例と議論状況

(1)　労基法所定水準に引き下げる修正の可否
　　　　／和歌山県木材労働組合日高支部事件

　和歌山県木材労働組合日高支部事件(No.5事件・取下)[21]に関して、労働委員会の内部に設置された小委員会の報告書の中に、労働協約中の時間外割増率の規定が労働基準法を上回っていることを指摘し「小設備比較的能率の劣る工場は経営上困難を感ずることになるから基準法の線に沿い幅のある規定に変更することが必要である。」との記載がある。

　このため、労働基準法所定の最低基準を上回る協約の内容に関して、労働委員会がこれを労働基準法の水準に引き下げる修正をなすことが可能なのか否かが、問題となる。

21　中央労働時報201号23頁、労働委員会年報6号〈昭26〉231頁。

(2) 賃金額を定める条項を賃金協議条項に修正することの可否
／全日本港湾労働組合九州地方唐津支部事件

全日本港湾労働組合九州地方唐津支部事件（№11事件・一部拡張適用肯定の中間決議・取下）では、港湾荷役を1社が独占していたところ、新規参入企業の2社が低労働条件の臨時雇の労働者を使用してダンピング受注を行った事案である。申立人組合は、申立時点では、賃金や労働時間等の労働協約の規範的部分の全面適用を求めていたが、調査の過程で申立の趣旨を変更し、「賃金まで同一にしたいというのではない。賃金は各社によって多少の差別があることは当然である。しかし、細目の賃金は違っていても、その決定方法、骨組み、枠といったものは統一したい」とした。佐賀地労委は、拡張適用を肯定する中間決議をなしたが、その際に「完全適用は殆ど問題とならず、一部修正適用に決定した」。一部修正適用の具体的方法については、「賃金の内容については、労使双方協議の上別途定める。」という内容で修正適用を肯定する意見が出されていた[22]。この事案において、労働協約の中に、「賃金の内容について、労使双方協議の上、別途定める」との条項が存在していたのか否かは不明である。

この佐賀地労委での検討の経緯に照らし、労働条件に関する協議を義務付ける条項が存在しない場合に、これを労働委員会が創設して拡張適用の対象とすることができるのか否かが問題となる。

(3) 債務的効力の部分を拡張適用するための読み替え
／吉野連合労組事件　他

吉野連合労組事件（№7事件・拡張適用肯定）[23]の地労委決議及び知事決定では、次の各条項について、次のとおり読み替えて、拡張適用を肯定した。

　〇労働協約（甲は吉野製材工業協同組合、乙は吉野連合労働組合）
　　　第4条　賃金の更改、決定に関しては甲組合員と乙分会と協議して行う。
　　　第6条　臨時に休日を変更し就業時間を変更する場合はその都度甲乙協議の上行うものとする。
　　　第9条　乙組合員が自己の都合により退職する場合の退職金に付いては甲組合員に於いて決定するものとする。

---

[22] 中央労働時報190号23頁、労政時報1157号20頁、労働委員会年報6号〈昭26〉231頁。
[23] 中央労働時報173号21頁、労働委員会年報6号〈昭26〉231頁。

第12条　本協約の有効期間は本協約の締結の日より1ヶ年とする。
　　　　但し、期間満了前に甲乙改廃の有無を協議し必要ある場合は期間満了2ヶ月以内に次期協約を締結するものとする。
　　　　本協約は、期間満了後と雖も2ヶ月間は有効とする。
〇地労委決議・県知事告示の読み替え条項
　「甲」又は「甲組合員」→「使用者」
　「乙」又は「乙組合員」→「労働者」
　「乙分会」　　　　　　→「従業員代表者」
函館製材労組事件（No.12事件・拡張適用肯定）の地労委決議及び知事決定でも、これと全く同様の読み替え条項をおいている。

3　行政解釈

労働省労組法コンメ(1964)575頁は、労働組合法18条2項に基づく労働委員会の修正権限に関して、「一応労働委員会の自由裁量に任されていると考えられる」としつつ、「その自由裁量権は無制限のものでなく本法が労働協約の地域的の一般的拘束力の決定にあたって、労働委員会に労働協約の修正権を認めた趣旨に照らして、一定の制限のあることはいうまでもない。」とする。ここでいう「修正権を認めた趣旨」及び「一定の制限」が何を意味するのかについての記述はない。

厚労省労組法コンメ(2006)664頁も同文である。

4　学　説

(1)　不適当な条項の修正

末弘労組法解説(1946)77頁は、「そのまゝ一般的拘束力を認むるを不適当と考えるときは、適宜修正を施」すことをなし得るとする[24]。不適当とされる範囲については、明らかでない。

東大労研註釈労組法(1949)168～169頁は、拡張適用をなすか否かについては労働委員会の広範な自由裁量を肯定するのに対し、労働委員会が労働組合法18条2項に基づき労働協約の修正を行うことについては、制限を加える。その理由として、労働委員会が労働協約の効力を拡げるだけでなく、修正した形で、外の使用者や労働者を律することは、強大な権限の行使であり、このよう

---

[24]　同旨、吉川(1948)143頁。

な強大な権限を付与しうるか疑問であり、労使の自治に委ねられている労働協約の効力を拡げるという限度を超えることを指摘する。その上で、修正権限の範囲については、ドイツの場合のように、労働協約の条項中の不適当な条項の適用を除外するという程度で肯定されるとする。同旨、東大労研注釈労組法(1982)873頁。

吾妻編労組法(1959)399頁は、現行法上、労働委員会が修正権限を行使して協約に定めるよりも低い労働条件の拡張適用を行うことも可能であるといいつつ、18条の立法趣旨に照らし、不適当条項を除外する程度の決議をなしうるとの縮小解釈をすべきではないかという。なお、同書401～402頁は、労働協約の条項について最低基準効しか有しないことを明確にするための修正が可能であるとしつつ、同時に、労働委員会に大幅な修正権を認めることの危険性について指摘している。但し、なぜ、修正権に制限を加えるべきかの説明はない。

沼田労働法(1975)241頁も、労働委員会の修正権の行使について、原協約の特殊なものの排除や基準化に適しない技術的拙劣さの修正以上に出てはならないと思われると指摘するが、その根拠は示していない。

(2) 限定的裁量といいつつ広範囲な裁量を肯定

菊池・林労組法(1954)193頁も、前掲(1)と同様に不適当な条項の適用を排除するというが、その例として、協約中の賞与支給条項について、拡張適用の使用者の負担を考えて除外することができるとしており、実質的には広範囲な裁量を肯定している。

(3) 契約説、法規説との関係

正田(1952)58～62頁は、ドイツの一般的拘束力宣言を巡るドイツの学者の法規説(旧法規説、制限付法規説〈折衷説〉、新法規説)と契約説について詳述し、日本の労働組合法18条による地域的拡張適用制度の本来的な法的性格としては契約説が妥当との結論を一旦は示した上で、18条2項が労働委員会の修正権限を規定しているために、日本の制度を契約説によっては全く説明できないという。

正田の上記見解は、もしも仮に、労働委員会の修正権限が無制限に肯定されるのであれば、妥当し得る。

しかし、労働委員会の修正権限に関して、末弘が意図していたように、最低基準効を明確にし、労働協約の地域的拡張適用によって既存の労働条件の引き

下げを防止する範囲に限定するのであれば、正田の上記見解は妥当しない。そればかりか、正田は、日本における労働協約の地域的拡張制度の特質として労働基準法類似の最低基準効を指摘しているのであるから、労働委員会の修正権限についてかかる限定を付すことは、正田のこれらの分析・見解とも整合する。

5　検　討

労働組合法18条2項に基づく労働委員会の修正権限は、労働協約の中の「不適当な部分」を「修正」する権限である。したがって、第一に、労働協約に定めのない義務や負担を創設することはできず、また、その実質的内容を変更することはできない。第二に、拡張適用が求められている事項の定める最低基準を引き下げることはできない。第三に、修正権限を行使すべき「不適当な部分」とその修正範囲としては、①労働条件引き下げ条項の排除、②不当な目的・動機に基づく協約条項の排除、③労働組合の存在を前提とする条項の読み替えがある。

以下詳論する。

(1)　義務や負担の創設・実質的内容の変更の禁止

労働組合法18条2項が労働委員会に与えている権限は、労働協約の中の「不適当な部分」だけに対象を限定し、これを「修正」する権限である。

したがって、労働協約が定める義務や負担以外に新たに義務や負担の「創設」はなし得ない。

また、拡張適用を求められた協約条項の実質的内容を変更して変更後の内容を拡張適用の対象とすることはできない。

いずれも、協約当事者の合意内容とは異なり、また、申立人は協約当事者が定めた協約条項の範囲内でのみ拡張適用を求める事項を選択することができるところ（→前掲第3章第2節第4款）、申立人の意思とも異なることになり、労働委員会の修正権限の限界を超えるからである。

前記の先例の中で、全日本港湾労働組合九州地方唐津支部事件（No.11事件・一部拡張適用肯定の中間決議・取下）において、労働委員会は、賃金に関する基準は拡張適用せず賃金に関する協議条項を拡張適用しようとしていた。もしも、労働協約に協議条項も存在していたのであれば可能であるが、労働協約に協議条項が存在しなかったのであれば、労働委員会がこれを新たに創設して拡張適用することはなし得ない。また、そもそも、次の(2)で述べるように、労働組合

法18条の要件が充足されているのであれば、賃金に関する基準そのものを拡張適用すべきである。

(2) 最低基準の引き下げの禁止

　労働協約の地域的拡張適用は、もともと、拡張適用の対象となる使用者に経済的負担を強いる制度である。そのために、労働組合法18条に拡張適用の要件が定められ、「大部分」の要件を充足し、すでに当該労働協約の定める基準が支配的となっていることが要求されているのである。

　したがって、「大部分」の要件が充足され、「一の地域」の「同種の労働者」の「大部分」が、当該労働協約の適用を受けるに至っているときは、後掲(4)で述べるように不当な動機・目的に基づく協約条項である場合を除き、「一の労働協約」をそのまま拡張適用すべきであり、労働委員会がその最低基準を引き下げることは、労働委員会の修正権限を越えるものである。

(3) 修正権限を行使すべき事項①
労働条件引き下げ条項

　労務法制審議委員会の労働組合法案原案（1945年11月19日）には、労働委員会（労務委員会）の協約修正権限に関する条項がない。その二日後の労働組合法案（1945年11月21日）には、労働委員会の協約修正権限に関する条項が盛り込まれる。この条項が盛り込まれたのは、ＧＨＱ（連合軍最高司令部）から、原案のままでは労働協約の地域的拡張適用によって既存の労働条件の引き下げが生じるとの解釈を招くことが危惧されるので、そのようなことのないようにすべきであるとの指摘がなされたことから、労働協約に既存の労働条件の引き下げの効果を有すると解される条項がある場合にはこの条項を修正することとし、その権限を労働委員会に付与することとしたからである（→前掲第1部第1章第3節第2款4(4)）。

　この経緯に照らし、また、拡張適用される労働協約の条項は最低基準を設定するものに限定され、その規範的効力は最低基準効だけである（→後掲第5章第2節第2款）ことに鑑み、労働委員会は、申立人が拡張適用を求める労働協約の条項の中に、規範的効力として両面的規範的効力が定められ既存の労働条件の引き下げを肯定する条項がある場合は、これを排除することが必要である。

　ただし、当該労働協約の条項が上回ることも下回ることも許容しない基準を設定しているのに、これを、最低基準として拡張適用の対象とすることは、協

約当事者の意思及び申立人の意思と異なり、労働委員会の修正権限を越えるもので認められない（→前掲(1)）。

(4) 修正権限を行使すべき事項②
　　不当な目的・動機に基づく協約条項の排除
　労働協約の地域的拡張適用制度の目的は、「一の地域」における「同種の労働者」の労働条件の維持又は引き上げ、及び、協約当事者である労働組合の団結強化のための措置の拡大を図ることにより、使用者相互間及び労働者相互間での公正競争を実現し、協約当事者である使用者（又は使用者団体の構成員である使用者）の経営を維持・安定化させ、もって、当該労働協約を保護し、協約当事者労働組合の組合員の雇用・労働条件の維持・向上を図ることにある。
　このため、労働協約が定める労働条件が、上記の制度の趣旨や目的に反する不当な目的や動機に基づき決定されたものである場合には、労働組合法18条2項の「不適当な部分」に該当し、労働委員会は修正をなすことができる。例えば、高額の安全衛生設備の設置を使用者に義務付ける条項に関して、労働条件の維持や引き上げの効果は軽微であるにもかかわらず、労働条件の維持や引き上げに藉口して、費用負担のできない中小企業を廃業に追い込み、市場の寡占化を図る目的でかかる条項が設けられた場合には、この条項は労働組合法18条2項の「不適当な部分」に該当する。
　労働協約の定める労働条件が、このような不当な目的や動機に基づかないものである限りは、労使が自主的に決定した労働条件は尊重されなければならない。
　かかる視点で検討するとき、前記の先例の中の和歌山県木材労働組合日高支部事件（No.5事件・取下）に関する小委員会の判断には問題がある。この報告書では、労働協約中の時間外割増率の規定が基準法を上回っていることを指摘し、小規模工場では経営上困難を感ずることになるから、基準法の線に引き下げる修正をなすべき旨の記述がある。当該事案において、もしも仮に、労働協約当事者が、時間外割増率を労働基準法の水準より高く設定することにより、もっぱら小規模工場の淘汰を狙うというような不当な目的・動機を有していたのであれば、これは労働組合法18条の「不適当な部分」に該当するが、かかる目的・動機の存在が認められず、小規模工場が「経営上困難を感じる」程度のことでは「不適当な部分」には該当しない。
　そもそも、労働協約の地域的拡張適用を受ける使用者は何らかの程度で「経

営上の困難」を感じる筈であり、この「経営上の困難」を理由に、地域的拡張適用を否定するのでは、地域的拡張適用をなすことは不可能になる。

(5) 修正権限を行使すべき事項③
労働組合の存在を前提とする条項の読み替え

過去の先例をみたとき、労働協約の文言を定める際に地域的拡張適用を念頭におき、地域的拡張適用にふさわしい文言を精査して労働協約が締結されている例は、ゼンセン同盟事件（No. 22、24、26事件）程度しか見当たらない。これ以外の事件では、協約当事者である労働組合に組織されている者、及び、工場事業場単位での拡張適用の対象となる未組織労働者を主要な適用対象と想定して作られた労働協約について、これをそのまま地域的拡張適用するように求めて申立がなされている。

このため、地域的拡張適用を求められている労働協約には、労働組合の存在を前提とする条項が少なからず含まれており、この労働協約について地域的拡張適用を行うと、労働組合の存在しない事業場では適用不能となる場合がある。

そこで、前記の吉野連合労組事件（No. 7事件・拡張適用肯定）における地労委の決議のように、労働組合の存在を前提とする条項について読み替えを行う必要がある（→前掲2(3)）。

第3款　労働委員会による労働協約の条項修正の効力

拡張適用される労働協約の条項が労働組合法18条2項により労働委員会で修正された場合、この修正は原協約には何の影響も及ぼさない[25]。

第4款　拡張適用の期間に関する労働委員会の裁量

1　問題の所在

先例の中には、拡張適用の期間のうち開始時期に関して、労働委員会の裁量的判断を肯定するものがある。この点については、行政解釈や学説は見当たらないと思われる。

さらに、先例の中には、労働委員会の決議及び知事の決定において拡張適用

---

[25] この点については、あらゆる先例、行政解釈、学説において異論をみない。

の終期を定めるものがある。その意味は何かを明らかにする必要がある。

2　先例及び議論状況

(1) 自主的解決促進の目的
　　　／全日本港湾労働組合九州地方唐津支部事件

　全日本港湾労働組合九州地方唐津支部事件（No.11事件・拡張適用肯定の中間決議・取下）に関する愛媛地労委事務局の報告によれば、「（拡張適用を肯定する中間決議をした後に）即時施行か、或は他の適当な期間の勧告誘導などによって三社の労働条件が事実上同一化するよう働きかけ、それでも奏功しない場合に発動するかの二つの方法につき採決したところ、七対五を以て即時施行は否決された」とされている[26]。

(2) 拡張適用対象に対する時間的猶予
　　　／ゼンセン同盟事件（第一次）

　ゼンセン同盟事件（第一次）（No.22事件・拡張適用肯定）では、決議の「主文」で、拡張適用の始期は地労委決議から約1年半後の1983（昭和58）9月1日からとされた。この決議の「理由」の末尾には「もっとも、本件協定の適用時期については、これを直ちに適用する場合、協定非締結事業場の経営に多大の負担を課することになるのでこの点を配慮して、当委員会は、主文のとおり決議する。」と記載されていた[27]。

(3) 地労委の決議主文で「拡張適用の期間」を明示
　　　／ゼンセン同盟事件（第二次）

　ゼンセン同盟事件（第一次）（No.22事件・拡張適用肯定）では、労働委員会の決議では、労働協約中の有効期間の定めの部分を拡張適用される条項に含めることにより、拡張適用の終期が明らかであった。これに対し、知事の決定・告示では拡張適用される協約条項から労働協約の有効期間に関する条項を除外し、さらに拡張適用の期間も定めなかったために混乱が生じた。このため、ゼンセン同盟事件（第二次）（No.24事件・拡張適用肯定）の地労委決議の主文には「拡張適用の期間」を定める条項が設けられ、知事の公告にも「拡張適用の期間」

26　中央労働時報190号24頁。
27　中央労働時報688号13頁。

が記載された（→前掲第１部第３章第３節第６款６(3)、同第９款１～６、資料編Ⅱ資料㉓㉔）。

3　検　討

(1)　拡張適用の開始時期

　労働協約の拡張適用の開始時期については法に定めがない。拡張適用に関する周知に必要な期間の長さ、及び、拡張適用の対象となる使用者と労働者が拡張適用される労働条件に移行するのに必要な相当期間の長さについては、労働委員会が判断して決議し得るが、この相当期間を超えて、拡張適用の開始時期を延期する決議はなし得ない。

(2)　拡張適用の期間

　地労委の決議の主文と知事の決定・公告の中で拡張適用の期間を明示している場合、この期間の満了と同時に拡張適用の効力は失われる。
　拡張適用の期間中に、労働組合員の減少その他の事情で労働組合法18条所定の「大部分」の要件が充足されなくなった場合や、労働協約の合意解約その他の事情で、労働協約の効力に変動が生じた場合の拡張適用の効力については、後掲第５章第２節第３款で検討する。

第３節　大臣又は知事の決定

第１款　拡張適用の決定に関する自由裁量の有無

1　問題の所在

　労働組合法18条１項は、「……、労働委員会の決議により、厚生労働大臣又は都道府県知事は、……決定をすることができる。」と定める。
しかし、同法は、これ以上には、労働委員会の決議と大臣又は知事の決定との関係について定めていない。
　そのため、この法文に「できる。」という文言が使われていることを根拠に、大臣又は知事は、労働委員会が地域的拡張適用の決議をなした場合でも、拡張適用の決定をなすかどうかについて自由裁量を有するとの有力な見解があり、この見解の当否が問題となる。

2　先例と議論状況

大臣又は知事の自由裁量の有無が問題となった先例は見当たらない。

3　行政解釈

旧労働省の行政解釈によれば、労働委員会の決議は、法令に違反しない限り厚生労働大臣又は都道府県知事の決定を拘束するとされている。具体的には、労働協約の地域的拡張適用を規定していた旧24条に関する次の解釈通牒が発せられている。

（労働委員会の決議と労働大臣又は都道府県知事の決定との関係）
問　標記の件について協約当事者の双方又は一方よりの申立に基づき労働委員会に於て当該労働協約を何等の修正又は一部を留保することなく決議を為したる場合、本条に基づく行政官庁の決定は所謂法規裁量と思料せられるので、これを一般に適用する場合、不適当と認めらるゝ条項があっても法令に対する違反事項等がない限り右の決定は委員会の決議に拘束されると解してよいか。（昭22・6・10岩手県知事発）
答　労働組合法第24条に基づく労働委員会の決議は法令に違反しない限り同条に依る行政官庁[28]の決定を拘束する。

（昭22・7・2労発第343号労政局長発岩手県知事宛）[29]

この通牒は、現在も解釈例規に登載されている[30]。

このため、労働委員会の決議がなされた場合においては、この決議に法令違反がない限り、大臣又は知事は労働委員会の決議に拘束され、拡張適用をするか否かについての裁量を有しないこととなる。

4　学　説

(1)　自由裁量論（拘束力否定説）

大臣又は知事は労働委員会の決議に拘束されず、決定をなすか否かは自由裁量であるとする学説として、吉川(1948)144頁、東大労研註釈労組法(1949)170頁、正田(1952)68頁、菊池・林労組法(1954)192～193頁、近藤(1963)155頁、

---

[28]　1949年の労働組合法改正の際、旧24条にあった「行政官庁」との文言は、「労働大臣又は都道府県知事」に改められた。
[29]　労働省労働関係法令解釈総覧827頁。
[30]　厚労省労使関係法解釈総覧(2005)217頁。

吾妻編労組法(1959)400頁、東大労研注釈労組法(1982)874頁がある。
　これらの自由裁量肯定論は、いずれも、労働組合法18条の法文に「厚生労働大臣又は都道府県知事は、……決定をすることができる。」という文言があることを根拠とする。

(2) 法規裁量論（拘束力肯定説）

　森長(1951)6頁は、労働組合法18条の法文に「できる」とあるが、他の法律でも「できる」としながら法規裁量の場合が多いのと同じであって、法律上の要件を具備するときは必ず決定しなければならないものとする。なお、森長(1953)295頁では、この表現を若干変更し、法律上の要件を具備するときではなく、労働委員会に決議があったときには決定しなければならないとする。同旨のものとして、安屋(1966)333頁、理由は述べていないが拘束力を肯定するものとして、山口労組法(1996)200頁がある。

5　検　討

　労働組合法18条1項の「することができる」という文言が使用されているというだけの理由で直ちにその意味を自由裁量と解するのは、法令用語の通常一般的な解釈方法と適合しない。また、かかる解釈は、立法の経緯及び立法趣旨・目的とも適合しない。
　「することができる」という文言は、大臣又は知事に決定の権限を付与する趣旨であり、決定を行うか否かの裁量を付与する趣旨ではない。したがって、労働委員会が拡張適用の決議をした場合、法令違反がない限り、大臣又は知事は拡張適用の決定・公告をなさなければならない。
　その理由の詳細は次のとおりである。

(1) 法令作成・法令解釈上のルール

　「できる」という日本語には、様々な意味があるが、法令上の「できる」という文言の意味内容については、法令作成・法令解釈上の共通ルールがある。林修三（元内閣法制局長官）著『法令作成の常識　第二版』（日本評論社1994）116〜117頁には、「ある人、団体、さらには行政機関、司法機関などに一定の権利、利益、地位、能力、権限、権能などを与えようとするときは、『……することができる』という述語が用いられ（『……することができる』ということばは、『……してもよい』という選択的内容をもついわゆる任意規定の場合にも用い

られるが、多くは、権利、利益、地位、権限、権能などを与える趣旨で使われている）」と明記されている。

　したがって、労働組合法18条1項の中に「することができる」という文言があることをもって、大臣又は知事に自由裁量を与えたものと即断するのは誤りである。例えば、国家総動員法6条では「政府ハ……国家総動員上必要アルトキハ……賃金其ノ他ノ従業条件ニ付必要ナル命令ヲ為スコトヲ得」と規定されており、「必要アルトキハ」という文言があることによって「為スコトヲ得」という文言は自由裁量を付与する趣旨であることが明らかにされていた（→前掲第1部第1章第3節第2款2⑶）。このように法文上、自由裁量を付与する趣旨であることが明確に定められている場合は、「できる」という文言は自由裁量であるが、そうでなければ、当該条文の立法経緯や立法趣旨・立法目的を総合して、法文の解釈をなす必要がある。

⑵　立法経緯、立法趣旨・立法目的

　労働組合法の沿革をみたとき、1945（昭和20）年11月19日に作られた労働組法案原案23条では、大臣又は知事の自由裁量が完全に否定され、「一地域ニ於ケル同種ノ産業若ハ職業ニ従事スル労働者ノ大部分ガ一定ノ労働協約ノ適用ヲ受クル」の要件が充足されたときには、地方長官又は厚生大臣に対して、当該労働協約の地域的拡張適用の決定をなすことを義務付けていた（→前掲第1部第1章第3節第2款3）。

　その後の同月21日の労働組合法案23条1項では、「決定ヲ為スコトヲ得」という文言に変わるが、これは、同条3項で、拡張適用される労働協約の不適当な条項について労働委員会に修正する権限を付与したため、これとの整合性をとる必要上「決定ヲ為スコトヲ得」という文言を用いたにすぎない（→前同4）。

　したがって、18条1項の「することができる」は大臣又は知事に自由裁量を与えたものではなく、大臣又は知事に対する権限付与と解すべきことは、法制定の経緯に照らしても明らかである。

⑶　地域的拡張適用制度の目的・趣旨との整合性

　既に詳細に論じているとおり、地域的拡張適用制度の意義・趣旨・目的は、「一の地域」における「他の同種の労働者」の労働条件の維持・引き上げと協約当事者である労働組合の団結権強化のための措置の拡大によって、使用者相

互間と労働者相互間での公正競争を実現し、協約当事者である使用者（又は使用者団体の構成員である使用者）の経営の維持と安定化を図り、もって、労働協約を保護し、協約当事者である労働組合の組合員の雇用を保障し労働条件を維持・向上させることにある。

　この趣旨・目的を実現させるための要件としては、①拡張適用される協約条項（「一の労働協約」）が拡張適用の地理的範囲（「一の地域」）と人的範囲（「同種の労働者」）において実質的に支配的な労働条件（「大部分」）を設定していること、すなわち、労働組合法18条所定の「一の地域において従事する同種の労働者の大部分が一の労働協約の適用を受けるに至つたとき」という実質的要件が充足されていること、②協約当事者の双方又は一方が協約の拡張適用を望んでいること、すなわち、「当該労働協約の当事者の双方又は一方の申立てに基づき」という手続的要件が充足されていること、③以上の①と②の要件を充足していることの確認、すなわち、労働委員会の決議の三つのみで十分なのであり、これに大臣や知事の自由裁量的判断を加えるべき必要性はない。

(4) 自由裁量を肯定する場合の弊害

　労働協約の地域的拡張適用は、使用者団体や労働組合等から歓迎されることもあれば、反対される場合もある。大臣や知事に地域的拡張適用を決定するか否かの自由裁量を認めた場合、大臣や知事は、労働組合法18条1項所定の要件が充足され、労働委員会が拡張適用の決議を行っている場合において、各種団体等の反対を押し切ってでも地域的拡張適用の決定をするのか否かという『政治判断』をしなければならなくなる。労働協約の地域的拡張適用に、このような『政治判断』を持ち込むことは、地域的拡張適用制度に混乱をもたらすだけである。

　大臣や知事の自由裁量的判断を肯定する各学説は、法文上の「できる」という文言について、通常一般の法令用語の解釈とは異なる解釈を敢えて行い、結果として、地域的拡張適用に関する大臣又は知事の決定を『政治判断』化させ、制度の活用を事実上不可能にするに等しい。

　また、かかる学説は、労働委員会の決議に関する自由裁量論にもつながり（→前掲第2節第1款4、5）、地域的拡張適用制度の活用を妨げ、永年にわたり、地域的拡張適用制度を冬眠状態におく原因の一つとなってきたといえよう。

第2款　労働委員会決議を修正する権限の有無

1　問題の所在

　労働組合法は、大臣又は知事の決定と労働委員会決議との関係について、何ら規定していない（→前掲第1款1）。
　よって、大臣又は知事が拡張適用の決定をなす際に、労働委員会の決議と異なる内容の決定をなすことができるかどうかが問題となる。

2　先例と議論状況

　知事が労働委員会の決議内容と異なる決定をした例は、1件だけ存在する。ゼンセン同盟・第一次申立事件（No.22事件）である。すなわち、愛知県地方労働委員会の「決議書」の「主文」では、「一　適用される労働協約の条項」として、「年間休日に関する協定の全条項」と記載されていた。この「年間休日に関する協定」の第四項には「この協定の有効期間は、昭和56年9月1日から1年間とする。なお、この協定の有効期間が満了になっても新協定が締結されないときは、この協定の効力は、2年間延長される。」と定めており、この協約の有効期間に関する協約条項を含めて地労委決議では拡張適用することとされていた。ところが、同事件の県知事の「公告」の「一　適用される労働協約の条項」には、年間休日に関する協定の条項中の第一項から第三項までの記載しかなく、拡張適用がなされる期間又は終期に関する記述はなかった（→前掲第1部第3章第3節第6款6）。すなわち、協約が拡張適用される時間的範囲に関して、愛知県知事は、敢えて、地労委決議と異なる決定を行ない、何も定めなかった。
　このため、当該労働協約の有効期間が満了する1984(昭和59)年8月31日以前に、従前の労働協約と同一内容の労働協約を締結して期間更新を行えば、愛知県知事の行った拡張適用に関する決定・告示の効力が維持されるとの解釈をなすことも可能であった。このことに起因して、混乱が生じた（→前掲第1部第3章第3節第9款1及び2）。

3　行政解釈

　旧労働省の行政解釈によれば、労働委員会の決議は、法令に違反しない限り厚生労働大臣又は都道府県知事の決定を拘束する（→前掲第1款3）。大臣又は

知事の修正権限について言及するものはないと思われる。

4　学　説

　大臣又は知事は、決定をなすか否かの自由裁量を有するだけでなく、決定の補正や修正もなし得るとする説として、吉川 (1948) 144 頁がある。

　これに対し、吾妻編労組法 (1959) 400 頁は、知事には、労働委員会の決議を修正して拡張適用をする権限はないが、労働委員会の決議に従って拡張適用をするかしないかを選択する自由を有するとする。

5　検　討

(1)　労働委員会の役割との整合性

　末弘は、労働組合法の「根本精神」に関して縷々論じる中で、労使の関係をスポーツになぞらえ、労働委員会をスポーツの審判になぞらえている（→前掲第 1 部第 1 章第 3 節第 2 款 1 (6)）。

　現行の地域的拡張適用制度においては、拡張適用の肯否を大臣又は知事の決定だけに委ねるのではなく、これに先立って労働委員会の決議を必要としている。このように二重の手続を必要としたのは、労使関係や労働協約制度に精通している労働委員会に、スポーツの審判と同様の判定機能を与えることにより、大臣又は知事の決定の適法性や妥当性を担保させようとしたからである。

　したがって、労働組合法 18 条の地域的拡張適用制度は、労使関係や労働協約制度に精通している労働委員会がその専門性を発揮して同条所定の要件の充足についての判断を行い、大臣又は知事は労働委員会の判断を尊重してこれに従うことを前提として制度設計され、法文が作られたのである。

　それゆえ、法令違反や特段の事情（決議の中の明らかな誤記等、ただし、特に決定の段階で修正しなくても、決議を補正させればすむであろう）がない限り、大臣又は知事は、労働委員会の決議を修正する権限はないと解すべきである。

(2)　労働委員会決議の修正権限を肯定することによる混乱

　前掲 2 記載のとおり、ゼンセン同盟・第一次申立事件の場合、愛知県知事が愛知県地方労働委員会の決議と異なる内容の決議を敢えて行い、その結果として、拡張適用の終期を巡る混乱を引き起こした。知事が地労委の決議と同一内容の決定をしておれば、かかる混乱は生じなかった。

　労使関係や労働協約制度に精通しているとは言い難い大臣や知事が労働委員

会決議を修正したときに混乱が生じる可能性はこの先例により実証済ともいえる。

さらに、労働委員会の決議が大臣や知事を拘束せず、大臣や知事は決定をなすかどうかにつき自由裁量を有し、あるいは、法令違反以外でも修正する権限を有すると解した場合、大臣や知事は決定の要否と修正の有無について新たに審査せざるを得なくなり、手続の遅延を招く。その遅延の実例として、吉野連合労組事件（No.7事件）がある。この事案では、労働委員会の決議から知事の決定まで99日間も要している。有効期間の短い労働協約の場合、手続の遅延の影響は大きい。労働委員会決議があれば、大臣又は知事は速やかに決定をなすべきであり、無用な時間の浪費をすべきではない。

第4節　不服申立

第1款　行政不服審査

労働委員会がした地域的拡張適用に関する決議については、行政不服審査法による不服申立をすることができない（労組法27条の26）。

また、大臣又は知事の決議については、大臣又は知事を監督する上級行政庁が存在せず、また、地域的拡張適用に関する大臣又は知事の決定に対して審査請求ができる旨を定める法律もないため、審査請求をすることはできない（行政不服審査法5条1項）。

なお、この点について、次の行政通牒がある。

　　　　　（厚生労働大臣又は都道府県知事の決定と不服申立）
　　　　第十八条の労働協約の地域的の一般的拘束力についての労働大臣又は都道府県知事の決定は、行政不服審査法による不服申立ての対象となる処分には該当しない。

　　　　　　　　　　　（昭37・9・28労発第156号労政局長発各都道府県知事宛）

第2款　行政訴訟

1　学　説

地域的拡張適用の決議又は決定を巡る行政訴訟の可否を論じるものとしては、東大労研註釈労組法(1949)170頁、森長(1953)296頁、吾妻編労組法(1959)402

317

頁、東大労研注釈労組法(1982)871・874頁等があるが、いずれも、2004(平成16)年の行政事件訴訟法の大幅改正以前のものであり、行政事件訴訟法の大幅改正後のものは見当たらない。

2　検　討

労働委員会の決議又は大臣もしくは知事の決定に関して、法律の定める実質的要件又は手続的要件を充足しない違法なものであると主張して、その取消を求める行政訴訟を提起することができるか否か、できるとすれば、いかなる場合に、誰が、誰に対して訴えを提起できるかについて、検討する。

(1)　労働委員会の地域的拡張適用否定の決議について

現行法上、労働委員会が地域的拡張適用を否定する決議を行った場合においては、大臣又は知事は何の決定も行う必要がないと解される。

労働委員会が地域的拡張適用を否定する決議を行った場合、当該処分の取消を求めることについて「法律上の利益」を有する者は、処分取消の訴えの原告適格を有し、訴えを提起し得る（行政事件訴訟法9条1項）。このため、「法律上の利益」の有無が論点となる。

地域的拡張適用の制度趣旨・目的は、「一の地域」における「同種労働者」の労働条件の維持又は向上と協約当事者である労働組合の団結権強化のための措置の拡大により、使用者相互間及び労働者相互間での公正競争を実現させ、協約当事者である使用者の経営を維持・安定化させ、もって、当該労働協約を保護し、協約当事者である労働組合の組合員の雇用の保障と労働条件の維持・向上を図ることにある（→前掲第2章）。地域的拡張適用によって、使用者相互間又は労働者相互間での公正競争が実現され、協約当事者である使用者の経営の維持と安定化が図られ、これによって、当該労働協約が維持され、組合員の雇用・労働条件の維持・向上が図られることは、当該労働協約当事者たる労働組合及び使用者（又は使用者団体）の「法律上の利益」（行政事件訴訟法9条1項）であると解する。

よって、地域的拡張適用を求める申立について、中央労働委員会がこれの全部又は一部を否定する決議を行った場合、当該申立を行った申立人（申立組合又は申立使用者もしくは使用者団体）は、当該処分を不服として、国を被告とする行政訴訟を提起することができると解する。

また、都道府県労委が拡張適用の申立の全部又は一部を否定する決議を行っ

た場合には、当該申立を行った申立人は、当該処分を不服として、都道府県を被告とする行政訴訟を提起することができると解する。なお、都道府県労委が地域的拡張適用を否定する決議を行った場合には、都道府県を被告とする行政訴訟において、都道府県労委は当該都道府県を代表する（労組法27条の23）。

(2) 労働委員会の地域的拡張適用肯定の決議

労働委員会が地域的拡張適用肯定の決議を行っても、大臣又は知事は労働委員会決議に法違反がある場合には拡張適用をしないことを決定でき（→前掲第3節第1款5）、大臣又は知事が拡張適用の決定と公告を行うまでは地域的拡張適用の効力は生じない。したがって、労働委員会の地域的拡張肯定の決議がなされただけでは、これを不服とする行政訴訟を提起することができない。

(3) 大臣又は知事の地域的拡張適用の決定について

大臣又は知事が地域的拡張適用の決定を行った場合、少なくとも、従前、地域的拡張適用される労働協約の定める水準以下の労働条件で労働者を使用しており、地域的拡張適用によりこの労働条件の引き上げを図らなければならなくなった使用者は、当該処分の取消を求めることについて「法律上の利益」を有するから、処分取消の訴えの原告適格を有し、訴えを提起し得る（行政事件訴訟法9条1項）。

(4) 大臣又は知事の地域的拡張適用否定の決定について

労働委員会が地域的拡張適用を肯定する決議を行った後、大臣又は知事が地域的拡張適用を否定する決定を行った場合には、この決定を不服とする拡張適用の申立人は、当該処分の取消を求めることについて「法律上の利益」を有する（→前掲(1)）から、処分取消の訴えの原告適格を有し、訴えを提起し得る（行政事件訴訟法9条1項）。

第5章　地域的拡張適用事項と効力・範囲

第1節　拡張適用される協約事項

第1款　規範的部分と債務的部分

1　問題の所在

　労働組合法18条1項所定の実質的要件（→前掲第3章）が充足され、申立・決定・決議の手続的要件（→前掲第4章）が充足された場合、当該地域（一の地域）において従事する他の同種の労働者及びその使用者も当該労働協約（一の労働協約）適用を受ける。

　労働協約の協約条項のうち、どの部分を拡張適用の対象としうるのか、労働組合法18条1項は定めていない。そこで、協約条項のどの部分を拡張適用の対象としうるのかが問題となる。

　この点について、労働協約の規範的部分を拡張適用の対象としうることに異論はないと思われる。しかし、第一に、債務的部分は拡張適用される事項ではないという見解が多い。第二に、協約当事者である労働組合の組合員の労働条件変更、懲戒、解雇、賃金決定等に関して、使用者に労働組合との事前協議を義務付ける協約条項あるいは労働組合の同意を必要とする協約条項（以下「協議条項・同意条項」という）については、当該協議・同意条項が債務的部分に属し、かつ、債務的部分は拡張適用の対象とならないことを前提として、拡張適用される事項ではないとする見解も存在する。

　しかし、過去の申立の中には、労働協約中の協議条項やショップ条項等について拡張適用の申立がなされた例が少なからず存在する。また、協議条項等に関して地域的拡張適用を肯定した決議・決定も少なからず存在する。さらに、拡張適用が不能な部分を除き、債務的部分も拡張適用の対象となると解する以前の行政解釈や学説も存在する。

　そこで、第一に、労働協約の債務的部分は、拡張適用される事項であるのか、

第二に、協議条項・同意条項は拡張適用の対象としうるのかを検討する。

2　先例と議論状況

(1)　労働条件変更等に関する協議義務

労働協約の中の協議条項について、地域的拡張適用を肯定した先例として次のものがある。

① 吉野連合労組事件

吉野連合労組事件（No.7事件・拡張適用肯定）[1]の地労委決議及び県知事告示では、次の各条項について、次のとおり読み替えて、拡張適用を肯定した。

〇労働協約

（甲：吉野製材工業協同組合　　乙：吉野連合労働組合）

第4条　賃金の更改、決定に関しては甲組合員と乙分会と協議して行う。

第6条　臨時に休日を変更し就業時間を変更する場合はその都度甲乙協議の上行うものとする。

第12条　本協約の有効期間は本協約の締結の日より1ヶ年とする。但し、期間満了前に甲乙改廃の有無を協議し必要ある場合は期間満了2ヶ月以内に次期協約を締結するものとする。

本協約は、期間満了後と雖も2ヶ月間は有効とする。

〇地労委決議・県知事告示の読み替え条項

「甲」又は「甲組合員」→「使用者」

「乙」又は「乙組合員」→「労働者」

「乙分会」　　　　　→「従業員代表者」

② 函館製材労組事件

函館製材労組事件（No.12事件・拡張適用肯定）[2]の地労委決議では、労働協約中の次の条項について、「組合」という文言の読み替え規定を置かないまま、拡張適用を肯定した。

〇労働協約

第16条　給与に関し必要なことでこの協約書に定められていない細項は使用者組合協議の上別に定める。

---

[1]　中央労働時報173号21頁、労働委員会年報6号〈昭26〉231頁。
[2]　労働委員会年報6号〈昭26〉231頁、中央労働時報190号24頁、労働法律旬報78号16頁。

これは、「組合」という文言を「従業員代表」と読み替える規定を置くことを失念したのか、それとも、拡張適用事業場の給与に関して、申立組合と使用者との協議を義務付けたのか、不明である。いずれであるにせよ、地労委決議では、協議条項についての拡張適用を肯定している。

③ 全日本港湾労働組合九州地方唐津支部事件

全日本港湾労働組合九州地方唐津支部事件（№11事件・一部拡張適用肯定の中間決議・取下）では、港湾荷役を1社が独占していたところ、新規参入企業の2社が低労働条件の臨時雇の労働者を使用してダンピング受注を行なってきた事案である。申立人組合は、申立時点では、賃金や労働時間等の労働協約の規範的部分の全面適用を求めていたが、調査の過程で申立の趣旨を変更し、「細目の賃金は違っていても、その決定方法、骨組み、枠といったものは統一したい」との意向表明をした[3]。これを受けて、佐賀地労委は、拡張適用を肯定する中間決議をなしたが、一部修正適用することとし[4]、一部修正適用の具体的方法については、「賃金の内容については、労使双方協議の上別途定める。」というような債務的効力の範囲で修正適用を肯定する意見が出されていた[5]。このように、佐賀地労委では、協議条項について拡張適用をなし得ることを前提としていた。（なお、かかる修正の可否については、前掲第4章第2節第2款5(1)参照。）

(2) 自己都合退職金制度の自発的創設／吉野連合労組事件

吉野連合労組事件（№7事件・拡張適用肯定）[6]の地労委決議及び県知事告示では、労働協約中の次の条項について、拡張適用を肯定している。

　○労働協約

　　　　（甲：吉野製材工業協同組合　　乙：吉野連合労働組合）

　　第9条　乙組合員が自己の都合により退職する場合の退職金に付いては甲組合員に於いて決定するものとする。

　○地労委決議・県知事告示の読み替え条項

　　「甲」又は「甲組合員」→「使用者」

　　「乙」又は「乙組合員」→「労働者」

---

[3] 中央労働時報190号23頁。
[4] 労政時報1157号19頁。
[5] 中央労働時報190号23頁、労政時報1157号20頁。
[6] 中央労働時報173号21頁、労働委員会年報6号〈昭26〉231頁。

「乙分会」　　　　　　→「従業員代表者」

(3) 漁獲量の確認のための代表の立会権・苦情処理委員会設置条項
　　／牛深地区漁民労働組合事件

　牛深地区漁民労働組合事件（No.10事件・拡張適用否定）では、第2号協約の中に、第6条で「甲（注：牛深町鰯揚繰網組合）の組合員は乙（注：牛深町漁民労働組合）の組合員に水揚量を確認せしめるために桶計の際に母船の船頭又は適当な乙の組合員の代表者を立ち会わしめる」との水揚げ量確認のための組合代表の立会権を規定していた。また、その第9条では「甲乙両者より同村の代表者を選出し苦情処理委員会を設置する。苦情処理委員会の構成並びにその任務等に関しては別に規程を設ける。」と定めて、苦情処理委員会の設定について規定していた。
　地労委は、「協約の内容は取り立てて云うほどのものはなく、労働条件その他労働者の待遇に関する基準において網元39名に共通する就業規則の定めるところと格別異同はない」との理由で、拡張適用を否定する決議を行った。

(4) クローズド・ショップ協定／全港湾四国地方宇和島支部事件

　全港湾四国地方宇和島支部事件（第二次）（No.18事件・取下）[7]では、労働組合が職業安定法第45条に基づく労働者供給事業の許可を得て、宇和島港における木材業者の行う木材荷役に関して労務供給を行っており、1953(昭和28)年には、木材荷役を扱う木材業者41社により組織された宇和島木材事業主連盟会との間で「連名会は原則として宇和島港における港湾荷役作業に組合の組合員以外は使用しない。但し緊急の作業により組合の労働者に不足を生じたる場合、若しくは組合員以外を使用する場合は連盟会、組合協議の上善処する」とのクローズド・ショップ条項（第7条）を締結した。その後、1958(昭和33)年時点で、宇和島港の積込作業員は55名おり、その全員が組合員であった。他方、上記連盟会の構成社は31社に減少する一方、新規参入が8社加わった。これらの新規参入社は、組合から積込作業員の供給を受けつつも、組合と労働協約締結には応じなかった。このため、組合員である積込作業員の賃金は、協約非締結社で就労する場合には、協約締結社で就労する場合と比較して低額であった。そこで、組合は、これら新規参入社とそこでの就労者に対し労働協約を拡

7　労働委員会年報13号(昭33)164頁、中央労働時報340号25頁。

張適用させる目的で、地域的拡張適用の申立を行った。地域的拡張適用の申立のなされた労働協約には、上記のクローズド・ショップ条項（第7条）が含まれていた。

当該事件は、最終的に取下で終わっており、地労委の決議は存在しない。また、地労委の審査の過程で、クローズド・ショップ条項の地域的拡張適用の可否について検討をしたのか否かは明らかでない。

⑸　ユニオン・ショップ協定／牛深地区漁民労働組合事件

牛深地区漁民労働組合事件（No.10事件・拡張適用否定）では、第1号協約のユニオン・ショップ条項の拡張適用の可否が争点であった。ただし、このユニオン・ショップ条項は、「甲の揚繰網漁業に従事する所属乗組員は乙の組合員とする」と定めるのみで、非組合員に関する使用者の解雇義務付け条項はなかった。熊本地労委は、このような条項を拡張適用することの可否については一切判断を示さず、当該協約の適用される労働者の数が66％強であって「同種労働者の大部分」の要件を充たさないとの理由で、拡張適用を否定した。

なお、那須北部木材産業労働組合同盟事件（No.6事件・取下）、及び、紀州砥石労働組合事件（No.16事件・取下）の各申立においても、拡張適用を求める労働協約にショップ条項があった模様であるが[8]、これを確認できる資料の発見には至ってはいない。

3　行政解釈

⑴　1959年以前の行政解釈

拡張適用される労働協約の条項については、旧24条に関する次の解釈通牒が発せられ、「労働条件その他の労働者の待遇に関する基準」のみに限定されず、適用が不能な条項以外はすべて拡張適用の対象になるとされていた。

【拡張適用される労働協約の内容】
　問　労働委員会の決議及び行政官庁[9]の決定に基づく拡張適用の効果は、当該労働協約の中労働条件その他の労働者の待遇に関する基準のみに限定せられるものか。

---

[8]　北村（1958）167頁。

[9]　1949年の労働組合法改正の際、旧24条にあった「行政官庁」との文言は、「労働大臣又は都道府県知事」に改められた。

(昭22・6・10岩手県知事発)

答　行政官庁の決定に基づく効果（即ち当該地域に於いて従業する他の同種の労働者及び其の使用者に対する当該協約の適用）は労働条件その他の労働者の待遇に関する基準のみに限定されるものでなく、労働組合法第24条第2項の修正[10]がなければ当該労働協約全体に及ぶものである。但しその協約中の一部が適用できない場合については、その適用不能の部分が適用されないことは勿論である。

(昭22・7・2労発第343号労政局長発岩手県知事宛)[11]

(2) 1959年以降の行政解釈

拡張適用される労働協約の条項について、1959（昭和34）年に次の通牒が発せられ、前掲(1)記載の解釈通牒は改められ、労働協約の中の規範的部分（労働条件その他の労働者の待遇に関する基準を定めた部分）だけに限定されるとの行政解釈が示される。

【拡張適用される労働協約の内容】

問　管下某労組から労働組合法第十八条の規定に基き、労働協約の拡張適用につき申請がありましたが、左記のとおり疑義がありますので御回答願います。（要旨）

記

拡張適用する旨の決定をした場合、拡張適用されるのはいわゆる規範的事項だけであるか、又は規範的事項たると債務的事項たるとを問わず当該労働協約の全部が適用せられ、拡張適用不能の事項だけが適用せられないものであるか。

(昭和34年2月3日　愛媛県商工労働部長発)

答　労働組合法第十七条又は第十八条の規定に基く労働協約の一般的拘束力により拡張適用される労働協約の範囲は、労働協約の拡張適用制度の本質にかんがみ、当該労働協約のうち、いわゆる規範的部分すなわち労働条件その他の労働者の待遇に関する基準を定めた部分のみに限られ、いわゆる債務的部分は含まれないものと解する。

10　現行法18条2項による修正。
11　労働省労働関係法令解釈総覧(1954) 827〜828頁。

(昭34・8・24労発第119号労政局長発愛媛県知事宛)[12]

4 学 説

(1) 「規範的部分」に限定する説

東大労研註釈労組法(1949)170頁は、拡張適用される協約条項を規範的部分のみに限定する。その理由については労働組合法17条の場合と同じとしている。同書162頁では、労働組合法17条に関し、拡張適用される協約条項を規範的部分に限定すると解する根拠について、債務的部分については「組合員自身が協約上の権利義務をもつのではなく、単に組合員が、組合員としての資格で、労働組合に対して、組合の使用者に対する義務を果たさせるために助力するという、組合内部の義務を負うだけである」と指摘する。

これ以外に、拡張適用される協約条項を規範的部分に限定する見解としては、吉川(1948)149頁、菊池・林労組法(1954)194頁、横井(1957)1045頁、近藤(1963)155頁、吾妻編労組法(1959)401頁、外尾労働団体法(1975)650頁、東大労研注釈労組法(1982)875頁、盛労働法総論・労使関係法(2000)348頁、西谷労組法(2006)390頁、荒木労働法(2009)529頁、菅野労働法(2010)613頁等がある。

吾妻編労組法(1959)401頁は、規範的部分のみに限定する理由として、仮に、協約外使用者と協約外未組織労働者との協議条項を定めてみても、拡張適用地域が極めて狭い場合を除き、労働者が代表を選出することは不可能であることを指摘する。同旨、久保(1963)140～142頁。

沼田労働法(1975)239頁は、債務的部分ないし組織的部分を拡張適用することは介入的でありすぎるし現実的ではないとの理由で、基準的部分（規範的部分）に限定して拡張適用の効力を肯定する。

(2) 「規範的部分」に限定しつつ「規範的部分」を拡張する説

片岡(1957)28頁は、協約の債務的部分については、拡張適用されないとするが、規範的部分の範囲について広く解し、当該規定が個別労働関係の内容を規律するか否かのみから決定すべきではなく、例えば、労働者の経営参加に関する条項のように、直接個々の労働者の行為を規律することを目的としないものでも、組織体として必要な秩序の形成と運用について労働者の関与を認める

---

12 厚労省労使関係法解釈総覧(2005)217頁。

ものについては、規範的効力を肯定する。
　田中(1961)55〜56頁は、ドイツの旧協約令の下では、規範的部分が狭く、内容規範に限定されていたのに対し、1953年の連邦協約法では、法律上、拡張適用の及ぶ範囲が規範的部分に限定されてはいるが、規範的部分が非常に拡大され、一般の協約条項の大部分が規範的部分に含まれ、協約の中の債務的部分は、平和義務、実行義務、及び、協約当事者間の随意の協定程度であると指摘する。
　安屋(1966)334頁は、拡張適用される条項はいわゆる規範的部分に限るとしつつ、解雇協議条項等については規範的部分であるから拡張適用されるとする。

(3)　「規範的部分」に限定しない説
　正田(1952)68〜70頁は、労働協約の内容を規範的部分と債務的部分に分けること自体に根本的な疑問があるとし[13]、労働協約はその全体が有機的一体となって単一の規範を形成し、各条項は密接な相互関連を有し、その総ての条項が本質的に規範としての性質を具有しているのであるから、地域的拡張適用の効力が生じる範囲を規範的部分に限ることは疑問であるとし、結論として、1959年以前の行政解釈と同じ見解（前掲3(1)）をとる。
　森長(1953)292頁は、債務的部分と規範的部分とは重複する場合も多く、また、両者が条件関係にある場合もあることも考えると、この両者を分類することに問題があるとし、決定で条項が指定されない限りは、地域的拡張適用の効力は両者に及ぶとする。

(4)　労組法18条の制度趣旨に基づく解釈論
　クローズド・ショップ条項及びユニオンショップ条項について、久保(1963)137頁は、ドイツの一般的拘束力宣言制度に関する協約非関与労働者をして強制的に組合員たらしめるものではないとの学説を引用した上で、日本の労働組合法18条の規定についても、協約の拡張適用規定であって労働組合の拡張適用ではないと指摘し、ショップ条項については拡張適用の効力が生じないとする。

---

[13]　同旨、森長(1953)57〜60頁。

5 検討

(1) 結論

　第一に、労働協約の条項は、規範的部分か債務的部分かに関わらず、いずれも拡張適用される事項である。したがって、債務的部分である、労働組合に対する便宜供与、労働条件に直接影響を与えない協議条項、ショップ制も拡張適用することができる。しかし、例外的に、客観的に拡張適用が不能である条項、又は、労働条件の統一的基準を設定しより有利な労働条件も認めない条項、もしくは、労働条件を不利益に変更する条項等、地域的拡張適用の意義・趣旨・目的に適合しない条項は拡張適用することはできない。その理由は、以下の(2)～(7)で述べるとおりである。

　第二に、協議条項・同意条項は、協約条項の読み替えを行って拡張適用することを申立人が求め、当該読み替え後の条項が地域的拡張適用の意義・趣旨・目的に適合しない特段の事情・理由が存在しないときは、拡張適用が可能である。その理由は、以下の(8)で述べるとおりである。

　協議条項・同意条項は、使用者の解雇権、労働条件変更権、懲戒権の行使要件となっているような場合は、労働協約の規範的部分に属し（→前掲第1章第6節4(1)(2)）、拡張適用の対象となった労働契約に対して規範的効力を及ぼす（→後掲第2節第2款4(1)）とともに、当該労働契約の当事者である使用者と労働協約当事者である労働組合との間で債務的効力を有する（→後掲第2節第1款2）が、協議の不履行が契約内容に直接影響を与えず債務的部分に属する場合は、当該労働契約の当事者である使用者と労働協約当事者である労働組合との間の債務的効力のみを有する。

(2) 理由①　公正競争の実現

　地域的拡張適用制度の意義・趣旨・目的は、「一の地域」の「同種労働者」の労働条件の維持・向上と協約当事者である労働組合の団結権強化のための措置の拡大により、使用者相互間及び労働者相互間での公正競争を実現させ、協約当事者たる使用者の経営を維持・安定化させ、もって、当該労働協約を保護し、協約当事者である労働組合の組合員の雇用と労働条件の維持・向上を図ることにある。

　使用者相互間の公正競争を考えるならば、労働協約の規範的部分のみが使用者の労務コストとなるのではなく、債務的部分も労務コストとなる。したがっ

て、事業主相互間の公正競争を実現させるためには、労働協約の規範的部分と債務的部分を区別することなく、拡張適用される必要があり、規範的部分のみを拡張適用の対象とすべき理由は存在しない。

　例えば、便宜供与や、協議条項・同意条項、情報提供に関する条項、苦情処理委員会制度の設置等について、協約当事者である使用者は、解雇・労働条件変更・懲戒をなす際あるいは直接労働条件に関係がないが様々な場面で行うべき手続として協議条項又は同意条項の履践に努め、便宜供与や情報提供、苦情処理をなす義務を負い、この履践に伴う労務コストを負担する。便宜供与、協議条項・同意条項、情報提供、苦情処理委員会の設置等について拡張適用される事項ではないと解すると、協約当事者ではない使用者は、便宜供与、協議・同意、情報提供、苦情処理を負担することなく、この分の労務コストを軽減させることができる。このことは、協約当事者である使用者とそれ以外の使用者との間の競争条件の差異を産み出す。

　また、ユニオン・ショップ制やクローズド・ショップ制は、使用者が当該組合員以外の労働者の労働力を利用することを禁止し、もって、安価な労働力の利用と労働条件の引き下げを阻止する機能を有するものであり、当該労働協約を締結している使用者には労務コストを負担させることになるが、労働協約当事者ではない使用者にとっては、安価な労働力を利用し労務コストを軽減させることができる。

　したがって、公正競争を実現させるためには、便宜供与、情報提供、ショップ制などの債務的部分、あるいは、協議条項や同意条項については、規範的部分のみならず債務的部分と判断されるものも含めて、拡張適用の対象とすることが必要である。

(3)　理由②　労働条件の維持・向上のための必要性

　前記の牛深地区漁民労働組合事件（No.10事件・拡張適用否定）では、鰮（いわし）の漁獲量に応じて労賃が決定されるため、水揚量確認のために、母船の船頭又は組合の代表者の立会権を労働協約の中で定めていた。しかし、この立会権が履践されない場合の労賃計算方法等に関する定めは存在しなかった。

　もしも仮に、立会権が履践されない場合の労賃計算方法の定めがあれば、水揚量確認のための立会権は規範的効力を有し、個別の労賃額を決定する要素として作用するが、この事件のように立会権が保障されなかった場合の法的効果が定められていない場合においては、立会権を定める協約条項は規範的部分で

329

はなく、債務的部分と解さざるを得ない。
　また、この事件においては、苦情処理委員会制度の規定があるが、賃金額に関する不服について苦情処理委員会を経ない使用者の処分の効力について定めがなく、これについても債務的部分と解さざるを得ない。
　この立ち会い権や苦情処理委員会制度に典型的に見られるように、債務的部分は、使用者の法律行為の効力又は賃金額のような労働者の権利義務の具体的内容を直接決定するものではないが、労働契約上の権利義務関係が適正かつ公正に設定されるように手続上の保障をなす性質のものもある。こうした手続上の保障も間接的に「労働条件」を維持・向上させるものであり、これを拡張適用される事項から除外すべき合理的理由は存在しない。

(4)　理由③　団結権の強化のための措置の拡大
　ユニオン・ショップ又はクローズド・ショップは、協約当事者である労働組合の団結権を強化するための措置でもあり、この観点からも、協約当事者である労働組合の組合員の雇用保障と労働条件の維持・向上という、労働協約の地域的拡張適用制度の目的に合致し、地域的拡張適用の対象となし得る。
　但し、当該ショップ条項は、協約当事者である労働組合以外の労働組合、及び、その組合員の団結権等を侵害することはできないから、当該ショップ条項が、協約締結組合以外の他の労働組合に加入している者及び締結組合から脱退し又は除名されたが、他の労働組合に加入し又は新たな組合を結成した者についての使用者の解雇義務も含む場合（ユニオン・ショップ条項とクローズド・ショップ条項）、あるいは、協約締結組合以外の労働組合の組合員と労働契約を締結しない義務（クローズド・ショップ条項）を含む場合は、その部分は、民法90条に反し無効であり、それ以外の、未組織労働者に対する解雇義務（ユニオン・ショップ条項とクローズド・ショップ項）、あるいは、未組織労働者と労働契約を締結しない義務（クローズド・ショップ条項）の部分のみが、拡張適用の対象となる[14]。

(5)　理由④　地域的拡張適用制度の沿革と法文
　地域的拡張適用制度の法制化に至る過程で、地域的拡張適用の対象を協約中

---

[14]　ユニオン・ショップ条項については、三井倉庫港運事件最一小判平成元・12・14民集43巻12号2051頁等参照。

の規範的部分のみに限定し、債務的部分を除外する旨の意見や検討がなされた形跡は見当たらない。

　また、労働組合法18条1項も、拡張適用される事項を限定しておらず、債務的部分を適用対象から除外するとの規定はない。

(6)　例外①　客観的に拡張適用が不能な条項

　地域的拡張適用の対象とすることができない協約条項としては、第一に、客観的に拡張適用不能な条項がある。例えば、特定の争議や紛争に関し、当該紛争を個別的に解決するために締結された協約条項である。

(7)　例外②　上回ることも下回ることも許容しない基準、又は、労働条件の不利益変更を定める条項

　地域的拡張適用の対象となり得ない協約条項としては、第二に、より有利な労働条件も不利な労働条件も許容しない基準を設定する条項、又は、労働条件の不利益変更を定める条項がある。これらの条項は、地域的拡張適用制度の意義・趣旨・目的に適合せず、拡張適用の対象とすることはできない。

　けだし、労働協約において、最低基準のみならず、上回ることも下回ることも許容しない基準や労働条件を不利益に変更する条項を定めることも協約自治の範囲内であり原則として自由であるが、地域的拡張適用は、主として、協約当事者である使用者（又は使用者団体の構成員である使用者）以外の使用者の締結する労働契約を労働協約の定める水準に引き上げることによって、公正競争を実現し、協約当事者である使用者の経営の維持・安定化を図り、もって、当該労働協約を保護し、協約当事者である労働組合の組合員の雇用保障と労働条件の維持・向上を目的とする制度であるところ、協約当事者である使用者（又は使用者団体の構成員である使用者）以外の使用者の締結する労働契約が労働協約の定める基準を上回っていても、協約当事者である使用者の経営に悪影響をもたらすものではなく、協約当事者である労働組合の組合員の雇用保障と労働条件の維持・向上にも何ら悪影響をもたらすものでなく、むしろ、協約当事者である労働組合の組合員のさらなる労働条件の維持・向上の契機となるからである（→前掲第2章第5節第1款4）。

(8)　協議条項・同意条項

　協議条項・合意条項を構成する主語や目的語は、協約当事者である労働組合

と使用者、及び、当該労働組合に所属する労働組合員を表示しているのが通常である。この文言をそのままにして拡張適用した場合には、拡張適用の対象となる労働者が協約当事者である労働組合に加入した場合においてのみ効力が生じるのか、それとも労働者が協約当事者である労働組合に加入しなくても当該労働組合が協議するのか、当該労働組合ではなく拡張適用の対象となる労働者の所属する事業場の労働者代表が協議するのか、また、協約当事者である労働組合が存在しない企業ではどうなるのか等が明らかではなく、拡張適用される事項が特定されていない（→前掲2(1)②）。

したがって、拡張適用の申立人は、これらの条項の主語や目的語等をどのように読み替えて拡張適用を求めるのかを明らかにすべきであり、読み替えが明確で、かつ、読み替え後の条項が地域的拡張適用制度の意義・趣旨・目的に適合しないなど特段の事情・理由が存在しない限り、拡張適用の対象となる。問題は、使用者が協議する相手方を「協約当事者である労働組合」から、何に変更すればよいかであるが、「労働者代表」「従業員代表」であれば問題にはならないであろう。労働委員会が、かかる読み替えにより拡張適用を行った先例もある（→前掲2(1)①）。

協議の相手方は変わらず協約当事者である労働組合とした場合は議論のあるところであろうが、拡張適用の対象となる労働者が未組織労働者で当該労働組合の組合員資格を有する場合に限定するのであれば、債務的部分に属する協議条項については公正競争の観点からも肯定され、規範的部分に属する協議条項も、拡張適用される事項は最低基準を定める事項のみである（→後掲第2節第2款4(1)）から、肯定されると解する。

なお、協議条項・同意条項について拡張適用の申立がなされ、その趣旨が明らかではない場合は、労働委員会は、「労働者代表」「従業員代表」との協議等を求めるのか、それとも、当該労働組合との協議等を求めるのかその趣旨を明確にするように補正を求める必要があり、それでもなお、申立人が申立の趣旨を特定しない場合には、当該条項について地域的拡張適用を求める部分を却下することになる。

第2款　協約条項の一部のみを拡張適用事項とすることの可否

拡張適用される事項については、労働協約の条項の範囲内でその一部のみを拡張適用することができるかどうかも、論点となる。

この点については、すでに検討したとおり（→前掲第3章第2節第4款）、拡

張適用の申立人は、労働協約の条項の範囲内で、その一部のみを「一の労働協約」として選択することができ、その選択が、地域的拡張適用の意義・趣旨・目的に適合しない等の特段の事情・理由が存在しない限り、申立人の選択した協約事項が、「一の労働協約」に該当する。

したがって、労働協約の条項の一部のみを拡張適用の対象とすることは可能である。

第2節　地域的拡張適用の効力

第1款　債務的効力

1　債務的部分

拡張適用される事項（労組法18条1項所定の「一の労働協約」）としては、規範的部分のみならず、債務的部分もありうる（→前掲第1節）。そこで、拡張適用の対象となる債務的部分は、どのような債務的効力を有するかが問題となる。以下、問題となる主なものとして、①労働組合に対する便宜供与、②団体交渉の手続条項、③ショップ条項について検討する。

(1)　便宜供与

協約当事者である使用者が協約当事者である労働組合に事務所や掲示板の貸与を行う等の便宜供与に関する条項については、拡張適用の対象となった使用者は、当該条項の債務的効力に基づき、協約当事者である労働組合に対して、当該貸与義務等を負う。ただし、当該使用者と労働契約を締結している労働者の中に協約当事者である労働組合の組合員が存在しない間は、当該使用者の具体的義務は発生しないと解すべきである。

(2)　団体交渉の手続条項

協約当事者である使用者及び労働組合が団体交渉にあたって遵守すべき手続条項については、当該条項の債務的効力に基づき、協約当事者である労働組合と拡張適用の対象となった使用者は、お互いに対して、当該条項を遵守する義務を負う。ただし、当該使用者と労働契約を締結している労働者の中に協約当事者である労働組合の組合員が存在しない間は、協約当事者である労働組合は

当該使用者の「雇用する労働者の代表者」(労組法7条2号) ではないから当該使用者は協約当事者である労働組合に対し団交義務を負わず、したがって、当該労働組合と拡張適用の対象となった使用者の具体的義務は発生しない。

(3) ユニオン・ショップ条項・クローズド・ショップ条項

ユニオン・ショップ条項とクローズド・ショップ条項については、拡張適用の対象となった使用者は、当該条項の債務的効力に基づき、協約当事者である労働組合に対して、未組織労働者を解雇する義務（ユニオン・ショップ条項とクローズド・ショップ条項）、あるいは、未組織労働者と労働契約を締結しない義務（クローズド・ショップ条項）を負う（→前掲第1節第1款5(2)）。

労働者は協約当事者組合又はそれ以外の労働組合のいずれかの労働組合に加入していればよく、当該使用者は、いずれの労働組合にも加入していない労働者について解雇義務あるいは労働契約を締結しない義務を負う。

2　規範的部分

拡張適用される事項（労組法18条1項所定の「一の労働協約」）が、規範的部分である場合、当該規範的部分には債務的効力もある。

したがって、第一に、拡張適用の対象となった使用者は、協約当事者である労働組合に対して、「一の地域」（拡張適用の地理的範囲）において従事する「他の同種の労働者」（拡張適用の人的範囲）（「一の労働協約」の適用を受けるに至っていない労働者であり、協約当事者である労働組合の組合員である場合もそれ以外の労働者である場合もある）との間の労働契約について、労働協約の定める基準を遵守する義務を負う。

第二に、協約当事者である使用者（又は使用者団体の構成員である使用者）は、協約当事者である労働組合に対して、「一の地域」（拡張適用の地理的範囲）において従事する「他の同種の労働者」（拡張適用の人的範囲）（「一の労働協約」の適用を受けるに至っていない労働者）との間の労働契約についても、新たに、労働協約の定める基準を遵守する義務を負う。

第2款　規範的効力

1　問題の所在

拡張適用される事項が規範的部分である場合、この規範的部分は拡張適用の

対象となる労働契約に対して規範的効力を有する。この規範的効力について、学説は、理論的根拠は必ずしも明確ではないが、最低基準効であると解している。

これに対し、先例の中には、労働委員会に設けられた小委員会が労働協約の地域的拡張適用には不利益変更効があることを前提としたと思われる見解を示し、申立の取下に至った例が見られる。

そこで、拡張適用される事項の規範的効力の具体的内容について検討する。

2　学　説

労働協約の地域的拡張適用の効力に関して、最低基準効に限定し、不利益変更効を認めないことを明言している学説としては、正田(1952)70頁、菊池・林労組法(1954)194頁、峯村労働法講義(1958)123頁、近藤(1963)156頁、東大労研注釈労組法(1982)876頁、西谷労組法(2006)390頁等がある。

学説上、両面的規範的効力を肯定するものは見当たらない。

3　先　例

和歌山県木材労働組合日高支部事件（No.5事件・取下）[15]の小委員会報告書では、組合員と非組合員との労働条件を比較し、賃金格差はないが、勤務時間は非組合員の方が優位にあること、これに伴い、もしも労働協約をそのまま拡張適用する場合には、非組合員の労働条件の部分的引き下げになることの指摘がなされ、労働委員会で現協約に修正を加えて拡張適用を決議することの可否について検討すべきことが提起され、最終的に事件の取下に至っている。

この小委員会報告は、労働組合法17条による工場事業場単位の拡張適用と同様に、労働組合法18条による地域的拡張適用も、不利益変更効を有することを前提として出されたと推測される。

4　検　討

(1)　拡張適用される事項と規範的効力の内容

既に検討したように（→前掲第1節第1款5(1)(7)）、より有利な労働条件も不利な労働条件も許容しない基準を設定する条項、又は、労働条件の不利益変更を定める条項は、地域的拡張適用制度の意義・趣旨・目的に適合せず、拡張適

15　中央労働時報201号23頁。

用することはできない。

　けだし、地域的拡張適用は、主として、協約当事者である使用者（又は使用者団体の構成員である使用者）以外の使用者の締結する労働契約を労働協約の定める水準に引き上げることによって、公正競争を実現し、協約当事者である使用者の経営を維持・安定化させ、もって、当該労働協約を保護し、協約当事者である労働組合の組合員の雇用保障と労働条件の維持・向上を目的とする制度であるところ、協約外の使用者の締結する労働契約が労働協約の定める基準を上回っていても、協約当事者である使用者の経営に悪影響を及ぼすものではなく、協約当事者である労働組合の組合員の雇用保障と労働条件の維持・向上にも何ら悪影響をもたらすものでなく、むしろ、協約当事者である労働組合の組合員のさらなる労働条件の維持・向上の契機となるからである（→前掲第2章第5節第1款4）。

　また、労働協約の地域的拡張適用制度の沿革をみても、法案作成者は、地域的拡張適用によって労働条件を引き下げることを予定しておらず、かかる引き下げをもたらすと解釈されるおそれのある労働協約については、労働委員会に協約条項を修正させることとした（→前掲第1部第1章第3節第2款4(4)）。

　したがって、労働協約の規範的部分に属する条項で、拡張適用される事項は、労働条件の最低基準を設定する条項のみであり、その規範的効力は、最低基準効である。

⑵　上回ることも下回ることも許容しない基準
　　又は労働条件を不利益に変更する条項の取扱

　申立人が地域的拡張適用を求める労働協約の中に、上回ることも下回ることも許容しない基準、又は、労働条件を不利益に変更することを定める条項が含まれている場合、当該条項を、拡張適用することはできない（→前掲第1節第1款5(1)(7)）。

　また、労働委員会は、労働協約の中の「不適当な部分」を変更する権限を有するが、労働委員会がこの変更権を行使し得る範囲には限界があり、新たな義務や負担の創設、労働協約の定めの実質的変更、及び、「一の労働協約」の定める最低基準の引き下げはできない（→前掲第4章第2節第2款5）。このため、上記の条項を最低基準を設定する条項に改めることはできない。また、申立人の意思に反して、申立人が拡張適用を求める条項の一部のみを拡張適用の対象とすることはできない。

したがって、労働委員会は、申立人に対し、拡張適用される事項について、拡張適用可能な条項のみに限定するように補正を求め、申立人が補正に応じないときは、拡張適用できない事項をも含む申立にかかる条項全体を一体不可分のものとして拡張適用することを求める趣旨であると解されるので、申立全部を却下すべきである。

これに対し、労働協約の中に、協約当事者は最低基準を設定する意思であるが、労働協約の条項の文言は最低基準であることが明らかでない条項（例えば、「年間休日を86日と定める」との条項）について、最低基準であることが明らかである文言（例えば「年間休日を86日以上と定める」）に修正することは可能である。

第3款　労働協約の終了・延長・変更と拡張適用の効力

1　問題の所在

労働協約の終了・延長・変更と拡張適用の効力に関する論点は、①労働協約の終了と同時に地域的拡張適用の効力は失われるのか、②決定・公告で定める拡張適用の期間中に労働協約が破棄された場合、地域的拡張適用の効力は失われるのか、③自動延長条項のある労働協約の拡張適用の決定・公告に拡張適用の期間の定めが置かれていない場合、労働協約が自動延長されれば、拡張適用の効力も自動延長されるのか、④拡張適用されている労働協約の条項の一部について、拡張適用の決定・公告で定める拡張適用期間中に、協約当事者が変更を行った場合、拡張適用の効力にいかなる影響を及ぼすのか等である。

また、手続に関する論点は、上記の事由により拡張適用の効力に変化が生じた場合、労働委員会は拡張適用の効力に関する決議を行なう必要があるのか、また、大臣・知事は拡張適用に関する決定・公告を行う必要があるのか否かである。

2　先例と議論状況

ゼンセン同盟事件（第一次・No.22事件）では、労働協約の中に自動延長条項があり、「この協定の有効期間は、昭和56年9月1日から1年間とする。なお、この協定の有効期間が満了になっても新協定が締結されないときは、この協定の効力は、2年間延長される。」と定めていた。地労委の拡張適用を肯定する決議の主文では、拡張適用される条項としてこの条項を明記し、かつ、拡張適

用の開始時期を1983(昭和58)年9月1日からと定めていたから、この地労委決議では、拡張適用の終期は1984(昭和59)年8月末日と定めていることが明白であった。ところが、県知事の決定には、拡張適用される条項の中に協約の上記自動延長条項が含まれていなかった。このため、労働協約の期間が満了しても当然には拡張適用の効力が失われないという説をとるのであれば、1984(昭和59)年9月1日以降も拡張適用の効力が継続すると解することが可能であった。また、1984(昭和59)年8月末日までに、従前の労働協約と同一内容の協定を再締結すれば、1984(昭和59)年9月1日以降も拡張適用の効力が継続すると解することも可能であった。このように、労働協約の終了と拡張適用の効力との関係を巡る具体的な問題がおき、解釈上の疑義が生じて、混乱が発生した(→前掲第1部第3章第3節第6款6(3)、同第9款1)。

最終的に、ゼンセン同盟は、かかる混乱を収束させるために第二次申立をなし、地労委は、この第二次申立に関して拡張適用の始期だけでなく終期を定める決議を行い、県知事もこれと同じ決定を行い、第二次申立については、上記の混乱が生じることはなかった。

3　行政解釈

(1)　1948年の労政局長通牒

労働協約が失効した場合における地域的拡張適用に関する決定の拘束力について、旧24条に関する解釈通牒[16]では、一般的拘束力が消滅するとの見解が示されている。この通牒は現在も解釈例規集に登載されている。

【労働協約の失効と一般的拘束力の効果】

問　法第24条の規定に基づく行政官庁の決定があった場合、当該労働協約の有効期間が満了しても決定を取消さない限り一般的拘束力の効果は存続するか。

答　本条の決定は、当該協約の有効期間が満了し、又はそれが廃止された場合は、失効するから取消しを要しないで、一般的拘束力は消滅する。

(旧法解釈例規第5号、第7問、昭23・6・5労発第262号労政局長発)

(2)　1949年の労政局長見解

賀来労組法詳解(1949)も、労働協約の有効期間が満了した場合、又はそれが

---

[16]　労働省労働関係法令解釈総覧828頁。

廃止された場合は当然失効するのであるから、労働組合法18条の決定は、その決定の取消を必要とせず、労働協約が失効したときに一般的拘束力も消滅するとする（167頁）。厚労省労組法コンメ(2006)661頁も同旨である。

4　学　説

(1)　協約の有効期間満了等による終了

吉川(1948)157〜160頁は、ドイツの諸説を詳細に紹介した上で、協約が有効期間満了等により終了したときは、地域的拡張適用の効力は当然に消滅するという。

結論同旨、東大労研註釈労組法(1949)170頁、森長(1953)299頁、久保(1963)142頁、吾妻編労組法(1959)403頁、安屋(1966)334頁、東大労研注釈労組法(1982)877頁、盛労働法総論・労使関係法(2000)349頁、西谷労組法(2006)390頁、菅野労働法(2010)613頁。

(2)　協約当事者の合意による協約廃止

東大労研註釈労組法(1949)170頁は、協約当事者の合意により協約が廃止された場合、拡張適用の効力は当然消滅するとする。

同旨、森長(1953)298頁、横井(1957)1047頁、久保(1963)403頁、吾妻編労組法(1959)402〜403頁、東大労研注釈労組法(1982)877頁。

沼田労働法(1975)241頁は、協約当事者の合意による廃止により、拡張適用決定の取消決定をしなくても一般的拘束力が消滅すると解するのは法的安定の理念に反し、決定の取消又は原協約消滅の事実の確認の公告がなされた後に、初めて拘束力宣言の効果は消滅するとする。

(3)　協約当事者の合意による協約変更

協約当事者の合意による協約変更がなされた場合に関して、東大労研註釈労組法(1949)170頁は、拘束力が生じるには、再度の拡張適用決定が必要とする。同旨、吾妻編労組法(1959)403頁、久保(1963)142頁。

これに対し、森長(1953)298頁は、当然には失効しないとする。

また、横井(1957)1047頁は、変更部分について失効するとし、変更されない部分の効力を肯定する。

さらに、片岡(1957)29頁は、拡張適用のなされた協約が当事者の合意により一部修正された場合、重要な修正であれば、協約の拡張適用が失効し、重要

な修正に至らない修正については修正部分についてのみ拡張適用の効力が失われるとする。

　加えて、安屋(1966)335頁は、協約としての連続性があり、労働委員会が修正を必要としない限りは改訂変更された条項について、引き続き法18条に基づく効力が認められるとする。同旨、東大労研注釈労組法(1982)877頁。

5　検　討

(1)　地域的拡張適用の効力発生・存続要件

　地域的拡張適用の効力は、労働組合法18条及び関連条文の定める要件の全ての充足により発生し、その一つでも充足しなくなったときには、直ちに地域的拡張適用の効力を失う。この理は、労働組合法18条の法文それ自体から導かれるものである。

　地域的拡張適用の効力発生・存続要件は具体的には次のとおりである。

　A　拡張適用される労働協約が、労働組合法14条所定の要件を充足し、効力を有していること。
　　　（拡張適用される労働協約の全部又は一部が失効すれば、当該条項は協約当事者とその構成員を拘束しないのであり、それ以外の者を拘束すべき理由はない。）
　B　労働組合法18条1項所定の要件、すなわち、「一の地域において従事する同種の労働者の大部分が一の労働協約の適用を受けるに至つた」が充足されていること。
　　　（地域的拡張適用の正当化事由は、この要件を充足していることである。大臣又は知事の決定・公告の中で、拡張適用の期間を定めた場合もこの要件の充足が前提となる。）
　C　労働委員会の決議が存在し、労働委員会の決議が定める有効期間、適用条項、人的適用範囲等を充足していること。
　D　大臣又は知事の決定・公告が存在し、公告が定める有効期間、適用条項、人的適用対象等を充足していること。

(2)　労働協約の終了・延長・変更と拡張適用の効力

　労働協約の地域的拡張適用の効力発生・存続要件について、前掲(1)記載のとおり解することから、冒頭の「1　問題の所在」で提起した拡張適用の効力を巡る論点に関しては、次の結論が導かれる。

① 労働協約の終了と同時に拡張適用の効力は失われる。（前記Aの要件を充足しないため）
② 決定・公告で定める拡張適用の期間中に労働協約が破棄された場合、拡張適用の効力は失われる。（前記Aの要件を充足しないため）
③ 自動延長条項のある労働協約に関する拡張適用の決定・公告に拡張適用の期間の定めがなく、かつ、拡張適用の対象となる労働協約の条項に関して協約の自動延長条項が適用除外されていない場合には、Bの要件が充足されていることを前提とすると、労働協約が自動延長されれば、拡張適用の効力も自動延長される。（A、B、C、Dの各要件は充足されているため）
④ 拡張適用されている労働協約の条項の一部について、拡張適用の決定・公告で定める拡張適用期間中に、協約当事者が変更を行った場合、協約当事者が変更した条項について拡張適用の効力は失われる。（変更後の協約条項について、C及びDの要件が充足されていないため）

(3) 拡張適用の効力の変動に伴う手続

　労働協約の地域的拡張適用の効力に関して、前記のAからDまでの要件のいずれかを充足しない場合には、労働協約の地域的拡張適用の効力は、何の手続も要することなく、当然に失われる。
　しかし、この場合、労働協約の地域的拡張適用に関する公告をそのまま残すことは、混乱を招くので、混乱を防止する目的で、大臣又は知事は、労働委員会の決議を経て、労働協約の地域的拡張適用に関する決定の効力が喪失した日を明示して効力喪失に関する公告をなす必要がある。この公告の性質は、確認的・広報的なものであり、この公告の有無によって、労働協約の地域的拡張適用の効力が左右されることはない。

第4款　遡及効

1　学　説

　吉川(1948)152〜154頁は、ドイツの諸説を詳細に紹介した上で、協約当事者が協定した協約規範の効力発生日まで地域的拡張適用を遡及させることができるという。同旨、横井(1957)1044頁。
　これに対し、東大労研注釈労組法(1982)875頁は、協約規範の効力発生日まで遡及させることはできないが、拡張適用申立日まで遡及させることができる

としているが、その根拠は「と解するのが実際的」という以上に何も示されていない。その上で、西ドイツ労働協約法が一般的拘束力の付与される労働協約が更新もしくは改定される場合に遡及的宣言をなすことを認めていることを紹介している。

正田(1952)70頁は、遡及効を否定し、効力の始期は原則として決定の公告のときとする。同旨、森長(1953)298頁、吾妻編労組法(1959)400頁。

2 検 討

労働協約の地域的拡張適用は、協約当事者とその構成員以外の第三者の権利義務関係を規律するものであるところ、過去に遡って権利を制限し義務を課すことは、当事者に自発的な履行の機会を付与せずに、過去に生じた権利義務関係を覆滅するものであるから、これをなすべき高度の必要性があり、かつ、遡及効の根拠となる強行法規がない限りなし得ないと解する。日本法には、遡及効を肯定する法文がない以上、遡及効は生じない。

第3節 地域的拡張適用の範囲

第1款 拡張適用の対象

1 労働組合

労働協約の地域的拡張適用は、「一の地域」において従事する「他の同種の労働者」の労働条件の維持・引き上げと協約当事者である労働組合の団結権を強化する措置の拡大により、使用者相互間及び労働者相互間の公正競争を実現させ、協約当事者である使用者の経営を維持・安定化させ、もって、当該労働協約を保護し、協約当事者である労働組合の組合員の雇用・労働条件を維持・向上させる制度である。

また、労働協約を協約当事者である労働組合以外の労働組合に適用することは、協約当事者でない労働組合及びその組合員の団結権・団体交渉権を侵害することになる。

そのため、労働協約の地域的拡張適用制度は、「労働組合」については拡張適用の対象にしておらず、拡張適用により新たに労働協約の効力が及ぶことになる労働組合は存在しない。

2　労働者

　労働協約の地域的拡張適用の対象となる「労働者」は、「一の地域」（拡張適用の地理的範囲）において従事する「同種の労働者」（拡張適用の人的範囲）の中で、「一の労働協約（拡張適用される事項）の適用を受けている者」以外の労働者、すなわち、「他の同種の労働者」である。まとめると、「一の地域において従事する他の同種の労働者」である。

　「同種の労働者」の中には、「一の労働協約の適用を受けている者」とそれ以外の「他の同種の労働者」が存在するが、「一の労働協約の適用を受けている者」は、既に拡張適用事項の適用を受けているので、地域的拡張適用の対象とはならず、拡張適用の効力も及ばない。

　「一の地域において従事する他の同種の労働者」の中には、協約当事者である労働組合の組合員以外の労働者（労組法17条の工場事業場単位の拡張適用により当該労働協約の適用を受けている者、及び、合意、事実たる慣習、就業規則を媒介として事実上当該労働協約の適用を受けている労働者を除く）[17]、及び、協約当事者である労働組合の組合員（協約当事者である使用者〈又は使用者団体の構成員である使用者〉以外の使用者と労働契約を締結し、当該労働協約の事実上の適用も受けていない労働者）の双方が含まれる。

3　使用者

　労働協約の地域的拡張適用の対象となる「使用者」は、拡張適用の対象となる労働者の使用者、すなわち、「一の地域において従事する他の同種の労働者の使用者」である。

　「一の地域において従事する他の同種の労働者の使用者」の中には、協約当事者である使用者（又は使用者団体の構成員である使用者）以外の使用者（その労働者の全てが労働協約の事実上の適用を受けている使用者を除く）[18]、及び、協約

17　これらの労働者については、地域的拡張適用に関する大臣又は知事の公告の効力が発生した後、労組法17条の工場事業場単位の拡張適用の効力が失効するか、事実上当該労働協約の適用を受けなくなった時点で、なお、地域的拡張適用の効力発生要件が充足されている限り、新たに、地域的拡張適用の対象となる。

18　これらの使用者については、地域的拡張適用に関する大臣又は知事の公告の効力が発生した後、労働者が労働協約の事実上の適用を受けなくなった時点で、なお、地域的拡張適用の効力発生要件が充足されている限り、新たに、当該労働者について地域的拡張

当事者である使用者（又は使用者団体の構成員である使用者）（協約当事者である労働組合の組合員以外の労働者と労働契約を締結し、その労働者の中に当該労働協約が適用されていない労働者を含む使用者）の双方が含まれる。

第2款　債務的効力の及ぶ範囲と規範的効力の及ぶ範囲

1　債務的効力

　拡張適用される事項（労組法18条1項所定の「一の労働協約」）が、債務的部分（労働組合への便宜供与、団体交渉の手続、ショップ制等に関する協約条項等）である場合、当該債務的部分の債務的効力は、協約当事者である労働組合と、協約当事者である使用者（又は使用者団体の構成員である使用者）以外の使用者の権利義務関係に及ぶ。

　協約当事者である労働組合と、協約当事者である使用者（又は使用者団体の構成員である使用者）との権利義務関係については、すでに労働協約の債務的効力が及んでいるので、拡張適用の対象とはならない。

　また、拡張適用される事項が、規範的部分（賃金等の具体的労働条件、並びに、労働条件の決定・変更、懲戒、及び、労働契約の終了等に関する基準等）である場合、当該規範的部分の債務的効力は、拡張適用の対象となった労働契約、すなわち、拡張適用の対象となる労働者（→前掲第1款の2）と拡張適用の対象となる使用者（→前掲第1款の3）の間の労働契約について、協約当事者である労働組合と、拡張適用の対象となる使用者の権利義務関係に及ぶ。

2　規範的効力

拡張適用される事項が、規範的部分である場合、当該規範的部分の規範的効力は、拡張適用の対象となった労働契約に及ぶ。

第3款　別組合の組合員に対する拡張適用と労働協約の競合

1　問題の所在

　労働組合法17条の定める工場事業場単位の拡張適用制度に関して、工場事業場において、当該工場事業場の同種労働者の4分の3以上を組織する労働組

適用がなされ、その当該労働者の使用者として地域的拡張適用を受ける。

合とは別に労働組合が存在している場合、別組合の組合員は同条所定の「同種の労働者」に含まれ得るし、したがって、拡張適用の人的範囲には含まれ得るが、拡張適用の対象とすることはできないので、「他の同種の労働者」には含まれず、拡張適用された労働協約の規範的効力が別組合の組合員の労働契約に及ぶことはない（→前掲第1章第10節第5款3(2)）。したがって、いわゆる「労働協約の競合」の問題は生じない。

それでは、労働組合法18条の定める地域的拡張適用制度の場合、協約当事者である労働組合（複数である場合もある）以外の別組合の組合員に対する労働協約の拡張適用の有無、及び、これが肯定される場合における労働協約の競合については、どのように解されるであろうか。具体的には、次の三点が問題となる。

第一に、別組合の組合員は地域的拡張適用の対象者となしうるか。換言すれば、「他の同種の労働者」に含まれるか。

第二に、別組合の組合員を地域的拡張適用の対象者とし、その労働契約に拡張適用された労働協約の規範的効力が及ぶことを肯定する場合、別組合が締結する労働協約と重畳して地域的拡張適用がなされ、いわゆる「労働協約の競合」が生じることを肯定するのか否か。

第三に、「労働協約の競合」が生じた場合に、競合する労働協約をどのように整序するのか。

2　先例と議論状況

労働協約の競合の問題が生じる可能性のあった先例としては、中吉野工場労働組合事件（№9事件・拡張適用肯定）がある。この事件の地労委決議では、拡張適用の対象を製材及び製材木工業労働者に限定し、家具、神具、割箸製造等の雑多な木工業に従事する労働者を除外している。その理由として、当該労働協約を締結している労働組合の組織対象が製材及び製材木工業労働者であること、及び、これらの雑多な木工業の分野には別の労働組合組織をもち協約を結んでいる者も存在することが指摘され、これらの雑多な木工業に従事する労働者をも同種の労働者として取り扱うこと、すなわち、拡張適用の人的範囲に含めることについて「混乱を引き起こすのみで実益がないと思われる。」と指摘している。

この事件の場合には、別組合の組織化している労働者に関して、製材及び製材木工業に従事する者ではないとの理由で、「同種の労働者」に該当しないと

判断されたことにより、労働協約の競合の問題が発生するに至らなかった。この事案において、もしも仮に、別組合の組織化している労働者の業種や職種等が共通であって「同種の労働者」であると判断される場合には、労働協約の競合の問題が生じた。

3 学 説

(1) 別組合員に対し最低基準効のみ及ぼす説

学説の大半は、①拡張適用された労働協約の規範的効力に関して、最低基準効の限度でのみ肯定し、両面的規範的効力を認めず、②労働協約の地域的拡張適用の対象労働者として、別組合に所属する労働者も含めることを肯定し、③地域的拡張適用事項に関して、別組合の締結した労働協約の定める労働条件についても効力が及ぶことを肯定する。具体的には次のとおりである。

拡張適用された労働協約の最低基準効が及ぶ限度で別協約の効力を否定する学説としては、正田(1952)70頁、森長(1953)293頁・297頁、菊池・林労働法(1955)194～195頁、横井(1957)1049頁、吾妻編労組法(1959)406頁、西谷労組法(2006)390頁、東大労研注釈労組法(1982)876頁等がある。

片岡(1957)28頁は、少数労働者の組織の自主性を強調することによって、かえって団結権の保障の趣旨に反することがあってはならないとの理由で、地域的拡張適用の決定によって、アウトサイダーの労働者に対しても協約規範が妥当するが、その後において、アウトサイダーたる労働者は、団結を結成し、協約基準以上の労働条件を自己の使用者と締結し得るとする。

峯村労働法(1958)123頁は、被適用組合の高次の労働条件に関する既得権を侵害することは許されないとする。結論同旨のものとして、近藤(1963)156頁。

(2) 別協約が先行する場合の拡張適用否定説

石井労働法(1973)442頁は、他の同種の労働者が組合を結成している場合にも、地域的拡張適用の効力が及ぶが、すでに、その組合が労働協約を締結している場合には、効力が及ばないとする。

4 検 討

(1) 結 論

第一に、地域的拡張適用については、別組合の組合員は、労働組合法18条1項所定の「同種の労働者」(拡張適用される労働協約の人的範囲)に含まれれば、

拡張適用の対象とすることができ、したがって、「他の同種の労働者」（拡張適用の対象となる労働者）に含まれる。

第二に、拡張適用される事項は、別組合の労働協約が定める労働条件も含むものであり、この場合、労働協約の競合が生じる。

第三に、労働協約の競合が生じる場合、拡張適用された労働協約の最低基準効により、拡張適用される労働協約の定める基準を下回る別組合の労働協約の定めは、拡張適用の対象となる労働契約に対し規範的効力を有さないが、拡張適用される労働協約の定める基準以上の別組合の労働協約の定めは、拡張適用の対象となる労働契約に対しても規範的効力を有する。

その理由は、次の(2)～(3)で述べる通りである。

(2) 工場事業場単位の拡張適用との相違

労働組合法17条による工場事業場単位の拡張適用制度に関しては、工場事業場において、当該工場事業場の同種労働者の4分の3以上を組織している労働組合とは別に労働組合が存在している場合、別組合の組合員は拡張適用の対象とならない。けだし、工場事業場単位の拡張適用の場合には、労働協約の両面的規範的効力も肯定されるため、別組合とその組合員の団結権、及び、協約当事者である労働組合とその組合員の団結権を共に尊重し、憲法28条と労働組合法17条を整合的に解釈するためには、別組合の組合員を拡張適用の対象から除外し「他の同種の労働者」には含まれないと解するしかないからである（→前掲第1章第10節第5款3(2)）。

これに対し、労働組合法18条の地域的拡張制度の場合、拡張適用される事項は最低基準を定めるもののみであり、その規範的効力は最低基準効であるから、別組合の組合員を拡張適用の対象としても、別組合とその組合員の団結権の侵害の問題は生じない。

(3) 別組合の組合員の適用除外等により生ずる問題

もし、別組合の組合員は「他の同種の労働者」に含まれず地域的拡張適用の対象とならないと解すると、地域的拡張適用による拘束を免れようとする労働者が別組合を新たに設立したり、既存の別組合に加入する等して、拡張適用を免れようとすることも想定される。

また、もし、別組合の組合員は「他の同種の労働者」に含まれ地域的拡張適用の対象となるが、別組合の締結した労働協約の定める労働条件に関して地域

的拡張適用の効力が及ばないと解すると、地域的拡張適用による拘束を免れようとする使用者と労働組合は、拡張適用される労働協約の定める労働条件より低い水準の労働協約を締結して、地域的拡張適用による拘束力から免れることが可能となる。

かかる潜脱行為を許容しては、労働協約の地域的拡張適用制度の目的、すなわち、一の地域の他の同種の労働者の労働条件の維持・向上等によって、使用者相互間と労働者相互間での公正競争を実現し、協約当事者である使用者の経営を維持・安定化させ、もって、当該労働協約を保護し、協約当事者である労働組合に所属する組合員の雇用・労働条件を維持・向上させることを実現させることができない。

したがって、労働協約の地域的拡張適用制度の意義・趣旨・目的に照らし、地域的拡張適用については、別組合の組合員も適用対象となり、地域的拡張適用の効力は、別組合の労働協約が定める労働条件に関しても及ぶと解すべきである。そして、労働協約の競合が生じる場合、地域的拡張適用された労働協約の最低基準効により、拡張適用される労働協約の定める労働条件を下回る別協約の定めは拡張適用の対象となる労働契約に対して規範的効力を有しないと解すべきである。

第4款　拡張適用の対象労働者を組合員に限定することの可否

1　問題の所在

申立先例の中には、地域的拡張適用の対象者を申立組合所属の組合員のみに限定しているものがある。例えば、全日本駐留軍要員労働組合佐世保支部事件（No.2事件・不適用決議）、福岡県教職員組合事件（No.3事件・審査打切）、和歌山県木材労働組合日高支部事件（No.5事件・取下）、日本炭鉱労働組合福岡地方本部事件（No.13事件・取下）がある。これらの事案に関して、労働協約の中に協約適用対象者を組合員に限定する条項が存在したのか否かは、不明である。

労働協約の地域的拡張適用に関して、非組合員に対する拡張適用を排除し、拡張適用の人的範囲を組合員だけに限定する方法としては、次の二つの方法が想定される。

第一の方法は、労働協約に協約適用対象者に関する条項を設け、その中で協約適用対象者を当該協約当事者である労働組合の組合員のみに限定する方法である。かかる限定が許されるのであれば、この協約について、大臣又は知事が

第5章　地域的拡張適用事項と効力・範囲

地域的拡張適用の決定をした場合には、拡張適用の対象となる労働者は、当該協約当事者である労働組合の組合員（地域的拡張適用がなされた後に新規加入する者をも含む）のみに限定され、当該労働組合に所属していない者（地域的拡張適用のなされた後も非組合員である者）は協約の拡張適用の対象とはならないことになる。かかる限定条項を設けることの可否について検討する必要がある。

　第二の方法は、労働協約の中に適用対象者を協約当事者である労働組合の組合員に限定する条項が存在しない場合において、地域的拡張適用の申立人が、申立の際に、地域的拡張適用の人的範囲を当該労働組合の組合員だけに限定する趣旨の申立をなす方法である。かかる申立の可否について検討する必要がある。

2　学　説

　吾妻編労組法(1959)402〜403頁は、労働協約の中に当該労働協約を協約関与者（協約を締結した当事者である使用者及労働組合の組合員）以外には一切拡張適用しない旨を定めた場合、その条項は有効であるとする。その理由として、労働組合法18条の目的・立法趣旨は、17条と同様、拡張適用される協約ないしその当事者たる労働組合の保護にあり、18条は、協約当事者たる労働組合との関係においては任意規定と解すべきことを挙げる。ただし、協約の他方当事者たる使用者と協約非関与者たる労働者との特約により、あるいは、協約非関与者たる労使間の特約により、労働協約の拡張適用を排除することはできないとする。そして、労働協約の中に当該労働協約を協約関与者以外には一切拡張適用しない旨の条項がある場合には、労働委員会は地域的拡張適用の決定をなし得ないとする。

　これに対し、近藤(1963)156頁は、労働組合法18条の規定は協約の組合外の労働者に対する規範性に法的承認を与えているものであってこれは強行法規であるとの理由で、協約当事者の協定により適用を排除する規定は無効であるとする。安屋(1966)334頁は、地域的拡張適用を排除する労働協約の条項は無効であるというが、その根拠は示されていない。

3　検　討

(1)　申立権の放棄と拡張適用対象労働者の限定との峻別

　まず、前提として、当該労働協約を協約当事者である労働組合の組合員の労働協約以外には一切拡張適用しない旨の定めの趣旨に関して、拡張適用の申立

349

権の放棄の定めと区別することが必要である。

　労働協約の中に、地域的拡張適用の申立権を協約当事者双方が放棄する旨が定められている場合は、協約当事者の一方は地域的拡張適用の申立をすることができず、また、労働委員会は、労働協約当事者の合意に反して地域的拡張適用の決定をなすことはできない。

　これに対して、労働協約の中に、当該労働協約の適用対象者の範囲を協約当事者である労働組合の組合員のみに限定する旨が定められている場合には、拡張適用の対象労働者を協約当事者である労働組合の組合員に限定することの可否が問題となる。

(2) 結　論

　第一に、労働組合法18条は強行規定であり、法の定める要件と効果を当事者の合意によって変更することはできないが、労働協約が、協約適用対象者の範囲を画する基準として、業種、職種、地位、雇用形態等を定めるだけでなく、「組合員であること」を定め、協約の拡張適用の人的範囲（同種の労働者）を協約当事者である労働組合の組合員に限定することを妨げる法律は存在せず、また、かかる限定は協約自治として許容される。したがって、協約の適用対象者を協約当事者である労働組合の組合員に限定している労働協約が拡張適用された場合、拡張適用の人的範囲である「同種の労働者」は、当該労働協約の人的適用範囲内で拡張適用の申立人が選択した労働者であるから（→前掲第3章第4節5(1)(2)）、協約当事者である労働組合の組合員に限定され、地域的拡張適用の対象となる「他の同種の労働者」の範囲も、協約当事者である労働組合の組合員に限定される。そして、協約当事者である労働組合に所属しない労働者は、「同種の労働者」に含まれず、したがって、「他の同種の労働者」にも該当しないから、地域的拡張適用の対象とはならずその効力は及ばない。かかる解釈を行う理由の詳細は、以下の(3)～(5)のとおりである。

　第二に、労働協約に適用対象者を協約当事者である労働組合の組合員に限定する定めがない場合、地域的拡張適用の申立人が、申立の際、地域的拡張適用の人的適用範囲を当該労働組合の組合員に限定して拡張適用を求めても、当該人的範囲は労働組合法18条所定の「同種の労働者」に該当せず、当該申立は却下される。その理由は、後掲(6)で述べるとおりである。

(3) 協約自治

労働組合に所属していない者に対して、労働協約の定める労働条件と同じ内容の労働条件を付与するのか否か、また、これを付与する場合において、労働協約の定める労働条件の中のどの範囲のものをいかなる要件の下で付与するかについては、強行法規に反しない限り、協約自治すなわち労働協約の当事者である使用者と労働組合の間での自主的決定に委ねられている。

例えば、非組合員の低労働条件を放任することが非組合員による労働条件ダンピングを招き、組合員の獲得している労働条件を脅かしたり、労働者相互間又は事業者相互間での公正競争が脅かされる危険があり、労働条件ダンピングを防止するために非組合員に対して拡張適用を行う必要が生じたと労働組合又は使用者又は労使双方が判断する場合には、労使は、かかる拡張適用をなすことが可能な労働協約を締結することができる。

これとは逆に、非組合員が労働協約によって獲得された労働条件水準に「ただ乗り」をすることを許すと、非組合員は、組合費の納入をせず、組織的な諸活動に参加せず、労使交渉や争議権行使に伴うリスクの負担等をしないままに、利益のみ享受することができ、非組合員の組織化が進まないばかりか、組合員であるよりも非組合員である方が利益が大きくなって労働組合からの脱退者を生じさせかねないと労働組合（もしくは使用者又は労使双方）が判断する場合には、非組合員が労働協約に「ただ乗り」するのを防ぐため、非組合員に対して労働協約の拡張適用の効力を発生させない労働協約を締結する必要がある。

このいずれを選択するのかは、協約当事者の労使自治・協約自治に委ねられているのであり、この後者の選択を禁止する強行法規は存在しない。

しかも、わが国において、労働組合に加入しない消極的団結権が憲法上あるいは法律上保障されているとは解されない。また、ある労働組合に所属しない者が、当該労働組合が労働協約によって獲得した労働条件を享受する権利が憲法上あるいは法律上保障されているわけではない。自ら労働組合に加入しないという選択をした者、又は、当該労働組合に加入しないという選択をした者は、当該労働組合が獲得した労働条件を享受できなくても、それは自らの選択の結果として甘受すべきである。

(4) 労働組合側の必要性

かつて、日本の企業内労働組合において、企業内の「同種労働者」を組織化する方法としては、ユニオン・ショップ協定を使用者と締結し、これにより団

結強制を行うのが一般的であった。しかし、ユニオン・ショップ協定の実効性は、日本食塩製造事件最高裁判決[19]を契機に大きく変化した。同最高裁判決以降、使用者は、ユニオン・ショップ協定を締結しても、非組合員への解雇権行使を留保するのが一般的になっている（→前掲第1部第2章第2節第1款3(1)）。ＵＩゼンセン同盟では、伝統的な繊維産業以外に、流通産業、フード産業、介護産業その他で組織化を進めており、また、組織対象を正社員から非正規労働者に拡げて組織化を進めており、その際に、使用者とユニオン・ショップ協定を結ぶ例が今日でも少なくないが、ユニオン・ショップ協定が締結された後も、当該組合に加入せず別組合にも加入しない未組織労働者が若干名存在し続け、使用者が解雇権を行使しない例が見られる。このため、今日においては、ユニオン・ショップ協定は、事実上『尻抜けユ・シ協定』となっており、団結強制の実効性が低下している。

　かかる状況において、ユニオン・ショップ協定に代わって、労働組合の組織化を推進し、かつ、未組織労働者の自発的選択により組合加入を促進する手段の一つとして、労働協約の拡張適用の対象者を協約当事者である労働組合の組合員だけに限定し、労働者がその自発的意思に基づき自ら当該労働組合に加入するのでなければ労働協約の定める労働条件を享受できないようにする必要がある。

(5) 使用者側の必要性

　日本の労働協約は、企業別の労働協約の形式をとるものが大部分であるが、その実体的機能においては企業横断的または業種横断的に労働条件を揃えて、使用者相互間の公正競争の基盤整備を図る役割を担っているものが少なくない（→前掲第1部第2章第3節）。労働組合が存在しない事業場の存在は、ダンピング受注の温床となり、使用者相互間の公正競争を脅かす存在となる。このため、労働組合が存在する事業場の使用者にとって、労働組合の存在しない事業場を放置することは、自らの経営基盤の弱体化を招く外的危険要素である。かかる問題を克服する方策として重要なことは、労働組合の組織化である。組織化されている事業場の使用者にとって、組織化されていない事業場での労働組合の組織化を促進することは、公正競争の基盤を整備し、自らの経営基盤の安定性

---

[19] 最二小判昭50・4・25民集29巻4号456頁。同最高裁判決は、除名が無効な場合は、使用者はユニオン・ショップ協定に基づく解雇義務を負わないから、ユニオン・ショップ協定に基づく解雇は無効であると判示した。

を確保することになる。それなるがゆえに、ゼンセン同盟・第一次申立事件（No. 22事件）に至る過程で、尾西地域の染色業の経営者団体は、労働組合が組織化されていない事業場での労働組合の組織化に積極的に協力したのである（→前掲第1部第3章第3節第2款3、4）。

　かかる観点から、拡張適用の対象者を協約当事者である労働組合の組合員に限定することは、未組織事業場での労働組合の組織結成を促進し、当該事業場での労働組合活動を通じて労働条件全般の引き上げを促進することにより、企業横断的ないし業種横断的に公正競争の基盤を整備することになるのであり、協約当事者である使用者ないし使用者団体にとっても重要である。

　したがって、協約当事者である使用者ないし使用者団体の側が、地域的拡張適用される労働協約の適用対象者を協約当事者である労働組合の労働者に限定することに積極的に賛同することは、ゼンセン同盟事件（No. 22、24、26事件）に照らしても、十分にあり得ることなのであり、かかる協約当事者である使用者ないし使用者団体の側の選択は尊重されるべきであって、かかる選択の可能性を封じるべき合理的理由はない。

(6) 拡張適用対象者を組合員に限定する申立の適法性

　労働協約の中に協約適用対象を組合員に限定する条項が存在しない場合において、協約の一方当事者が、拡張適用の人的範囲（「同種の労働者」）を協約当事者である労働組合の組合員だけに限定して拡張適用を求める申立（前掲1記載の申立先例の多くはそうであろうと推測される）は、協約の定めた人的範囲を単に縮小するものではなく、協約当事者の合意に反して協約適用の人的範囲を画する基準を変更するものである。

　申立人は、労働協約の定める人的範囲を縮小はできるが、協約当事者の意思に反して変更することはできない（→前掲第3章第4節5(2)）。

　したがって、労働協約の中に協約の効力の及ぶ人的範囲を組合員に限定する条項が存在しないにもかかわらず、拡張適用の人的範囲（「同種の労働者」）を組合員だけに限定する趣旨の地域的拡張適用の申立がなされた場合には、労働委員会は、申立人の求める拡張適用の人的範囲は労働組合法18条1項所定の「同種の労働者」に該当しないとの理由で、申立を却下すべきである。

第5款　組合加入資格を有しない労働者への適用

　労働組合法18条1項所定の「同種の労働者」は、原則として、拡張適用の対象となった労働協約の人的適用範囲内で、拡張適用の申立人が拡張適用の適用対象として選択した労働者であり、申立人は、労働協約の人的適用範囲を超えて対象労働者を選択できない（→前掲第3章第4節5(2)）。

　ところで、労働組合法2条一号但書が定める「使用者の利益代表者」に該当し組合加入資格を有しない労働者、及び、それ以外でも協約当事者である労働組合において組合加入資格を有しないとされている労働者は、組合加入資格の内容が、業種、職種、職務内容、職位、雇用形態その他何であれ、組合加入資格を有する労働者とは異なるカテゴリーの労働者である。

　また、労働協約の本来の適用対象労働者は、協約当事者である労働組合の組合員に限定されているから、労働協約が設定する人的適用範囲は、業種、職種、職務内容、職位、雇用形態その他何であれ、組合加入資格を有する労働者のカテゴリーの全部又は一部であり、組合加入資格を有しない労働者のカテゴリーは人的適用範囲に含まれない。けだし、組合加入資格を有しない労働者は、たとえ当該労働者が望んでも組合員になることはありえないので、組合加入資格を有しない労働者のカテゴリー（例えば一定以上の管理職）を労働協約の人的適用範囲に含めても当該労働協約が適用されることはありえず、組合加入資格を有しない労働者は、労働協約の規制対象とする労働者ではないからである。

　したがって、組合加入資格を有しない労働者は、当該労働協約の人的適用範囲が組合加入資格を有する労働者の全部のカテゴリーであろうと一部のカテゴリーであろうと、労働協約の人的適用範囲に含まれず、労働組合法18条1項所定の「同種の労働者」には含まれない。

　そして、組合加入資格を有しない労働者が、「同種の労働者」（拡張適用の人的範囲）に含まれないということは、当然、「他の同種の労働者」（拡張適用の対象労働者）にも含まれないということであるから、拡張適用の対象とはならず、当該労働者の労働契約には、拡張適用された労働協約の規範的効力は及ばない。

第6款　地域的拡張適用の対象となる労働者

　以上の第4款及び第5款を総括し、拡張適用時の労働者の属性（①使用者が

協約当事者か否か、②協約当事者である労働組合の組合員か否か、③組合加入資格の有無）と協約所定の人的適用範囲との関係（適用対象となる業種、職種、地位等への該当性と適用対象者を協約当事者である労働組合の組合員に限定する組合員限定条項の有無）との関係について、整理を行い、「同種の労働者」の範囲、及

図14 「同種の労働者」の範囲（太線）、及び、その中で「一の労働協約」の適用を受ける者（◎）と「他の同種の労働者であり地域的拡張適用の対象となる労働者（△→○）」の関係

拡張適用時の労働者の属性				協約所定の人的適用範囲との関係	協約所定の業種、職種、地位等に該当		協約所定の業種等以外
					組合員限定無	組合員限定有	
使用者／協約締結当事者	組合員				◎	◎	×
	非組合員	組合加入資格有	17条拡張適用対象者（組合員が3/4以上）		◎	（不存在）	（不存在）
			17条拡張適用対象外	事実上の適用あり	◎※	（不存在）	×
				事実上の適用なし	△→○	×	×
		組合加入資格無し			×	×	×
使用者／非協約当事者	組合員		事実上の適用あり		◎※	◎※	×
			事実上の適用なし		△→○	△→○	×
	非組合員	組合加入資格あり	事実上の適用あり		◎※	（不存在）	×
			事実上の適用なし		△→○	×	×
		組合加入資格無し			×	×	×

「事実上の適用あり」：前掲第3章第6節第2款参照
☐　　　：「同種の労働者」
×　　　：「同種の労働者」ではなく、地域的拡張適用の対象者にはならない。
◎　　　：「同種の労働者」で、「一の労働協約」の「適用を受ける」者に該当し、地域的拡張適用の対象者にはならない。
◎※　　：「同種の労働者」で「一の労働協約」の「適用を受ける」者に該当し、地域的拡張適用の対象者とならない。しかし、その後に、事実上の適用がなくなった場合には、なくなった時点で「他の同種の労働者」となる。この時点でもなお、「一の労働協約」の「適用を受ける」者が「大部分」の要件を充足していれば、新たに、地域的拡張適用の対象者となる。
△→○　：「他の同種の労働者」であり、地域的拡張適用の対象者

355

び、その中で「一の労働協約」の適用を受ける者と、「他の同種の労働者」、すなわち、地域的拡張適用の対象となる労働者の関係を整理した結果は、図14記載のとおりである。

第7款　地域的拡張適用の対象となる使用者

　労働協約の地域的拡張適用の対象は、「当該地域において従業する他の同種の労働者及びその使用者」（労組法18条）である。
　この「使用者」は、通常は、「他の同種の労働者」と労務供給契約を締結している者であるが、それ以外の者も、地域的拡張適用のなされる協約条項の内容によっては、「使用者」として、労働協約の地域的拡張適用の対象となることがある。
　例えば、地域的拡張適用がなされる労働協約条項中の賃金額に関する条項については、地域的拡張適用を受ける「使用者」は、拡張適用の対象となる労働者と労務供給契約を締結している者（賃金支払者）である。これに対し、休憩室の設備と利用方法に関する協約条項については、当該労働者と労務供給契約を締結していない者（例えば、当該労働者が派遣労働者である場合には派遣先事業者、当該労働者が下請労働者である場合には元請事業者等）が、休憩室の設備と利用方法に関して、当該労働者と労務供給契約を締結している者と同視できる程度に、現実的かつ具体的に支配決定することができる場合には、当該労働者と労務供給契約を締結している者だけでなく、かかる支配決定することができる者も、当該条項に関して地域的拡張適用を受ける「使用者」に該当し得る。

資料編Ⅰ　労働協約の地域的拡張適用申立の全先例

目　次

1	日本鉱山労働組合長崎県連合会事件（No. 1 事件）	長崎地労委	358
2	全日本駐留軍要員労働組合佐世保支部事件（No. 2 事件）	長崎地労委	358
3	福岡県教職員組合事件（No. 3 事件）	福岡地労委	359
4	西浦漁民労組事件（No. 4 事件）	愛媛地労委	360
5	和歌山県木材労働組合日高支部事件（No. 5 事件）	和歌山地労委	360
6	那須北部木材産業労働組合同盟事件（No. 6 事件）	栃木地労委	362
7	吉野連合労組事件（No. 7 事件）	奈良地労委	362
8	深日瓦職工労組事件（No. 8 事件）	大阪地労委	364
9	中吉野工場労組事件（No. 9 事件）	奈良地労委	365
10	牛深地区漁民労働組合事件（No. 10 事件）	熊本地労委	366
11	全日本港湾労働組合九州地方唐津支部事件（No. 11 事件）	佐賀地労委	368
12	函館製材労組事件（No. 12 事件）	北海道地労委	370
13	日本炭鉱労働組合福岡地方本部事件（No. 13 事件）	福岡地労委	372
14	全日本港湾四国地方宇和島支部事件・第一次（No. 14 事件）	愛媛地労委	373
15	稲生石灰労組協議会事件（No. 15 事件）	高知地労委	374
16	紀州砥石労働組合事件（No. 16 事件）	和歌山地労委	376
17	滋賀亜炭鉱業労働組合連合会事件（No. 17 事件）	滋賀地労委	377
18	全港湾四国地方宇和島支部事件・第二次（No. 18 事件）	愛媛地労委	379
19	全港湾日本海地本事件（No. 19 事件）	中労委	381
20	総同盟朝霞金属労組事件（No. 20 事件）	埼玉地労委	382
21	旭川ハイヤー労働組合協議会事件（No. 21 事件）	北海道地労委	383
22	ゼンセン同盟事件・第一次（No. 22 事件）	愛知地労委	385
23	私鉄総連北海道地本事件・第一次（No. 23 事件）	北海道地労委	387
24	ゼンセン同盟事件・第二次（No. 24 事件）	愛知地労委	387
25	私鉄総連北海道地本事件・第二次（No. 25 事件）	北海道地労委	388
26	ゼンセン同盟事件・第三次（No. 26 事件）	愛知地労委	389

資料編Ⅰ　労働協約の地域的拡張適用申立の全先例

　過去に労働組合法第18条の拡張適用の申立がなされた先例であって、筆者が掌握できたものの具体的内容は以下のとおりである。なお、以下の整理は、掲載誌として表示した資料に基づいて行っている。掲載誌に記載のない事項についてはその都度、その旨を付記している。掲載誌の記述をそのまま転記している箇所は「　」で表示している。筆者の判断で加えた参考事項等は〈　〉で表示している。事件名については、掲載誌の記載を優先したため、「労組」と「労働組合」等が混在している。

1　日本鉱山労働組合長崎県連合会事件（No.1 事件）　長崎地労委

　　　昭22・6・16申立　昭22・7・31取下
⑴　掲載誌等
　　長崎地労委15年史（1962）300頁。
⑵　申立内容
　　［申　　立　　人］日本鉱山労働組合長崎県連合会。
　　［協約の相手方］九州石炭砿業連盟長崎部会。
　　［申立書の宛名］〈不詳〉
　　［目 的・理 由］組織強化。
　　［拡張適用条項］全労働協約。
　　［協約適用者数］労働組合員33,564人。
　　［拡張適用対象］長崎県の全炭鉱（27事業所）と全炭鉱労働者（12,109人）。
⑶　関係者の意見　／　〈不詳〉
⑷　調査・審査　　／　1回調査が行われ取下げに至った。

2　全日本駐留軍要員労働組合佐世保支部事件（No.2 事件）
　　　　　　　　　　　　　　　　　　　　　　　　長崎地労委

　　　昭22・12・27申立　昭23・2・5不適用決議
⑴　掲載誌等
　　中労委全労委連絡協資料(1958)19頁以下の「労働協約拡張適用事件一覧表（その一）」（以下「中労委事務局作成事件一覧表（一）」という）。
　　長崎地労委15年史(1962)300頁[1]。
⑵　申立内容
　　［申　　立　　人］全日本駐留軍要員労働組合佐世保支部。

---

[1] 『長崎地方労働委員会15年史』に記載されている申立年月日、拡張適用対象の組合所属のPD（進駐軍労務請負業者に雇用される者）の総数、佐世保地区の進駐軍関係労務者の総数は、中労委事務局作成の一覧表と大きく異なっているが、取り敢えず、事件内容を整理するに当たっては、中労委事務局作成の一覧表に基づいて行った。

358

［協約の相手方］終戦連絡中央事務局。
　　　［申立書の宛名］長崎県知事。
　　　［目 的・理 由］
　　　　　L・S・O（軍直用）の地位からＰＤ（進駐軍労務請負業者に雇用される者）の地位に移管された組合員の保護。
　　　［拡張適用条項］労働協約書全部。
　　　［協約適用者数］〈不詳〉
　　　［拡張適用対象］移管された組合員。
(3)　関係者の意見　／　〈不詳〉
(4)　地労委の決議
　　① 　中労委事務局作成一覧表(一)の「決議事項」欄には、「労働組合法第24条（注：旧法）に依る労働協約の適用は適当でない。」との記載がある。
　　② 　同表の「労働委員会における調査」欄には、「担当職員の調査の結果、佐世保地区における進駐軍労務者は 6,590 名（軍直用 3,872 名、ＰＤ 2,717 名）であって、全進労佐世保支部組合員 4,625 名中進駐軍労務従事者は 4,275 名でその内の 73 名がＰＤ労務者であることが明らかとなった。」との記載がある。
　　　　また、「労働委員会の決議」「理由（要旨）」「『大部分』について」の欄に「（申立）組合支部佐世保労働組合の組合員は、佐世保地域において駐留軍関係の労働に従事する労働者の大部分を占めて居らない。」と記載がある。
　　　　よって、進駐軍労務従事者総数（6,590 名）に占める組合員（4,275 名）の比率（64.8％）を根拠に、旧労組法第 24 条（現行第 18 条）の「大部分」に該当しないとの判断を下したものと推定される。

3　福岡県教職員組合事件（No.3 事件）　福岡地労委
　　　　　昭 23・5・13 申立　昭 23・12・23 頃審査打切
(1)　掲載誌等
　　　　中労委全労委連絡協資料(1958)27 頁以下の「労働協約拡張適用事件一覧表（その二）」（以下「中労委事務局作成事件一覧表(二)」という）。
(2)　申立内容
　　　［申　　立　　人］福岡県教職員組合。
　　　［協約の相手方］福岡県知事。
　　　［申立書の宛名］福岡地労委会長。
　　　［目 的・理 由］身分を異にする私立学校の組合員には労働協約が拡張適用されないため、同種の協約締結の交渉をしたが拒否された。
　　　［拡張適用条項］〈不詳〉
　　　［協約適用者数］申立組合員数約 17,000 人。

359

［拡張適用対象］申立組合員数約 700人[2]。
(3) 関係者の意見　／〈不詳〉
(4) 調査・審査
① 地労委は総会審議の結果、団体交渉のあっせんをして新労働協約の締結にまで導くことを決定し、あっせん員を指名してあっせんを行ったが妥結に至らなかった。
② その後、「福岡県私立学校教職員組合」が結成され、「福岡県私立中学校経営者連盟」との間で団体交渉が行われ、1948(昭和23)年12月23日に労働協約の締結に至ったことから、同日頃、地労委は審査を打ち切った。

4　西浦漁民労組事件（No.4事件）　愛媛地労委
　　　昭24・1・9申立　昭24・4・21取下[3]
(1) 掲載誌等
　　北村(1958)153頁。
(2) 事件内容
　　地労委は、拡張適用決議を行う用意のある旨を表明していたが、申立が取下げられた[4]。
　　事件内容については、このこと以外に不明である。

5　和歌山県木材労働組合日高支部事件（No.5事件）　和歌山地労委
　　　昭24・8・23申立　昭25・3・23取下
(1) 掲載誌等
　　中央労働時報201号23頁[5]、労働委員会年報6号(昭26)231頁。

---

[2] 北村(1958)156頁には、申立にかかる拡張適用対象者は組合員に限定されていた旨の記述がある。

[3] 中労委事務局作成事件一覧表(一)(二)に記載がない。北村(1958)に取扱地労委と申立年月日についての記載があり、また、道幸(1986)(上)578号5頁の「拡張適用申立例一覧表」に取下処理及びその年月日に関する記述があるので、中労委事務局作成事件一覧表(一)(二)の作成後の1958(昭和33)～1959(昭和34)年頃に、中労委事務局で捕捉された事件であろうと推定される。事件名、取扱地労委、申立日、最終処理日と処理態様以外の具体的内容は不明である。

[4] 北村(1958)153頁。

[5] 中央労働時報の事件紹介と解説には、資料原典によらずに、和歌山県労働時報第20号に基づいて書かれたものである旨が附記されている。この和歌山県労働時報第20号については、収蔵している大学図書館等が見あたらない。和歌山県労働委員会事務局にお願いして探して戴いたが、同委員会及び県立図書館でも発見できなかった。

(2) 申立内容
　　［申　立　人］和歌山県木材労働組合日高支部。
　　［協約の相手方］日高製材業者連合。
　　［申立書の宛名］和歌山県知事。
　　［目的・理由］
　　　　「協約当事者である一、二の小工場主が夫々の工場において、組合員の数が少いから非組合員によって第二組合を設立させるから、お前達は当然その組合との間に締結する協約の適用を受ける等の放言をなし、組合員の労働条件の低下と組合の分裂を策している。…………、此の儘放任すると当地域の労働条件の統一を紊し労資関係に無用の紛糾を来す因となるから、…………（地域的拡張適用の決定を求める）。」
　　［拡張適用条項］
　　　　労働協約全部（労働時間、休日、生理休暇、慶弔休暇、賃金締切日支払日、労災休業補償、諸手当、その他）。
　　［協約適用者数］
　　　　製材業・木製品工業・木工業・素材業に従事する事務職員を除く組合員310人（17工場）。
　　［拡張適用対象］19工場、62人（同族者及び同族営業者を除く）。
(3) 関係者の意見
　　　　協約締結16業者及び未締結10業者から異議申立。
(4) 労働委員会内の「小委員会」が作成した報告書
　　① 木材関係事業に従事する労働者の総数は397名で、その内の組合員は310名（78％）。
　　② 組合員と非組合員の賃金には格差がなく、勤務時間は組合員より非組合員の方が優位にある。非組合員には、拡張適用によりこれが引き下げられるのではないかとの不安がある。
　　③ 協約締結工場は建築用材を主とする製材業者であるが、未締結工場は箱板などの小割製材であり、家内工業的なものや同族営業のものが多く、経営規模は前者より小さい。工場の電力設備についても、前者はA線設備を有するのに後者にはそれはなく、作業能率が劣り、同一条件の下ではその企業自体を危殆に陥れる惧れなしとしない。このことは、小委員会を構成する公労使委員一同が現地調査によって認めた。
　　④ 小委員会は、拡張適用するのであれば、労働協約を修正することが望ましいとして、修正案を具体的に総会に提示した。
(5) 地労委総会での討議と結論
　　① 協約締結工場は主として製材工場であるが、未締結工場は製函を主とするこ

とが指摘され、この両者を同種の産業と云い得るか、等の疑問が総会で出された。
② 小委員会と総会との間に意見の相違があり、一致した結論を出すことが困難となった。
③ 最終的に、会長の指名により各側1名ずつからなる3委員が懇談し、自発的取下を勧告することが最も適切との決定し、申立人にこの勧告をなし、申立人は、取下げた。

6 那須北部木材産業労働組合同盟事件（No.6事件） 栃木地労委

昭24・12・2申立　昭25・3・20取下

(1) 掲載誌等
　　中労委事務局作成事件一覧表（二）。
(2) 申立内容
　［申　　立　　人］那須北部木材産業労働組合同盟。
　［協約の相手方］那須北部木材林業組合。
　［申立書の宛名］栃木県知事。
　［目 的 ・ 理 由］組織の維持強化と未組織労働者の保護。
　［拡張適用条項］〈不詳〉
　［協約適用者数］1,015人
　［拡張適用対象］那須郡北部地方20ヶ町村の林業及び木製品製造業、労働者数227人。
(3) 関係者の意見　〈不詳〉
(4) 調査・審査
　① 公労使各1名からなる「特別調査委員会」が設置された。
　② 申立後の1950（昭和25）年2月末に労働協約締結の相手方が解散したため、申立が取下げられた。

7 吉野連合労組事件（No.7事件） 奈良地労委

昭25・5・6申立　昭25・5・23地労委決議（適用）
昭25・8・29県知事の決定・公告

(1) 掲載誌等
　　中央労働時報173号21頁、労働委員会年報6号（昭26）231頁。
(2) 申立内容
　［申　　立　　人］吉野連合労働組合。
　［協約の相手方］吉野製材工業協同組合。
　　　　　　　　　〈協同組合に加入している使用者総数は40〉
　［申立書の宛名］奈良地労委。

［目 的・理 由］労働組合に加入していない労務者の保護。
　［拡張適用条項］〈不詳〉〈労働協約全部と推定される〉
　［協約適用者数］吉野町及び上市町の組合員287人。
　［拡張適用対象］
　　　①使用者が上記協同組合に加入している事業場で組合未加入の労働者（48人）、②上記協同組合に未加入の使用者（1人）及び当該事業場の組合未加入の労働者（4人）、③上記協同組合に未加入の使用者（3人）及び当該事業場の組合員である労働者（11人）。
(3)　関係者の意見
　　　地労委の決定によれば、使用者の大部分が労働協約の適用を受けることを望んでいるとされている。
(4)　調査・審査　／　〈不詳〉
(5)　地労委の「決定」の内容
　①　結論部分　／「拡張適用を受けるべきが妥当」
　［拡張適用条項］
　　　労働協約中の賃金決定に関する労使協議、就業時間・休日、休日変更と就業時間変更に関する労使協議、年末年始有給休日と年次有給休暇、自己都合退職金〈金額は使用者が決定〉、解雇予告手当に関する条項。
　　〈県知事の決定公告と同じと推定される。〉
　［拡張適用地域］
　　　奈良県吉野郡吉野町（大字吉野山を除く）及び上市町。
　［拡張適用対象］
　　　製材木工業に従事する労働者及びその使用者。但し、労働者中の労働組合法第2条但書一号に該当する使用者の利益代表者を除く。
　②　理由
　［協約適用状況］
　　　当該地域内で製材木工業に従業する労働者総数350名。そのうち、労働組合員は298名（その中には、協約当事者である協同組合に加入していない使用者3名に雇用される者〈人数の記載なし〉が含まれる）。労働組合に所属していない他の同種の労働者は52名、その使用者は9名（うち8名は協約当事者である協同組合に加入）。
　［一　の　地　域］
　　　吉野町及び上市町大字が同一地域であることについて当事者において争いがない。
　［同種労働者］〈不詳〉
　［大　　部　　分］

「労働協約は、…………労働者350人の中の大部分を占める298名の労働組合員数…………に適用されている」との判断を示した。〈298名の中には協約適用外使用者に雇用されている者も含まれているが、地労委決定ではこれも「協約適用労働者」と解している。〉

［一の労働協約］〈不詳〉

［そ　の　他］

「労働協約拡張適用を受ける事業場には10人以内の労働者が使用されている関係上労働基準法による就業規則の制定のない以上労働条件の確保と生活の安定を図るためには当該労働協約が唯一の大きな役割を果たしていることも事実である。したがって、これらの少数の労働者にも労働協約の拡張適用を行い労働協約よりも低い労働条件で雇傭契約が結ばれるものを防止することは当然のことであると思料される。」

8　深日瓦職工労組事件（No.8事件）　大阪地労委

　　　　昭25・7・20申立　昭26・3・28取下

(1)　掲載誌等

　　大阪地労委事務局監修「労働時報」37号（昭26・4・25　大阪労働協会発行）、中央労働時報201号26頁、労働委員会年報6号（昭26）231頁。

(2)　申立内容

［申　立　人］深日（ふけ）瓦職工労働組合。

［協約の相手方］

　大阪府泉南郡深日町の瓦製造業者12　〈全事業者数14、労働者のいない事業者数1、労働協約締結事業者12、未締結事業者1〉。

［申立書の宛名］大阪地労委。

［目　的・理　由］

　　業績不振による解雇が切迫しており、唯一労働協約締結に応じない事業場に退職金支払を強制し、解雇される組合員の退職金を確保する。

［拡張適用条項］労働協約附則退職金規定。

［協約適用者数］〈不詳〉

［拡張適用対象］深日町で唯一労働協約未締結の「大野鶴松製造工場」。

(3)　関係者の意見　／　〈不詳〉

(4)　労働委員会内の「調査委員会」の調査結果

［協約適用状況］〈不詳〉

［一　の　地　域］

　　労働組合は深日町だけで組織されていたが、瓦生産業者が深日町と隣の多奈川町にまたがって分布しており、瓦製造方法・労働条件・販売関係が共通であ

るため、深日町のみをもって「一の地域」といえるか否かの検討がなされた。
　［同種労働者］
　　　深日町の13業者に雇用される労働者は総て同種の労働者である。
　［大　　部　　分］〈不詳〉
　［一の労働協約］〈不詳〉
(5) 付記事項
　　　申立後に、13工場中8工場で工場閉鎖・解雇問題が発生し、昭和26年2月に労働協約が合意により破棄されたため、組合が申立を取下げ。

9　中吉野工場労組事件（No.9事件）　奈良地労委

　　　　昭25・12・20申立　昭26・6・26地労委決議（適用）
　　　　昭26・7・17県知事の決定・公告
(1) 掲載誌等
　　　中央労働時報178号10頁、労働委員会年報6号（昭26）231頁。
(2) 申立内容
　［申　　立　　人］中吉野工場労働組合。
　［協約の相手方］大淀木材協同組合、及び、下市木材林産協同組合。
　［申立書の宛名］奈良県知事。
　［目 的 ・ 理 由］
　　　「地区内におきましては一般に従業員も僅か数名の同種の小工場が多く従ってこれ等の小工場は業者団体にも加入せず労働者もまた未組織のまま放置せられ、………、大淀、下市秋野地区における同種労働者の労働条件の均衡を図り未組織労働者を保護し労働秩序を維持するため……。」
　［拡張適用条項］〈不詳・労働協約全部と推定される〉
　［協約適用者数］〈不詳〉
　［拡張適用対象］吉野郡大淀町・下市町・秋野村の製材業・製材木工業。
(3) 関係者の意見
　　　使用者の大部分も労働協約の拡張適用を受けることを望んでいる（地労委決議書）。
(4) 調査・審査
　　　拡張適用対象とされている労働者は、超過勤務手当の割増率がやや低いが、これ以外の労働時間・割増賃金・休日・休暇に関する労働条件は協約の水準と略同様であり、拡張適用対象の使用者に特別の負担は生じない。
　　　現在協約と同じ水準で実施されている労働条件に関して、何時使用者が一方的に切り下げを行うか判らないから、労働条件の基準を法的に安定させるために協約を拡張適用することには実益がある。

(5) 地労委の「決議」の内容
　①「決議事項」／「拡張適用を受けるべきが妥当」
　［適用条項］勤務時間、割増率、休日、休暇。
　［適用地域］奈良県吉野郡大淀町、下市町、秋野村。
　［適用対象］製材業及び製材木工業の労働者及びその使用者。
　②「理由」
　［協約適用状況］
　　当該地域内で従業する当該業種の労働者総数 267 名。
　　組合員総数 250 名〈拡張適用申立当時 244 名〉。
　　組合員中で協約の適用を受ける者 210 名〈拡張適用申立当時 204 名〉。
　　使用者中協同組合加入の使用者 18 名〈拡張適用申立当時 17 名〉。
　　拡張適用対象となる労働者 57 名。
　　　うち、労働組合加入者 40 名。
　　　　　労働組合未加入者 17 名〈拡張適用申立時 23 名〉。
　　拡張適用対象となる使用者 8 名
　　　うち、協同組合加入者 3 名〈拡張適用申立時 4 名〉。
　　　　　協同組合未加入者 5 名。
　［一　の　地　域］
　　「経済的基盤・同種産業という点から同一地域であることについて当事者において争いのない事実」。
　［同種労働者］
　　当該地域には、製材及び製材木工業以外に、家具・神具・割箸製造などの雑多な木工業者が存在するが、これらの業者は別個の団体を組織し、神具製造関係労働者は別の労働組合を組織して、別途労働協約を締結している。これらの業種は拡張適用の対象外である。
　［大　部　分］充足している。
　［一の労働協約］〈不詳〉

10　牛深地区漁民労働組合事件（No.10 事件）　熊本地労委
　　　　昭 26・1・10 申立　昭 26・3・30 地労委決議（不適用）
(1) 掲載誌等
　　中央労働時報 173 号 23 頁、労働委員会年報 6 号（昭 26）231 頁。
(2) 申立内容
　［申　立　人］牛深地区漁民労働組合。
　［協約の相手方］
　　揚繰網（あぐりあみ）漁業者 28 名（第 1 号協約関係）。

牛深町揚繰網組合（漁業者39名による任意団体）（第2号協約関係）。
［申立書の宛名］熊本地労委。
［目的・理由］
　　組合未加入者の労働条件の不良及び不安定。
　　〈地労委事務局による解説中の記載〉
［拡張適用条項］
　　第1号協約と第2号協約の全部。〈地労委事務局の解説によれば、申立人は第1号協約の第7項（ユニオンショップ）の拡張適用を特に希望し、これが駄目であれば、第2号協約の定める労働条件の拡張適用を希望したとされている。〉
　　〈第1号協約の第7項（ユニオンショップ）の文言は、「甲の揚繰網（あぐりあみ）漁業に従事する所属乗組員は乙の組合員とする」とのみあり、使用者の非組合員解雇義務は規定されていない。〉
［協約適用者数］
　　労働者総数2,071人中、第1号協約適用労働者1,360人（65.7％）[6]、第2号協約適用労働者1,611人（77.8％）。
［拡張適用対象］
　　鰮（いわし）揚繰網（あぐりあみ）漁業についての労働。
(3)　関係者の意見
　　労働委員会の調査の際、使用者側から拡張適用は適当でない旨の意見。
(4)　地労委の「決議」
　①「主文」
　　「本件労働協約第1号及び労働協約第2号の労働協約は、いずれも、地域的拡張適用をするに適しない。」
　②「理由」
［協約適用状況］
　　第1号協約関係／「協約に署名押印した網元に雇用される労働者1,380人には協約の適用がある」「本協約の適用される労働者の比率は66％強にすぎない。」
　　第2号協約／「揚繰網組合員たる網元39人と労働組合員1,611名に適用」「同一地域の同種労働者2,071名に対し78％弱に該当する同種労働者に適用」
［一　の　地　域］〈不詳〉
［同 種 労 働 者］〈不詳〉

---

[6]　中央労働時報173号24頁掲載「別表」の「第1号協約」「適用労働者数」欄の「牛深」の項には1369人の記載があり、合計の項の1360人より多いことから、この「別表」には何らかの誤記誤植があることが確実である。取り敢えず、合計欄記載の数値を採用した。

［大　部　分］
　　　　第1号協約関係／「同種労働者の大部分とは認められない」
　　　　第2号協約関係／「一応大部分の労働者が協約の適用を受けると解し得ない
　　　　　　　　　　　　でもない。」
　　［一の労働協約］〈不詳〉
　　［そ　の　他］
　　　　第2号協約について「協約の内容は取り立てて云うほどのものはなく、労働
　　　条件その他労働者の待遇に関する基準において網元39名に共通する就業規則の
　　　定めるところと格別異同はない」との理由で拡張適用の必要性を否定した。
　(5) 付記事項
　　　　第2号協約の条項としては、保障給、現物給付、休漁期間中の特殊作業に関
　　　する賃金、水揚げ量確認のための組合代表の立ち会い権、試用期間、労働条件
　　　変更の協議義務及び一方的労働条件変更の無効、苦情処理委員会、争議手続、
　　　チェック・オフがある。

11　全日本港湾労働組合九州地方唐津支部事件（No.11事件）
佐賀地労委

　　　　　昭26・5・7申立
　　　　　昭和26・6・27地労委の中間決議（一部拡張適用肯定）
　　　　　昭26・7・4取下
　(1) 掲載誌等
　　　　中央労働時報190号21頁、労政時報1157号14頁、労働委員会年報6号（昭
　　　26）231頁。
　(2) 申立内容
　　［申　立　人］全日本港湾労働組合九州地方唐津支部。
　　［協約の相手方］唐津港湾株式会社〈申立直前まで唐津港で独占的に荷扱い〉〈主た
　　　　　　　　　る荷役は佐賀県で産出する石炭〉。
　　［申立書の宛名］佐賀県知事。
　　［目　的・理　由］
　　　　「松浦通運株式会社をはじめ、港湾業者の濫立傾向が著しく従って各業者間の
　　　不当競争が激化し、之によって醸成された低料率のため港湾労働者の労働条件
　　　は悪化の一途を辿っており、……。……不当競争を排除し、港湾の正常なる秩
　　　序回復と港湾労働者の生活安定のため、……」
　　　　〈申立理由書には、唐津港湾株式会社は、賃金を15％切り下げなければ破産と
　　　なるため、組合は涙を飲んで承諾した旨の記述がある。〉
　　［拡張適用条項］

〈申立時には、労働協約・賃金仮協定書の全部の拡張適用を求めたのではないかと推定される。〉
　申立後の調査の際に「賃金まで同一にしたいというのではない」「細目の賃金は違っていても、その決定方法、骨組、枠といったものは統一したい」と申立の趣旨の変更があった。
［協約適用者数］〈不詳〉
［拡張適用対象］
　佐賀県唐津港の港湾荷役に新規参入する松浦通運株式会社及び西唐津運輸株式会社とその従業員。
(3)　関係者の意見
　協約当事者である使用者は賛成。拡張適用対象の労使は反対。
(4)　労働委員会の「調査委員会」の調査結果
［協約適用状況］

	全従業員	港湾関係	港湾関係労働者の特徴	協約適用
唐津港湾㈱	434	434		○
松浦通運㈱	263	55	55名中臨時夫30名	×
西唐津運輸㈱	16	16	全て臨時夫	×

［一　の　地　域］〈不詳〉
［同 種 労 働 者］〈不詳〉
［大　　部　　分］〈不詳〉
［一の労働協約］〈不詳〉
(5)　労働委員会の総会の中間決議
　①　総会での中間決議に至る討論の内容
　　・拡張適用反対論
　　　当事者の自主性を犠牲。企業体が違えば労働条件も多少違うのが当然。労働条件に余り開きがない。拡張適用対象の労働者が迷惑がっている。現状は重大な社会問題ではない。
　　・拡張適用賛成論
　　　同じ地域で同じ労働に従事する者の労働条件を同一にするのは当然。
　　　労働条件決定の協議条項の有無の開きは大きい。低い労働条件の下で働く労働者は不幸。500人中僅か60～70人の人達のために残る大部分の労働者の利益が守られず迷惑。労働組合の勢力が拡張し健全な伸張を遂げることは労働省当局も賛成。
　②　6月27日開催の地労委総会での中間決議の内容

369

- 拡張適用すべき（条件付を含む）／7対5で採決。
- 即時施行すべきではない／7対5で採決。
　　　適当な機関の勧告誘導などによって3社の労働条件が事実上同一化するよう働きかけ、それでも奏功しない場合に発動する。
- 適用する場合における労働協約の一部修正の内容
　　　次回の7月4日の総会で決定。

(6) 申立取下
　「荷主の一つである某炭鉱が申立人組合の会社である唐津運輸株式会社に対して、『石炭荷役を松浦通運に変更したい』旨を伝え、暗に申立の翻意方を促した。」「この石炭業者の申入に狼狽した会社では、この旨を組合に伝えたので板ばさみとなった組合はやむなく7月4日付を以て知事宛に申立の取下をなした。」

12　函館製材労組事件（No.12事件）　北海道地労委
　　　昭26・6・18申立　　昭26・10・26地労委決議（適用）
　　　昭26・11・18道知事の決定・公告

(1) 掲載誌等
　中央労働時報190号24頁、労働法律旬報78号16頁、労働委員会年報6号（昭26）231頁。

(2) 申立内容
　［申　　立　　人］函館製材労働組合。
　［協約の相手方］株式会社昭和製材所外14事業場。
　［申立書の宛名］北海道知事。
　［目　的・理　由］
　　「（当該地域の製材業は）従業員が多いところで32名少ないところでは3名といった小企業で（ある。）」「現在締結中の一部事業主においては、協約の解約さえ申出るものも見受けられる。之は多数の組合未加入工場があり、これに対抗するため労働条件引下げを行う目的と思われる。これがため、協約が拡張適用されなければ今後事業不振により、工場閉鎖、人員整理その他の改訂（引下）等の事態が続出したときは組合にとり一大脅威となり組合の発展を阻害する由々しき問題である。また、組合未加入労務者の中には悪条件のもとに働く者多く、これらを救う道は第18条の拡張適用にある。」
　［拡張適用条項］
　　労働協約中の基本給・能率給手当・家族手当・鋸目立工に対する手当（査定に関する使用者・職長・執行委員長・本人の協議条項を含む）、時間外割増手当・休日割増手当、退職金、業務上災害の休業給付、給与に関する協議条項、労働時間、休日等に関する条項。

［協約適用者数］

	使用者	従業員数	従業員中の組合員数
協約締結	15	258	180
協約未締結	12	94	0
計	27	352	180

　　　　但し、従業員中の非組合員について労働協約で、イ　経理担当者及びその利益を代表するもの、ロ　役員、ハ　監督若しくは管理の地位にあるもの又機密の事務を取り扱うもの　ニ　夜警・給仕・タイピストと定めている。

［拡張適用対象］

　　　　地域は函館市内及び七磯町七重浜。職種・業種は不詳。

(3)　関係者の意見

　　　　各関係者の「個人的意見として」協約締結業者からは、①臨時工に適用されるかどうかが問題であり、その他の点については別段異議はない、②労働条件統一という意味で望ましい、③経営内容や経済力が異なる場合に一本の労働条件にまとめることには反対、等の意見が出され、協約未締結業者にも賛否両論があった。

(4)　労働委員会の「調査小委員会」での審議結果

［協約適用状況］〈不詳〉

［一　の　地　域］

　　　　函館市内及び七磯町七重浜を「一の地域」とすることに異論なし。

［同　種　労　働　者］

　　　　労働者側は「製材業を主とする企業に常時雇用される本工員」との解釈を主張し、使用者側は「全産業部門（製材業だけでなく造船業や土建業を含む）において製材作業に従事する全労働者」との解釈を主張し、意見の一致をみなかった。

［大　　部　　分］

　　　　協約適用労働者の割合について、労働者側は約72％と主張し、使用者側は約66％と主張した。

［一の労働協約］

　　　　組合と個々の業者との労働協約の締結日が統一されていないが、内容は同一であり、「一の労働協約」と言い得る点で3者意見が一致。

(5)　労働委員会の総会の決議

①　主文／「拡張適用されるのが適当である。」

［適用条項］申立と同じ。

［適用地域］函館市及び上磯郡上磯町字七重浜。

［適用対象］上記地域において、製材を営業とする者及びその製材事業場に雇用されている本工員。

② 理由
［一 の 地 域］
　　函館市内及び七磯町七重浜は、「接続した地帯」であり「企業配置状況、労働条件及び生活環境等よりして、経済的に一の地域とみなし得ることは異論のないところ」。
［同種労働者］
　　本件においては同種の労働者を「製材業者の製材事業場に雇傭されている本工員とするのが、適当」。
［大　部　分］
　　「（申立組合の組合員は）協約締結 15 事業場の本工員のうち 187 名であるが、右各事業場においては非組合員たる本工員も事実上協約の適用を受けているので、本協約の適用を受けているものは合計 202 名である。」
　　拡張適用対象の製材を営業とする製材事業場は 15。そこに雇用される本工は約 75 人。よって、同種労働者の約 73％が適用。
　　「大体において本協約で定めた労働条件がこの地域で一般化したと認め得るから、……大部分の要件を充すものと考える。」
［一の労働協約］
　組合と個々の業者との複数の労働協約があるが、内容が同一であること及びその歴史的経緯に照らし、一の労働協約とみるのが相当。
［そ　の　他］
　　拡張適用により当該地域の製材業の労使関係と企業に及ぼす影響その他諸般の事情を検討した上で、申立を容れることとし、決定。

13　日本炭鉱労働組合福岡地方本部事件（№13 事件）　福岡地労委
　　　　昭 26・12・8 申立　昭 27・2・20 取下
(1) 掲載誌等
　　中央労働時報 209・210 号 26 頁、労働委員会年報 6 号（昭 26）231 頁。
(2) 申立内容
　［申　立　人］日本炭鉱労働組合福岡地方本部。
　［協約の相手方］
　　①九州石炭鉱業連盟〈申立人との間で協定〉。
　　②日本石炭鉱業連盟〈申立人の上部団体である日本炭鉱労働組合との間の協定のうち三井鉱山株式会社・三菱鉱業株式会社・井華鉱業株式会社・古河鉱業株式会社・明治鉱業株式会社に関する部分〉。

［申立書の宛名］福岡県知事。
［目的・理由］
　　福炭労傘下の労働組合が存在する炭鉱であって、使用者側が賃金に関する労働協約の締結に応じない16の炭鉱労組の労働組合員の賃金について、労働条件の劣悪な状態を救済し、地域的均一化を図るため。
［拡張適用条項］
　　労働協約が次の3本存在する。①申立人組合と九州石炭鉱業連盟との協定、②申立人組合の上部団体である日本炭鉱労働組合と、九州石炭鉱業連盟が所属する全国組織である日本石炭鉱業連盟と間の協定〈①と同一内容〉、③九州石炭鉱業連盟と日本鉱山労働組合福岡県連合会との間の協定〈①②と「ほぼ、同一内容」〉。
　　〈協定の定める賃金の決定方法や内容は、炭鉱毎に異なり、申立書添付資料をみても少なくとも8種類のものが存在する。〉
　　〈これらの中のどれが「一の労働協約」であり、その中のいかなる条項の拡張適用を求める趣旨であるのか、申立では特定されていない。〉
［協約適用者数］
　　福岡県内炭鉱に従事する労働者のうち鉱員数　　　　　151,426名。
　　鉱員のうち、上記①②の協約の適用をうける鉱員数　　105,447名。
　　　　　　　上記③の協約の適用を受ける鉱員数　　　　18,311名。
［拡張適用対象］〈不詳〉
(3)　関係者の意見　／　〈不詳〉
(4)　実情調査
　　事件を正式に採択して調査委員会等を構成して審理することは一応留保され、事務局による実情調査を行うこととされた。
(5)　取下
　　申立後に、16炭鉱の賃金協定について労使交渉が行われ、大体炭労と連盟との賃金協定の水準に沿って改訂が行われ、申立の趣旨と合致する結果となったので、申立は取下げられた。

14　全日本港湾四国地方宇和島支部事件・第一次（No.14事件）
　　　　　　　　　　　　　　　　　　　　　　　愛媛地労委

　　昭28・7・30申立　　昭28・10・13取下
(1)　掲載誌等
　　中央労働時報340号25頁、労働委員会年報8号(昭28)125頁、労働委員会年報13号(昭33)164頁。
(2)　申立内容

［申　　立　　人］全日本港湾労働組合四国地方宇和島支部。
［協約の相手方］宇和島港での木材荷役取扱（41社）。
［申立書の宛名］愛媛県知事。
［目的・理由］〈不詳〉
［拡張適用条項］〈不詳〉
［協約適用者数］〈不詳〉
［拡張適用対象］〈不詳〉

(3) 事件の経緯
① 組合は職業安定法第45条に基づく労働者供給事業の許可を得て、宇和島港における木材業者の行う木材荷役に関して労務供給を行っている。組合は、各業者と個々に労働協約を締結していたが、1953（昭和28）年7月に協約未締結業者に協約締結を申し入れたところ拒否され、締結業者からも協約の有効期間満了時に廃棄する旨の申入を受けたため、協約の地域的拡張適用の申立をした。
② 申立後、地労委の調査の過程で、個々に協約を締結していた41社が宇和島木材事業主連盟会を組織し、労使連名で地労委に斡旋申請を行った。
③ 斡旋により締結された労働協約で、「連盟会は原則として宇和島港における港湾荷役作業に組合の組合員以外は使用しない。但し緊急の作業により組合の労働者に不足を生じたる場合、若しくは組合員以外を使用する場合は連盟会、組合協議の上善処する」とのクローズド・ショップ条項（第7条）、及び、「労働時間・労働賃金其の他の労働条件について各事業所を単位として連盟会及び組合が協議の上決定する」との協議条項（第11条）が設けられ、有効期間は6ヶ月間とし、以降双方より改廃の意思表示がない限り1ヶ年毎に自動更新されることとされた。

15 稲生石灰労組協議会事件（No.15事件）　高知地労委

　　昭32・4・2申立　昭32・6・4地労委決議（拡張適用）
　　昭32・6・18県知事の決定・公告

(1) 掲載誌等
　　中央労働時報315号35頁、労働委員会年報12号（昭32）136頁。

(2) 申立内容
［申　　立　　人］稲生（いなぶ）石灰労働組合協議会。
［協約の相手方］
　　稲生地区の13社〈石灰製造業10社、炭酸カルシウム製造業2社、原石採掘のみ1社〉。
［申立書の宛名］高知県知事及高知地労委。
［目的・理由］

最低賃金制度の確立による労働者保護。(稲生地域では完全実施済であり、稲生地域外での実施を求める。)
［拡張適用条項］最低賃金に関する協定（時間給最低30円）。
［協約適用者数］〈不詳〉
［拡張適用対象］

高知県下一円の石灰製造業。

申立後の5月20日、申立人と各社との間で最低賃金に関する協定についての覚書が締結され、当該協定の適用される従業員に関して、風呂番・小使い・掃除夫など従来の慣行で一般工員並みの賃金を支払われざる者、試の使用期間中の工員、見習工、雇用期間の定めのある臨時工、及び、事務所職員を含まないことが確認された。

(3) 関係者の意見等

高知地労委の解説には、「協約締結事業者の意向に関して、稲生地域外の石灰製造業者による乱売防止の効果が期待されたようである」との記載がある。

申立後、協約外業者は、時給30円以上に賃上げを実施し、昭和32年5月末時点で時給30円に達しないのは2企業4名のみとなった。

(4) 調査

高知地労委は調査委員会を設けて事実調査と論点整理を行わせた。

(5) 地労委決議

① 主文／「拡張適用されることが適当」
［適用条項］最低賃金に関する協定主文全条項。
［適用地域］高知市、須崎市、香美郡、長岡郡、土佐郡、吾川郡、高岡郡。
［適用対象］上記地域において、石灰製造業を営む者及びその工場事業場に雇用されている全労働者。但し、事務職員、試の使用期間中の工員及び見習工（14日を超えて引き続き雇用されるに至った者を除く）、雇用期間の定めのある臨時工（所定の期間を超えて引き続き雇用されるに至った者を除く）、並びに、ふろ番・小使い・掃除夫（婦）等従来の慣行で一般工員並みの賃金を支払われない者を除く。

② 理由
［一 の 地 域］

石灰製造業は、良質石灰岩分布地帯と著しく隔絶しては起こり得ない産業であるところ、岩質は、中村市・宿毛市・土佐清水市及び幡多郡を除けば著しい優劣は認められない。

安芸市・安芸郡・中村市・宿毛市・土佐清水市・幡多郡には石灰製造事業場は存在しない。

輸送上その他の地理的経済的立地条件からみれば、安芸市・安芸郡・中村市・

宿毛市・土佐清水市・幡多郡は、高知県下の他地区に比して、著しい差異が認められる。
　よって、上記4市2郡を除けば、産業立地条件及び労働者の労働並びに経済的諸条件において、稲生地区とそれ以外の地区の間に著しい差異が認められない。
［同種労働者］
　石灰石採掘業を営むもののうち、稲生地区にある1社は、かつて石灰製造各社が行っていた採掘業を統一して生まれ、生産量の殆ども石灰製造のために使用されており、石灰製造と密接不可分の関係にある特異の企業であって、石灰石採掘業としての独自性がなく、むしろ石灰製造業に包含される。これに対し、稲生地区以外の石灰石採掘業は、石灰製造業に包含されない独自の業種である。
　労働協約の適用対象から、事務員等が除外されている。
［大　部　分］
　一の地域において従業する同種労働者総数750人中、本件労働協約の適用を受ける者は564人（75.2％）であって、「大部分」に適合する。
［一の労働協約］
　当該全使用者との間に締結された単一の労働協約。
［そ　の　他］
　拡張適用の必要性や目的については一切触れず、「法第18条の適用を排除すべきなんら特別の事由は認められないので、主文のとおり決議する。」との結論を導いている。
(6)　付記事項
　稲生は古くから労働運動の盛んな所であり、稲生石灰労協は県総評の中核をなす労働組合と目されていた。県総評は、総評の16闘争目標の一つである最低賃金制実現のための突破口として、稲生石灰労協に積極的指導を行い、賃上げとからめて最低賃金に関する協約の締結を求め、協約締結から1週間後に拡張適用申立がなされた。

16　紀州砥石労働組合事件（No.16事件）　和歌山地労委
　　　　　昭32・5・21申立　昭32・10・1取下
(1)　掲載誌等
　　労働委員会年報14号（昭32）137頁。
(2)　申立内容
　［申　　立　　人］紀州砥石労働組合。
　［協約の相手方］紀州砥石工業株式会社外13業者。
　［申立書の宛名］和歌山県知事。
　［目　的・理　由］

資料編Ⅰ　労働協約の地域的拡張適用申立の全先例

不詳であるが、上記年報には、申立に至る経緯に関して、①申立人は関係18事業主と団体交渉を行い、内、14事業主との間に労働協約を締結したが、②残る4事業主は同調せず労働協約締結に至らず、組合は地労委にあっせん申請を行い、③その後、組合は方針を変更して、協約の地域的拡張適用の申立を行った旨の記載がある。

　［拡張適用条項］〈不詳〉
　［協約適用者数］〈不詳〉
　［拡張適用対象］〈不詳〉
(3)　関係者の意見／〈不詳〉
(4)　申立後の経緯

　　　申立の取下げに至った経緯は判然としないが、上記掲載誌には、地労委に設置された調査委員会の調査の結果、①無修正適用が無理であること、②労使問題よりも業者間の統制問題であること等が認められ、調査委員会の労働者委員が申立組合幹部と懇談の結果、申立取下げに至った旨の記載がある。

17　滋賀亜炭鉱業労働組合連合会事件（No.17事件）　滋賀地労委

　　　昭33・5・26申立　昭33・11・28地労委決議（適用）
　　　昭33・12・22県知事の決定・公告
(1)　掲載誌等
　　　中央労働時報336号20頁、労働委員会年報13号（昭33）163頁。
(2)　申立内容
　　［申　立　人］滋賀亜炭鉱業労働組合連合会。
　　［協約の相手方］日野炭鉱株式会社ら4社。
　　［申立書の宛名］滋賀県知事。
　　［目　的・理　由］
　　　滋賀県下における他の同種労働者の生活の安定と労働条件の統一。
　　［拡張適用条項］
　　　最低賃金に関する協定書。
　　　（1日8時間当たり、坑内夫400円、坑外夫350円、選炭婦200円）
　　［協約適用者数］〈不詳〉
　　［拡張適用対象］滋賀県下一円の亜炭鉱業に従事する労働者及び使用者。
(3)　関係者の意見
　　　労使双方とも、協定書に定める最低賃金額は既に一般化され、協定を拡張適用することによる特別の負担は生じないとの意見。
(4)　地労委の小委員会の調査・審査結果
　　［協約適用状況］

377

滋賀県下における亜炭鉱業は6企業9事業所、従業員253名、うち、採炭・坑内・坑外・選炭の作業に従事する労働者は209名。
　　申立のあった協定書の締結当事者は4企業7事業所、その労働者は滋賀県下における同種労働者の約90%。
［必要性に関する裁量権の有無］
　　拡張適用される労働者の賃金が高く、拡張適用しても影響がなく、実益に乏しいことから、将来問題が生じた時に拡張適用すればよいとの意見と、新規企業と新規雇用者に関して拡張適用する必要がある旨の意見とが対立した。このことから、法18条記載の要件が充足されている場合に、拡張適用の必要性についての裁量権が労働委員会にあるか否かが問題とされた。
　　「結論としては、法18条法定の各要件が満たされていれば、特別に拡張適用を排除する理由のない限り、拡張適用すべきであるという見解が支配的であった。」
(5)　地労委の決議
　①　主文／「拡張適用されることが適当」
　［適用条項］
　　最低賃金に関する協定書のうち、第5項（双方が協定書各1通を保管する）を除く条項。
　　（拡張適用が肯定された第4項は「この協定期間中でも天災及び全国的経済変動の生じた場合は双方の合意により改正することが出来る。」との条項であり、第6項は有効期間満了後の自動延長条項である。）
　［適用地域］滋賀県一円。
　［適用対象］
　　上記地域において、亜炭鉱業を営む者及びその事業場に雇用される労働者。但し、臨時雇、試の使用期間中の者、及び、同種の企業に雇用される労働者のうち加工的作業に従事する場合の者を除く。
　②　理由
　［一　の　地　域］
　　滋賀県下には亜炭層が広く分布。滋賀県下の亜炭産出地は山麓に位置し、産業的経済的立地条件において著しい差異は認められない。労働者の労働条件及び経済的条件においても、協約適用労働者とそれ以外の労働者との間に著しい差異は認められない。よって、「滋賀県を『一の地域』とするに、これを排除する特別の理由はない。」
　［同 種 労 働 者］
　　現に亜炭鉱業を営む9事業場に雇用される労働者のうち、坑内・坑外・選炭の作業に従事する労働者について、企業目的、作業態様、労働条件などについ

て著しい差異はない。
　［大　　部　　分］
　　　当該労働協約の適用を受けている労働者は、同種労働者の 90.4%。
　［一の労働協約］
　　　企業別組合の連合体である申立組合と当該各企業の使用者との間に締結された労働協約であるが、同一内容であり、亜炭採掘業に従事する労働者に関する「一の協約」である。
　［結　論　部　分］
　　　「以上によれば、本件は滋賀県の地域において、亜炭鉱業に従事する同種の労働者について、その大部分が本件労働協約の適用を受けるに至ったものと認められ、他に労働組合法第 18 条の適用を排除するなにらの特別の事由は認められないので、主文のとおり決議する。」

(6) 付記事項

　　滋賀県評は、昭和 32 年の運動方針の一として、法 18 条の規定に基づく労働協約の拡張適用による最低賃金制の獲得を掲げ、その突破口として、亜炭鉱業が対象に選ばれた。

　　経営者側においても最低賃金に関する労働協約の締結を望む事情があった。すなわち、協定を定めるまでは、亜炭の需要が生産量を下回り、その打開方策を販路の拡張に求めたため、各業者間では悪質な乱売が行われていたこと、協定の交渉開始直後、滋賀労働基準局が行った業者間協定による最低賃金制の説明会で、企業の防衛を果たす最低賃金制の意義及び必要性を広く理解したこと、及び、亜炭労連の要求する最低賃金額は既に一般化されているおり、経営者には大した負担とはならずに乱売防止の効果が期待できることから、締結に至った。

18　全港湾四国地方宇和島支部事件・第二次（No. 18 事件）　愛媛地労委

　　　昭 33・11・25 申立　昭 34・2・25 取下
　　　〈申立に至る経緯については No. 14 事件も参照されたい〉

(1) 掲載誌等

　　中央労働時報 340 号 25 頁、労働委員会年報 13 号（昭 33）165 頁。

　　愛媛県地方労働委員会事務局「労働組合法第 18 条適用上の諸問題／全港湾労組四国地方宇和島支部事件を中心として」（全 72 頁、孔版印刷、昭和 34 年 8 月発行）

(2) 申立内容

　［申　　立　　人］全日本港湾労働組合四国地方宇和島支部。

　［協約の相手方］宇和島木材事業主連盟会
　　　　　　　　　〈宇和島港で木材荷役を扱う 31 社で構成〉。

［申立書の宛名］愛媛県知事。
［目的・理由］
① 申立人は、宇和島木材事業主連盟会に加入していない8社に対して職安法第45条による労働者供給を行っているところ、これら8社は申立人との労働協約締結に応じようとせず、賃金格差が生じて、8社に就労する労働者の賃金は低いので、これを是正するため。
② 就労先確保のため、クローズド・ショップ条項・協議条項を含む協約全文の適用が必要。
［拡張適用条項］
　　労働協約全部。〈「連盟会は原則として宇和島港における港湾荷役作業に組合の組合員以外は使用しない。但し緊急の作業により組合の労働者に不足を生じた場合、若しくは組合員以外を使用する場合は連盟会、組合協議の上善処する（第7条）」とのクローズド・ショップ条項、「労働時間・労働時間その他に労働条件について各事業所を単位として連盟会及び組合が協議の上決定する（第9条）」との交渉ルール条項、及び、自動更新条項がある。〉
　　賃金協定。
［協約適用者数］〈不詳〉
［拡張適用対象］上記8社とその労働者。
(3) 関係者の意見
① 協約締結業者及び未締結業者から地労委宛に18条適用反対の意見。
② 宇和島商工会議所、宇和島経営者協会、及び、地域の主要企業が連名で、荷役作業が港湾労組の独占事業となり独禁法の趣旨に反し、港湾荷役の機械化などを困難にし、南予通運株式会社による機械購入計画があるところ拡張適用がなされればこれを実行できず、近代化が後退し、木材以外の荷役作業に悪影響を与える等の理由を記した拡張適用反対の意見書。
(4) 労働委員会の調査委員会による調査結果と指摘された問題点
［一　の　地　域］
　　宇和島港以外の隣接する岩松港、吉田港、御荘港等の他の港湾を考慮に入れる必要の有無について検討され、労働協約がこの地域においてのみ代表するものであること、他港湾の就労態様が異なることから、考慮に入れる必要性はないとの結論に至った。
［同種労働者］
　　港湾荷役作業を細かく分けると、①木材積込作業、②木材小運搬作業、③貯木場整理作業となる。
［大　部　分］
　　労働者の種類と人数／①積込作業員55人〈クローズド・ショップ〉、②木材

小運搬作業 68 人、③貯木場整理作業のうち協約適用対象の種類の作業 5 人。④貯木場整理の作業のうち協約適用外の種類の作業 30 人。

　　協約適用対象者の比率／①のみ 100％、①及び②のみ 96％、①から③のみ 96％、①から④全部 74％。
　［一の労働協約］　問題点の指摘なし。
(5)　取下に至る経緯、県商工労働部と労働省労政局の対応
　①　宇和島商工会議所等が昭和 34 年 1 月 19 日付拡張適用反対の意見書を提出し、「県労政課においても独自の立場でこの問題に対し現地調査を行い」、愛媛県商工労働部長は同年 2 月 3 日付で労働省労政局に対し、「拡張適用されるのはいわゆる規範的部分だけであるか、又は、……当該労働協約の全部が適用され、拡張適用不能の条項だけが適用されないものであるか。」との問いを発した。
　②　拡張適用反対の陳情が行われたので、地労委事務局長による調査が実施され、2 月 7 日に拡張適用対象の 8 社から斡旋申請がなされ、2 月 12 日に斡旋員に調査委員会を構成する委員 3 名と事務局長が選ばれ、2 月 23 日に協定締結に至り、申立人は申立を取下げた。
　③　労働省労政局長は愛媛県知事宛昭和 34 年 8 月 24 日付労発第 119 号通知をもって、拡張適用対象は規範的部分だけであり債務的部分は含まれない旨の回答を行った。

19　全港湾日本海地本事件（No. 19 事件）　中労委
　　　　昭 34・11・14 申立　昭 35・4・12 取下
(1)　掲載誌等
　　　労働委員会年報 14 号（昭 34）176 頁、同 15 号（昭 35）137 頁。
(2)　申立内容
　［申　　立　　人］全日本港湾労働組合日本海地方本部。
　［協約の相手方］新潟海陸運送株式会社外 6 社。
　［申立書の宛名］労働大臣。
　［目 的 ・ 理 由］最低労働条件を統一し港湾荷役及び関係産業の秩序を保つ。
　［拡張適用条項］退職金協定書。
　［協約適用者数］1,236 人。
　［拡張適用対象］
　　　新潟県新潟港から鳥取県境港までの日本海沿岸の港湾運送事業法に基づく指定港における港湾荷役事業者とこれに従事する労働者。
(3)　関係者の意見　／　〈不詳〉
(4)　労働委員会の小委員会による調査
　　　「一の地域」「一の労働協約」に該当するか、「同種の労働者」の範囲の事実認

定と関連して、本件は中労委で取り扱うべき問題か否かが先議されることとなったが、審議開始に至らないうちに、申立組合が申立を取下げた。
(5) 特記事項
① 筆者の調査によれば、全港湾日本海地本は、この申立の直前に、団体交渉の方式を変更し、従前は認められていた支部・分会の団体交渉権と労働協約締結権を認めないこととし、これらを地本で一本化することに改めた。そして、全港湾日本海地本は、統一退職金制度を確立する方針をもち、地本と各社との間での集団交渉がもたれ、昭和34年11月1日に地本と各社連名の退職金協定が締結され、直ちに、同月14日に労働大臣宛に拡張適用申立がなされた。現在でも、全港湾の中で、日本海地本以外の各地本では支部・分会の団体交渉権と労働協約締結権が肯定されている。
② 上記の交渉方式の変更に伴って作成された当該退職金協定は、各社連名の一通の書面であるが、勤続年数と支給月数を定める別表は、従前の協約内容を引き継いでいるために、各社毎に定められており、例えば勤続年数3年の場合の支給月数は、1ヶ月（2社）、1.8ヶ月（1社）、2.5ヶ月（1社）3ヶ月（2社）、3.5ヶ月（1社）とまちまちであって、最低月数を定める条項も存在しなかった。

20 総同盟朝霞金属労組事件 (No.20事件) 埼玉地労委
昭35・9・4申立　昭36・7・7取下
(1) 掲載誌等
中央労働時報372号21頁、労働委員会年報15号（昭35）137頁、同16号（昭36）136頁。
(2) 申立内容
［申　立　人］総同盟朝霞金属労働組合。
［協約の相手方］朝霞金属工業会。
［申立書の宛名］埼玉県知事及び埼玉地労委。
［目的・理由］地区内の同種の全労働者の労働条件の維持改善。
［拡張適用条項］
　第1章　総則〈ユシ解雇条項、解雇事由、雇入・解雇協議条項外〉、第2章　人事〈懲戒に関する協議条項、懲戒基準種類外〉、第4章　職場規律、第5章　就業時間、第6章　休日休暇、第7章　休日休暇、等のいわゆるフルセットの労働協約の全部。
　（労働協約において、臨時工は適用対象から除外され、本工のみが対象）
［協約適用者数］826人。
［拡張適用対象］
　埼玉県北足立郡朝霞町・新座町・大和町・足立町で伸銅及び伸管業を営む者8

社及びこれに雇用される未組織労働者210人。
(3) 関係者の意見
　　未締結業者から「協約拡張適用はあまり望ましくない。現在の状態で労使ともに平穏」との意見が出された。
(4) 労働委員会に設けられた調査委員会の調査・審議結果
［同 種 労 働 者］
　　組合が既存の協約の適用対象である組合員と主張する者の中に「伸銅及び伸管業」以外の事業を営む者に雇用されている者が含まれていた。
［大　部　分］
　　拡張適用対象者とされる「伸銅及び伸管業を営む者」に関して、組合主張の8社210人以外に12社282人が存在することが判明し、4町では「大部分」を充足しないことが明らかとなった。
［一 の 地 域］
① 　隣接する東京都板橋区と練馬区に同種の事業場が存在することから、二都県にまたがるものとし、中労委で扱うべきかについて検討がなされた。埼玉県内の当該産業が江戸時代から独自の発展を遂げた歴史的経緯、及び、東京都と埼玉県では経済条件・労働条件に格差があることを考慮し、埼玉県内の4町をもって「一の地域」と処理して差し支えないとの結論に至った。
② 　4町ではなく朝霞町の1町だけを「一つの地域」とする協約拡張適用がなされた場合には、それは「恣意的な申立」と判断される。

21　旭川ハイヤー労働組合協議会事件（No.21事件）　北海道地労委

　　　昭35・10・31申立　昭36・8・18取下
(1) 掲載誌等
　　中央労働時報372号21頁、労働委員会年報15号（昭35）137頁、同16号（昭36）136頁。
(2) 申立内容
　［申　　立　　人］旭川ハイヤー労働組合協議会。
　［協約の相手方］第一交通外4社。
　［申立書の宛名］北海道知事。
　［目 的 ・ 理 由］
　　「同種労働者の労働条件の均衡を図り、未組織労働者並びに労協未加盟労働者を保護し、労働秩序を維持するため」。
　［拡張適用条項］
　　所定労働時間短縮に関する協定書。〈毎年10月16日から6ヶ月間は労働時間を7時間とし、それ以外の時期は8時間とする。時間外労働は認める。〉

［協約適用者数］〈不詳〉
［拡張適用対象〕
　　　旭川市及び上川郡神楽町で一般旅客常雇自動車運送事業を営む各社の本採用の運転手・配車係・整備工・事務員。
(3) 申立に至る経緯
① 当該地域には、タクシー事業を営む企業が6社あり、全社に労働組合が存在していた。
② 申立人労協は、6労組の協議体組織であり、6社に対して所定労働時間短縮に関する協定書の締結を要求していたところ、9月10日、その内の1労組1社が、組合は要求を取り下げ、その代りに組合員1人1ヶ月当たり本給800円を増額する賃金協定を締結して、交渉から離脱した。
③ その後、10月28日に、申立人労協と5社との間で、所定労働時間短縮に関する協定が締結された。
　　そこで、申立人労協は、10月31日、上記の交渉脱落の1社と10月5日に設立されたばかりの新免会社に対する拡張適用を求めて申立に及んだ。
④ 申立後の11月11日、さらに、新免会社1社が発足したことから、拡張適用対象事業所は3社となった。
(4) 関係者の意見
　　　未締結業者及びその労働組合、旭川ハイヤー協会、旭川地区ハイヤー協会、北海道乗用自動車協会、旭川商工会議所、旭川経営者協会等から拡張適用反対の陳情。
(5) 労働委員会の調査小委員会による調査・審議結果
　［協約適用状況］
　［一　の　地　域］
　　　申立対象地域が「一の地域」であることについて異論なし。
　［同種労働者］
　　　労働協約の定めるところにより、各社に勤務する本採用の運転手、廃車係、整備工、事務員をもって「同種労働者」と言い得る。
　［大　部　分］
① 申立人労協の組合員、及び、非組合員である本採用者であって事実上協約の適用を受けている者の合計数は、244名。未締結3社の本採用者は、37名。よって、協約適用対象者の比率は、約86％。
② 仮に、新免会社2社の試傭期間中の者14名を加えたとしても、協約適用対象者の比率は、約78％。
③ したがって、「大部分」の要件を充足。
　［一の労働協約］

当該労働協約が「一の労働協約」であることについて異論なし。
　［そ　の　他］
　　総会が選出した小委員会を構成する公益委員が、新免2社と他社とは企業規模において大差があること、社によっては当該労働協約とは別の労働協約と結合することにより時間外労働時間が8時間を超えれば休日を与えなければならない場合が生じること、時間外勤務に関する賃金算定方式が各社毎に異なるため従来よりも各社間の賃金格差が広がることを指摘し、法18条の立法趣旨及び本件申立趣旨からすれば、かかる事態の発生はその各趣旨に合致しない結果を生ずる恐れがあるとの理由で、拡張適用に反対した。
(6) 労働委員会の総会における審議
　①　3回の審議を重ねたが、議論の進展のないまま、労働委員会の委員改選期となり、公益及び労働者側の調査小委員が辞任したため、総会審議は一次中断となった。
　②　会長は、非公式斡旋を行って、申立取下げを慫慂することとし、最終的に、未締結業者1社とその企業内組合及び申立組合との間で労働時間についての団体交渉が行われ、労働協約が締結された。

22　ゼンセン同盟事件・第一次（No.22事件）　愛知地労委

　　　　昭56・9・9申立　昭57・4・12地労委決議（適用）
　　　　昭57・5・6県知事の決定・公告
　　　　　（〈詳細は第1部第3章第3節〉）
(1) 掲載誌等
　　中央労働時報688号8頁、愛知県地方労働委員会事務局編「昭和56年版　年報」252頁、同編「昭和57年版　年報」128頁。（労働委員会年報37集（昭57）181頁には事件数の記述のみ）
(2) 申立内容
　［申　　立　　人］ゼンセン同盟。
　［協約の相手方］柴田染工株式会社外41社。
　［申立書の宛名］愛知県知事。
　［目　的・理　由］
　　ゼンセン同盟加盟の組合を擁する会社を除いては、著しく劣悪な労働条件の下に雇用される現況は、レイバー・コストの抑圧、過当競争の激化、加工賃のダンピング等の弊害をもたらし、労働組合を結成している事業場の競争力を弱め、業界の環境秩序の紊乱を招き、未組織労働者をますます悪環境に追いやっている。
　［拡張適用条項］
　　年間休日協定。〈年間休日86日以上、日給労働者に日給相当額を補填、日々

雇用・季節労働者・パートタイマーを適用除外、自動延長〉
　［協約適用者数］
　　　　労働組合員は 1,383 人[7]、労組法第 17 条による拡張適用をも含む総数 1,656 人。
　　　同種の全労働者（常用労働者）2,157 人に対する比率は 76.7%。
　［拡張適用対象］
　　　　尾西地区（4 市 4 町）で綿状繊維、糸染色整理業を営む者及びその事業場に
　　　雇用されている全常用労働者（日々雇い入れられる者、季節労働者及びパー
　　　タイマーを除く）。
⑶　関係者の意見
　　　　協約締結業者は、積極的に賛成して協力し、未締結業者からも反対意見は出
　　　なかった。
⑷　労働委員会の小委員会による調査・審査結果
　［一 の 地 域］
　　　　地理的連続性、使用者団体の組織状況、及び、申立組合尾州地方労働組合連
　　　合会の組織状況から総合的に判断して「一の地域」。
　［同 種 労 働 者］
　　　　協定締結事業場に従事する常用労働者と、申立地域内の綿状繊維、糸染色整
　　　理業の事業場に従業する常用労働者とは「同種の労働者」。
　［大　部　分］
　　　　申立地域の綿状繊維、糸染色整理業に従事する常用労働者総数は 2,137 人、う
　　　ち、本件協約の適用を受けている者は 1,587 人（ゼンセン同盟組合員 1,363 人、
　　　労組法 17 条による拡張適用 224 人）（74.2%）であるので「大部分」に該当。
　［一の労働協約］
　　　　単一の労働協約。
⑸　労働委員会の決議
　①　主文／「拡張適用されることが適当」
　［適用条項］
　「年間休日に関する協定の全条項。」
　［適用地域］
　　　　一宮市、津島市、尾西市、稲沢市、葉栗郡木曽川町、中島郡祖父江町、同郡
　　　平和町、及び、海部郡佐織町。
　［適用対象］
　　　　上記地域内において綿状繊維、糸染色整理業を営む者及びその事業場に雇用
　　　されている全常用労働者。但し、日々雇い入れられる者、季節労働者及びパー

---

[7]　申立時の集計ミスで 1,363 人であった可能性もある。

トタイマーを除く。
[効力発生始期]
　　昭和58年9月1日。
② 理由
　　前掲(4)記載の小委員会の結論の外に、効力発生時期を決議の日から約1年4ヶ月後とすることに関して、「(労働協約を) 直ちに適用する場合、協約非締結事業場の経営に多大の負担を課することになるのでこの点を配慮」する旨の記載がある。
(6) 県知事の決定・告示に関する特記事項
　　労働委員会の決議では、拡張適用される労働協約の条項に関して「年間休日に関する協定の全条項」と記載されており、当該労働協約の四項には、「この協定の有効期間は、昭和56年9月1日から1年間とする。なお、この協定の有効期間が満了になっても新協定が締結されないときは、この協定の効力は、2年間延長される。」と記載されていた。
　　しかるに県知事の決定・告示では、拡張適用される労働協約の条項に関して、四項を除く一項から三項までの記載しかない。
　　このため、県知事が地労委の決議と異なる決定・告示をなし得るのか、また、当該拡張適用の終期はいつまでなのかが問題となる。

23　私鉄総連北海道地本事件・第一次（No. 23 事件）　北海道地労委
　　　昭56・10・28申立　昭59・11・12取下
(1) 掲載誌等
　　道幸(1986)(上)578号2頁。
(2) 事件概要
　　「昭和56年10月28日に、私鉄総連道地本より、労働時間の短縮等を求めるワンマンバス協定及び労災上積みを定める労災見舞協定の拡張適用を求めて、北海道知事宛に申立てがなされた。11月12日に知事から道地労委に付議依頼があり、道地労委は、同月16日に小委員会（公労使各側2名）を設置し審議を開始し、職務局職員や委員が実態調査や事情聴取をなした。しかし、私鉄総連道地本は、59年11月16日、申立協約の改訂がなされたとして、申立てを取り下げた。」[8]

24　ゼンセン同盟事件・第二次（No. 24 事件）　愛知地労委
　　　昭59・9・1申立　昭59・12・10地労委決議（適用）

8　道幸(1986)(上)578号5頁の記述そのままを転記した。

昭59・12・21県知事の決定・公告
　　（詳細は第1部第3章第3節第9款）
(1) 掲載誌等
　　　中央労働時報725号31頁、愛知県地方労働委員会事務局編「昭和59年版年報」124頁、労働委員会年報39集(昭59)161頁。
(2) 申立内容
　［申　　立　　人］ゼンセン同盟。
　［協約の相手方］柴田染工株式会社外41社。
　［申立書の宛名］愛知県知事。
　［目 的・理 由］
　　　第一次事件と同じ事項に加え、地盤沈下対策・地下水汲み上げ規制に伴い昭和60年6月通水が予定されている「尾張工業用水」の1日当たりの使用量基準が年間休日86日を前提に設定されたことに伴い、1日当たり水使用量300t以下の事業場では、1日当たりの水の使用可能量が増加し、生産性向上のメリットが生じた。
　［拡張適用条項］
　　　自動延長条項に手直しがある以外は、第一次事件と同じ。
　［協約適用者数］
　　　労働組合員は1,487人、労組法第17条による拡張適用をも含む総数1,695人。同種労働者（常用労働者）総数2260人に対する比率は75.0％
　［拡張適用対象］第一次事件と同じ。
(3) 関係者の意見　／　第一次事件と同じ。
(4) 労働委員会の小委員会による調査・審査
　［大　　部　　分］
　　　同種労働者2,216人中、協約適用1,657人（組合員1,465人、法17条による拡張適用192人）(74.7％)
　　　〈その他の事項は、第一次事件と同じ結論〉
(5) 労働委員会の決議
　　　「拡張適用の期間」を「昭和63年8月31日まで」と定める以外は、第一次事件と同じ。

25　私鉄総連北海道地本事件・第二次（No.25事件）　北海道地労委
　　　昭59・11・6申立　昭60・4・30取下
(1) 掲載誌等
　　道幸(1986)(上)578号2頁。
(2) 申立内容

［申　立　人］私鉄総連北海道地本事件。
　　　［協約の相手方］〈不詳〉
　　　［申立書の宛名］北海道知事。
　　　［目 的・理 由］
　　　　　ワンマンバス運転労働者の労働時間規制、及び、被災労働者らの保護。
　　　［拡張適用条項］ワンマンバス協定、労災見舞協定。
　　　［協約適用者数］
　　　　　同種労働者約 2,100 人中、組合員は約 1,900 人（約 90％）。
　　　［拡張適用対象］
　　　　　旭川陸運事務所管内及び北見陸運事務所管内の一般乗合旅客自動車運送事業
　　　　を営む者及びその雇用する運転士、ガイド（車掌）、事務員、整備士等。
(3)　関係者の意見
　　　　協約締結業者及び未締結業者から地労委宛に拡張適用に反対する旨の申立あり。
(4)　労働委員会の小委員会での調査・審議の概要 [9]
　　①　小委員会の労使各委員は、18条所定の 4 要件を充足しているか否かを巡り、意見が対立した。
　　②　公益委員は、「拡張適用されるべき労働協約は、地域内において最低基準を設定する目的からみて、その内容はあますところなく明確であるとともに、最低基準としての完全な規範性を有することが必要である。」とした上で、申立にかかる協定に関しては、第一に、適用対象についての明文の定めがなく、実際の適用対象は各支部毎に区々で、臨時の労働者に適用している例もあれば、適用していない例もあること、第二に、ワンマンバス協定には慣行優先条項が含まれていることを指摘し、当該協定は拡張適用されるべき協定としての適格性を欠くと主張した。
　　③　最終的に、申立人が申立を取下げた。

26　ゼンセン同盟事件・第三次（No. 26 事件）　愛知地労委

　　　昭 63・11・28 申立　平元・3・13 地労委決議（適用）
　　　平元・3・27 県知事の決定・公告
　　　　（詳細は第 1 部第 3 章第 3 節第 9 款）
(1)　掲載誌等
　　　愛知県地方労働委員会事務局編「昭和 63 年版　年報」194 頁、同編「平成元年版　年報」342 頁、労働委員会年報 44 号（平元）156 頁。

9　道幸（1986）（上）578 号 7 頁

(2) 申立内容
　　　第一次事件とほぼ同じ。
(3) 関係者の意見
　　　第一次事件とほぼ同じ。
(4) 労働委員会の小委員会による調査・審査
　［大　部　分］
　　　同種労働者 2,111 人中、協約適用 1,543 人（組合員 1,292 人、法 17 条による拡張適用 251 人）(73.1%)。
　　　〈その他の事項は、第一次事件と同じ結論〉
(5) 労働委員会の決議
　　　「拡張適用の期間」を「平成 4 年 8 月 31 日まで」と定める以外は、第一次事件と同じ。

資料編Ⅱ　ゼンセン同盟による労働協約の地域的拡張適用の実践

目　次

資料(1)	ゼンセン同盟地方繊維部会　18条活用の提起（1976・6）	392
資料(2)	年間休日数の下方修正に関する染色業中央交渉（1976・6）	400
資料(3)	尾西地域での労使懇話会の発足（1977・1）	402
資料(4)	労働省労働法規課との事前協議（1980）	403
資料(5)	未組織事業場に対する趣旨説明と協力要請（1980・4）	406
資料(6)	労働協約素案作成に関する事業主への協力要請（1980・7）	407
資料(7)	尾西地域染色業事業主各自の賛同書（1980・10）	408
資料(8)	1980年の活動経過と問題点（1980・11）	408
資料(9)	尾西地区年間休日協定（1981・9）	409
資料(10)	地位的拡張適用の申立（第一次）（1981・9）	410
資料(11)	愛知県地方労働委員会の決議（1982・4）	413
資料(12)	愛知県知事の決定・公告（1982・5）	414
資料(13)	愛知地労委決議に対する評価（1982・4）	415
資料(14)	ゼンセン同盟産業政策局発組織内宛要請（1982・11）	416
資料(15)	愛知県支部発本部産業政策局宛要請（1983・8）	418
資料(16)	愛知県支部発本部産業政策局宛追加要請（1983・8）	419
資料(17)	一宮労基署の説明会（1984・1）	420
資料(18)	年間休日協定自動延長についての申請（1984・7）	421
資料(19)	尾西地区年間休日協定／第二次（1984・8）	422
資料(20)	地域的拡張適用の第二次申立（1984・9）	423
資料(21)	第二次申立／資格審査決定・通知（1984・12）	425
資料(22)	第二次申立／小委員会調査報告書（1984・12）	426
資料(23)	第二次申立／愛知県地方労働委員会の決議（1984・12）	429
資料(24)	第二次申立／愛知県知事告示（1984・12）	430
資料(25)	労働省との協議（1985・12）	431
資料(26)	地域的拡張適用の第三次申立（1988・11）	431
資料(27)	第三次申立／小委員会報告書（1989・3）	433
資料(28)	第三次申立／愛知県知事の決定・公告（1989・3）	436

資料(1) ゼンセン同盟地方繊維部会　18条活用の提起（1976・6）

昭和51年6月4日
週休2日制普及活動について
地繊部会

Ⅰ　労働組合法第18条（地域的の一般的拘束力）

（条文／掲載省略）

Ⅱ　「解釈例規」

※　本条の規定に基づく労働大臣又は都道府県知事の決定があった場合において、この決定は、当該労働協約の有効期間が満了し、又はそれが廃止された場合は失効するから、決定の取り消しを要しないで一般的拘束力は消滅する。

（昭和23.6.5.労発262）

※　第17条又は第18条の規定に基づく労働協約の一般的拘束力により拡張適用される労働協約の範囲は、労働協約の拡張適用制度の本質にかんがみ、当該協約のうち、いわゆる規範的部分すなわち労働条件その他の労働者の待遇に関する基準を定めた部分のみに限られ、いわゆる債務的部分は含まれない。

（昭和34.8.24.労発119）

※　本条の労働協約の地域的の一般的拘束力についての労働大臣又は都道府県知事の決定は、行政不服審査法による不服申し立てと対象となる処分には該当しない。

（昭和37.9.28.労発156）

1　概説

㈠　本条は、前条とともに、労働協約の効力を、本来の協約関与者以外の者にも拡張する、いわゆる一般的拘束力の制度を定めたものであるが、つぎにのべるような点で、前条と異なっている。

(1)　前条が工場事業場を単位とする拡張適用であるのに対し、本条は一定の地域（例えば都道府県、その一部または二以上の都道府県にまたがる地域）を単位とする拡張適用である。本条の小見出しも、この点に注目して「地域的の一般的拘束力」となっている。従って、協約の拡張適用を受ける者も、前条の場合には、当該工場事業場に雇用される労働者に限られ、同種の労働者でも他の工場事業場に雇用される者には拡張適用が生じないばかりでなく、使用者側については拡張適用を全く生じないのに対し、本条の場合には、多数の工場事業場を含む当該地域内の同種の労働者にひろく拡張適用が行われるばかりでなく、かかる同種の労働者を雇用する当該地域内のすべての使用者も拡張適用によって協約の拘束下に

おかれ、かくして協約の適用範囲は、前条の場合にくらべて著しく拡大されることとなる。

(2) 前条では、一の工場事業場に「常時使用される」同種の労働者の四分の三対四分の一という一定比率を要件として拡張適用が生ずるのに対して、本条では、「常時使用される」労働者という要件はなく、また一の地域の同種の労働者の「大部分」が一の労働協約の適用をうけていることを要件としてかかげ、数の上の比率を示していない。

(3) 前条の場合には、(2)にのべたように単なる数の比率だけで自動的に拡張適用が生ずるのに対して、本条の場合には、当事者の申し立てにより労働委員会の決議にもとづいて行政官庁（労働大臣または都道府県知事）の決定があってはじめて拡張適用が行われる。

㈡ 本条は、旧法（昭和20年法）24条の規定を一部修正して（第1項後段の「協約当事者ノ申立ナキ場合ト雖モ行政官庁必要アリト認ムルトキ」は拡張適用の決定をなしうるという規定を削る）これを口語体に改めたものである。

㈢ 本条の前身である旧法24条の規定は、ワイマール・ドイツ協約令2条以下に定められていた一般的拘束力〔賦与の〕宣言の制度にならって設けられたものと認められる。しかし、右のドイツの制度が、拘束力宣言の手続などについて、かなり詳細な規定をおいていたのに対し、旧法24条の規定は極めて簡単であった反面、行政官庁の拘束力宣言が労働委員会の決議にもとづいて行われるべきこと、また労働委員会がこの決議に際し労働協約の内容を修正する権限を与えられ、かくして修正拡張適用が認められていたことは、ドイツの右の制度にはみられなかった重大な相違点であった（現在の西ドイツでも、一般的拘束力宣言の制度が労働協約法第5条に定められているが、その要件および手続は、やはり本条と異なっている。なお現在、フランスその他の国にも一般的拘束力宣言の制度がみられる）。

㈣ 一般的拘束力宣言の制度の趣旨ないし目的については、ドイツでは、拡張適用される労働協約の存在を維持しその当事者たる労働組合の地位を確保するところに求められ、一般的拘束力宣言はこの目的の手段として、協約関与者外の労働者のみならずこれを雇用する使用者をも協約の拘束下におくことによって、協約関与者たる組合員よりも低い労働条件で働く労働者の存在が、使用者に、折があれば後者を以て前者におきかえようとする刺戟となる余地をなくすとともに、同一地域内で互に競争関係に立つ使用者のうち、協約の拘束をうけず協約以下の低い条件で労働者を使用する使用者が、レーバー・コストの低いのを利用して製品の価格を下げ、これが協約の拘束をうける使用者の地位を脅かして、協約の拘束力からの離脱を促進せしめることとなるのを防ごうとはかったものである、と説かれている。本条の立法趣旨もこれと同様に解すべきである（多数説）。しかし前条の立法趣旨を、拡張適用を受ける労働者の保護や同一労働同一賃金の原則の実現に求める説は、本条の立

㈤　本条にもとづく拡張適用が実際に行われた例は、極めて少ない（旧法施行以来現在までわずか4件）。しかも、本条による拡張適用は協約当事者の申し立てがあってはじめて問題となるが、協約当事者とくに労働組合が本条を利用しようとしてこの申し立てをなした例も寥々たるものである（これまでになされた申し立てはすべて組合側からなされているが、その数はわずか15件、このうち拡張適用されたもの4件、労委が拡張適用しない旨決議したもの2件を除き残余はすべて申し立てが取下げられている）。これは、我が国では現在、欧米とは異なり職業別ないし産業別組合が未発達で、一定の職業あるいは産業別に、最低労働条件を規制する全国的ないし地域的な協約が結ばれるにいたらず、企業別組合の結ぶ協約によって各企業ごとの労働条件の規制が行われるにすぎないからである（これまで拡張適用が実際に行われた4件もその大部分が、小企業の集まった狭い地域の製材業におけるものであった）。本条はこのように、少なくとも組合組織の現状においては、実際上、労働組合運動の保護助成という制度本来の機能をほとんど果たしていないばかりでなく、本条による拡張適用は、前条におけるように単なる数の比率にもとづく自動的拡張でなく、行政官庁の決定を媒介として行われるため、たしかに拡張適用後の法律関係の不明確ないし浮動化という欠陥は生じないとはいえ、本条の場合も拡張適用の要件が法文上簡略にすぎて解釈論上種々の問題を生ずることを免れない。さらに、前条の場合と同様、拡張適用をうける労働者が別に労働組合を結成しとくに労働協約を別に結んでいる場合にも、本条による拡張適用が生ずるかどうかについては、明文の規定がなく、現にこの点で学説の対立を生じている。そればかりでなく、かりにこの場合も拡張適用ありとする立場に立てば、いずれの協約が優先するかは結局協約競合の問題として処理されることになるが、この問題についても現行法上別に規定はなく、しかもこれを理論によって解決することは、ドイツにおける極めて多岐にわたる学説の対立に徴しても明らかなように、極めて困難である。くわえて右のような立場をとる場合には、前条の場合と同様、組合運動の自主的発展を阻害する危険なしとしない。さらに、拡張適用後の拘束力宣言の効力の消滅についても、拘束力宣言の法的性質との関連で、ドイツにおいて既に学説の対立をみたように、解釈論上困難な問題を含んでいる（詳しくは注解参照）。以上の諸点にてらし、本条は立法論上、根本的再検討を要すると思われる。

2　注解

㈠　地域的の一般拘束力の要件

⑴　実質的要件

　本条による協約の一般的拘束が生ずるための実質的要件は「一の地域」で従業する「同種の」労働者の「大部分」が一の労働協約の適用を受けるにいたったことで

ある。
1）(イ) 本条は、「一の地域」を単位として労働協約を拡張適用するものである。即ち前条の一般的拘束力は、一の工場事業場の範囲にかぎられているのに対し、本条の一般的拘束力は、一の地域内に同種の労働者を雇用する多数の工場事業場があることを前提にして、その地域内の同種の労働関係全部におよぶのである。

「一の地域」のとりかたについては、別に規定はないから、広狭さまざまの地域を単位として本条を適用することができる。例えば一の都道府県を単位とすることも、その一部や二以上の都道府県を単位とすることも、あるいは福岡・佐賀・長崎の各県にまたがる一の炭鉱地帯を単位とすることも、いずれも自由である。しかし日本全国を一単位とすることや、全く飛びはなれた二以上の地域を一単位とすることは、「一の地域」という文言からは、これを認めることが困難であろう（これまで拡張適用が認められた事件では、大部分が数市町村にまたがる小さな地域を単位とするものであった）。

拡張適用の行われる地域の広さについては、右にのべたようにほとんど制限はないが、しかし、拡張適用の決定に当って、その地域的範囲が具体的に明確に指定さるべきことはいうまでもない。その場合は、本条の立法趣旨にてらし、当該協約当事者たる労働組合の組織範囲、組合員の労働条件に影響を及ぼす労働者の存在範囲、協約の他方当事者ないしその構成員たる使用者と競争関係に立つ使用者の存在範囲などを考慮して、拡張適用される地域的範囲を決定すべきであろう。

2）(ロ) ここにいう「同種」の意義は、前条におけるそれと同様であり、協約当事者たる労働組合の組織、労働協約の趣旨、とりわけ協約の職業的適用範囲等との関連で、同種の労働者かどうかを判断すべきである。ただ本条では、一の地域という広い単位のとりかたをしているので、前条のように細かな作業内容の同種性が問題になることは実際上少なく、おのずから一定の職業（ないし職種）とか、あるいは一定の産業部門とかについて、同種と判断すべき場合が多いであろう。

3）(ハ) 本条による拡張適用が認められるためには、一の地域内の同種の労働者の「大部分」が一の労働協約の適用を受けるにいたったことが必要である。前条が四分の三以上という明確な数的比率を示しているのに対し、本条は単に「大部分」と言っているにすぎないのは、一の地域という広い単位内での同種の労働者の総数は、前条のように一の工場事業場内での同種の労働者の総数のように、実際上はっきり算定できないことを考慮したものであろうし（拡張適用の範囲の広い本条の場合、前条のような単なる数的比率による自動的拡張適用の制度は実際上施行困難である）、また、労働者の「大部分」が一の協約の適用を受けるに至っているかどうかの判断は、本条による拡張適用の決定を行う行政官庁が、具体的事実に即して、拡張適用を認めるべき実質的理由ないし必要ありや否やの合目的的裁量によりこれを決定すべきものという態度をとっているからであると考

えられる。従ってそれは、当該協約がその地域内において支配的な意義を有するものと認められれば足りると解すべきであろう。従って、必ずしも前条の「四分の三」という比率に達することは必要でないが、実際上、これが一応の目安として考慮されることになるであろう（これまで拡張適用の決定された事件では、協約の適用をうけていた者の比率はそれぞれ82％、78％、73％、75.2％であり、66％強だった場合については労委は「大部分」とはいえないと判断している。もっともこの数字が厳密にどこまで正確なものか疑問があり、また上記4件についても拡張適用の是非の判断に当って労委が当該の場合の比率をとくに問題としていないものもある）。

　注意すべきは、本条が、ここで問題としている拡張適用の一要件につき、前掲ドイツ労働協約令のように、協約規範の対象となる労働関係の面から規定せず、単に労働者の側からこれを規定して、その「大部分」が一つの労働協約の適用を受けるに至ったときと定めている点である。これによれば、一地域内の使用者の大部分が同一の労働協約をある職業別組合との間に結び、あるいは使用者の大部分を包摂する使用者団体がある職業別組合との間に結んだ場合でも、その職業別組合の組合員が当該地域内におけるその職業部門の労働者総数「大部分」をしめるに至っていないときは、本条による拡張適用は認められないことになる（もっとも実際上かような場合はあまりないであろうが）。

4）㈡　ここに「一の労働協約の適用を受けるに至ったとき」というのも、前条におけると同様、協約関与者として協約の適用を受けるものであること、換言すれば当該地域内の同種の労働者の大部分が当該協約の当事者組合の組合員であること、を意味し、協約非関与者であるにかかわらず、事実上当該協約に従って労働協約を締結している者は含まれないと解すべきである。しかしながら、事実上当該協約に従って労働協約を締結している協約非関与者の存在は、協約関与者、即ち「一に労働協約の適用を受ける」者の数が本条にいう同種の労働者の「大部分」をしめるかどうかの判断に際して、もちろん斟酌されるべきである。換言すれば右のような協約非関与者は、ここにいう「一の労働協約の適用を受ける」者には算入されないが、その存在は「一の労働協約の適用を受ける」協約関与者が果してここにいう「大部分」という要件をみたすかどうか、即ち当該協約がその地域内の同種の労働者間で支配的意義を有するに至っているかどうかの判断に影響を及ぼす、というように解釈するのが妥当である。なお、ここに「一の労働協約」とは必ずしも単一の協約に限られない。例えばある職業別組合が個々の使用者との間に別々に協約を結び、従って協約が複数ある場合でも、その内容が同一であるときは、かかる組合が使用者団体との間に1個の統一的労働協約を結んだ場合と同様に、その組合員はここにいう「一に労働協約の適用を受ける」者と解して妨げない（熊本地労委は牛深漁民労組事件〔不適用決議〕で、かかる協約が本条

にいう「一の労働協約」と認められるかどうかに疑問を表明している。これに対し、北海道地労委は函館製材労組事件〔適用決議〕において 15 の複数協約が内容が全く同一であること、それがかつては 1 本の協約であったのが製材業者団体の解散の結果複数化したことに注目してこれを「一の労働協約」とみるのを相当とするとしている）。

(2) 形式的要件

　本条による地域単位の一般的拘束力は、(1)にのべたような要件が備われば、前条におけるように自動的に発生するというのではなく、そのためにはなお、これからのべるような手続を経ることが必要である。

5 ）(イ)　その第一は、「当該労働協約の当事者」の少なくとも一方から、労働委員会に対して、拡張適用の「申立」をすることである（申立の相手方は(3)にのべる管轄行政官庁であるが、(2)にのべる労働委員会を通じてこれをなさなければならない）。一般的拘束力は、本条の場合、最終的には行政官庁の決定によって生ずるが、それは当該協約の当事者からの申請をまってはじめて問題となるのであって、この申請がないのに行政官庁が一方的に一般的拘束力の決定をなすことはできないのである（旧法 24 条は、第 1 項後段で、当事者からの申立をまたず行政官庁が職権で一般的拘束力の決定をなしうる旨定めていたが、現行法はこれを削除した。一般的拘束力制度の官僚化を防止するという見地から、現行法の態度の方がまさっていることはいうまでもない）。申立の形式や時期については特別の規定がないから、申立のあったことを認識しうる程度の形式を具えておれば足り、また申立は協約成立後いつでもこれをなしうると解される。

　　注意すべきは、いわゆる無資格組合は、この申立をする資格を認められていないことである。もっとも無資格組合のうち、第 2 条本文の要件をみたさない完全な御用組合は協約能力を有しないから、たとえ使用者との間の協定を労働協約と呼んでいても、これについて拡張適用は問題となりえず、また問題とすべきでないが、現行法上は、組合規約に第 5 条第 2 項所定の事項を残らず記載していないというだけの組合も、みずからはその結んだ協約の拡張適用の申立人となることができず、従って他方の当事者たる使用者又は使用者団体が申立をしないかぎり、本条による拡張適用の利益をうけることはできないのである。

　　これまでの実際例においては、労働者側からだけ申立がなされているが、その申立の動機は必ずしも一様でない。

6 ）(ロ)　本条の一般的拘束力が生ずるための第二の手続的要件は、右の当事者からの申立にもとづいて、労働委員会が、拡張適用をなすべき旨の「決議」をすることである。この決議を行なう労働委員会は、その地域が一の都道府県の区域内にある場合は当該地方労働委員会、二以上の都道府県にわたる場合は中央労働委員会である全国的が、事案が重要な問題にかかる場合は、一都道府県の区域内のとき

でも、中央労働委員会の管轄となる（令15条・なお中労委の管轄に属する場合の特定地労委への管轄指定につき令28条参照）。

　右の決議は、労働委員会の総会に付議してこれを行なう（中労委規5条1号。決議の方法については中労委規7条2項）。労働委員会は労使公益のいわゆる三者構成であるため、総会で拡張適用の是非をめぐり労使委員の意見が対立する場合が少なくないが、これまでの実際例で使用者委員が拡張適用に反対した主な理由は、いわゆる企業較差や支払能力の問題であったといわれている。

7）　拡張適用を適当とする旨の決議をなす場合に、注意すべきは、労働委員会は、当該労働協約に拡張適用を不適当とする部分があると認めたときは、これを「修正」することができると定められている点である。この修正は、もちろん、原協約そのものを修正するものではなく、協約関与者外の者に対し、修正されたかたちで拡張適用を行なうという趣旨である。従って、例えば労働委員会が協約中の1条項につき拡張適用を不適当としてこれを除いた残りの協約条項について拡張適用を決議し、この決議通りの拡張適用の決定がなされた場合でも、組合員は拡張適用前と同様、依然その1条項の適用をうける。

　労働委員会にかかる修正拡張適用の決議権を与えたことは、立法論上はなはだ疑問である。本条は「修正」と言っているので、文言上は、単に労働協約の条項のうちで不適当と認めるものを除外して拡張適用を決議しうるにとどまらず、さらに、協約規範となる労働条件基準の拡張適用（例えば協約に定めるよりも低い割増賃金率の拡張適用）の決議をもなしうると解さざるを得ないであろう（協約に定める労働条件基準を労働者により有利に修正して、それを協約非関与者に適用すべしとの決議をなしえない。本条は協約当事者たる組合の地位を保障するため、非組合員の労働条件を組合員と同じレヴェルにまで引き上げようとするにとどまるものだからである）。しかし、協約を下廻る労働条件基準を協約非関与者に適用すべしとの決議もなしうるとすると、この決議にもとづく行政官庁の決定がなされた場合、修正の対象となった協約中の労働条件基準は、一般水準を超える不当に高い基準だというような印象を与え、使用者にその遵守を要求する組合側の態度は、何か不当な貪りという感じを第三者やときには組合員にも与え、使用者には当該条項違反を正当化する理由として利用される結果となるであろう。これは、拡張適用によってかえって当該協約の遵守やその機能の拡大を阻止し、当該事項をめぐる労使間のその後の団体交渉にも微妙な影響を及ぼす危険があり、自主的組合運動の助成をめざす本条の趣旨にそぐわない結果となる。立法論としては、せいぜい不適当条項を除外しての拡張適用の決議をなしうるとするにとどめるべきである。解釈論としても、本条の立法趣旨にてらし、このように縮小解釈すべきではないかと思われる。

8）㈧　本条による拡張適用が認められるための第三の手続的要件は、管轄行政官庁

の拡張適用の「決定」である。拡張適用は、この行政処分によってはじめて生ずる。管轄行政官庁は、中央労働委員会の決議にもとづいて拡張適用を決定する場合は労働大臣、地方労働委員会の決議にもとづいて決定する場合は都道府県知事である（令15条）。

　管轄行政官庁は、労働委員会が拡張適用を適当とする旨の決議をした場合にかぎり、これにもとづいて拡張適用の決定をなしうるのであって、右の決議がないのになされた拡張適用の決定は違法な行政処分となる。しかし右の決議があった場合に必ず拡張適用をなすべき義務が生ずるのではなく、法文上（「決定をすることができるとある」）、決定をなすと否とは行政官庁の裁量に属すると解される。

　労働委員会には前述のように協約条項の一部を修正して拡張適用をなすべき旨の決議権が認められているが、行政官庁自体には、修正拡張適用決定の権限はなく、労働委員会の決議に従って拡張適用を決定するかしないかの自由を有するにとどまるのであって、労働委員会で修正拡張適用の決議をしなかったのに、行政官庁が原協約の一部を修正して拡張適用の決定をすることはできない。

9)　右の行政官庁の決定は、「公告」によって行われる。決定じたいと公告とは別個のものであるから、「決定は公告によってする」とは、決定の効力は公告をまって発生するという意味に解される。従って本条の規定による拡張適用は、決定と同時に効力を生ずるのではなく、公告のときから効力を生ずる。公告の方法等については特別の規定がないが、拡張適用はこれを受ける協約非関与者に重大な影響を及ぼすから、少なくとも公告に当っては、拡張適用の効力発生期日を明示すべきであり、またこのこととの関連で、労働委員会は拡張適用の決議をする場合、拡張適用の効力発生期日を決議中に明示するようにすべきである。この効力発生期日を、公告の日以前に遡らせることができるか、換言すれば一般的拘束力宣言に遡及効を賦与しうるか。ワイマール・ドイツにおいても、前掲協約令中に別段の規定がなかったため、種々の学説・判例の対立をみたところである。

(二)　地域的の一般的拘束力の効果

10)　行政官庁の決定がなされると、当該労働協約はその地域内において従業する他の同種の労働者およびこれを雇用する使用者に対しても適用されることとなる。しかし本条の一般的拘束力宣言の効力についても問題が多い。

(1)　本条の場合も、前条の場合と同様、労働協約の全条項が拡張適用されるのではなく、いわゆる規範的部分のみが拡張適用されると解すべきである。これまでの拡張適用事件においては、債務的部分と認められる条項についての拡張適用をも認めているものがあるが、その当否は疑問である（労働条件ことに人事に関する協議条項が規範的部分なりや債務的部分なりやは学説・判例上争いのあるところであるが、吉野連合労組事件、函館製材労組事件においては、賃金に関する協約当事者間の協議を定めた条項につき、労委がこの協議は協約外使用者と協約外未組織労働者の代

399

表者との間で行うよう修正して拡張適用すべき旨を決議し、その通りの拡張適用の決議がなされている。しかしかりにかかる条項の拡張適用まで認められるとしても、未組織労働者が使用者との協議に当る代表者を選出することは、拡張適用地域が極めて狭い場合を除きほとんど実行不可能であろう）。

　規範部分について拡張適用が認められるとしても、わが国の協約の実際では（少なくとも現状では）、一般に、規範的部分のうち最も重要な賃金に関する条項は、特定種類の労働につき、それを下廻ることを許さないという最低基準を定めたものではなしに、平均賃金協定であったり、個々人別賃金協定であったりする場合が多く、かくして同種の労働者に対する普遍的最低基準として企業の枠を超えて他に拡がりうるような性格をもっていないため、これをそのまま拡張適用する旨の決定をしたのでは、前条の場合と同様、具体的に、拡張適用を受けるにいたった使用者の協約外労働者に対する賃金の支払いについて、準則となる条項を当該協約中に見出しえないこととなるであろう。もっとも、本条の一般的拘束力は、前条と異なり、労働委員会の決議にもとづく行政官庁の決定によって生ずることとなっており、かつ労働委員会に前述の修正拡張適用の決議権が認められているから、右の点は、労働委員会がこの決議に際し、協約外労使に拡張適用するに適当なように、原協約中の労働条件基準条項に修正を加えて協約非関与者に適用すべき明確・具体的な最低基準をうち出すことによって避けることができるであろう。しかしこの操作は実際上必ずしも容易でないと考えられるとともに、既述のような、労働委員会に大幅な修正権を認めることに伴う危険も考慮されなければならない。

⑵　規範的効力の性格上、拡張適用を受ける労働者と使用者との間の労働契約が当該協約所定の基準を上廻る労働条件を定めている場合に、拡張適用によって協約所定の線まで引き下げられると解すべきでないことは、前条の場合と同様である。

⑶　拡張適用の及ぶ範囲は、原協約に定められている地域的および職業的適用範囲によって限界づけられるのであって、これをこえる協約の拡張適用は認め得ない。労働委員会がこの限界をこえる協約の拡張適用を決議し、これに従って行政官庁が拡張適用を決定したときは、その決定（行政処分）を違法として、行政事件訴訟特例法の規定に従い、裁判上これを争いうるものと解される。もっとも、原協約の地域的および職業的適用範囲は、協約の文言に固執してこれを狭く解すべきではなく、協約当事者たる労働組合の組織形態、関係労働市場の状況、協約両当事者間の諸関係、当該協約全体の趣旨などを総合的に判断して、この点に関する協約当事者の合理的意思を探究してこれを決定すべきである。

資料⑵　年間休日数の下方修正に関する染色業中央交渉（1976・6）

協　　定　　書

㈳日本染色協会加盟中央交渉参加会社58社と、ゼンセン同盟とは昭和48年2月

13日付の「隔週週休2日および週休2日の実施についての協定」および同年5月16日付の「交替勤務者および本社営業所勤務者等についての仮協定書」について、次の通り修正することに合意したので協定する。

記

1．この協定の実施にあたって整備すべき諸条件について組合は協力する。
2．常日勤者
(1) 年度休日について
　イ．昭和51年7月1日から106日とする。
　ロ．昭和52年7月1日から108日とする。
(2) 1日当りの所定労働時間について
　　1日当りの所定労働時間は、昭和51年7月1日より7時間45分とする。
(3) 休日の形態について
　　休日は一斉休日を基本とする。
(4) 賃金の取扱いについて
　　労働時間の短縮が行なわれても現行の基本賃金（満勤月額）は保障する。
3．交替勤務者
(1) 朝・夕型2組2交替制について
　　年間休日数は常日勤者と同じとし、就業時間は午前5時から午後10時までとする。
(2) 日・夕型（男子）2組2交替制について
　イ．深夜勤務にまたがる夕勤の1日当りの所要労働時間は7時間15分以内とする。
　ロ．年間休日数は常日勤者と同じとする。
　ハ．夕勤の終業時刻はおそくともその日の午後12時までとする。
(3) 朝・夕・深夜型の3組3交替および3組2交替制などの深夜勤務者について（その他多組多交替制を含む）
　イ．深夜交替勤務者の1日当り所定労働時間は原則として、7時間15分以内とするが、特に通勤等の事情により深夜勤務者の労働時間の延長を必要とする場合は、7時間45分を限度として延長することが出来る。
　　　但し、この場合であっても深夜交替勤務以外と深夜勤務の各勤務を平均して1勤務当りの所定労働時間は7時間15分以内とする。
　ロ．深夜交替勤務制は3組制以上の交替組編成とする。
　ハ．深夜交替勤務者の深夜勤務は、5勤務以内とし、原則として土曜日の深夜勤務は行なわないこととする。
　ニ．深夜勤務者（午後10時より午前5時までの間）の深夜割増率（率プラス手当）は40％以上とする。

ホ．年間休日数は常日勤者を最低とし、具体的には各交替制度の実態に従い、各社各組合間にて協議決定する。
(4) 交替勤務者の賃金の取り扱いについて
　　交替勤務者の基本賃金（満勤月額）は、交替制別労働時間（常日勤者よりも労働時間が減少しても）に拘らず、常日勤者と月額もしくは日額で同一とする。
4．本社・営業所の常日勤者
(1) 年間休日日数は常日勤者と同じとする。
(2) 休日の取得（与え方）方法については、各社各組合間にて協議決定する。
5．休日労働（週休日、特定休日）の賃金割増率について、休日労働の賃金割増率については、50％以上とする。
6．休日の取得（与え方）方法について
(1) 各勤務者の休日取得の方法については、中央交渉で基本原則を確認し、具体的には各社・各組合間にて協議決定する。
(2) 各社・各組合間において具体的に決定された休日取得内容については、毎年7月1日までに会社側は協会事務局に、組合側はゼンセン同盟地織部会にそれぞれ報告し、協会事務局およびゼンセン同盟地織部会はその内容について確認をする。
7．その他
　　前記各条項について疑義を生じた場合は、労使双方の代表者において協議決定し、それに従うものとする。
　　昭和51年6月21日

　　　　　　　　　　　　　　　　　　㈳日本染色協会加盟
　　　　　　　　　　　　　　　　　　　会社側
　　　　　　　　　　　　　　　　　　　　代表　嵐　　正公　㊞
　　　　　　　　　　　　　　　　　　ゼンセン同盟
　　　　　　　　　　　　　　　　　　　　会長　宇佐美忠信　㊞

資料(3)　尾西地域での労使懇話会の発足（1977・1）

尾西繊維（染色部会）懇話会
　　運　営　規　定

1　この会は尾西繊維（染色部会）懇話会という。
2　この会は繊維産業における労使の正常な関係確立のための意思疎通を図るとともに斯界が当面する諸問題についての相互理解を含め協議体制を確立し、もって繊維産業殊に染色業界の発展に寄与することを目的とする。
3　この会は尾西染色工業協同組合から推せんされた委員とゼンセン同盟尾州労連から推せんされた委員をもって構成する。
　　その構成要員は使用者側12名、労働者側12名の同数とする。

4　この会を運営するに当り常任委員会と小委員会を設ける。
5　本懇話会、常任委員会、小委員会における発言は原則として推せん団体に拘束されないものとする。
6　上記の会で意見が完全に一致した事項の処理方法については、その都度協議するものとする。
7　上記の会の座長は会ごとの労使交互に選任するものとする。
8　本懇話会における議題は予め常任委員会で決定する。
9　本懇話会は原則として3ヶ月に1回開催する。
　　常任委員会は随時開くことができる。
10　これら会議の運営に要する費用は労使折半とする。
11　この懇話会は昭和52年1月17日より発足する。

　　　　　　　　尾西染色工業協同組合
　　　　　　　　　理事長　　伊藤慎一　㊞
　　　　　　　　全繊同盟尾州地方労働組合連合会
　　　　　　　　　会　長　　岩崎俊臣　㊞

資料⑷　労働省労働法規課との事前協議（1980）

（前注）　原資料は、B4サイズの横長の2枚の表であり、横罫最上段に「項目」「申立て内容及び問題点」「労働法規課の見解」「参考」と書かれ、その下に各論点毎に記述がまとめられている。以下では、表の形式をとらずに、各項目毎に表の枠内の記述を転記する。数値の正確性や計算方法・内容の妥当性に問題のある記述が少なからずある。

1　一の地域
【申立て内容及び問題点】
　労働協約の拡張適用地域として、もともと予定されている地域は、一宮市、尾西市、稲沢市及び津島市並びに木曽川町、祖父江町及び平和町であるが、この場合、津島市だけが飛び地となってしまう。
【労働法規課の見解】
　「一の地域」は連続した地域であることを要し、全く飛び離れた二つの地域をあわせて「一の地域」とすることはできない。
【参考】
　平和町と津島市の間に所在する佐織町には、申立てが予定されている業種の事業所が存在する或いは隣接する他の町村より多く存在するので、少なくともこれを対象地域として加え、地域的連続性を確保すべきである。
　逆に海部郡全域を加えることは、広範にすぎるきらいがある。

2　同種の労働者

【申立て内容及び問題点】

　同種の労働者を画する基準として予定されているのは、日本標準産業分類のＦ206「染色整理業」か、Ｆ2061「綿、スフ、麻織物機械染色業」、Ｆ2063「毛織物機械染色整理業」及び2066「綿状繊維・糸染色整理業」である。

　前者の方であれば問題ないが、後者については、この３業種を合わせたものが「同種」と言えるかが問題である。

【労働法規課の見解】

　「同種の労働者」は、当該労働協約の適用されうべき範囲によって決まるが、これは当該労働協約においてその適用対象者をどう定めるかにかかっているわけで、緩やかに解してよい。ただし、画し方が恣意的であってはならない。

　本件の場合、Ｆ206「染色整理業」に属する事業場の労働者について当該労働協約が適用されうべきであれば、当該労働者が同種の労働者となることに問題はない。

　更に当該労働協約が適用されうべき労働者として、①Ｆ206「染色整理業」の事業場のうち家内工業的事業場を除いた事業場の労働者を定め、或いは②Ｆ206に属する細分類のうちのいくつかをグループ化することについて業種的共通性という点で相当の説明がつく場合において、そのグループに属する事業場の労働者を定めているときは、なお、それぞれを「同種の労働者」と解することができる。

【参考】

　①について

　家内工業的事業場（従業員数１～５名程度）にあっては、その従業員には、労働者性がなく、或いは乏しく、更には労働者であるとしても、少なからず家族的取扱いを受ける等により、それ以外の事業場の労働者に比し労働者性でしばしば不充分であり、かつ、労組法第18条の趣旨が労働者の団結権の擁護にあることを考慮すれば、①の労働者は「同種の労働者」と解することができる。

　なお、この場合、Ｆ206の中から、例えばＦ2065「織物手加工染色整理業」及びＦ2068「繊維製品染色整理業」の事業場は類型的に家内工業的事業場であるとして、一括除外した上で、残りの細分類の業種の事業場の労働者が「同種の労働者」であると解することは適切でない。何故ならば、家内工業的事業場を除外することは正当であるとしても、これを細分類ごとに類型化した上で、除外することとしたり、除外しないこととしたりすることは結局、個々的には家内工業的事業場でないものを除外し、或いは逆に家内工業的事業場であるものを除外しないという結果をもたらすこととなるからである。

　②について

　業種的共通性につき相当の説明がつくか否かにつき検討されたい。

3　大部分
【申立て内容及び問題点】
①　大部分とはどの程度をいうのか。
②　大部分に至っているかどうかを判断するための「当該労働協約の適用を受けている労働者数」の算定はどのように行うのか。

【労働法規課の見解】
①　同種の労働者のうち大部分が当該労働協約の適用を受けていることが要件となっているが、具体的には労組法第17条の4分の3以上という基準が参考となる。過去の例でも5件中4件までは75％以上であり、1件のみがこれを下まわっている（71.4％）。
②　「当該労働協約の適用を受けている労働者数」は、当該労働協約の当事者である労働組合の組合員数であるが、当該事業所において組合員数が4分の3以上を占めるときは当該事業所の組合員資格を有する者であって組合員でないものの数を加えた数である。

【参考】

$$\frac{\text{左記②の数（昭和54年労働組合基本調査による。）}}{\text{従業員数（工業統計調査（53.12.31現在）による}} \times 100$$
$$\text{使用者の利益代表者も含む。）}$$

既存のデータを利用して、上記の算式により算出したところでは、F 206では49.7％、F 206のうちF 2061、F 2063及びF 2066の3業種のみでは60.1％となる。ただし、上記算式に記載してあるように、分母には「使用者の利益代表者数」を含んでいるので、正しい数字としては若干高くなるはずである。

4　一の労働協約
【申立て内容及び問題点】
①　労働協約の内容としては、労働時間及び休日数につきその最低限を定めることが予定されている。
②　労働協約の締結当事者としては、労働組合側及び使用者側とも連名ではだめか。労働組合側についてそれが可能であるならば、ゼンセン同盟本部ないしは県支部が当事者となることはできないか。

【労働法規課の見解】
①　労働協約の内容として、労働時間及び休日数を定める場合、当該労働時間を超える労働及び休日における労働につき割増賃金を支払う旨をも併せて定めておかないと、拡張適用となったときにその実効性がほとんど無くなってしまうことになろう。
②　労組法第18条の立法趣旨が団結権の擁護にあることに鑑み、労働組合側は一

本化されていなくてはならない。この場合ゼンセン同盟又は支部が地域的又は業種的に包括的であることは障害とならない。

　使用者側は必ずしも<u>一本化している必要はない。</u>

【参考】
②　ゼンセン同盟又は支部が労働協約締結当事者となった場合、その者が同時に労組法第18条の規定に基づく申立人となることとなるが、その場合には同法第5条第1項の規定により労働委員会の資格審査を経ることが必要となるので、申立人として本部又は支部のいずれが適切かにつき協議検討されたい。

　なお、本部が申立人となる場合でも、申立て先は知事、資格審査申立て先は地労委と解される。

資料(5)　未組織事業場に対する趣旨説明と協力要請（1980・4）

社　長　殿

　　　　労組法第18条適用申請についての趣旨の説明及び
　　　　　　　　　　　　　　ご協力要請について。

謹啓
　春暖の候、貴台におかれましては益々御健勝の由大慶に存じます。
平素はなにかと労使問題につきましては格別の御理解と御協力を賜り衷心より御礼を申し上げます。
　さて、この度私どもは、産地染色業界の厳しい景気動向、先行き不安、そして業界秩序の回復に加えて、未組織労働者の雇用安定などの視野に立って、労働組合法第18条に言う「地域的一般拘束力」の適用申請を呼びかけて参りました。
　このことは労働組合として業界の協調団結に協力し得る唯一の手段として、すでにゼンセン同盟に加盟をしている組合の事業場主の大方の賛同を得、言はば労使一体となっての提言と申されましょう。工業用水の導入に加え、重油や電気料金の驚異的な値上りは、もはや一事業場のみで解決すべき問題ではなく労使がそれこそ一体となって対決せねばならない大きな政治的問題であります。
さらには、加工賃のビン乱状態はお互いにその立場をせめぎあい止まるところを知りません。
　私共は、この様な現状を看過することは出来ません。
　幸いにして今日までお付き合いを賜っております、貴台には殊に御協力を賜りますことをお願い申し上げる次第でございます。
　つきましては下記具体的内容に御賛同を賜り企業の安定と労働者の生活向上を期したいと存じますのでよろしくお願い申し上げます。

資料編Ⅱ　ゼンセン同盟による労働協約の地域的拡張適用の実践

記
1．労組法第18条適用申請に賛成する。
2．そのための条件として、同一労働協約については、その検討に参加し、幅のある内容において協力する。
3．労働者数については、その実数を確認し報告する。

（注）労組法第18条（一般的地域的拘束力）は、一地域において一つの労働協約を受けている労働者がその地域で同一業種（染色）の労働者数の大部分（75％）をしめたときは、その拘束力が適用されるというもので、皆さんの従業員が参加をされれば75％に達します。

昭和55年4月8日

　　　　　　　　　　　　　　　　　　　ゼンセン同盟愛知県支部
　　　　　　　　　　　　　　　　　　　　支部長　朝見清道
　　　　　　　　　　　　　　　　　　　ゼンセン同盟尾州労連
　　　　　　　　　　　　　　　　　　　　会長　武野茂男

資料(6)　労働協約素案作成に関する事業主への協力要請（1980・7）

昭和55年7月17日

社長殿

　　　　　　　　　　　　　　　　　　　ゼンセン同盟愛知県支部
　　　　　　　　　　　　　　　　　　　　支部長　朝見清道

**労組法第18条適用申請についての
御協力のお願い**

謹啓
　平素は何かと御理解御協力を賜り御礼を申し上げます。
さて、かねがね御高承のとおり業界秩序の回復、産業環境の改革（工業用水導入）労働条件の整備などを目的とし、労使あげて取り組みを始めました。労組法第18条適用についての作業は、具体的に実現の段階へと進んで参りました。
　業界主脳のなみなみならぬ御理解と、行政当局（労働省、県労働部、一宮労政事務所）の積極的な御助言と御援助を頂き最終的な作業として煮詰められたのは、守られるべき最低限の労働条件を如何にするかという問題であります。
　私たちはその点で特に皆様方の御意向を充分反映し得る素案を作成し、御理解の上に立って早速成案、提出の運びと致したく存じますので御理解を頂きたく存じます。
　つきましては右記要領により御参会を頂き、御検討の上実施へ一歩進めたい所存で

407

ございます。
　なお大勢の動向から御出席無き場合は御異存なきものと判断させて頂き先へ進めさせて頂きますので予め御了承頂きますようお願い申し上げます。

　　　　　　　　　　　　　　記
1．と　き　7月25日午後6時より
2．ところ　一宮スポーツ文化センター
　　　　　2階第一会議室
　　　　　　　　　　　　　　　　　　　　　　　　　以　上

資料(7)　尾西地域染色業事業主各自の賛同書（1980・10）

　　　　　　　　　　　　　賛　　同　　書
　ゼンセン同盟の提起されました労働組合法第十八条「地域的の一般的拘束力」適用申請については、業界の秩序回復、環境の整備を含め影響を斎らす（ママ）ことが多く、且つ極めて時宜を得た提案として心より賛同致します。
　　昭和55年10月　日
　　　　　　　　会　社　名　愛知県葉栗郡木曽川町大字三ッ法寺字辻前85
　　　　　　　　　　　　　　柴田染工株式会社
　　　　　　　　代表者名　代表取締役　柴　田　康　央　㊞

資料(8)　1980年の活動経過と問題点（1980・11）

　　　週休2日制、一宮地区、労組法18条適用申請
　　　　　主な経過
　　　　　　　　　　　　　　　　　　　　　　ゼンセン本部
　　　　　　　　　　　　　　　　　　　　　　ゼンセン愛知
　　　　　　　　　　　　　　　　　　　　　　尾州労連
昭和55年1月11日　　尾西繊維（染色部会）懇話会を開催し基本的な合意を得た
　　55年4月8日　　文書により主旨説明と協力要請を実施
　　55年7月25日　　再度会合をもち具体案を作成
　　55年10月　　　　地域の経営者より同意書をとりつけた
　　55年11月7日　　労使合同会議をもち問題点の整理を行なった
　　　　　　　　　　全体の人員約2,400名（100％）
　　　　　　　　　　ゼンセン加盟約1,810名（75％）

　ゼンセン加盟組合のうち新加盟24社286名が他の組合なみの水準に到達していないので18条適用申請ができない。

当面90日の水準で協定すべく全力をあげる。

(参考)　産業分類（細分類2066綿状繊維、糸染色整理業）
　　　　適用地域（津島市、尾西市、一宮市、木曽川町、◎平和町、◎稲沢市、◎佐織町）
　　　　◎印の地域には存在しないが、地域的継続性を確保するため適用地域となる。

資料⑼　尾西地区年間休日協定（1981・9）

年間休日に関する協定書

　尾西染色工業協同組合加盟の柴田染工株式会社ほか41社の経営者とゼンセン同盟とは、年間休日に関し下記協定を締結し、双方誠意をもって実施する。

記

1、各社における労働者の年間休日は、86日とする。
　　この場合において労働者が日給を受ける者であるときは、当該労働者に法定休日（労働基準法第35条の規定により与えられなければならない休日をいう）を除いた日数分の休日1日につき、その者が受けることとされている日給額に相当する額を保障するものとする。
2、この規定の適用される労働者には、日々雇い入れられる者、季節労働者及びパートタイマーは含まない。
3、この協定は、各事業場が従業員に適用する一切の規定に優先する。
4、この協定の有効期間は、昭和56年10月1日から1年間とする。
　　なお、この協定の有効期間が満了になっても新協定が締結されないときは、この協定の効力は、2年間延長される。

　　昭和56年9月10日
　　協定当事者事業場（別紙のとおり）
　　　上記代表　柴田染工株式会社
　　　　　　　代表取締役社長　柴　田　康　央　㊞
　　　　　　ゼンセン同盟
　　　　　　　　　会長　宇佐美　忠　信　㊞

注記：「別紙　協定当事者事業場および代表者名」が添附され、これには、42社の所在地、社名、代表者名のゴム印がおされ、代表者印が押捺されている。（この別紙と協定本文とは、柴田染工株式会社とゼンセン同盟の各代表者印によって契印がされている。）

資料⑽　地位的拡張適用の申立（第一次）（1981・9）

労働協約の地域的拡張適用決定申立書

昭和56年9月9日

愛知県知事
　仲　谷　義　明　殿

　　　　　　　　　　　東京都千代田区九段南4の8の16
　　　　　　　　　　　ゼンセン同盟
　　　　　　　　　　　　会長　宇　佐　見　忠　信　㊞

　労働組合法第18条及び、労働組合法施行令第15条の規定に基づき、下記のとおり、ゼンセン同盟と柴田染工株式会社ほか41社とが締結した労働協約の拡張適用を受けるべきことの決定をしていただきますよう、同法第18条1項の規定により別添理由書を添付の上お願いいたします。

記

1、適用を受ける労働協約の条項
　　別紙「年間休日に関する協定書」に規定する全条項
2、適用を受ける地域
　　一宮市・尾西市・稲沢市・津島市・葉栗郡木曽川町・中島郡祖父江町・平和町及び、海部郡佐織町の地域
3、適用を受ける使用者及び労働者
　　前項の地域内において、綿状繊維・糸染色整理業を営む者及びその事業場に雇用されている全常用労働者
　　ただし、日々雇い入れられる者、季節的労働者及び、パートタイマーは含まない。

理　由　書

　申立書第2項に示される地域（一宮市、尾西市、稲沢市、津島市、葉栗郡木曽川町、中島郡祖父江町、平和町、海部郡佐織町の地域）は綿状繊維糸染色整理業者が集中し、全域に約140社前後の事業所が存在しており、事業形態も家族経営から会社組織まで様ざまであります。

　わけても、そうした事業場の中で、ゼンセン同盟加盟の組合を擁する会社を除いては、著しく劣悪な労働条件の下に雇用されているのが実態でございます。

　こうした現況は(1)レーバーコストの抑圧(2)過当競争の激化(3)加工賃のダンピング(4)仕事量の地域外流出等の弊害をもたらし、労働組合を結成している事業場への競争力を弱め、業界の環境秩序のびん乱を招き、未組織労働者をますます悪環境へ追いやる結果となっております。

この現状を憂え、去る昭和52年にゼンセン同盟尾州地方労働組合連合会と尾西染色工業協同組合との間で繊維問題懇話会（染色部会）を発足させ、当問題を含め業界とのコンセンサスを求める努力を致しました。

　幸いにして、昨年2月ごろより急速に労働組合法第18条拡張適用について業界側の積極的な賛同を得るに至り、ことに「このことは、業界死活の問題であり、昭和58年度工業用水導入以降の労働条件及び経営環境変化に伴う最重要課題として、むしろ遅きに失する程。業界あげて協力を惜しまない。」との強い意向表明を頂きました。

　今回の労働組合法第18条の労働協約拡張適用の申立ては、以上のようにゼンセン同盟と業界が、企業の安泰と雇用の安定は、まさに密接不可分であるとの共通の認識の上に立って、文字どおり労使が一体となって推進いたしてきたものであります。

　従いまして、当面休日の下限設定を統一し、野放図な休日就労をお互いに規制し、生産調整を図ると同時に労働者の休養率を高め、高令化業種（現在平均年令41才前後）のわけても労働集約的な厳しい作業環境（暑熱作業）の中で、幾分でも人間らしい環境作りをするためにも、是非とも本申立てについては、労使双方の真意をご賢察頂き、格別の御高配を賜りますようお願い申し上げます。

　なお、本申立ての内容は、労働組合法第18条第1項に規定する各要件に、次に述べるとおり適合するものと考えます。

1、一の地域について
　「一の地域」は、連続した地域であることを前提としました。
2、同種の労働者について
　協定締結事業場が全て染色加工業種であるので、業種を日本標準産業分類の細分類F 2066綿状繊維・糸染色整理に従事する常用労働者に限定しました。
3、大部分について
　常用労働者のうち、労働組合の組合員比率が4分の3以上を占める（労働組合法第17条）事業場の労働協約の拡張適用を受ける非組合員数を組合員に加えた数字で76.7%を占めています。
4、一の労働協約について
　ゼンセン同盟と各事業場主との間に締結した同一内容の協定であり、年間休日の最低限度を設定したものです。

　なお、別紙にて本理由の経過等の資料を添えさせて頂きました。

尾州地域のF-2066事業所名簿
〈膨大であるので要約を掲載〉

【一覧表の横軸の記載項目】
(1)項目番号、(2)市町村名、(3)事業所名、(4)従業員総数、うち、(4-1)使用者及び使用

者の利益代表者、(4-2)パートタイマー・日雇・季節労働者、(4-3)常用労働者(a)、うち、(4-3-1)監督者、(4-3-2)臨時工、(4-3-3)一般、(5)組合員数(b)、(6) b／a、(7)労組法17条拡張

　[(7)の労組法17条拡張対象者数の求め方は、各事業場毎に、(6)の組合員比率が75％以上の場合には（4-3）記載の常用労働者総数を計上し、(6)の組合員比率が75％未満の場合には(5)の組合員総数を計上する方法による]

【各分類毎の小計欄と全合計欄の記載内容】
　一覧表には、地域に存在する全社のデータが掲載されているが、その中から、各分類毎の小計と合計欄の数字を抽出して記載する。

分類 集計項目	ゼンセン同盟加盟	未組織5名以上	未組織5名以下	非適用	アウトサイダー	合計
社　　数	42	29	20	34	12	137
(4)　従業員総数	2035	415	100	164	42	2756
(4-1)使用者及び使用者の利益代表者	177	67	43	61	28	376
(4-2)パートタイマー・日雇・季節労働者	157	40	7	16	3	223
(4-3)常用労働者(a)	1701	308	50	87	11	2157
(4-3-1)監督者	209	0	0	0	0	209
(4-3-2)臨時工	85	0	0	1	0	86
(4-3-3)一般	1407	308	50	86	11	1862
(5)　組合員数(b)	1363	0	0	0	0	1383
(6)　b／a	80.1%	0%	0%	0%	0%	63.2%
(7)　労組法17条拡張	1656	0	0	0	0	1656

　$1656 \div 2157 = 76.7\%$

【筆者注】
① 分類中の「未組織」は、尾西染色工業協同組合に加盟している事業場であり、かつ、ゼンセン同盟の組織化の対象となり得る事業場でもあるが、未だに組織化ができていない事業場を意味するものと推定される。
② 分類中の「非適用」とは、尾西染色工業協同組合に加盟しているが、家族労働が中心の小規模事業場であって、ゼンセン同盟の組織化の対象とならず、拡張適用以外の方法では労働協約が非適用となる事業場を意味するものと推認される。
③ 分類中の「アウトサイダー」とは、尾西染色工業協同組合に加盟しておらず、ゼンセン同盟の影響力も全く及ばない事業場を意味するものと推認される。
④ 元の名簿に記載されている数値には集計ミスがあり、各分類毎の小計欄を合算した数値と全合計欄とが一致しないが、訂正の方法がないので、そのまま転記した。

資料編Ⅱ　ゼンセン同盟による労働協約の地域的拡張適用の実践

年間休日に関する協定書

(掲載省略)

資料⑾　愛知県地方労働委員会の決議（1982・4）

　　　　　　　　決　議　書

　昭和56年9月9日ゼンセン同盟から愛知県知事に対して、労働組合法第18条の規定に基づき、ゼンセン同盟と柴田染工株式会社ほか41社との間に締結されている年間休日に関する協定を一宮市、津島市、稲沢市、葉栗郡木曽川町、中島郡祖父江町、同郡平和町及び海部郡佐織町の地域内において綿状繊維、糸染色整理業を営む者及びその事業場において雇用されている全常用労働者（日々雇い入れられる者、季節労働者及びパートタイマーを除く。）に拡張適用決定の申立てがあった。

　よって、当委員会は、本件申立てについて実態調査を行い、慎重審議の結果、昭和57年4月12日第800回定例総会において、労働組合法第18条及び同法施行令第15条の規定に基づき、次のとおり決議する。

　　　　　　　　主　文

　ゼンセン同盟と柴田染工株式会社ほか41社との間に締結されている別紙年間休日に関する協定は、下記により拡張適用されることが適当である。

　　　　　　　　記

1　適用される労働協約の条項
　　別紙年間休日に関する協定の全条項
2　適用される地域
　　一宮市、津島市、尾西市、稲沢市、葉栗郡木曽川町、中島郡祖父江町、同郡平和町及び海部郡佐織町
3　適用される使用者及び労働者
　　前項地域内において綿状繊維、糸染色整理業を営む者及びその事業場に雇用されている全常用労働者。ただし、日々雇い入れられる者、季節労働者及びパートタイマーを除く。
4　拡張適用の効力発生始期
　　昭和58年9月1日

　　　　　　　　理　由

1　「一の地域」について
　　申立地域のうち協定締結事業場が存在するのは、一宮市、津島市、尾西市及び葉栗郡木曽川町であり、稲沢市、中島郡祖父江町、同郡平和町及び海部郡佐織町には

協定締結事業場は存在しないが、地理的連続性、尾西地区の染色業者を中心に結成されている尾西染色工業協同組合の組織状況、尾西地区の申立人組合傘下の労働組合を中心に結成されているゼンセン同盟尾州地方労働組合連合会の組織状況から総合的に判断すると申立地域を「一の地域」とみるのが適当と認められる。

2 「同種労働者」について

　本件協定の適用を受けている労働者は、綿状繊維、糸染色整理業の事業場に従業する常用労働者となつている。そして、本件は、前項の申立地域内の綿状繊維、糸染色整理業の事業場に従業する常用労働者への拡張適用を求めているものであり、両者は「同種の労働者」と認められる。

3 「大部分」について

　申立地域内における綿状繊維、糸染色整理業の事業場に従業する常用労働者数は2,137人である。

　一方、これらの常用労働者のうちゼンセン同盟の組合員数は1,363人であるが協定締結事業場のうち31事業場においては非組合員たる常用労働者224人も労働組合法第17条の規定に基づき本件協定の適用を受けており、本件協定の適用を受けている者は結局1,587人である。

　したがつて、申立地域において同種の労働者の74.2%が本件協定の適用を受けており、「大部分」に該当すると認められる。

4 「一の労働者」について

　本件協定は、ゼンセン同盟と柴田染工株式会社ほか41社の連名で締結された単一の労働協約であつて「一の労働協約」と認められる。

　以上のとおり、本件事案は一の地域において従業する同種の労働者の大部分が一の労働協定の適用を受けるに至つたものと認めることができる。

　また、本件協約の拡張適用は、協定締結当事者である労働組合の団結を擁護するものであるとともに申立地域内の綿状繊維、糸染色整理業の事業場において従業する常用労働者の労働条件の向上に資するなど労働組合法第18条の趣旨にも適合すると判断される。

　もつとも、本件協定の適用時期については、これを直ちに適用する場合、協定非締結事業場の経営に多大の負担を課することになるのでこの点を配慮して、当委員会は、主文のとおり決議する。

　　　　昭和57年4月12日

　　　　　　　　　　　　　　　　　　　　　愛知県地方労働委員会
　　　　　　　　　　　　　　　　　　　　　　　会長　大道寺　和　雄

資料⑿　愛知県知事の決定・公告（1982・5）

（愛知県公報　昭和57年5月6日　第7800号　553～554頁）

資料編Ⅱ　ゼンセン同盟による労働協約の地域的拡張適用の実践

　　　　　　　　　　　　　公　告
　労働組合法（昭和24年法律第174号）第18条及び同法施行令（昭和24年政令第231号）第15条の規定に基づき、昭和56年9月9日付けでゼンセン同盟会長宇佐美忠信から申立てのあった昭和56年8月10日付けでゼンセン同盟と柴田染工株式会社ほか41社との間に締結した労働協約の地域的拡張適用について、愛知県地方労働委員会は昭和57年4月12日開催の第800回定例総会で決議をしたので、次のように労働協約の拡張適用を受けるべきことを決定する。
昭和57年5月6日

　　　　　　　　　　　　　　　　　　　　　　　愛知県知事　仲　谷　義　明

1　適用される労働協約の条項
　(1)　各社における労働者の年間休日は、86日以上とする。この場合において労働者が日給を受ける者であるときは、当該労働者に法定休日（労働基準法第35条の規定により与えなければならない休日をいう。）を除いた日数分の休日1日につき、その者が受けることとされている日給額に相当する額を保障するものとする。
　(2)　この労働協約の適用される労働者には、日々雇い入れられる者、季節労働者及びパートタイマーは含まないものとする。
　(3)　この労働協約は、各事業場が従業員に適用する一切の規定に優先する。
2　適用される地域
　　一宮市、津島市、尾西市、稲沢市、葉栗郡木曽川町、中島郡祖父江町、同郡平和町及び海部郡佐織町
3　適用される使用者及び労働者
　　前項の地域内において綿状繊維、糸染色整理業を含む者及びその事業場に雇用されている全労働者。ただし、日々雇い入れられる者、季節労働者及びパートタイマーを除く。
4　拡張適用の効力発生始期
　　昭和58年9月1日

資料(13)　愛知地労委決議に対する評価（1982・4）

ニュースレターNo396〈ゼンセン同盟労働政策局〉（昭57・4・19）
　　愛知県・尾西地区
　　休日協定の拡張適用（労組法第18条）なる
　　　　　　―愛知地労委で決議―
　ゼンセン同盟は昭和56年9月9日付で愛知県知事に対し、「労働協約の地域的拡張適用決定申立」を行なっていたが、4月12日、愛知県地方労働委員会に於いて審議の結果、拡張適用が適当である事が決議された。この結果、知事による認可（公

布）をまって施行のはこびとなる。決議内容は次の通り。

　　　　決議書
　　　　　（掲載省略）
ゼンセン同盟としては今回の措置を次の観点より評価している。
(1) 繊維産業においては、過当競争が激しく、とくに地域の中小企業の分野においては、労働条件面で、組織化事業場と未組織事業場との水準差は、直接企業に大きく影響する問題として、しばしば組織労働者の労働条件の向上の、阻害要因として存在し、強（ママ）いては組織拡大の足を引っぱっている。なかでも休日問題は、直接、生産に直結する条件として重要であり、今回の措置によりこの点が是正されることにつながった。
(2) また、今回の措置により、ゼンセン同盟の労働条件が、未組織事業場の労働者にも適用されることとなり、地域労働者の労働福祉の向上に寄与することができた。
(3) さらに、ゼンセン同盟傘下において、一つの実績例となったことにより、他の密集地（産地）にも適用を進める道が開けた。
　　なお、全国的にみても同条の適用例は、昭和25年に奈良県の木材業種（適用労働者52人）昭和33年に滋賀県の石炭業（同29人）までで、5例のみであったが、いずれも適用範囲は極めて狭く、今回は久しぶりの適用例であるとともに、適用労働者数が1,000人を超える例はこれが初めてとなった。
　　また内容的にも休日問題は初めてであり、賃金水準のように毎年更新される性格と異なり、この種の法の適用になじみやすいと考えられ、今後ゼンセン組織内においても、全国的に検討を行ない、可能な地域は積極的に法適用を進める必要がある。
　　　　　　　　　　　　　　　　　　　　　　　　　　　（産政局　石川）

資料⒁　ゼンセン同盟産業政策局発組織内宛要請（1982・11）

　　　　　　　　　　　　　　　　　　　　　　　　昭和57年11月30日
　　　　　　　　　　　　　　　　　　　　　　　　産業政策局発第7号
　　部会書記長
　　都道府県支部長　殿
　　　　　　　　　　　　　　　　　　　　　　　　ゼンセン同盟産業政策局

労組法第18条による労働協約（週休二日制）の
地域的拡張適用の推進について

　表記の件について、去る11月11日〜12日開催の全国支部長会議に報告しました通り、本年度大会決定に従い地域別（業種別）に適用申請可能地域を調査したところ、下記の地域において成立の可能性が高いことが判明しましたので、関係部会・県支部において推進のための具体的な行動をされるよう要請いたします。

資料編Ⅱ　ゼンセン同盟による労働協約の地域的拡張適用の実践

記

1．可能性のある地域および業種
　①地区　　　山形・米沢
　　業種　　　縫製　小分類－211
　　従業者計　592名
　　組織率　　335名　56.6％
　　未組織率　257名　43.4％
　　調査日時　57年9月5日
　　記入者名　照井　光文
　②地区　　　愛知・岡崎
　　業種　　　毛紡　小分類－2023
　　従業員計　1,130名
　　組織率　　640名　56.6％
　　未組織率　490名　43.4％
　　調査日時　57年4月30日
　　記入者名　安念　諫
　③地区　　　長野県下
　　業種　　　絹紡　小分類－2024
　　従業員計　名
　　組織率　　950名　％
　　未組織率　名　％
　　記入者名　杉田　盈
　　特記事項　全国的にも絹紡は長野県下のみであるので、系列・下請けについて人員を調査中である。
　④地区　　　大阪・和歌山
　　業種　　　タオル後晒　小分類－2068
　　従業員計　700名
　　組織率　　450名　64.3％
　　未組織率　250名　35.7％
　　調査日時　57年11月
　　記入者名　家路
　　特記事項　泉佐野市・泉南市・貝塚市・泉大津市・和歌山県岩出町周辺
　⑤地区　　　新潟・十日町周辺
　　業種　　　和装製品製造　小分類－2151
　　従業員計　2,827名
　　組織率　　1,900名　67.2％

未組織率　927名　32.8％
調査日時　57年9月7日
記入者名　浅井　伝
特記事項　十日町・津南・中里・川西地区で申請可能と考える。
⑥（注）京都府支部関係（絹・人絹織物・機械染色業）－小分類2062については目下調査中につき後便にて

2．適用条件
①同一業種で、該当地域において同一労働協約の適用労働者が、全体のおよそ75％であること。
②適用労働協約の締結が同一内容で、できれば一本化されていること。
③前記を達成するために、業界団体ならびにゼンセン同盟加盟各組合の会社側の賛同協力を得ること。
注）詳細についてはニュースレター396号を参照のこと。

3．問い合わせは、産業政策局（担当・石川）までお願いします。

4．付属書類
①ニュースレター396号
②愛知県広報7800号
③週休二日制普及活動について

以　上

資料⒂　愛知県支部発本部産業政策局宛要請（1983・8）

昭和58年8月22日

　　ゼンセン同盟
　　産業政策局
　　局長　岡本邦夫　殿

　　　　　　　　　　　　　　　　　　　　　　　ゼンセン同盟愛知県本部
　　　　　　　　　　　　　　　　　　　　　　　支部長　柘　植　幸　録
　　　　　　　　　　　　　　　　　　　　　　　ゼンセン同盟尾州労連
　　　　　　　　　　　　　　　　　　　　　　　会長　　篠　笛　君　夫

労組法18条発効にともなう行政指導
要請についてのお願い

謹啓
　盛夏の砌貴職貴台におかれましては益々御健祥の由大慶に存じ上げます。
　さて、ご高承のとおり県下尾州地域における染色業界に拡張適用をうける、労組法

18条（地域的一般的拘束力）については、いよいよ来る9月1日より実施の運びとなりました。

つきましては過日、愛知県労働部、労政課、労働基準局を訪問し、今後の行政指導について協力要請を糾した（ママ）ところ、労政課としての協力は、当面県知事決定内容（県公報公示）を各市、町広報に掲示依頼すること程度であるという見解であり、基準局としては、法定内休日に関する範囲については関与するも、それ以外の休日については関知できない。さらに保障賃金については、基準法上の賃金かどうか現在検討中である。との見解を得ました。

実施目前にして、行政側のこうした対応について、いささか問題があるやに存じますので、ご多忙中誠に恐縮ですが中央における行政指導上の具体的、協議等につき御検討を賜ると同時に適切なご指導を仰ぐよう、ご要請方お願いを申し上げます。

敬具

資料(16)　愛知県支部発本部産業政策局宛追加要請（1983・8）

昭和58年8月24日

ゼンセン同盟
産業政策局
　局長　岡　本　邦　夫　殿

ゼンセン同盟愛知県本部
　支部長　柘　植　幸　録
ゼンセン同盟尾州労連
　会長　篠　笛　君　夫

労組法第18条労働協約拡張適用に当って
行政指導のお願いについて

　現地としては、次の諸点について本部より労働省に対し、行政指導のご要請をお願い申し上げる次第でございます。

(1)　9月1日より実施されるに当り、関係行政機関の拘束力ある強権的な指導を望みます。
(2)　特に労基法第92条第2項
　　　「行政官庁は法令又は労働協約に抵触する就業規則の変更を命ずることができる。」
　との関連について、その趣旨の説明の徹底と指導。
(3)　拡張適用事業場に対し、9月度より、残業割増し基準としての日建の改定についての指導。

⑷　「年間休日に関する協定書」主文第1項、「各社における労働者の年間休日は、86日以上とする。この場合において労働者が日給を受けるものであるときは、当該労働者に法定休日（労働基準法第35条の規定により与えなければならない休日をいう）を除いた日数分の休日1日につき、その者が受けることとされている日給額に相当する額を保障するものとする。」のうち「その者が受けることとされている日給額に相当する額」については、当然賃金であるとの認識ですが愛知県労働基準局は基準法上の賃金かどうか検討中であるとの見解であります。

　現地側としては、9月1日以降殊に拡張適用事業場に困乱（ママ）の来さないよう業界側に対して、その徹底方を強く申し入れてあります。

以上

資料⒄　一宮労基署の説明会（1984・1）

労組法第18条施行について
一宮労働基準監督署の説明会

と　き　昭和59年1月26日(木)午後5時より6時まで
ところ　一宮市民会館大会議室

　　　　主　催　尾西染色工業協同組合
　　　　出席者　一宮労働基準監督署　　立家署長
　　　　　　　　　　　　　　　　　　　市川次長
　　　　　　　　　　　　　　　　　　　岡田監督官
　　　　　　　　一宮労政事務所　　　　岡本主任専門員
　　　　　　　　尾西染色工業協同組合　柴田理事長
　　　　　　　　　　　　　　　　　　　林　事務局長
　　　　　　　　　　　　　　　　　　　西松労働顧問
　　　　　　　　ゼンセン同盟　　　　　柘植県支部長
　　　　　　　　　　　　　　　　　　　安念尾張事務所長
　　　　　　　　　　　　　　　　　　　岩崎尾州労連事務局長
　　　　　　　　事業場代表　　　　　　41社

開会のあいさつ　柴田理事長

　去る9月1日より施行された労組法18条による、年間休日86日以上の実施について一宮労働基準監督署より指導上の説明会をお願いすることにした。業界の実態からみてお互いに協力し合うべきことは協力し合わなければならないし、工業用水導入等極めて厳しい環境から、決められたことは守って頂くよう心からお願いする。

基準監督署長あいさつ

　18条施行に伴ない年間の休日は暦日のうち86日を休むこととなり、日給額の相当分を保障することになる。
　労基法上の休日は52日であるため、86日以上になった現在、就業規則の一部を変更しなければならない。具体的には担当官が説明する。

説　明　　岡田監督官

　内容については、すでにご承知のことと思う。従って労基法に関係があるのでその部分についてご理解を願いたい。
　18条実施に当っては、まづ休日変更に伴なう就業規則の変更をして頂く必要がある。就業規則は必づ会社に備え付けるか、手渡すかして従業員に年間休日86日以上を徹底させることとし、10人以下の事業所でも86日以上に変更して頂くと同時に就業規則を整備するよう指導する。
　さらに休日増加分34日以上について「日給に相当する額を保障する」は、基準法上の賃金と解釈し当然支給しなければならない。このことは「検討中」に対する回答である。
　ただパートタイマー、臨時工の定義が協定文中明らかにされていない。従って協定書どおり解釈すれば、会社がパートタイマーと言えば除外となる。基準局としてはパートタイマーの定義を持っていない。
　ただし昭和44年9月8日付職発第429号の労働省の通達はでている。

ゼンセン側主張

(1)　パートタイマー、臨時工の定義は当然時間給で契約され、フルタイマーの労働時間より1日当りの就業時間が少い者で常識的に考えるべきだ、学者の見解も同様である。
　　また協定文に無いというが、この文言についても、労政事務所の指導によったものである。
(2)　労組法、労基法の出来た立法主旨に則り今後とも前向きの行政指導をお願いする。

資料(18)　年間休日協定自動延長についての申請（1984・7）

　　　　　　　　　　　　　　　　　　　　　　　昭和59年7月　日
　　　　　　　　　　　　　　　　　　　　　　　（注　日付欄空白）

愛知県地方労働委員会
　会長　髙澤新七　殿

ゼンセン同盟
会長　宇佐美　忠信

労組法 18 条に基づく年間休日協定
自動延長についての申請

　貴労働委員会よりの、昭和 57 年 4 月 12 日第 800 回総会で拡張適用の決定を頂きましたゼンセン同盟と柴田染工㈱他 41 社との間で締結された、年間休日 86 日以上の協定内容については、労働協約の自動延長として有効期間の更改を致したく存じますので、貴労働委員会の御意見を賜りたく、ここに申請申し上げる次第でございます。

以　上

資料⑲　尾西地区年間休日協定／第二次（1984・8）

年間休日に関する協定書

　尾西染色工業協同組合加盟の柴田染工株式会社ほか 41 社の経営者とゼンセン同盟とは、年間休日に関し下記協定を締結し、双方誠意をもって実施する。

記

1．各社における労働者の年間休日は、86 日以上とする。
　　この場合において、労働者が日給を受ける者であるときは、当該労働者に法定休日（労働基準法第 35 条の規定により与えなければならない休日をいう）を除いた日数分の休日 1 日につき、その者が受けることとされている日給額に相当する額を保障するものとする。
2．この規定の適用される労働者には、日々雇い入れられる者、季節労働者及びパートタイマーは含まない。
3．この協定は、各事業場が従業員に適用する一切の規定に優先する。
4．この協定の有効期間は昭和 59 年 9 月 1 日から 2 年間とする。
　　ただし期間満了 1 カ月前までに会社、組合いずれからも本協定の変更の意思表示がない場合は、さらに同一期間更新する。
　　その後も同様とする。

以上

昭和 59 年 8 月 10 日
　　　協定当事者事業場（別紙のとおり）
　　　　上記代表　柴田染工株式会社

　　　　　代表取締役社長　柴　田　康　央　㊞
　　　　ゼンセン同盟
　　　　　　　　会長　宇佐美　忠　信　㊞

別紙
　協定当事者事業場および代表者名

　　　　　　　　　　　　　　　　　　　　　　　　（順不同）

柴田染工株式会社
代表者　　　代表取締役　柴　田　康　央　㊞
茶周染色株式会社
代表者　　　取締役社長　木　村　周　一　㊞
茶周工業株式会社
代表者　　　取締役社長　木　村　周　一　㊞
オザワ繊工株式会社
代表者　代表取締役社長　江　口　　至　　㊞　〈以下省略〉

資料⑳　地域的拡張適用の第二次申立（1984・9）

労働協約の地域的拡張適用決定申立書

　　　　　　　　　　　　　　　　　　　　　　　昭和59年9月1日
愛知県知事
　鈴　木　礼　治　殿
　　　　　　　　　　　　　　東京都千代田区九段南4の8の16
　　　　　　　　　　　　　　ゼンセン同盟
　　　　　　　　　　　　　　　　会長　宇佐美　忠　信

　労働組合法第18条及び、労働組合法施行令第15条の規定に基づき下記のとおりゼンセン同盟と柴田染工株式会社ほか41社とが締結した労働協約の拡張適用を受けるべきことの決定をしていただきますよう、同法第18条1項の規定により別添理由書を添付の上、お願いいたします。

　　　　　　　　　　　　　　記
1．適用を受ける労働協約の条項
　　別紙「年間休日に関する協定書」に規定する全条項。
2．適用を受ける地域
　　一宮市、尾西市、稲沢市、津島市、葉栗郡木曽川町、中島郡祖父江町、平和町及び、海部郡佐織町の地域。

３．適用を受ける使用者及び労働者
　　前項の地域内において、綿状繊維、糸染色整理業を営む者及びその事業場に雇用されている全常用労働者。
　　ただし、日々雇い入れられる者、季節的労働者及び、パートタイマーは含まない。
　　　　　　　　　　　　　　　　　　　　　　　　　　　　　　　　　以上

理　由　書

　労働組合法第18条の労働協約（年間休日86日以上）拡張適用については、愛知県地方労働委員会は、昭和57年4月12日、第800回総会において決議され、その後県知事の決定を頂戴し、昨昭和58年9月1日より施行されました。
　昭和56年9月9日の申立て理由（別紙）による、業界の環境および秩序の安定と労働条件の平準化促進という面から、この画期的な決定は各界に大きな関心を呼び起しました。
　労働条件の休日増加はもとより、昭和60年6月通水が予定されます「尾張工業用水」の1日あたり使用量基準も365日－86日＝279日となり、今次協定の「年間休日86日以上」の最下限設定が拡張適用によって、その基準値が設定され、1日当り使用量300ｔ以下の事業場においては、使用量増加に伴なう生産性向上のメリットが生じたのであります。
　このように多くの困難と協力を得て発効しました労組法18条は、実質的には緒についたばかりであり、実効は今後に期待されるのが現状でございます。
　「年間休日86日以上」の協定期間更改期にあたり、拡張適用につきまして一層のご理解とご高配を賜りますことを衷心よりお願い申し上げる次第でございます。
　本申立ての内容は、労働組合法第18条第1項に規定する各要件に次に述べるとおり適合するものと考えます。
１．一の地域について
　　「一の地域」は、連続した地域であることを前提としました。
２．同種の労働者について
　　協定締結事業場が全て染色工業種であるので、業種を日本標準産業分類の細分類Ｆ2066綿状繊維・糸染色整理に従事する常用労働者に限定しました。
３．大部分について
　　常用労働者のうち、労働組合の組合員比率が4分の3以上を占める（労働組合法第17条）事業場の労働協約の拡張適用を受ける非組合員数を組合員に加えた数字で75.0％を占めています。
４．一の労働協約について
　　ゼンセン同盟と各事業場主との間に締結した同一内容の協定であり、年間休日の最低限度を設定したものです。

資料編Ⅱ　ゼンセン同盟による労働協約の地域的拡張適用の実践

なお、別紙にて本理由書の経過等の資料を添えさせて頂きました。

資料(21)　第二次申立／資格審査決定・通知（1984・12）

59労第164号
昭和59年12月12日

ゼンセン同盟
　会長　宇佐美　忠　信　様

愛知県知事　㊞

ゼンセン同盟申請の労働協約の地域的拡張適用に係る
資格審査決定について（送付）

　昭和59年9月1日付けで申立てのありましたこのことについて、愛知県地方労働委員会から別添のとおり資格審査決定書の写しの送付がありました。

（様式9－16）
59愛労委審第7の15号

資　格　審　査　決　定　書
　　　　事務所所在地　東京都千代田区九段南4の8の16
　　　　労働組合名　　ゼンセン同盟
　上記労働組合が労働組合法第5条および労働委員会規則第22条第1号に基づき組合資格の審査を求めたので、当委員会は、昭和59年11月26日第836回公益委員会議において審査の結果、次のとおり決定する。

決　定

　上記労働組合は、労働組合法第2条および第5条第2項の規定に適合するものと認める。

理　由

　上記労働組合は、規約その他諸資料により判定したところ、労働組合法第2条および第5条第2項に適合するものと認めるにじゅうぶんである。
　昭和59年11月26日

愛知県地方労働委員会
　会長　髙　澤　新　七

資料⑵　第二次申立／小委員会調査報告書（1984・12）

労働協約の地域的拡張適用決定申立
に係る小委員会調査報告書

昭和59年12月

　昭和59年9月1日ゼンセン同盟から愛知県知事に対して、労働組合法第18条の規定に基づき、同年8月10日付けでゼンセン同盟と柴田染工株式会社ほか41社との間で締結された年間休日に関する協定（以下「本件協定」という。）を一宮市、津島市、尾西市、稲沢市、葉栗郡木曽川町、中島郡祖父江町、同郡平和町及び海部郡佐織町の地域内において綿状繊維・糸染色整理業を営む者及びその事業場に雇用されている全常用労働者（日々雇い入れられる者、季節労働者及びパートタイマーを除く。以下同じ。）に拡張適用の決定をするよう申立てがあり、同年9月7日、知事から愛知県地方労働委員会に同申立書の送付がなされた。

　同委員会では、同年9月10日開催の第851回定例総会において、本事案について調査するため小委員会の設置が議決された。

　同委員会から調査の付託を受けた小委員会では、同年9月27日から同年12月3日にかけて3回の小委員会を開催し、本事案について詳細な調査を行ったが、その結果は、以下のとおりである。

1　「一の地域」について
　(1)　申立地域で綿状繊維・糸染色整理業を営んでいる事業場は137事業場あり、このうち協定締結事業場は42事業場、協定非締結事業場は95事業場となっており、その市町村別分布状況は表1のとおりである。

表1　申立地域内で綿状繊維・糸染色整理業を
営んでいる事業場の市町村分布状況

市町村名	協定締結事業場	協定非締結事業場	計
一宮市	事業場 22	事業場 75	事業場 97
津島市	3	1	4
尾西市	14	10	24
稲沢市	0	1	1
葉栗郡木曽川町	3	6	9
中島郡祖父江町	0	1	1

資料編Ⅱ　ゼンセン同盟による労働協約の地域的拡張適用の実践

中島郡平和町	0	0	0
海部郡佐織町	0	1	1
計	42	95	137

(2) 申立地域内において綿状繊維・糸染色整理業を営んでいる事業場の分布状況及び地理的連続性から判断すれば、申立地域を「一の地域」とみることが適当である。

2 「同種の労働者」について

　本件協定の適用を受けている労働者は、綿状繊維・糸染色整理業の事業場に従業する常用労働者であり、また、本件申立ても申立地域内の綿状繊維・糸染色整理業の事業場に従業する常用労働者への拡張適用を求めているものであるから、両者を「同種の労働者」とみることが適当である。

3 「大部分」について

(1) 申立地域内の綿状繊維・糸染色整理業の事業場に従業する従業員総数等は、表2のとおりである。

表2　申立地域内の綿状繊維・糸染色整理業の事業場に従業する従業員総数等

区分	従業員総数	使用者及び利益代表者	パートタイマー、日雇及び季節労働者	常用労働者 監督者	常用労働者 一般	常用労働者 臨時工	常用労働者 計	ゼンセン同盟組合員数	労働組合法第17条により本適用を受けている常用労働者数
協定締結事業場	人 2,149	人 175	人 241	人 166	人 1,434	人 133	人 1,733	人 1,465	人 192
協定非締結事業場	831	225	123	28	446	9	483	0	0
計	2,980	400	364	194	1,880	142	2,216	1,465	192

(2) 申立地域内の綿状繊維・糸染色整理業の事業場に従業する常用労働者数は2,216人である。

　一方、これらの常用労働者のうちゼンセン同盟の組合員数は1,465人であるが、協定締結事業場のうち25事業場においては非組合員たる常用労働者192人も労

427

働組合法第17条の規定に基づき本件協定の適用を受けているので、結局本件協定の適用を受けている常用労働者は1,657人である。これは申立地域内の同種の労働者の74.7%に当たり、「大部分」に該当するとみることが適当である。

4 「一の労働協約」について
　本件協定は、ゼンセン同盟と柴田染工株式会社ほか41社との間で締結された単一の労働協約であって、「一の労働協約」に該当するとみることが適当である。

5　拡張適用の期間について
(1)　まず、拡張適用の始期については、本件協定の内容が既に1年間拡張適用されていたことにかんがみ、決定後直ちに実施されても格別支障はないと判断される。
(2)　次に、拡張適用の終期については、①本件協定は、協定当事者から協定の有効期間満了1箇月前までに変更の意思表示がない場合、協定の有効期間が自動的に2年ずつ延びることとなるので、このまま拡張適用すれば拡張適用の終期が明確でなくなるおそれがあること、②拡張適用後、相当期間経過すれば、社会経済情勢の変動に伴い、拡張適用の前提となる諸要件に変化を生じる可能性がないとはいえないことから、拡張適用の終期を最初の自動更新に係る協定期間が満了する昭和63年8月31日までとすることが適当である。

6　結論
　以上のとおり、本事案は、一の地域において従業する同種の労働者の大部分が一の労働協約の適用を受けるに至ったものと認めることができ、拡張適用の期間を昭和63年8月31日までとしたうえ、これを拡張適用することが適当である。
(参考)

小委員会審議経過一覧表

年月日	事　項	内　容
昭59.9.2〜9.9	第1回小委員会	(1)　委員長の選挙 (2)　調査方針、調査細目の審議
10.15〜11.2	現地調査	事務局職員による現地調査
11.20	第2回小委員会	(1)　協定当事者からの事情聴取 (2)　現地調査結果の検討
12.3	第3回小委員会	小委員会としての調査 結果のとりまとめ

資料(23)　第二次申立／愛知県地方労働委員会の決議（1984・12）

決　議　書

【前文】　掲載略（日時等を除き、第一次申立に対する決議書とほぼ同文）

主　文

昭和59年8月10日付でゼンセン同盟と柴田染工株式会社ほか41社との間に締結された年間休日に関する協定は、下記により拡張適用されることが適当である。

記

1　適用される労働協約の条項
　別紙年間休日に関する協定の第一項乃至第三項
2　適用される地域
　（掲載略、第一次申立に対する決議書とほぼ同文）
3　適用される使用者及び労働者
　（掲載略、第一次申立に対する決議書とほぼ同文）
4　拡張適用の期間
　昭和63年8月31日まで

理　由

1　「一の地域」について
　（掲載略、第一次申立に対する決議書を簡略化）
2　「同種労働者」について
　（掲載略、第一次申立に対する決議書とほぼ同文）
3　「大部分」について
　申立地域内における綿状繊維、糸染色整理業の事業場に従業する常用労働者数は2,216人である。
　一方、これらの常用労働者のうちゼンセン同盟の組合員数は1,465人であるが協定締結事業場のうち25事業場においては非組合員たる常用労働者192人も労働組合法第17条の規定に基づき本件協定の適用を受けているので、結局本件協定の適用を受けている者は1,657人である。
　これは、申立地域内の同種の労働者の74.7%に当たり、「大部分」に該当すると認められる。
4　「一の労働者」について
　（掲載略、第一次申立に対する決議書とほぼ同文）
　もっとも、本件協定は自動更新条項を含むものであり、これをこのまま適用する

場合、拡張適用の終期が明確でなくなるおそれがあり、また、拡張適用後相当期間経過すれば、社会経済情勢の変動に伴い拡張適用の前提となる諸要件に変化を生じる可能性がないとはいえず、この点を考慮して拡張適用の終期を最初の自動更新に係る協定期間が満了する昭和 63 年 8 月 31 日までとすることが適当であると判断する。

　よって、当委員会は、主文のとおり決議する。
　　昭和 59 年 12 月 10 日

　　　　　　　　　　　　　　　　　　愛知県地方労働委員会
　　　　　　　　　　　　　　　　　　　　会長　高澤新七

資料(24)　第二次申立／愛知県知事告示（1984・12）

（愛知県公報　昭和 59 年 12 月 21 日　第 8206 号　1537 頁）

　　　　　　　　　　　　　　公　告

労働組合法（昭和 24 年法律第 174 号）第 18 条及び同法施行令（昭和 24 年政令第 231 号）第 15 条の規定に基づき、昭和 59 年 9 月 1 日付けでゼンセン同盟会長宇佐美忠信から申立てのあった昭和 59 年 8 月 10 日付けでゼンセン同盟と柴田染工株式会社ほか 41 社との間で締結した労働協約の地域的拡張適用について、愛知県地方労働会は昭和 59 年 12 月 10 日開催の第 857 回定例総会で決議をしたので、次のように労働協約の拡張適用を受けるべきことを決定する。
　昭和 59 年 12 月 21 日

　　　　　　　　　　　　　　　　　　　　愛知県知事　鈴　木　礼　治

1　適用される労働協約の条項
　(1)　各社における労働者の年間休日は、86 日以上とする。
　　　この場合において、労働者が日給を受ける者であるときは、当該労働者に法定休日（労働基準法第 35 条の規定により与えなければならない休日をいう。）を除いた日数分の休日 1 日につき、その者が受けることとされている日給額に相当する額を保障するものとする。
　(2)　この規定の適用される労働者には、日々雇い入れられる者、季節労働者及びパートタイマーは含まない。
　(3)　この協定は、各事業場が従業員に適用する一切の規定に優先する。
2　適用される地域
　　一宮市、津島市、尾西市、稲沢市、葉栗郡木曽川町、中島郡祖父江町、同郡平和町及び海部郡佐織町
3　適用される使用者及び労働者

前項の地域内において綿状繊維、糸染色整理業を営む者及びその事業場に雇用されている全常用労働者。ただし、日々雇い入れられる者、季節労働者及びパートタイマーを除く。
4　拡張適用の期間
　　昭和63年8月31日まで

資料㉕　労働省との協議（1985・12）

〈ゼンセン同盟昭和61年度定期全国大会提出活動報告書〉
労組法第18条による労働協約の拡張適用問題に関する労働省との協議について

とき・ところ　60年12月13日・ゼンセン本部
出　席　者
　労働省側
　　労働基準局監督課・畠中企画官ほか
　ゼンセン側　高木産政局長、渡辺愛知県支部次長、岩崎尾州労連事務局長
協議に至る経緯
　　愛知県一宮市・尾西市等の綿状繊維・糸染色整理業を対象とする「労組法第18条に基づく労働協約の拡張適用」（58年9月1日から1年間、その後63年8月31日まで4年間延長、内容は年間休日数86日以上）が現在実施されており、大勢的にはその実効性が確保されている。
　　しかし一部の事業者に不遵守がみられ、愛知県支部・尾州労連でその是正に努めてきたが、愛知県労政当局と労働省労働基準監督行政当局の行政指導に感覚の違いがみられるなど、行政サイドの取り組みにちぐはぐなところがあった。
　　こうした状況をふまえ、ゼンセン同盟としては労働省労働基準局、労政局に行政指導の感覚の統一、行政指導の一層の強化を求めてきたところである。
協議の内容
　　労働省としても、労組法第18条に基づく労働協約の拡張適用制度を普及拡大するという立場にたち、この愛知県のケースがモデルケースとして評価しうるよう行政指導を一層強化することを確認した。具体的には、愛知県労働部、愛知労働基準局、所轄労政事務所、監督署等と意志疎通をはかりながら対策を進めることになる。

資料㉖　地域的拡張適用の第三次申立（1988・11）

労働協約の地域的拡張適用決定申立書

　　　　　　　　　　　　　　　　　　　　　　　昭和63年11月28日

愛知県知事

資料編Ⅱ　ゼンセン同盟による労働協約の地域的拡張適用の実践

鈴　木　礼　治　殿

東京都千代田区九段南4の8の16
ゼンセン同盟
会長　芦　田　甚之助

　労働組合法第18条及び、労働組合法施行令第15条の規定に基づき下記のとおりゼンセン同盟と柴田染工株式会社ほか41社とが締結した労働協約の拡張適用を受けるべきことの決定をしていただきますよう、同法第18条1項の規定により別添理由書を添付の上、お願いいたします。

記

1．適用を受ける労働協約の条項
　　別紙「年間休日に関する協定書」に規定する全条項。
2．適用を受ける地域
　　一宮市、尾西市、稲沢市、津島市、葉栗郡木曽川町、中島郡祖父江町、平和町及び海部郡佐織町の地域。
3．適用を受ける使用者及び労働者
　　前項の地域内において、綿状繊維、糸染色整理業を営む者及びその事業場に雇用されている全常用労働者。
　　ただし、日々雇い入れられる者、季節的労働者及びパートタイマーは含まない。

以　上

理　由　書

　労働組合法第18条の労働協約（年間休日86日以上）拡張適用については愛知県地方労働委員会は、昭和59年12月10日の第857回総会において決議され、その後県知事の決定を再度頂戴致しました。

　当初（昭和56年9月9日申請当時）からすでに7年を経過致した今日、実効はほぼ定着しつつあります。

　すでにご高承のとおり、本年4月1日から労働基準法の改正に伴う週労働時間の短縮や年次有給休暇の増加等、事業場規模・業種による経過措置が設けられているとはいえ、漸新的な改善が行われました。

　また、ゼンセン加盟の事業場においても、同労働委員会の斡旋により年間休日が104日ないし105日へと増加し、昭和64年度から実施することになりました。

　このような状況変化から、本来、休日格差を縮めるべきではありますが現在の拡張適用状況から、零細企業の多いこの業種の実態を踏まえ、年間休日86日は、今後暫く業界の休日最下限として、設定する必要があると存じます。

　3回目の拡張適用につきましても、格別のご理解とご高配を賜りますことを衷心よ

りお願い申し上げます。
　なお本申立ての内容は、労働組合法第18条第1項に規定する各要件に次に述べるとおり適合するものと考えます。
1．一の地域について
　　「一の地域」は連続した地域であることを前提としました。
2．同種の労働者について
　　協定締結事業場がすべて染色加工業種であるので、業種を日本標準産業分類の細分類1466綿状繊維・糸染色整理に従事する常用労働者に限定しました。
3．大部分について
　　常用労働者のうち労働組合の組合員比率が4分の3以上を占める（労働組合法第17条）事業場の労働協約の拡張適用を受ける非組合員数を組合員に加えた数字で75.2％を占めています。
4．一の労働協約
　　ゼンセン同盟と各事業主との間に締結した同一内容の協定であり年間休日の最低限度を設定したものです。
　　なお別紙にて本理由書の経過等の資料を添えさせて頂きました。

以　上

資料(27)　第三次申立／小委員会報告書（1989・3）

労働協約の地域的拡張適用に関する小委員会報告書

平成元年3月

【前文】（第二次申立に関する小委員会報告〈資料(22)〉とほぼ同文につき、記載省略）

結　論

　昭和59年8月10日付けでゼンセン同盟と柴田染工株式会社ほか41社との間で締結された「年間休日に関する協定書」と題する労働協約は、下記のとおり拡張適用されることが適当である。

記

【1～3項】（第二次申立に関する小委員会報告〈資料(22)〉とほぼ同文につき、記載省略）
4　拡張適用の期間
　　知事が拡張適用の決定をした日から平成4年8月31日まで

理　由

1　労働組合法第18条第1項に定める要件について

本件は、次のとおり、一の地域において従業する同種の労働者の大部分が一の労働協約の適用を受けるに至ったものと認められ、労働組合法第 18 条第 1 項に定める要件をいずれも具備していると判断する。
(1) 「一の地域」

　　申立地域内において綿状繊維・糸染色整理業を営んでいる事業場の分布状況及び地理的連続性から判断すれば、申立地域は「一の地域」と認められる。
(2) 「同種の労働者」

　　本件労働協約の適用を受けている労働者は、いずれも綿状繊維・糸染色整理業の事業場に従業する常用労働者である。また、本件申立てにより拡張適用を求められている労働者も、いずれも綿状繊維・糸染色整理業の事業場に従業する常用労働者である。
(3) 「大部分」

　　申立地域内において綿状繊維・糸染色整理業の事業場に従業する常用労働者の数は、昭和 64 年 1 月 1 日現在、2,111 人である。

　　これらの者うち、本件労働協約の適用を受けている常用労働者の数は、同日現在、労働協約の一方の当事者であるゼンセン同盟の組合員である常用労働者 1,292 人に、労働協約のもう一方の当事者である柴田染工株式会社ほか 41 社のうちの 26 社において労働組合法第 17 条の規定に基づき労働協約の適用を受けている非組合員たる常用労働者 251 人を加えた 1,543 人である。

　　これは、申立地域内の同種の労働者の 73.1％に当たり、「大部分」に該当すると認められる。
(4) 「一の労働協約」

　　本件労働協約は、ゼンセン同盟と柴田染工株式会社ほか 41 社との間で締結された単一の労働協約であって、「一の労働協約」と認められる。
2　拡張適用の期間について

　拡張適用の期間は、次のとおり、知事が拡張適用の決定をした日から平成 4 年 8 月 31 日までの間とすることが適当であると判断する。
(1) 拡張適用の始期

　　拡張適用の始期は、本件労働協約の内容が既に昭和 58 年 9 月以降 5 年近くの間、拡張適用されてきた経緯からすると、知事が拡張適用の決定をした日からとすることが適当である。
(2) 拡張適用の終期

　　本件労働協約は、有効期間を 2 年ずつとする自動更新条項を含み、昭和 61 年 9 月 1 日以降この条項に基づき有効期間が 2 年ずつ更新されているものであって、これをこのまま適用すれば拡張適用の終期が明確でなくなるおそれがあり、また、拡張適用後相当期間経過すると社会経済情勢の変動に伴い拡張適用の前提となる

諸要件に変化を生じる可能性がないとはいえないことから、これらの点を考慮して、拡張適用の終期は、本件の決議後における次の自動更新に係る有効期間が満了する平成4年8月31日までとすることが適当である。

(参考1)

小委員会における調査・審議経過一覧表

年月日	事項	内容
昭和63.12.22	第1回小委員会	① 委員長の選挙 ② 今後の調査の進め方 (調査手順、調査方針、調査票の決定)
平成1.1.18〜 2.3	実態調査	事務局職員による現地調査
2.23	第2回小委員会	① 調査票による実態調査の結果の報告 ② 協約当事者からの事情聴取 ③ 労組法18条の要件の具備の検討
3.7	第3回小委員会	小委員会としての調査・審議結果のとりまとめ

(参考2)

1　申立地域内において綿状繊維・糸染色整理業を営んでいる事業場の市町村別分布状況

(昭和64年1月1日現在)

市町村名	協約締結事業場	協約非締結事業場	計
一宮市	21	66	87
津島市	3	0	3
尾西市	14	9	23
稲沢市	0	1	1
葉栗郡木曽川町	3	6	9
中島郡祖父江町	0	1	1
中島郡平和町	0	0	0
海部郡佐織町	0	1	1
計	41	84	125

2　申立地域内において綿状繊維・糸染色整理業の事業場に従事する従業員総数等

(昭和64年1月1日現在)

区　分		協約締結事業場	協約非締結事業場	計
従業員総数		2,043 人	773 人	2,816 人
使用者及び利益代表者		170	183	353
パートタイマー、日雇い及び季節労働者		249	103	352
常用労働者 （一般・臨時工・監督者）		1,624	487	2,111
本件労働協約の適用を受けている常用労働者	ゼンセン同盟の組合員	1,292	0	1,292
	労組法17条の適用労働者	251	0	251
	計	1,543	0	1,543

資料(28)　第三次申立／愛知県知事の決定・公告（1989・3）

（愛知県公報　平成元年3月27日　第34号別冊7頁）

　　　　　　　　　　　　　公　　告

　労働組合法（昭和24年法律第174号）第18条及び労働組合法施行令（昭和24年政令第231号）第15条の規定に基づき、昭和63年12月2日付けでゼンセン同盟会長芦田甚之助から申立てのあった昭和59年8月10日付けのゼンセン同盟と柴田染工株式会社ほか41社との間で締結した労働協約の地域的拡張適用について愛知県地方労働委員会が平成元年3月13日開催の第947回定例総会で決議をしたので、次のように労働協約の拡張適用を決定する。

　　平成元年3月27日

　　　　　　　　　　　　　　　　　　　　　愛知県知事　鈴　木　礼　治

1　適用される労働協約の条項
　(1)　各社における労働者の年間休日は、86日以上とする。
　　　この場合において、労働者が日給を受ける者であるときは、当該労働者に法定休日（労働基準法第35条の規定により与えなければならない休日をいう。）を除いた日数分の休日1日につき、その者が受けることとされている日給額に相当する額を保障するものとする。
　(2)　この規定の適用される労働者には、日々雇い入れられる者、季節労働者及び

パートタイマーは含まない。
　⑶　この協定は、各事業場が従業員に適用する一切の規定に優先する。
2　適用される地域
　　一宮市、津島市、尾西市、稲沢市、葉栗郡木曽川町、中島郡祖父江町、同郡平和町及び海部郡佐織町
3　適用される使用者及び労働者
　　前項の地域内において綿状繊維・糸染色整理業を営む者及びその事業場に雇用されている全常用労働者。
　　ただし、日々雇い入れられる者、季節労働者及びパートタイマーを除く。
4　拡張適用の期間
　　知事が拡張適用の決定をした日から平成4年8月31日まで

〈著者紹介〉

古 川 景 一（ふるかわ けいいち）
  1952 年　北海道札幌市で生まれる
  1977 年　東京大学法学部卒業
  1979 年　弁護士登録（第二東京弁護士会）

川 口 美 貴（かわぐち みき）
  1961 年　大阪府高槻市で生まれる
  1985 年　大阪大学法学部卒業
  1990 年　大阪大学大学院法学研究科博士課程単位取得修了
  1990 年　静岡大学人文学部法学科助教授　2003 年に教授
  2004 年　関西大学大学院法務研究科（法科大学院）教授　現在に至る
  2005 年　弁護士登録（第二東京弁護士会）

〔著作　川口美貴・古川景一共同執筆〕
「民法(債権関係)改正と労働法学の課題」季刊労働法 232 号(2011)149 頁
「就業規則法理の再構成」季刊労働法 226 号(2009)158 頁
「懲戒法理の再構成」季刊労働法 206 号(2004)146 頁
「労働契約終了法理の再構成」季刊労働法 204 号(2004)34 頁
「労働条件変更法理の再構成」日本労働法学会誌 102 号(2003)70 頁

労働協約と地域的拡張適用
──ＵＩゼンセン同盟の実践と理論的考察──

2011(平成23)年 8 月30日　第 1 版第 1 刷発行
5883:P480　¥3900E-013:030-080-020

著　者　古　川　景　一
　　　　川　口　美　貴
発行者　今井貴　稲葉文子
発行所　株式会社　信山社
〒113-0033 東京都文京区本郷6-2-9-102
Tel 03-3818-1019　Fax 03-3818-0344
henshu@shinzansha.co.jp
笠間才木支店　〒309-1611 茨城県笠間市笠間515-3
Tel 0296-71-9081　Fax 0296-71-9082
笠間来栖支店　〒309-1625 茨城県笠間市来栖2345-1
Tel 0296-71-0215　Fax 0296-72-5410
出版契約 2011-5883-7-01010 Printed in Japan

©著者, 2011　印刷・製本／東洋印刷・渋谷文泉閣
ISBN978-4-7972-5883-7 C3332　分類328.615-a083 労働法

JCOPY　〈(社)出版者著作権管理機構 委託出版物〉
本書の無断複写は著作権法上での例外を除き禁じられています。複写される場合は、そのつど事前に、(社)出版者著作権管理機構(電話03-3513-6969, FAX 03-3513-6979, e-mail: info@jcopy.or.jp)の許諾を得てください。

川口美貴著
国際社会法の研究
道幸哲也著
不当労働行為の行政救済法理
労働組合の変貌と労働関係法
菅野和夫・中嶋士元也・渡辺章 編集代表
山口浩一郎先生古稀記念
友愛と法
土田道夫・荒木尚之・小畑史子 編集代表
中嶋士元也先生還暦記念
労働関係法の現代的展開
西村健一郎・小嶌典明・加藤智章・柳屋孝安 編集代表
下井隆史先生古稀記念
新時代の労働契約法理論
山口浩一郎・渡辺章・菅野和夫・中嶋士元也編
花見忠先生古稀記念
労働関係法の国際的潮流
水野勝先生還暦記念
労働保護法の再生
土田道夫著
労務指揮権の現代的展開
―労働契約における一方的決定と合意の相克―
柳屋孝安著
現代労働法と労働者概念

山田省三・石井保雄編
角田邦重先生古稀記念
労働者人格権の研究 上巻・下巻
横井芳弘・篠原敏夫・辻村昌昭編
横井芳弘先生傘寿記念
市民社会の変容と労働法
角田邦重・山田省三著
現代雇用法
□外尾健一著作集□
① 団結権保障の法理Ⅰ
② 団結権保障の法理Ⅱ
③ 労働権保障緒法理Ⅰ
④ 労働権保障の法理Ⅱ
⑤ 日本の労使関係と法
⑥ フランス労働協約法の研究
⑦ フランス労働組合と法
⑧ アメリカのユニオン・ショップ制

毛塚勝利・諏訪康雄・盛 誠吾 監修
□労働法判例総合解説□
道幸哲也著
不当労働行為の成立要件
柳屋孝安著
休憩・休日・変形労働時間制
石橋 洋著
競業避止義務・秘密保持義務

日本立法資料全集（労働法）

労働基準法立法史料研究会編
代表 渡辺 章

労働基準法 [昭和22年] (1)

労働基準法 [昭和22年] (2)

労働基準法 [昭和22年] (3) 上

労働基準法 [昭和22年] (3) 下

労働基準法 [昭和22年] (4) 上 (施行規則・公聴会議)

労働基準法 [昭和22年] (4) 下 (通達)

労働組合法立法史料研究会編
代表 中窪裕也

戦前労働組合法案 （予定）

旧労働組合法[昭和20年](1) （予定）
旧労働組合法[昭和20年](2) （予定）
旧労働組合法[昭和20年](3) （未定）

労働組合法[昭和24年](1) （予定）
労働組合法[昭和24年](2) （予定）
労働組合法[昭和24年](3) （未定）

信山社